譯註 禮記集說大全

喪服四制

編　陳澔(元)

附　正義・訓纂・集解

譯註 禮記集說大全
喪服四制

編　陳澔 (元)

附　正義・訓纂・集解

鄭秉燮 譯

學古房

역자서문

『예기』「상복사제(喪服四制)」편은 상복(喪服)의 제정원리를 기술한 문헌이다. 『의례』「상복(喪服)」편과 관련이 있지만, 앞에 나온 「관의(冠義)」, 「혼의(昏義)」, 「향음주의(鄕飮酒義)」 등처럼 '의(義)'자가 붙어 있는 편들이 『의례』와 직접적 관련이 있는 것과는 다르다. 예(禮)라는 것이 천지(天地)·음양(陰陽)·사시(四時)·인정(人情)에 따라 제정된 것이며, 상복은 예의 큰 범주 안에서 은(恩)·의(義)·절(節)·권(權)에 따라 제정되었고, 이것은 인(仁)·의(義)·예(禮)·지(智)와 관련된다는 등의 기술이 나타난다는 점으로 보았을 때, 상당히 후대에 작성된 기록으로 판단된다. 한편 관련기록이 『대대례기(大戴禮記)』「본명(本命)」편과 『공자가어(孔子家語)』「본명해(本命解)」편에도 동일하게 나오는데, 기술의 통일성으로 보자면 『대대례기』와 『공자가어』의 기록이 완성도가 높다. 「상복사제」편의 후반부 기록은 『예기』「간전(間傳)」의 일부 기록을 차용하고 있고, 예시로 들고 있는 상례제도도 『대대례기』와 비교해보면 군더더기에 해당하는 문장들이 많다. 또 마지막 문장은 인(仁)·지(知)·강(彊)을 동일한 범주에서 열거하고, 예(禮)·의(義)와 효(孝)·제(弟)·정(貞)을 연결하고 있는데, 이것은 『예기』「중용(中庸)」편의 기록과도 일부 관련된다. 따라서 「상복사제」편은 상당히 후대에 작성된 기록임에도 본래부터 독립된 문헌으로 존재했었던 것은 아니며, 「본명」편처럼 하나로 편집된 문헌이 골격을 이룬 상태에서 관련 기록들을 삽입하여 편집한 문헌으로 여겨진다. 그러나 유가에서 천명했던 주요 인성개념들이 각종 예제와 결부되는 과정을 연구할 수 있다는 점에서 매우 중요한 자료가 된다.

이것으로 『예기』의 마지막 역서를 내놓는다. 부끄러운 실력에 어떻게 여기까지 왔을까 하는 생각이 든다. 『예기』의 첫 역서를 출판한 것은 2009년의 일이었다. 당시 『예기』를 읽고 있었고 그냥 읽고 넘어가기 아쉬워 문서로 남기기 시작했던 것이 지금에 이르렀다. 그 동안 박사학위를 받았고, 결혼을 했으며, 두 아이의 아버지가 되었다. 마지막 역서의 번역작업을 시작할 때, 이런저런 복잡한 감회가 맴돌았는데, 막상 번역을 마치고 서문을 쓰자니 별다른 느낌이 없다. 오래 전부터 나는 주변으로부터 아무런 금전적 이득도 없는 책을 왜 출판하느냐는 질문을 자주 받았다. 나는 본래부터 원대한 사명감 같은 것이 없었기 때문에, 질문에 대답할 만한 적절한 답이 떠오르지 않았다. 그래서 가만히 생각해보니, 그냥 재미있었기 때문에 번역을 한 것이다. 하루종일 무언가에 몰두하고 고민할 수 있어서 즐거웠고 재미있었다. 이것이 내 솔직한 답변이다. 따라서 『예기』의 마지막 역서임에도 이런저런 감상을 늘어놓을 생각은 없다. 내겐 아직 번역이 재미있는 작업이고, 번역할 책들은 산더미처럼 쌓여있기 때문이다. 생각만 해도 가슴이 벅차오른다.

역자는 성균관 대학교에서 유교철학(儒教哲學)을 전공했으며, 예악학(禮樂學) 전공으로 박사논문을 작성했다. 역자가 본격적으로 유가경전을 읽기 시작한 것은 경서연구회(經書硏究會)의 오경강독을 통해서이다. 이 모임을 만들어 후배들에게 경전에 대한 이해를 넓혀주신 임옥균 선생님, 경서연구회 역대 회장님인 김동민, 원용준, 김종석, 길훈섭 선배님께도 감사를 드리고, 역자의 뒤를 이어 경서연구회 현 회장으로 활동하고 있는 손정민 동학께도 감사를 드린다. 끝으로 「상복사제」편을 출판할 수 있도록 허락해주신 학고방의 하운근 사장님께도 감사를 전한다.

일러두기

1. 본 책은 역주서(譯註書)로써, 『예기집설대전(禮記集說大全)』의 「상복사제(喪服四制)」편을 완역하고, 자세한 주석을 첨부했다. 송대(宋代) 이전의 주석을 포함하고자 하여, 『예기정의(禮記正義)』를 함께 수록하였다. 그리고 송대 이후의 주석인 청대(淸代)의 주석을 포함하고자 하여 『예기훈찬(禮記訓纂)』과 『예기집해(禮記集解)』를 함께 수록하였다.

2. 『예기』 경문(經文)의 경우, 의역으로만 번역하면 문장을 번역한 방식을 확인하기 어렵고, 보충 설명 없이 직역으로만 번역하면 내용을 이해하기 힘들다. 따라서 경문에 한하여 직역과 의역을 함께 수록하였다. 나머지 주석들에 대해서는 의역을 위주로 번역하였다.

3. 『예기』 경문에 대한 해석은 진호의 『예기집설』 주석에 근거하였다. 경문 해석에 있어서, 『예기정의』, 『예기훈찬』, 『예기집해』마다 이견(異見)이 많다. 『예기집섭대전』의 소주(小註) 또한 진호의 주장과 이견을 보이는 곳이 있고, 소주 사이에도 이견이 많다. 따라서 『예기』 경문 해석의 표준은 진호의 『예기집설』 주석에 근거했으며, 진호가 설명하지 않은 부분들은 『대전』의 소주를 참고하였다. 또한 경문 해석에 있어서 『예기정의』, 『예기훈찬』, 『예기집해』에 나타나는 이견들은 특별한 경우를 제외하고는 각각의 문장을 읽어보면, 경문에 대한 이견을 알 수 있기 때문에, 이러한 경우에는 주석처리를 하지 않았다.

4. 본 역서가 저본으로 삼은 책은 다음과 같다.

- 『禮記』, 서울 : 保景文化社, 초판 1984 (5판 1995)
- 『禮記正義』 1~4(전4권, 『十三經注疏 整理本』 12~15), 北京 : 北京大學出版社, 초판 2000
- 朱彬 撰, 『禮記訓纂』 上・下(전2권), 北京 : 中華書局, 초판 1996 (2쇄 1998)
- 孫希旦 撰, 『禮記集解』 上・中・下(전3권), 北京 : 中華書局, 초판 1989 (4쇄 2007)

5. 본 책은 『예기』의 경문, 진호의 『집설』, 호광 등이 찬정한 『대전』의 세주, 정현의 주, 육덕명의 『경전석문』, 공영달의 소, 주빈(朱彬)의 『훈찬』, 손희단(孫希旦)의 『집해』 순으로 번역하였다.

6. 본래 『예기』「상복사제」편은 목차가 없으며, 내용 구분에 있어서도 학자들마다 의견차이가 있다. 또한 내용의 연관성으로 인하여, 장과 절을 나누기가 애매한 부분이 많다. 본 책의 목차는 역자가 임의대로 나눈 것이며, 세세하게 분절하여, 독자들이 관련내용들을 찾아보기 쉽게 하였다.

7. 본 책의 뒷부분에는 《喪服四制 人名 및 用語 辭典》을 수록하였다. 본문에 처음으로 등장하는 용어 및 인명에 대해서는 주석처리를 하였다. 이후에 같은 용어가 등장할 때마다 동일한 주석처리를 할 수 없어서, 뒷부분에 사전으로 수록한 것이다. 가나다순으로 기록하여, 번역문을 읽는 도중 앞부분에서 설명했던 고유명사나 인명 등에 대해서 쉽게 찾아볼 수 있도록 하였다.

【720c】

凡禮之大體, 體天地, 法四時, 則陰陽, 順人情, 故謂之禮.

【720c】 등과 같이 【 】 안에 숫자가 기입되어 있는 것은 『예기』의 '경문'을 뜻한다. '720'은 보경문화사(保景文化社)판본의 페이지를 말한다. 'c'는 c단에 기록되어 있다는 표시이다. 밑의 그림은 보경문화사판본의 한 페이지 단락을 구분한 표시이다.

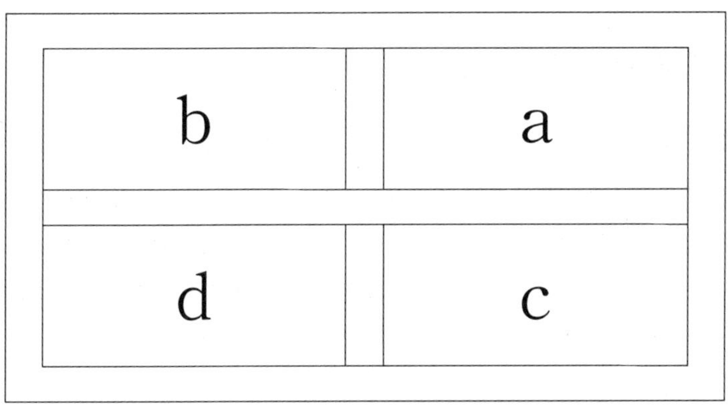

◆ **集說** 體天地以定尊卑, 法四時以爲往來, 則陰陽以殊吉凶, 順人情以爲隆殺.

集說 로 표시된 것은 진호(陳澔)의 『예기집설(禮記集說)』 주석을 뜻한다.

◆ **大全** 嚴陵方氏曰: 恩則有所愛, 故曰仁.

大全 으로 표시된 것은 호광(胡廣) 등이 찬정(撰定)한 『예기집설대전』의 세주(細註)를 뜻한다.

◆ **鄭注** 禮之言體也, 故謂之禮, 言本有法則而生也.

鄭注 로 표시된 것은 『예기정의(禮記正義)』에 수록된 정현(鄭玄)의 주(注)를 뜻한다.

◆**釋文** 訾, 徐音紫, 毁也, 一音才斯反.

釋文 으로 표시된 것은 『예기정의』에 수록된 육덕명(陸德明)의 『경전석문(經典釋文)』을 뜻한다. 『경전석문』의 내용은 글자들의 음을 설명하고, 간략한 풀이를 한 것인데, 육덕명 당시의 음가로 기록이 되었기 때문에, 현재의 음과는 맞지 않는 부분이 많다. 단순히 참고만 하기 바란다.

◆**孔疏** ●"凡禮"至"生也". ○正義曰: 此一篇總論喪之大體, 有四種之制.

孔疏 로 표시된 것은 『예기정의』에 수록된 공영달(孔穎達)의 소(疏)를 뜻한다. 공영달의 주석은 경문과 정현의 주에 대해서 세분화하여 기록되어 있다. 따라서 '●'으로 표시된 부분은 공영달이 경문에 대해 주석을 한 부분이고, '◎'으로 표시된 부분은 정현의 주에 대해 주석을 한 부분이다. 한편 '○'으로 표시된 부분은 공영달의 주석 부분이다.

◆**訓纂** 說文: "呰, 苛也." 段氏玉裁曰: "玄應引鄭注亦作呰."

訓纂 으로 표시된 것은 『예기훈찬(禮記訓纂)』에 수록된 주석이다. 『예기훈찬』 또한 기존 주석들을 종합한 책이므로, 『예기집설대전』 및 『예기정의』와 중복되는 부분은 생략하였다.

◆**集解** 愚謂: 體天地者, 言本天地以爲體, 猶"體物不遺"之體.

集解 로 표시된 것은 『예기집해(禮記集解)』에 수록된 주석이다. 『예기집해』 또한 기존 주석들을 종합한 책이므로, 『예기집설대전』 및 『예기정의』와 중복되는 부분은 생략하였다.

◆ 원문 및 번역문 중 '▼'로 표시된 부분은 한글로 표기할 수 없는 한자를 기록한 부분이다. 예를 들어 '▼(囧/皿)'의 경우 맹(盟)자의 이체자인데, '明'자 대신 '囧'자가 들어간 한자를 프로그램상 삽입할 수가 없어서, '▼(囧/皿)'으로 표시한 것이다. 즉 '▼(A/B)'의 형식으로 기록된 경우, A에 해당하는 글자가 한 글자의 상단 부분에 해당하고, B에 해당하는 글자가 한 글자의 하단 부분에 해당한다는 표시이다. 또한 '▼(A+B)'의 형식으로 기록된 경우, A에 해당하는 글자가 한 글자의 좌측 부분에 해당하고, B에 해당하는 글자가 한 글자의 우측 부분에 해당한다는 표시이다. 또한 '▼((A-B)/C)'의 형식으로 기록된 경우, A에 해당하는 글자에서 B 부분을 뺀 글자가 한 글자의 상단 부분에 해당하고, C에 해당하는 글자가 한 글자의 하단 부분에 해당한다는 표시이다.

목차

그림목차

경문목차

【720c】

喪服四制 第四十九 /「상복사제」 제49편

集說 疏曰: 以其記喪服之制, 取於仁義禮智也.

번역 공영달[1]의 소에서 말하길, 이 편은 상복(喪服)에 대한 제도가 그 의미를 인(仁)·의(義)·예(禮)·지(智)에서 가져왔다는 사실을 기록하고 있다.

孔疏 陸曰: 鄭云: "以其記喪服之制, 取其仁·義·禮·智四者也. 別錄屬喪禮."

번역 육덕명[2]이 말하길, 정현[3]은 "편명을 상복사제(喪服四制)로 지은 이유는 상복(喪服)에 대한 제도가 그 의미를 인(仁)·의(義)·예(禮)·지(智)라는 네 가지 덕목에서 가져왔다는 사실을 기록하고 있기 때문이다. 『별록』[4]에서는 '상례(喪禮)' 항목에 포함시켰다."라고 했다.

孔疏 正義曰: 按鄭目錄云: "名曰喪服四制者, 以其記喪服之制, 取於仁·義·禮·知也. 此於別錄舊說屬喪服." 鄭云"舊說", 按別錄無"喪服四制"之

---

1) 공영달(孔穎達, A.D.574~A.D.648) : =공씨(孔氏). 당대(唐代)의 경학자이다. 자(字)는 중달(仲達)이고, 시호(諡號)는 헌공(憲公)이다. 『오경정의(五經正義)』를 찬정(撰定)하는데 중심적인 역할을 했다.
2) 육덕명(陸德明, A.D.550~A.D.630) : =육원랑(陸元朗). 당대(唐代)의 경학자이다. 이름은 원랑(元朗)이고, 자(字)는 덕명(德明)이다. 훈고학에 뛰어났으며, 『경전석문(經典釋文)』 등을 남겼다.
3) 정현(鄭玄, A.D.127~A.D.200) : =정강성(鄭康成)·정씨(鄭氏). 한대(漢代)의 유학자이다. 자(字)는 강성(康成)이다. 『주역(周易)』, 『상서(尙書)』, 『모시(毛詩)』, 『주례(周禮)』, 『의례(儀禮)』, 『예기(禮記)』, 『논어(論語)』, 『효경(孝經)』 등에 주석을 하였다.
4) 『별록(別錄)』은 후한(後漢) 때 유향(劉向)이 찬(撰)했다고 전해지는 책이다. 현재는 일실되어 존재하지 않으며, 『한서(漢書)』「예문지(藝文志)」편을 통해서 대략적인 내용만을 추측해볼 수 있다.

文, 唯舊說稱此喪服之篇屬喪服. 然以上諸篇, 每篇言"義", 此不云"喪義", 而云"喪服四制"者, 但以上諸篇皆記儀禮當篇之義, 故每篇言"義"也. 此則記者別記喪服之四制, 非記儀禮·喪服之篇, 故不云"喪服之義"也.

번역 『정의』[5]에서 말하길, 정현의 『목록』[6]을 살펴보면, "편명을 '상복사제(喪服四制)'라고 지은 이유는 이 편이 상복(喪服)에 대한 제도가 그 의미를 인(仁)·의(義)·예(禮)·지(智)에서 가져왔다는 사실을 기록하고 있기 때문이다. 『별록』의 옛 학설에서는 '상복(喪服)' 항목에 포함시켰다."라고 했다. 정현이 '옛 학설[舊說]'이라고 했는데, 『별록』의 기록을 살펴보면, '상복사제(喪服四制)'라는 기록이 없고, 오직 옛 학설에서만 상복(喪服)에 대한 편들을 '상복(喪服)' 항목에 포함시키고 있기 때문이다. 그런데 앞의 여러 편들에 대해서는 매 편마다 '의(義)'자를 붙여서 편명을 기록하였는데, 이곳 편명은 '상의(喪義)'라고 하지 않고 '상복사제(喪服四制)'라고 하였다. 그 이유는 앞의 여러 편들은 모두 『의례』에 속한 각 편들의 의미를 기록한 것이기 때문에, 매 편마다 '의(義)'자를 붙여서 언급한 것이다. 반면 「상복사제」편은 『예기』를 기록한 자가 상복과 관련된 네 개의 제도를 별도로 기록하였고, 이것은 『의례』에 속해 있는 「상복(喪服)」편의 의미를 풀이한 편이 아니기 때문에, '상복지의(喪服之義)'라고 부르지 않은 것이다.

---

5) 『정의(正義)』는 『예기정의(禮記正義)』 또는 『예기주소(禮記注疏)』를 뜻한다. 당(唐)나라 때에는 태종(太宗)이 공영달(孔穎達) 등을 시켜서 『오경정의(五經正義)』를 편찬하였는데, 이때 『예기정의』에는 정현(鄭玄)의 주(注)와 공영달의 소(疏)가 수록되었다. 송대(宋代)에는 『오경정의』와 다른 경전(經典)에 대한 주석서를 포함한 『십삼경주소(十三經注疏)』가 편찬되어, 『예기주소』라는 명칭이 되었다.

6) 『목록(目錄)』은 정현이 친술했다고 전해지는 『삼례목록(三禮目錄)』을 가리킨다. 『십삼경주소(十三經注疏)』에서 인용되고 있지만, 이 책은 『수서(隋書)』가 편찬될 당시에 이미 일실되어 존재하지 않았다. 『수서』「경적지(經籍志)」편에는 "三禮目錄一卷, 鄭玄撰, 梁有陶弘景注一卷, 亡."이라는 기록이 있다.

참고 『목록(目錄)』과 『별록(別錄)』의 기록

편차	편명	『목록』	『별록』
1~2	曲禮	名曰曲禮者, 以其篇記五禮之事. 편명을 '곡례(曲禮)'라고 지은 것은 「곡례」편이 오례(五禮)에 대한 사안을 기록하고 있기 때문이다.	制度
3~4	檀弓	名曰檀弓者, 以其記人善於禮, 故著姓名以顯之. 편명을 '단궁(檀弓)'이라고 지은 것은 그 사람이 예법에 뛰어났음을 기록하였기 때문에, 그의 성명으로 편명을 정해서 그를 드러낸 것이다.	通論
5	王制	名曰王制者, 以其記先王班爵·授祿·祭祀·養老之法度. 편명을 '왕제(王制)'라고 지은 것은 선왕이 작위를 하사하고 녹봉을 수여하며 제사를 지내고 노인을 봉양했던 법도를 기록하였기 때문이다.	制度
6	月令	名曰月令者, 以其記十二月政之所行也. 편명을 '월령(月令)'이라고 지은 것은 12개월 동안 각 달에 시행해야 하는 정령을 기록했기 때문이다.	明堂陰陽記
7	曾子問	名爲曾子問者, 以其所問多明於禮, 故著姓名以顯之. 편명을 '증자문(曾子問)'이라고 지은 것은 그가 질문한 내용들이 대부분 예법을 드러내고 있기 때문에 그의 성명으로 편명을 정해서 그를 드러낸 것이다.	喪服
8	文王世子	名曰文王世子者, 以其記文王爲世子時之法. 편명을 '문왕세자(文王世子)'라고 지은 것은 문왕이 세자였을 때의 법도를 기록했기 때문이다.	世子法
9	禮運	名曰禮運者, 以其記五帝三王相變易·陰陽轉旋之道. 편명을 '예운(禮運)'이라고 지은 것은 오제 및 삼왕이 서로 답습하며 변화시키고 음양이 순환하며 바뀌는 도리를 기록했기 때문이다.	通論
10	禮器	名爲禮器者, 以其記禮使人成器之義也. 편명을 '예기(禮器)'라고 지은 것은 예가 사람들로 하여금 각자의 도량을 완성하도록 만든다는 뜻을 기록했기 때문이다.	制度
11	郊特牲	名郊特牲者, 以其記郊天用騂犢之義. 편명을 '교특생(郊特牲)'으로 지은 것은 하늘에 대한 교제사 때 적색 송아지를 사용하는 뜻을 기록했기 때문이다.	祭祀
12	內則	名曰內則者, 以其記男女居室事父母舅姑之法. 편명을 '내칙(內則)'이라고 지은 것은 남녀가 집에 거처하며 부모 및 시부모를 섬기는 예법을 기록했기 때문이다.	子法
13	玉藻	名曰玉藻者, 以其記天子服冕之事也.	通論

		편명을 '옥조(玉藻)'라고 지은 것은 천자의 복장과 면류관에 대한 사안을 기록했기 때문이다.	
14	明堂位	名曰明堂者, 以其記諸侯朝周公於明堂之時, 幷陳列之位也. 편명을 '명당위(明堂位)'라고 지은 것은 제후가 명당에서 주공을 조회하는 시기 및 그들이 나열되는 자리를 기록했기 때문이다.	明堂陰陽
15	喪服小記	喪服小記者, 以其記喪服之小義也. 편명을 '상복소기(喪服小記)'라고 지은 것은 상복에 대한 소소한 의미를 기록했기 때문이다.	喪服
16	大傳	名曰大傳者, 以其記祖宗人親之大義. 편명을 '대전(大傳)'이라고 지은 것은 선조에 대한 제사 및 친족에 대한 중대한 의미를 기록했기 때문이다.	通論
17	少儀	名曰少儀者, 以其記相見及薦羞之少威儀. 편명을 '소의(少儀)'라고 지은 것은 서로 접견하고 음식을 바치는 등의 소소한 의례규정을 기록했기 때문이다.	制度
18	學記	名曰學記者, 以其記人學教之義. 편명을 '학기(學記)'라고 지은 것은 사람이 배우고 가르치는 의미를 기록했기 때문이다.	通論
19	樂記	名曰樂記者, 以其記樂之義. 편명을 '악기(樂記)'라고 지은 것은 음악의 뜻을 기록했기 때문이다.	樂記
20~21	雜記	名曰雜記者, 以其雜記諸侯以下至士之喪事. 편명을 '잡기(雜記)'라고 지은 것은 제후로부터 사 계급에 이르기까지, 그들의 상사에 대한 일들을 뒤섞어 기록했기 때문이다.	喪服
22	喪大記	名曰喪大記者, 以其記人君以下始死·小斂·大斂·殯葬之事. 편명을 '상대기(喪大記)'라고 지은 것은 군주로부터 그 이하의 계층에 있어서, 어떤 자가 이제 막 죽었을 때, 소렴(小斂), 대렴(大斂), 빈소를 만들고 장례를 치르는 등의 사안을 기록했기 때문이다.	喪服
23	祭法	名曰祭法者, 以其記有虞氏至周天子以下, 所制祀群神之數. 편명을 '제법(祭法)'이라고 지은 것은 유우씨로부터 주나라 천자 및 그 이하에 이르기까지 제사를 지내는 여러 신들에 대한 수치를 기록했기 때문이다.	祭祀
24	祭義	名曰祭義者, 以其記祭祀齋戒薦羞之義也. 편명을 '제의(祭義)'라고 지은 것은 제사를 지내며 재계를 하고 제수를 차려내는 뜻을 기록했기 때문이다.	祭祀
25	祭統	名曰祭統者, 以其記祭祀之本也.	祭祀

		편명을 '제통(祭統)'이라고 지은 것은 제사의 근본을 기록했기 때문이다.	
26	經解	名曰經解者, 以其記六藝政敎之得失也.	通論
		편명을 '경해(經解)'라고 지은 것은 육예에 따른 정치와 교화의 득실을 기록했기 때문이다.	
27	哀公問	名曰哀公問者, 善其問禮, 著謚顯之也.	通論
		편명을 '애공문(哀公問)'이라고 지은 것은 예를 물어본 것을 좋게 여겨서 그의 시호를 편명으로 정해서 드러낸 것이다.	
28	仲尼燕居	名曰仲尼燕居者, 善其不倦, 燕居猶使三子侍之, 言及於禮. 著其字, 言事可法. 退朝而處曰燕居.	通論
		편명을 '중니연거(仲尼燕居)'라고 지은 것은 게으름을 부리지 않고 한가롭게 머물러 있을 때라도 여전히 세 명의 제자로 하여금 시중을 들게 하여, 예를 언급했다는 사실을 좋게 평가한 것이다. 공자의 자(字)를 편명에 드러낸 것은 그의 언사를 법도로 삼을 수 있음을 뜻한다. 조정에서 물러나 한가롭게 머무는 것을 '연거(燕居)'라고 부른다.	
29	孔子閒居	名曰孔子閒居者, 善其無倦而不褻, 猶使一弟子侍, 爲之說詩. 著其氏, 言可法也. 退燕避人曰閒居.	通論
		편명을 '공자한거(孔子閒居)'라고 지은 것은 게으름이 없으며 너무 친근하게만 대하지도 않고, 오히려 한 명의 제자로 하여금 시중을 들게 하며, 그를 위해 『시』를 설명해 준 것을 좋게 여겼기 때문이다. 공자의 씨(氏)를 편명에 드러낸 것은 법도로 삼을 수 있음을 뜻한다. 한가롭게 있는 곳에서도 물러나 사람들을 피해 있는 것을 '한거(閒居)'라고 부른다.	
30	坊記	坊記者, 以其記六藝之義, 所以坊人之失者也.	通論
		편명을 '방기(坊記)'로 지은 것은 육예의 뜻은 사람들이 저지르는 잘못을 방지하기 위한 것임을 기록했기 때문이다.	
31	中庸	名曰中庸者, 以其記中和之爲用也.	通論
		편명을 '중용(中庸)'으로 지은 것은 중화(中和)를 쓰임으로 삼는다는 뜻을 기록했기 때문이다.	
32	表記	名曰表記者, 以其記君子之德, 見於儀表.	通論
		편명을 '표기(表記)'라고 지은 것은 군자의 덕이 행동거지로 드러나는 것을 기록했기 때문이다.	
33	緇衣	名曰緇衣者, 善其好賢者, 厚也.	通論
		편명을 '치의(緇衣)'라고 지은 것은 현명한 자를 좋아함이 두텁기 때문이다.	
34	奔喪	名曰奔喪者, 以其居他國, 聞喪奔歸之禮.	喪服之

		편명을 '분상(奔喪)'이라고 지은 것은 다른 나라에 거주하고 있을 때, 상에 대한 소식을 접하여 분주히 되돌아가는 예법이기 때문이다.	禮
35	問喪	名曰問喪者, 以其記善問居喪之禮所由也. 편명을 '문상(問喪)'이라고 지은 것은 질문을 통해 상을 치르는 예법이 유래된 것을 알 수 있게 된 것을 좋게 여겼기 때문이다.	喪服
36	服問	名曰服問者, 以其善問以知有服而遭喪所變易之節. 편명을 '복문(服問)'이라고 지은 것은 질문을 통해 상복을 착용하고 있을 때 다른 상을 당하게 되어 발생하는 변화의 규범을 알 수 있었던 것을 좋게 여겼기 때문이다.	喪服
37	間傳	名曰間傳者, 以其記喪服之間輕重所宜. 편명을 '간전(間傳)'이라고 지은 것은 상복 중 경중의 차이에 따른 마땅함을 기록했기 때문이다.	喪服
38	三年問	名曰三年問者, 善其問以知喪服年月所由. 편명을 '삼년문(三年問)'이라고 지은 것은 질문을 통해 상복을 착용하는 기간의 유래를 알게 되었음을 좋게 여겼기 때문이다.	喪服
39	深衣	名曰深衣者, 以其記深衣之制也. 편명을 '심의(深衣)'라고 지은 것은 심의의 제도를 기록했기 때문이다.	制度
40	投壺	名曰投壺者, 以其記主人與客燕飮, 講論才藝之禮. 편명을 '투호(投壺)'라고 지은 것은 주인이 빈객과 연회를 하며 음주를 하고 재예를 강론하는 예법을 기록했기 때문이다.	吉禮
41	儒行	名曰儒行者, 以其記有道德者所行也. 편명을 '유행(儒行)'이라고 지은 것은 도덕을 갖춘 자가 행동한 것들을 기록했기 때문이다.	通論
42	大學	名曰大學者, 以其記博學, 可以爲政也. 편명을 '대학(大學)'이라고 지은 것은 널리 배워서 정치로 시행할 수 있음을 기록했기 때문이다.	通論
43	冠義	名曰冠義者, 以其記冠禮成人之義. 편명을 '관의(冠義)'라고 지은 것은 관례가 사람을 완성시켜준다는 뜻을 기록했기 때문이다.	吉事
44	昏義	名曰昏義者, 以其記娶妻之義, 內敎之所由成也. 편명을 '혼의(昏義)'라고 지은 것은 처를 맞이하는 뜻을 기	吉事

		록했기 때문이니, 집안의 가르침은 이를 통해 완성된다.	
45	鄕飮酒義	名曰鄕飮酒義者, 以其記鄕大夫飮賓于庠序之禮, 尊賢養老之義.	吉事
		편명을 '향음주의(鄕飮酒義)'라고 지은 것은 향대부가 상서에서 빈객들에게 음주를 베푸는 예법과 현명한 자를 존숭하고 노인을 봉양하는 의미를 기록했기 때문이다.	
46	射義	名曰射義者, 以其記燕射·大射之禮, 觀德行取於士之義.	吉事
		편명을 '사의(射義)'라고 지은 것은 연사례와 대사례가 덕행을 관찰하여 사를 선발하는 의미를 기록했기 때문이다.	
47	燕義	名曰燕義者, 以其記君臣燕飮之禮, 上下相尊之義.	吉事
		편명을 '연의(燕義)'라고 지은 것은 군주와 신하가 음주를 하는 예법과 상하 계층이 상호 존숭하는 의미를 기록했기 때문이다.	
48	聘義	名曰聘義者, 以其記諸侯之國交相聘問之禮, 重禮輕財之義也.	吉事
		편명을 '빙의(聘義)'라고 지은 것은 제후국에서 상호 빙문을 할 때의 예법과 예법을 중시하고 재물을 경시한다는 의미를 기록했기 때문이다.	
49	喪服四制	名曰喪服四制者, 以其記喪服之制, 取於仁·義·禮·知也.	喪服
		편명을 '상복사제(喪服四制)'라고 지은 것은 상복에 대한 제도가 그 의미를 인(仁)·의(義)·예(禮)·지(智)에서 가져왔다는 사실을 기록했기 때문이다.	

• 제 1 절 •

예(禮)의 대체(大體)와 상(喪)의 사제(四制)

【720c】

凡禮之大體, 體天地, 法四時, 則陰陽, 順人情, 故謂之禮. 訾之者, 是不知禮之所由生也. 夫禮吉凶異道, 不得相干, 取之陰陽也. 喪有四制, 變而從宜, 取之四時也. 有恩, 有理, 有節, 有權, 取之人情也. 恩者仁也, 理者義也, 節者禮也, 權者知也. 仁義禮知, 人道具矣.

직역 凡히 禮의 大體는 天地를 體하고, 四時를 法하며, 陰陽을 則하고, 人情을 順하니, 故로 禮라 謂한다. 訾하는 者는 是는 禮의 由하여 生한 所를 不知함이라. 夫히 禮는 吉凶이 道를 異하고, 相干을 不得하니, 陰陽에서 取함이다. 喪에 四制가 有하고, 變하여 宜에 從함은 四時에서 取함이다. 恩이 有하고, 理가 有하며, 節이 有하고, 權이 有함은 人情에서 取함이다. 恩한 者는 仁이고, 理한 者는 義이며, 節한 者는 禮이고, 權한 者는 知이다. 仁義禮知는 人道를 具함이다.

의역 무릇 예의 큰 본체는 천지(天地)를 본체로 삼고 사시(四時)를 본받으며 음양(陰陽)을 본뜨고 인정(人情)에 따른 것이다. 그렇기 때문에 그것을 '예(禮)'라고 부른다. 이것을 비방하는 자는 예에 말미암아서 생겨나게 된 점을 알지 못한 것이다. 무릇 예의 길흉(吉凶)은 그 도를 달리하여 서로 간여하지 않으니, 이것은 음양(陰陽)에서 그 의미를 취한 것이다. 또한 상(喪)에는 네 가지 제정 법칙이 있는데, 변화하여 그 합당함에 따르니, 이것은 사시(四時)에서 그 의미를 취한 것이다. 은정[恩]이 있고 이치[理]가 있으며 절도[節]가 있고 권도[權]가 있으니, 이것은 인정(人情)에서 그 의미를 취한 것이다. 은정이라는 것은 인(仁)에 해당하고, 이치라는 것은 의(義)에 해당하며, 절도라는 것은 예(禮)에 해당하고, 권도라는 것은 지(知)에 해당하니, 인(仁)·의(義)·예(禮)·지(知)는 인도(人道)를 모두 갖추고 있다.

集說 體天地以定尊卑, 法四時以爲往來, 則陰陽以殊吉凶, 順人情以爲隆殺. 先王制禮, 皆本於此, 不獨喪禮爲然也, 故曰凡禮之大體. 吉凶異道以下, 始專以喪禮言之. 喪有四制, 謂以恩制, 以義制, 以節制, 以權制也.

번역 천지(天地)를 본체로 삼아서 신분의 질서를 정한 것이고, 사시(四時)를 본받아서 오고 감을 정한 것이며, 음양(陰陽)을 본떠서 길흉을 달리한 것이고, 인정(人情)에 따라서 높이고 낮춤을 정한 것이다. 선왕이 예법을 제정함에 모두 여기에 근본을 두었으니, 유독 상례(喪禮)만 이러한 것은 아니다. 그렇기 때문에 '모든 예의 대체(大體)'라고 말한 것이다. "길흉이 도를 달리한다."는 구문으로부터 그 이하의 구문에서 비로소 상례만을 기준으로 언급하고 있다. "상에 사제(四制)가 있다."는 말은 은(恩)으로써 제정하고 의(義)로써 제정하며 절(節)로써 제정하고 권(權)으로써 제정한다는 뜻이다.

大全 嚴陵方氏曰: 恩則有所愛, 故曰仁. 理則有所宜, 故曰義. 節則有所制, 故曰禮. 權則有所明, 故曰知. 此四者, 人之所由, 廢一不可也. 取之者, 謂取而法之故也. 其所謂則也順也, 蓋亦若是而已.

번역 엄릉방씨[1]가 말하길, 은정[恩]을 갖추게 된다면 아끼는 바가 있게 된다. 그렇기 때문에 인(仁)이라고 말한 것이다. 이치[理]를 갖추게 된다면 합당한 바가 있게 된다. 그렇기 때문에 의(義)라고 말한 것이다. 절도[節]를 갖추게 된다면 제재하는 바가 있게 된다. 그렇기 때문에 예(禮)라고 말한 것이다. 권도[權]를 갖추게 된다면 명확한 바가 있게 된다. 그렇기 때문에 지(知)라고 말한

---

1) 엄릉방씨(嚴陵方氏, ?~?) : =방각(方慤)·방씨(方氏)·방성부(方性夫). 송대(宋代)의 유학자이다. 이름은 각(慤)이다. 자(字)는 성부(性夫)이다. 『예기집해(禮記集解)』를 지었고, 『예기집설대전(禮記集說大全)』에는 그의 주장이 많이 인용되고 있다.

것이다. 이 네 가지는 사람이 따르게 되는 것이므로 하나라도 폐지해서는 안 된다. 취(取)한다고 말한 것은 취하여 법도로 삼기 때문이다. 이른바 칙(則)이라는 것과 순(順)이라고 부른 것은 아마도 또한 이와 같을 따름이다.

大全 馬氏曰: 天地者, 禮之本也. 陰陽者, 禮之端也. 四時者, 禮之柄也. 人情者, 禮之道也. 恩義, 所以厚其死, 節權, 所以存其生. 厚其死者, 故爲父斬衰三年, 爲君亦斬衰三年. 存其生者, 故曰毁不滅性, 不以死傷生也.

번역 마씨[2]가 말하길, 천지(天地)라는 것은 예의 근본이 된다. 음양(陰陽)이라는 것은 예의 단서가 된다. 사시(四時)라는 것은 예를 쥐는 자루가 된다.[3] 인정(人情)이라는 것은 예의 도리가 된다. 은정과 의로움이라는 것은 그 죽음에 대해서 후하게 대하는 방법이고, 절제하고 권도를 발휘하는 것은 그 삶을 보존하는 방법이다. 죽음에 대해 후하게 대하기 때문에 돌아가신 부친을 위해서는 참최복(斬衰服)[4]을 3년 동안 착용하고, 돌아가신 군주를 위해서도 또한 참최복을 3년 동안 착용하는 것이다. 삶에 대해 보존하기 때문에 "몸이 수척해지더라도 그 생명을 잃게 하지 않고, 죽음으로 인해 생명을 손상시키지 않는다."[5]고 말한 것이다.

---

2) 마희맹(馬晞孟, ?~?) : =마씨(馬氏)·마언순(馬彦醇). 자(字)는 언순(彦醇)이다. 『예기해(禮記解)』를 찬술했다.

3) 『예기』「예운(禮運)」【283b】: 故聖人作則, 必以<u>天地爲本, 以陰陽爲端, 以四時爲柄</u>, 以日星爲紀, 月以爲量, 鬼神以爲徒, 五行以爲質, 禮義以爲器, 人情以爲田, 四靈以爲畜. 以天地爲本, 故物可擧也, 以陰陽爲端, 故情可睹也, 以四時爲柄, 故事可勸也, 以日星爲紀, 故事可列也, 月以爲量, 故功有藝也, 鬼神以爲徒, 故事可守也, 五行以爲質, 故事可復也, 禮義以爲器, 故事行有考也, 人情以爲田, 故人以爲奧也, 四靈以爲畜, 故飮食有由也.

4) 참최복(斬衰服)은 상복(喪服) 중 하나로, 오복(五服)에 속한다. 상복 중에서도 가장 수위가 높은 상복이다. 거친 삼베를 사용해서 만들며, 자른 부위를 꿰매지 않기 때문에 참최(斬衰)리고 부른다. 이 복장을 입게 되는 기간은 일반적으로 3년에 해당하며, 죽은 부모를 위해 입거나, 처 또는 첩이 죽은 남편을 위해 입는다.

5) 『예기』「상복사제」【721b】: 三日而食, 三月而沐, 期而練, <u>毁不滅性, 不以死傷生也</u>. 喪不過三年, 苴衰不補, 墳墓不培. 祥之日鼓素琴, 告民有終也, 以節制者也.

鄭注 禮之言體也, 故謂之禮, 言本有法則而生也. 口毁曰"訾". 吉禮·凶禮異道, 謂衣服·容貌及器物也. "取之四時", 謂其數也. "取之人情", 謂其制也.

번역 예(禮)라는 말은 본체[體]를 뜻하기 때문에, 예(禮)라고 부른다고 한 것이니, 이 말은 본래부터 법칙으로 삼아서 생겨나게 됨이 있다는 사실을 뜻한다. 말로 헐뜯는 것을 '자(訾)'라고 부른다. 길례(吉禮)와 흉례(凶禮)가 도(道)를 달리한다는 것은 의복, 용모와 태도, 각종 기물들에 대한 것을 가리킨다. "사시(四時)에서 취한다."는 말은 그 도수[數]를 뜻한다. "인정(人情)에서 취한다."는 말은 그 제도[制]를 뜻한다.

釋文 訾, 徐音紫, 毁也, 一音才斯反. 知音智, 下同.

번역 '訾'자의 서음(徐音)은 '紫(자)'이고, 훼손한다는 뜻이며, 다른 음은 '才(재)'자와 '斯(사)'자의 반절음이다. '知'자의 음은 '智(지)'이며, 아래문장에 나오는 글자도 그 음이 이와 같다.

孔疏 ●"凡禮"至"生也". ○正義曰: 此一篇總論喪之大體, 有四種之制. 初明恩制, 次明理制, 次明節制, 次明權制, 旣明四制. 事畢, 又明三年喪自古而行之, 故引高宗之事. 又明斬衰以下, 節制之差, 結成仁義之事. 各隨文解之.

번역 ●經文: "凡禮"~"生也". ○「상복사제」편은 상의 큰 본체에는 4종류의 제도가 있음을 총괄적으로 논의하고 있다. 처음에는 은정[恩]에 따른 제도를 나타내었고, 그 다음에는 이치[理]에 따른 제도를 나타냈으며, 그 다음에는 절도[節]에 따른 제도를 나타내었고, 그 다음에는 권도[權]에 따른 제도를 나타내어서, 네 가지 제도를 모두 나타낸 것이다. 이에 대한 조술이 끝나자 재차 삼년상이 고대로부터 시행되어 왔다는 사실을 나타내었다. 그렇기 때문에 고종(高宗)에 대한 일화를 인용한 것이다. 그리고 또한 참최복(斬衰服) 이하의 내용에서는 절도에 따른 제도의 차등을 나타내고, 인의(仁義)를 이루는 일들로 결론을 맺었다. 각각의 문장에 따라서 풀이하겠다.

孔疏 ●"體天地"者, 言禮之大綱之體, 體於天地之間所生之物. 言所生之物, 皆禮以體定之.

번역 ●經文: "體天地". ○예의 큰 강령을 이루는 본체는 천지(天地) 사이에서 생겨난 만물에 근본을 두고 있다는 뜻이다. 즉 생겨난 만물들은 모두 예(禮)가 그 본체를 통해 확정시킨다는 뜻이다.

孔疏 ●"法四時"者, 則下文云"喪有四制, 變而從宜, 取之四時", 是也.

번역 ●經文: "法四時". ○아래 문장에서 "상에는 네 가지 제정 법칙이 있는데, 변화하여 그 합당함에 따르니, 이것은 사시(四時)에서 그 의미를 취한 것이다."라고 한 말이 그 뜻에 해당한다.

孔疏 ●"則陰陽"者, 下文云"吉凶異道, 不得相干, 取之陰陽", 是也.

번역 ●經文: "則陰陽". ○아래 문장에서 "예의 길흉(吉凶)은 그 도를 달리하여 서로 간여하지 않으니, 이것은 음양(陰陽)에서 그 의미를 취한 것이다."라고 한 말이 그 뜻에 해당한다.

孔疏 ●"順人情"者, 下文云"有恩有理, 有節有權, 取之人情", 是也.

번역 ●經文: "順人情". ○아래 문장에서 "은정[恩]이 있고, 이치[理]가 있으며, 절도[節]가 있고, 권도[權]가 있으니, 이것은 인정(人情)에서 그 의미를 취한 것이다."라고 한 말이 그 뜻에 해당한다.

孔疏 ●"故謂之禮"者, 以其無物不體, 故謂之爲禮, 故注云"禮之言體"也.

번역 ●經文: "故謂之禮". ○사물들 중 본체로 삼지 않는 것이 없기 때문에 예(禮)가 된다고 말한 것이다. 그래서 정현의 주에서도 "예(禮)라는 말은 본체[體]를 뜻한다."라고 말한 것이다.

孔疏 ●"訾之者, 是不知禮之所由生也"者, 言若訾毁, 不信禮之體天地·法四時·則陰陽·順人情, 如此之人, 是不識知禮之所由生也. 言不知禮之有法則也.

번역 ●經文: "訾之者, 是不知禮之所由生也". ○만약 헐뜯게 된다면, 예가 천지(天地)를 본체로 삼고 사시(四時)를 법칙으로 삼으며 음양(陰陽)을 본받고 인정(人情)에 따르는 것을 믿지 못하는 것이니, 이와 같은 사람은 예가 유래되어 생겨나게 된 점을 알지 못한 것이다. 즉 예에는 법칙이 있다는 사실을 알지 못한다는 뜻이다.

孔疏 ●"夫禮"至"具矣". ○正義曰: 此一節覆說前文禮"法四時, 則陰陽, 順人情"之事. 不覆說"體天地"者, 天地包此四時·陰陽·人情, 無物不總, 故不覆說"體天地"之事.

번역 ●經文: "夫禮"~"具矣". ○이곳 문단은 앞서 예를 설명하며 "사시(四時)를 법칙으로 삼고 음양(陰陽)을 본받으며 인정(人情)에 따른다."라고 한 사안을 재차 풀이한 것이다. 그런데 "천지(天地)를 본체로 삼는다."라는 구문에 대해 재차 설명하지 않은 것은 천지는 이러한 사시·음양·인정들을 포괄하고 있어서, 사물들 중에 포함되지 않는 것들이 없기 때문에, "천지를 본체로 삼는다."는 사안에 대해 재차 설명하지 않은 것이다.

孔疏 ●"吉凶異道"者, 言吉·凶各異其道, 及衣服·容貌·器物不同也.

번역 ●經文: "吉凶異道". ○길(吉)과 흉(凶)은 각각 그 도(道)를 달리하니, 의복·용모와 행동·각종 기물 등에 있어서 서로 다르다는 것을 뜻한다.

孔疏 ●"喪有四制, 變而從宜"者, 言門內主恩, 若於門外, 則變而行義. 尊卑有定, 禮制有恒, 以節爲限. 或有事故, 不能備禮, 則變而行權, 是皆"變而從宜", 取人情也.

번역 ●經文:"喪有四制, 變而從宜". ○문 안에서는 은정[恩]을 위주로 하지만, 만약 문밖의 경우라면 변화를 시켜서 의(義)에 따른다는 뜻이다. 신분의 질서에는 확정됨이 있고 예제(禮制)에는 항상됨이 있으니, 절도를 제한으로 삼게 된다. 간혹 그 사안에 어떠한 변고가 발생하여 예의 규정을 제대로 갖출 수 없다면 변화를 시켜서 권도를 시행하니, 이러한 것들은 모두 "변화하여 합당함에 따른다."는 것에 해당하고, 이것은 인정(人情)에서 그 의미를 취한 것이다.

孔疏 ●"恩者仁也, 理者義也, 節者禮也", 恩屬於仁, 理屬於義, 節屬於禮, 故云"節者禮也".

번역 ●經文: "恩者仁也, 理者義也, 節者禮也". ○은정은 인(仁)에 속하고, 이치는 의(義)에 속하며, 절도는 예(禮)에 속한다. 그렇기 때문에 "절도라는 것은 예(禮)이다."라고 말한 것이다.

孔疏 ●"權者知也", 量事權宜, 非知不可, 故云"權者知也".

번역 ●經文: "權者知也". ○각 사안을 헤아려서 합당함에 견주어보는 것은 지혜가 아니라면 불가능한 일이다. 그렇기 때문에 "권도라는 것은 지(知)이다."라고 말한 것이다.

孔疏 ●"仁·義·禮·知, 人道具矣"者, 此總結四制之義. 仁屬東方, 義屬西方, 禮屬南方, 知屬北方. 四時並備, 是"人道具矣". 五常五行, 四時無"信"者, 知中兼之, 故北方水爲知, 又爲信, 是取法四時, 故不幷數"信"也.

번역 ●經文: "仁·義·禮·知, 人道具矣". ○이 구문은 사제(四制)의 의미를 총괄적으로 결론 맺은 문장이다. 인(仁)은 방위로 따지면 동쪽에 속하고, 의(義)는 서쪽에 속하며, 예(禮)는 남쪽에 속하고, 지(知)는 북쪽에 속한다. 사시(四時) 또한 모두 갖추고 있으니, 이것은 곧 "인도(人道)를 구비하고 있다."는 뜻에 해당한다. 오상(五常)과 오행(五行)이 짝을 이루는데, 사시(四時)에는 신(信)이 없지만 지(知) 안에 그것을 포함하고 있다. 그렇기 때문에 북쪽에 해당하는 수(水)는 곧 지(知)가 되지만 동시에 신(信)도 되니, 이것은 곧 사시(四時)에서 그 의미를 취한 것이 된다. 그렇기 때문에 신(信)을 그 수에 포함시키지 않았던 것이다.

訓纂 說文: "呰, 苛也." 段氏玉裁曰: "玄應引鄭注亦作呰."

번역 『설문』에서는 "자(呰)자는 꾸짖는다는 뜻이다."라고 했고, 단옥재[6]는 "현응은 정현의 주를 인용하며 또한 자(呰)자로 기록했다."라고 했다.

集解 愚謂: 體天地者, 言本天地以爲體, 猶"體物不遺"之體. 禮儀三百, 威儀三千, 莫非天理之所當然. 此言凡禮由是四者而生, 蓋五禮之所同也. 下文乃專以喪禮言之.

번역 내가 생각하기에, '체천지(體天地)'라는 말은 천지에 근본을 두고 이것을 본체로 삼는다는 뜻이니, "사물의 본체가 되어 빠트릴 수 없다."[7]라고 했을 때의 '체(體)'와 같다. 예의는 300가지이고 위의는 3,000가지이지만,[8] 천리의 마땅히 그러한 바가 아닌 것들이 없다. 이곳에서는 모든 예는 이러한 네 가지를 통해서 생겨난다고 했는데, 오례(五禮)[9] 모두 동일한 바이다. 아래문장은 곧 전적으로 상례만을 언급한 것이다.

---

6) 단옥재(段玉裁, A.D.1735~A.D.1815) : 청(淸)나라 때의 학자이다. 자(字)는 약응(若膺)이고, 호(號)는 무당(懋堂)이다. 저서로는 『설문해자주(說文解字注)』, 『육서음균표(六書音均表)』, 『고문상서찬이(古文尙書撰異)』 등이 있다.

7) 『중용』「16장」 : 子曰, "鬼神之爲德, 其盛矣乎! 視之而弗見, 聽之而弗聞, 體物而不可遺."

8) 『중용』「27장」 : 優優大哉, 禮儀三百, 威儀三千, 待其人然後行, 故曰, "苟不至德, 至道不凝焉."

9) 오례(五禮)는 고대부터 전해져 온 다섯 종류의 예제(禮制)를 뜻한다. 즉 길례(吉禮), 흉례(凶禮), 군례(軍禮), 빈례(賓禮), 가례(嘉禮)를 가리킨다. 『주례』「춘관(春官)·소종백(小宗伯)」편에는 "掌五禮之禁令與其用等."이라는 기록이 있는데, 이에 대한 정현의 주에서는 정사농(鄭司農)의 주장을 인용하여, "五禮, 吉·凶·軍·賓·嘉."라고 풀이했다.

集解 陰陽相干則天道失, 吉凶相干則人事悖. 故居喪之衣服·容貌·飮食·居處, 皆與吉時不同者, 取則於陰陽也. 上文言禮由"天地"四者而生, 此下二節, 惟言"陰陽·四時·人情", 而不言"天地"者, 蓋陰陽·四時, 皆天地之用, 而人情之至, 亦莫非天理也, 言陰陽·四時·人情, 則天地在其中矣.

번역 음양(陰陽)이 상호 간여한다면 하늘의 도를 잃어버리게 되고, 길흉(吉凶)이 서로 간여한다면 사람의 일들이 어긋나게 된다. 그렇기 때문에 상을 치를 때의 의복·용모·음식·거처가 모두 길한 시기와 다른 것인데, 이것은 음양에서 그 법칙을 취한 것이다. 앞의 문장에서는 예가 '천지(天地)'를 포함한 네 가지를 통해서 생겨난다고 했는데, 이곳 아래의 두 문단에서는 '음양(陰陽)'·'사시(四時)'·'인정(人情)'만을 언급하고 천지(天地)에 대해서는 언급하지 않았다. 그 이유는 음양과 사시는 모두 천지의 작용이 되며, 인정의 지극한 것 또한 천리 아닌 것들이 없기 때문이니, 음양·사시·인정을 말한다면 천지에 대한 사안은 그 안에 포함되기 때문이다.

集解 愚謂: 天有四時, 或生或成, 因乎物之宜者也. 喪之四制, 或隆或殺, 隨乎事之宜者也. 有親屬而服之者謂之恩; 本非親屬, 因義理之宜而服之者謂之理; 立其制限謂之節; 酌其變通謂之權. 服之出於恩者, 由性之仁爲之也. 服之本於理者, 由性之義爲之也. 服之有節限者, 由性之禮爲之也. 禮者, 天理之節文, 故於服能制其節限也. 服之有權宜者, 由性之知爲之也. 知能知事理之所宜, 故於服能酌其權宜也. 仁·義·禮·知, 人之所以爲人者, 其道不外乎此矣.

번역 내가 생각하기에, 하늘에는 사계절이 있어서, 어떤 때에는 생겨나게 하고 또 어떤 때에는 완성하게 하는데, 이것들은 사물의 마땅한 바에 따르는 것이다. 상에 적용되는 네 가지 제도는 어떤 것은 융성하게 하고 어떤 것은 줄이게 하는데, 이것들은 사안의 마땅함에 따르는 것이다. 친족관계가 있어서 그를 위해 상복을 착용하는 것은 '은(恩)'이라 부르고, 본래는 친족관계가 아니지만 의리의 마땅함에 따라 상대를 위해 상복을 착용하는 것은 '이(理)'라고 부르며, 제도의 제한을 세우는 것은 '절(節)'이라 부르고, 변통에 맞추는 것은

'권(權)'이라 부른다. 복상을 하는 것이 은정에서 비롯된 것은 본성의 인(仁)에 따라 그처럼 하는 것이다. 복상을 하는 것이 이치에 근본을 두고 있는 것은 본성의 의(義)에 따라 그처럼 하는 것이다. 복상에 절도와 제한이 있는 것은 본성의 예(禮)에 따라 그처럼 하는 것이다. '예(禮)'라는 것은 하늘의 이치를 절도에 맞춘 격식이 된다. 그렇기 때문에 복상에 있어 그것의 절도와 제한을 제정할 수 있다. 복상을 함에 마땅함에 따라 권도를 발휘하는 것은 본성의 지(知)에 따라 그처럼 하는 것이다. '지(知)'는 사리의 마땅함을 알 수 있다. 그렇기 때문에 복상에 있어 권도에 따른 마땅함에 짝할 수 있는 것이다. 인(仁)·의(義)·예(禮)·지(知)는 사람이 사람다울 수 있는 것들이며, 그 도(道)라는 것도 여기에서 벗어나지 않는다.

참고 구문비교

예기·상복사제 凡禮之大體, 體天地, 法四時, 則陰陽, 順人情, 故謂之禮.

예기·혼의(昏義) 敬愼重正而后親之, 禮之大體而所以成男女之別, 而立夫婦之義也. 男女有別, 而後夫婦有義; 夫婦有義, 而後父子有親; 父子有親, 而後君臣有正, 故曰昏禮者, 禮之本也. 夫禮始於冠, 本於昏, 重於喪祭, 尊於朝聘, 和於射鄕, 此禮之大體也.

참고 『예기』「혼의(昏義)」 기록

경문-692c~d 敬愼重正而后親之, 禮之大體而所以成男女之別, 而立夫婦之義也. 男女有別, 而後夫婦有義; 夫婦有義, 而後父子有親; 父子有親, 而後君臣有正, 故曰昏禮者, 禮之本也. 夫禮始於冠, 本於昏, 重於喪祭, 尊於朝聘, 和於射鄕, 此禮之大體也.

번역 공경하며 신중히 하고, 중시하고 올바르게 한 이후에야 친근하게 되니, 예의 큰 본체이고, 남녀의 유별함을 이루고 부부 사이의 도의를 이루는 방법이다. 남녀사이에 유별함이 있은 뒤에라야 부부사이에 도의가 생기고, 부부사이에 도의가 생긴 이후에야 부자관계에 친근함이 생기며, 부자관계에 친근함이 생긴 이후에야 군신관계에 올바름이 생긴다. 그렇기 때문에 "혼례(昏禮)라는 것은 예의 근본이다."라고 말한 것이다. 무릇 예라는 것은 관례(冠禮)에서 시작하고, 혼례에 근본을 두며, 상례(喪禮)와 제례(祭禮)를 중시하고, 조빙(朝聘)을 존엄하게 여기며, 사례(射禮)와 향음주례(鄉飲酒禮)를 화목하게 만드니, 이것이 바로 예의 큰 본체이다.

鄭注 言子受氣性純則孝, 孝則忠也. 始, 猶根也. 本, 猶幹也. 鄉, 鄉飲酒.

번역 자식이 부여받은 기운과 성품이 순하다면 효(孝)를 하게 되고, 효성스럽다면 충(忠)을 하게 된다는 뜻이다. '시(始)'자는 뿌리[根]와 같다. '본(本)'자는 줄기[幹]와 같다. '향(鄉)'자는 향음주례(鄉飲酒禮)를 뜻한다.

孔疏 ●"夫禮"至"體也". ○正義曰: 此經因昏禮爲諸禮之本, 遂廣明禮之始終. 始則在於冠·昏, 終則重於喪祭, 其間有朝聘·鄉射, 是禮之大體之事也.

번역 ●經文: "夫禮"~"體也". ○이곳 경문은 혼례가 여러 예들의 근본이 된다는 사실에 연유하여, 마침내 예의 시작과 끝에 대해서 폭넓게 설명한 것이다. 시작은 관례(冠禮)와 혼례(昏禮)에 달려 있는 것이고, 끝은 상례(喪禮)와 제례(祭禮)를 중시하는 것인데, 그 사이에는 조빙(朝聘)이나 향음주례(鄉飲酒禮) 및 사례(射禮)가 포함되어 있으니, 이것이 바로 예의 큰 본체에 해당하는 일이다.

참고 구문비교

예기 · 상복사제 凡禮之大體, 體天地, 法四時, 則陰陽, 順人情, 故謂之禮.

역 · 계사하(繫辭下) 子曰: "乾坤, 其易之門邪?" 乾, 陽物也. 坤, 陰物也. 陰陽合德而剛柔有體, 以體天地之撰

참고 『역』「계사하(繫辭下)」 기록

경문 子曰: "乾坤, 其易之門邪?" 乾, 陽物也. 坤, 陰物也. 陰陽合德而剛柔有體, 以體天地之撰.

번역 공자가 말하길, "건곤(乾坤)은 역의 문일 것이다." 건(乾)은 양에 해당하는 것이다. 곤(坤)은 음에 해당하는 것이다. 음양이 덕을 합하여 강(剛)과 유(柔)에 몸체가 생기니, 이를 통해 천지의 도수를 몸체로 삼는다.

王注 撰, 數也.

번역 '찬(撰)'자는 도수[數]를 뜻한다.

孔疏 ○正義曰: "子曰: 乾坤, 其易之門邪"者, 易之變化, 從乾坤而起, 猶人之興動, 從門而出, 故乾坤是易之門邪. "乾, 陽物也. 坤, 陰物也. 陰陽合德而剛柔有體"者, 若陰陽不合, 則剛柔之體無從而生. 以陰陽相合, 乃生萬物, 或剛或柔, 各有其體. 陽多爲剛, 陰多爲柔也. "以體天地之撰"者, 撰, 數也. 天地之內, 萬物之象, 非剛則柔, 或以剛柔體象天地之數也.

번역 ○『정의』에서 말하길, "공자가 말하길, '건곤(乾坤)은 역의 문일 것이다.'"라고 했는데, 역의 변화는 건곤을 따라 일어나며, 사람이 일어나 움직일 때 문을 통해 밖으로 나오는 것과 같다. 그렇기 때문에 건곤을 역의 문일 것이라고 했다. "건(乾)은 양에 해당하는 것이다. 곤(坤)은 음에 해당하는 것이다. 음양이 덕을 합하여 강(剛)과 유(柔)에 몸체가 생긴다."라고 했는데, 만약 음양이 합하지 않는다면, 강과 유의 본체도 따라서 생겨나올 곳이 없게 된다. 음양이 서로 합하게 되면 만물을 생겨나게 하여, 어떤 것은 강하게 되고 어떤 것은 유하게 되어, 각각 해당하는 몸체가 있게 된다. 양이 많은 것은 강하게 되고 음이 많은 것은 유하게 된다. "이를 통해 천지의 도수를 몸체로 삼는다."라고 했는데, '찬(撰)'자는 도수[數]를 뜻한다. 천지의 안에 있는 만물의 상은 강이 아니라면 유에 해당하니, 아마도 강유로 천지의 도수를 몸체로 삼아 본떴을 것이다.

本義 諸卦剛柔之體, 皆以乾坤合德而成. 故曰乾坤易之門. 撰, 猶事也.

번역 여러 괘에 나타나는 강과 유의 몸체는 모두 건곤이 덕을 합하여 이룬 것이다. 그렇기 때문에 "건곤은 역의 문이다."라고 했다. '찬(撰)'자는 일[事]을 뜻한다.

참고 구문비교

예기 · 상복사제 凡禮之大體, 體天地, 法四時, 則陰陽, 順人情, 故謂之禮.

예기 · 예운(禮運) 所以養生 · 送死 · 事鬼神之大端也, 所以達天地 · 順人情之大竇也.

참고 『예기』「예운(禮運)」 기록

경문-287b~c 故禮義也者, 人之大端也. 所以講信修睦, 而固人肌膚之會·筋骸之束也. 所以養生·送死·事鬼神之大端也, 所以達天地·順人情之大竇也. 故惟聖人爲知禮之不可以已也. 故壞國·喪家·亡人, 必先去其禮.

번역 공자가 계속해서 말해주길, "그러므로 예의(禮義)라는 것은 사람에게 있어서는 큰 단서가 된다. 즉 예의는 신의[信]를 강론하고, 친목[睦]을 다지는 방법이며, 또한 사람의 살과 피부가 결부되어 있고, 근육과 뼈가 결속되어 있는 것처럼 굳건하게 결속시키는 방법이다. 뿐만 아니라 예의는 살아있는 자를 부양하고, 죽은 자를 전송하며, 귀신을 섬기는데 있어서도 큰 단서가 되고, 천지의 도리에 두루 달통하고, 사람의 정감에 따르는 큰 출입구가 된다. 그렇기 때문에 오직 성인만이 예는 그만 둘 수 없는 대상임을 알고 있었다. 그러므로 나라를 패망시키고, 영지를 잃어버리며, 자신을 망친 자들은 반드시 먼저 그 예를 버렸기 때문이다."라고 했다.

鄭注 竇, 孔穴也. 言愚者之反聖人也.

번역 '두(竇)'자는 구멍[孔穴]을 뜻한다. 마지막 문장의 내용은 어리석은 자들은 성인과 상반되게 행동한다는 뜻이다.

集解 吳氏澄曰: "順人情"三字, 爲此條之體要. 自此以至終篇, 皆演"順"字之意.

번역 오징[10]이 말하길, "인정에 따른다[順人情]."라는 세 글자는 이곳 문장에 나타내는 조리(條理)의 요체가 된다. 이곳 문장으로부터 『예기』「예운」편이 끝날 때까지의 내용들은 모두 '순(順)'자의 뜻을 부연설명하고 있는 것이다.

---

10) 오징(吳澄, A.D.1249~A.D.1333) : =임천오씨(臨川吳氏)·오유청(吳幼淸)·초려오씨(草廬吳氏). 송원대(宋元代)의 유학자이다. 이름은 징(澄)이다. 자(字)는 유청(幼淸)이다. 저서로 『예기해(禮記解)』가 있다.

참고 구문비교

예기 · 상복사제 夫禮吉凶異道, 不得相干, 取之陰陽也. 喪有四制, 變而從宜, 取之四時也. 有恩, 有理, 有節, 有權, 取之人情也. 恩者仁也, 理者義也, 節者禮也, 權者知也. 仁義禮知, 人道具矣.

대대례기 · 본명(本命) 禮義者, 恩之主也. 冠 · 昏 · 朝 · 聘 · 喪 · 祭 · 賓主 · 鄕飮酒 · 軍旅, 此之謂九禮也. 禮經三百, 威儀三千, 機其文之變也. 其文變也, 禮之象五行也, 其義四時也. 故以四擧, 有恩, 有義, 有節, 有權.

공자가어 · 본명해(本命解) 孔子曰: 禮之所以象五行也, 其義四時也, 故喪禮有擧焉, 有恩, 有義, 有節, 有權.

참고 『대대례기』「본명(本命)」 기록

경문 禮義者, 恩之主也①. 冠 · 昏 · 朝 · 聘 · 喪 · 祭 · 賓主 · 鄕飮酒 · 軍旅, 此之謂九禮也②. 禮經三百, 威儀三千③, 機其文之變也④. 其文變也, 禮之象五行也, 其義四時也⑤. 故以四擧, 有恩, 有義, 有節, 有權⑥.

번역 예(禮)와 의(義)는 은정을 위주로 한다. 관례(冠禮) · 혼례(昏禮) · 조례(朝禮) · 빙례(聘禮) · 상례(喪禮) · 제례(祭禮) · 빈주례(賓主禮) · 향음주례(鄕飮酒禮) · 군려례(軍旅禮)를 구례(九禮)라고 부른다. 예경은 300가지이고 위의는 3,000가지인데, 기틀은 예의 격식이 변화된 것이다. 예의 격식이 변화하는 것은 예가 오행(五行)을 본뜬 것이고 의(義)는 사시(四時)를 본뜬 것이다. 그러므로 네 가지로 거행하니, 은(恩)이 있고 의(義)가 있으며 절(節)이 있고 권(權)이 있다.

解詁-① 禮運曰: "禮也者, 義之實也. 義者, 藝之分, 仁之節也." 恩, 謂以愛相親, 主於禮. 義則無過不及之差.

번역 『예기』「예운(禮運)」편에서는 "예(禮)라는 것은 의(義)에 따라 규정된 제도이다. 의(義)라는 것은 외적인 일[藝]을 구분하는 기준이며, 내적인 인(仁)함을 조절하는 절도이다."[11]라고 했다. '은(恩)'은 사랑함으로 서로 친근하게 대하며 예를 위주로 하는 것이다. '의(義)'는 지나치거나 미치지 못하는 잘못이 없는 것이다.

解詁-② 九者, 五禮之別也. 冠·昏·賓主·鄉飮酒, 嘉禮也. 朝·聘, 賓禮也. 喪, 凶禮也. 祭, 吉禮也. 軍旅, 軍禮也. 賓主, 謂賓射饗燕之類.

번역 아홉 가지는 오례(五禮)를 구별한 것이다. 관례·혼례·빈주례·향음주례는 가례(嘉禮)[12]에 해당한다. 조례와 빙례는 빈례(賓禮)[13]에 해당한다. 상례는 흉례(凶禮)에 해당한다. 제례는 길례(吉禮)에 해당한다. 군려례는 군례(軍禮)[14]에 해당한다. 빈주례는 빈사례(賓射禮)[15]·향례(饗禮)[16]·연례(燕

---

11) 『예기』「예운(禮運)」【289a~c】故, 禮也者, 義之實也. 協諸義而協, 則禮雖先王未之有, 可以義起也. 義者, 藝之分, 仁之節也. 協於藝, 講於仁, 得之者强.

12) 가례(嘉禮)는 오례(五禮) 중 하나로, 결혼식을 치르거나, 잔치 등을 베풀 때의 예제(禮制)를 뜻한다. 경사스러운 일이라는 뜻에서 가(嘉)자를 붙여서 '가례'라고 부르는 것이다.

13) 빈례(賓禮)는 오례(五禮) 중 하나로, 천자를 찾아뵙거나 천자가 제후들을 만나보거나 아니면 제후들끼리 회동하는 조빙(朝聘)의 예법(禮法)을 뜻한다. 또한 '빈례'는 손님을 접대하는 예제(禮制)를 뜻하기도 한다. 참고적으로 봄에 천자를 찾아뵙는 것을 조(朝)라고 하였으며, 여름에 찾아뵙는 것을 종(宗)이라고 하였고, 가을에 찾아뵙는 것을 근(覲)이라고 하였으며, 겨울에 찾아뵙는 것을 우(遇)라고 하였다. 또한 제후들이 천자를 찾아뵐 때에는 본래 각각의 제후들마다 정해진 기간이 있었는데, 정해진 기간 외에 찾아뵙는 것을 회(會)라고 하였고, 정해진 기간에 찾아뵙는 것을 동(同)이라고 하였다. 또 천자가 순수(巡守)를 할 때에도 정해진 기간이 있었는데, 정해진 기간이 아닌 때에 제후를 찾아가 보는 것을 문(問)이라고 하였고, 정해진 기간에 찾아가 보는 것을 시(視)라고 하였다.

14) 군례(軍禮)는 오례(五禮) 중 하나로, 군대와 관련된 예제(禮制)를 뜻한다. 참고적으로 고대 중국에서는 각 계절마다 군대와 관련된 의식을 시행하였는데, 봄에 하는 것을 진려(振旅)라고 불렀고, 여름에 하는 것을 발사(拔舍)라고 불렀으며, 가을에 하는 것을 치병(治兵)이라고 불렀고, 겨울에 하는 것을 대열(大閱)이라고 불렀다. 이러한 의식들이 모두 '군례'에 포함된다.

15) 빈사례(賓射禮)는 천자가 오랜 벗과 함께 연회를 한 후 시행하는 활쏘기를 뜻한

禮)[17] 등의 부류를 뜻한다.

解詁-③ 中庸曰: "禮儀三百, 威儀三千." 禮器曰: "經禮三百, 曲禮三千." 鄭注云: "經禮謂周禮也. 周禮六篇, 其官有三百六十. 曲猶事也. 事禮, 謂今禮也. 禮篇多亡, 本數未聞, 其中事儀三千."

번역 『중용』에서는 "예의(禮儀)가 300가지이고, 위의(威儀)가 3,000가지이다."라고 했고, 『예기』「예기(禮器)」편에서는 "경례(經禮)가 300가지이고, 곡례(曲禮)가 3,000가지이다."[18]라고 했으며, 정현의 주에서는 "'경례(經禮)'는 『주례(周禮)』를 뜻하니, 『주례』는 천관(天官)·지관(地官)·춘관(春官)·하관(夏官)·추관(秋官)·동관(冬官) 등 6편으로 구성되어 있고, 그 안에 포함된 관직의 개수는 360가지이다. '곡(曲)'자는 '구체적인 일[事]'을 뜻하니, 사례(事禮)는 곧 '현재 통행되는 예법[今禮]'을 뜻한다. 『예』와 관련된 각 편들은 대부분 망실되어서, 본래의 편수에 대해서는 확인할 수가 없는데, 그 중 '구체적

다. 또한 제후들이 천자를 찾아뵙거나 또는 제후들끼리 서로 회동을 할 때, 활쏘기를 하며 연회를 베푸는 것을 뜻하기도 한다.

16) 향례(饗禮)는 연회의 한 종류이다. 또한 연회를 범칭하는 용어로도 사용된다. 본래 '향례'를 시행할 때에는 희생물을 통째로 바치지만, 그것을 먹지는 않는다. 또 술잔을 가득 채우지만, 마시지는 않으며, 자리에 서 있기만 하고, 앉지는 않는다. 또한 신분의 존비(尊卑)에 의거해서 술잔을 바치게 되는데, 정해진 술잔 바치는 회수가 끝나면, 의식을 끝낸다. 다만 숙위(宿衛)들과 기로(耆老) 및 고아들에게 향례를 할 때에는 술을 취할 때까지 마시게 하는 것을 법도로 삼았다.

17) 연례(燕禮)는 본래 빈객(賓客)을 접대하는 연회의 한 종류를 뜻한다. 각종 연회들을 두루 지칭하기도 하며, 연회에서 사용되는 의례절차들을 두루 지칭하기도 한다. 본래의 '연례'는 연회를 시작할 때, 첫잔을 따라 바치는 절차 끝나면, 모두 자리에 앉아서 술을 마시는데, 취할 때까지 마시는 연회의 한 종류를 뜻한다. '연례' 때에는 희생물로 개[狗]를 사용했으며, 유우씨(有虞氏) 때 시행되었던 제도라고 설명되기도 한다. 『예기』「왕제(王制)」편에는 "有虞氏以燕禮."라는 기록이 있고, 이에 대한 진호(陳澔)의 『집설(集說)』에서는 "燕禮者, 一獻之禮旣畢, 皆坐而飮酒, 以至於醉, 其牲用狗."라고 풀이했다.

18) 『예기』「예기(禮器)」【305c~d】: 禮也者, 猶體也. 體不備, 君子謂之不成人. 設之不當, 猶不備也. 禮有大有小, 有顯有微. 大者不可損, 小者不可益, 顯者不可揜, 微者不可大也. 故經禮三百, 曲禮三千, 其致一也. 未有入室而不由戶者.

일에 따른 세부적인 의례절차[事儀]'가 3,000가지였다."라고 했다.

解詁-④ 鄭注大學云: "機, 發動所由也." 禮器曰: "義理, 禮之文也." 禮有常經, 義理隨時而變, 禮之發動, 必揆於義理也.

번역 『대학』에 대한 정현의 주에서는 "'기(機)'는 발현하고 움직임이 말미암는 바이다."라고 했고, 『예기』「예기(禮器)」편에서는 "의리[義]와 이치[理]는 예의 형식에 해당한다."[19]라고 했다. 예(禮)에는 고정된 기준이 있는데, 의리(義理)는 시기에 따라 변화하니, 예가 발동할 때에는 반드시 의리에서 가늠해 보아야 한다.

解詁-⑤ 言禮之所以因文而變者, 禮有定體, 如天地閒之有五行, 不易不敝者也. 義則往來屈伸, 如四時之錯行. 禮從義變, 猶之播五行於四時也. 禮運曰: "五行之動, 迭相竭也. 五行·四時·十二月, 旋相爲本也."

번역 예는 격식을 통해서 변화되는데, 예(禮)에는 고정된 본체가 있으니 천지사이에 오행(五行)이 있어서 바뀌지 않고 없어지지도 않는 것과 같다. 의(義)는 왕래하며 굽히고 펴는데 마치 사계절이 교대로 운행하는 것과 같다. 예는 의를 통해 변화되니 사계절에 오행을 펼치는 것과 같다. 『예기』「예운(禮運)」편에서는 "오행의 운행은 갈마들어서 교대로 소진된다. 오행·사계절·12개월은 다시 돌아와 교대로 시작점이 된다."[20]라고 했다.

解詁-⑥ 喪服四制曰: "喪有四制, 變而從宜, 取之四時也. 有恩, 有理, 有節, 有權, 取之人情也. 恩者, 仁也. 理者, 義也. 節者, 禮也. 權者, 知也. 仁義禮知, 人道具矣."

---

19) 『예기』「예기(禮器)」【294d】: 先王之立禮也, 有本有文. 忠信, 禮之本也, <u>義理, 禮之文也</u>. 無本不立, 無文不行.

20) 『예기』「예운(禮運)」【281a】: 五行之動, 迭相竭也. 五行·四時·十二月, 還相爲本也.

번역 「상복사제」편에서는 "상에는 네 가지 제정 법칙이 있는데, 변화하여 그 합당함에 따르니, 이것은 사시(四時)에서 그 의미를 취한 것이다. 은정[恩]이 있고 이치[理]가 있으며 절도[節]가 있고 권도[權]가 있으니, 이것은 인정(人情)에서 그 의미를 취한 것이다. 은정이라는 것은 인(仁)에 해당하고, 이치라는 것은 의(義)에 해당하며, 절도라는 것은 예(禮)에 해당하고, 권도라는 것은 지(知)에 해당하니, 인(仁)·의(義)·예(禮)·지(知)는 인도(人道)를 모두 갖추고 있다."라고 했다.

참고 『공자가어』「본명해(本命解)」 기록

원문 孔子曰: 禮之所以象五行也①, 其義四時也, 故喪禮有擧焉, 有恩, 有義, 有節, 有權②.

번역 공자가 말하길, 예는 오행(五行)을 본뜬 것이며, 의(義)는 사시(四時)에 해당한다. 그렇기 때문에 상례에는 거행함이 있으니, 은(恩)이 있고 의(義)가 있으며 절(節)이 있고 권(權)이 있다.

王注-① 服之制有五等也.

번역 상복의 제도에 다섯 가지 등급이 있다는 뜻이다.

王注-② 所以擧象四時.

번역 사계절을 본뜬 것에 따라 거행하는 것이다.

참고 『예기』「예운(禮運)」 기록

경문-283b 故聖人作則, 必以天地爲本, 以陰陽爲端, 以四時爲柄, 以日星爲紀, 月以爲量, 鬼神以爲徒, 五行以爲質, 禮義以爲器, 人情以爲田, 四靈以爲畜. 以天地爲本, 故物可擧也, 以陰陽爲端, 故情可睹也, 以四時爲柄, 故事可勸也, 以日星爲紀, 故事可列也, 月以爲量, 故功有藝也, 鬼神以爲徒, 故事可守也, 五行以爲質, 故事可復也, 禮義以爲器, 故事行有考也, 人情以爲田, 故人以爲奧也, 四靈以爲畜, 故飮食有由也.

번역 공자가 계속해서 말해주길, "그러므로 성인은 규범을 제정함에, 반드시 천지(天地)를 근본으로 삼으며, 음양(陰陽)을 단서로 삼고, 사계절을 정치를 시행하는 큰 기조로 삼으며, 해와 달을 기강으로 삼고, 달을 기한으로 삼으며, 귀신을 짝을 이루어야 할 대상처럼 삼고, 오행(五行)을 올바름으로 삼으며, 예의(禮義)를 기물을 완성하는 것처럼 삼고, 사람의 정감 다스리는 것을 농경지를 다스리는 것처럼 삼으며, 네 가지 신령스러운 동물들을 집에서 기르는 가축처럼 삼는다. 천지를 근본으로 삼았기 때문에 모든 사물들이 시행될 수 있으며, 음양을 단서로 삼았기 때문에 정감을 살펴볼 수 있고, 사계절을 큰 기조로 삼았기 때문에 사업을 권면할 수 있으며, 해와 별을 기강으로 삼았기 때문에 사업을 열거하여 제시할 수 있고, 달을 기한으로 삼았기 때문에 사업의 결과물을 식물을 재배하듯 시기에 맞도록 할 수 있으며, 귀신을 의지하고 짝을 이루는 동류로 삼았기 때문에 사업을 오래도록 지킬 수 있고, 오행을 올바른 바탕으로 삼았기 때문에 사업을 재차 진행할 수 있으며, 예의(禮義)를 기물을 만들 듯이 하였기 때문에 사업의 수행에 있어서 이룸이 생기는 것이고, 사람의 정감에 대해서 농경지를 다스리듯 하였기 때문에 사람에게는 방안의 중심인 아랫목이 생긴 것처럼 된 것이며, 네 가지 신령스러운 동물들을 가축처럼 기르게 되었기 때문에 음식을 만들 때 사용할 수 있는 재료들이 생긴 것이다."라고 했다.

鄭注 天地以至於五行, 其制作所取象也. 禮義人情, 其政治也. 四靈者, 其徵報也. 此則春秋始於元, 終於麟, 包之矣. 呂氏說月令而謂之"春秋", 事類相近焉. 量, 猶分也. 鬼神, 謂山川也, 山川助地通氣之象也. 器, 所以操事. 田, 人所捊治也. 禮之位, 賓主象天地, 介僎象陰陽, 四面之位象四時, 三賓象三光, 夫婦象日月, 亦是也. 物, 天地所養生. 情以陰陽通也. 事以四時成. 事以日與星爲侯, 與作有次第. 藝, 猶才也. 十二月各有分, 猶人之才各有所長也. 藝或爲倪. 山川守職不移. 事下竟, 復由上始也. 考, 成也, 器利則事成. 奧, 猶主也, 田無主則荒. 由, 用也. 四靈與羞物爲群.

번역 천지(天地)로부터 오행(五行)까지는 법칙을 제작할 때 본받아야 할 대상들이다. 예의(禮義)와 '사람의 정감[人情]'은 시행하는 정치에 해당한다. '네 가지 신령스러운 동물들[四靈]'은 상서로운 징조로 노력에 대한 보답이다. 이것은 곧 『춘추』가 원년[元]에서 시작하여,21) 기린[麟]에 대한 내용에서 끝을 맺으며,22) 그 중간에는 위에서 말한 내용들을 포괄하고 있는 것과 같다. 여불위23)는 각 월마다의 정령(政令)을 설명하며 그 책을 『여씨춘추(呂氏春秋)』라고 불렀으니, 기록된 사안이 『춘추』와 유사하기 때문이다. '양(量)'자는 구분[分]이라는 뜻이다. '귀신(鬼神)'은 산천(山川)을 뜻하니, 산천이 땅을 도와 기운을 소통하게 하는 형상을 가리킨다. '기(器)'는 사업을 진행할 때 조종하는 것이다. '전(田)'은 사람이 경작해야 할 대상이다. 예(禮)에 따른 위치를 설명하자면, 빈객과 주인이 서게 되는 위치는 천지의 배치를 본뜬 것이고, 개(介)24)와 준(僎)25)의 위치는 음양(陰陽)의 배치를 본뜬 것이며, 사면(四面)에 설치하는 자리의 위치는 사계절의 배치를 본뜬 것이고, 3명의 빈객들 위치는 해·달·

---

21) 『춘추』「은공(隱公) 1년」: 元年, 春, 王正月.

22) 『춘추』「애공(哀公) 14년」: 十有四年, 春, 西狩獲麟.

23) 여불위(呂不韋. ?~B.C.235): 전국시대(戰國時代) 말기(末期)의 정치가이다. 진(秦)나라의 상국(相國)을 지낼 때, 여러 학자들을 초빙하여 『여씨춘추(呂氏春秋)』를 작성하였다.

24) 개(介)는 부관을 뜻한다. 빈객(賓客)이 방문했을 때 주인(主人)과 빈객 사이에서 진행되는 절차들을 보좌했던 자들이다. 계급에 따라서 '개'를 두는 숫자에도 차이가 났다. 가령 상공(上公)은 7명의 '개'를 두었고, 후작이나 백작은 5명을 두었으며, 자작과 남작은 3명의 개를 두었다. 『예기』「빙의(聘義)」편에는 "上公七介, 侯伯五介, 子男三介."라는 기록이 있다.

25) 준(僎)은 준(遵)이라고도 부르며, 향음주례(鄕飮酒禮) 등을 시행할 때 주인(主人)이 시행하는 의례절차를 보좌하던 사람이다.

별들의 배치를 본뜬 것이며,[26] 남편과 아내의 위치는 해와 달의 배치를 본뜬 것인데, 이러한 부류들이 바로 예에 따른 위치에 해당한다. '물(物)'은 천지가 길러주는 대상이다. '정(情)'은 음양(陰陽)으로써 소통된다. '사(事)'는 사계절을 통해 완성된다. 사업에 대해서 해와 별들의 운행으로 시후를 삼게 되고, 사업을 시행할 때에는 그 속에 순서가 적용된다. '예(藝)'는 재예[才]를 뜻한다. 12개월마다 각각 구분이 있는 것은 사람들의 재주 중에는 각기 뛰어난 점이 있는 것과 같다. '예(藝)'자를 간혹 '예(倪)'자로 기록하기도 한다. 산천(山川)은 자신의 일을 지키며 다른 곳으로 이동하지 않는다. 사안이 아래로 내려가 끝나게 되면, 재차 위로부터 시작된다. '고(考)'자는 "이룬다[成]."는 뜻이니, 기물이 예리하게 되면, 곧 사업도 완성된다는 뜻이다. '아랫목[奧]'은 주인이 위치하는 장소이므로, 주인을 상징하니, 농경지에 주인이 없다면 황폐해진다. '유(由)'자는 쓰임[用]이라는 뜻이다. 네 가지 신령스러운 동물들과 음식의 재료로 사용되는 생물들이 무리를 이루어 풍부하게 된다는 뜻이다.

孔疏 ●"故聖"至"爲畜". ○"故聖人作則, 必以天地爲本", 則, 法也. 本, 根本也. 人旣是天地之心, 又帶五色・五行・五味, 故聖人作法, 必用天地爲根本也. 祭帝於郊, 祭社於國, 是用天地爲本也. 然則自此至"四靈以爲畜", 凡十句, 分爲三重; 此至"五行以爲質"七句, 明聖人制教所法象也; 又自"禮義"・"人情"二句, 明聖人爲治政之時事也; 又"四靈"一句, 明徵報之功也.

번역 ●經文: "故聖"~"爲畜". ○경문의 "故聖人作則, 必以天地爲本"에 대하여. '칙(則)'자는 "본받는다[法]."는 뜻이다. '본(本)'자는 근본을 뜻한다. 사람은 이미 천지의 마음을 가지고 있고, 또한 오색(五色)・오행(五行)・오미(五味)의 기운을 가지고 있기 때문에, 성인이 법도를 만들 때에는 반드시 천지를 근본으로 삼게 되는 것이다. 교(郊)에서 상제에게 제사를 지내고, 국성 안에서 사직에 대한 제사를 지내는 것도 천지를 근본으로 삼기 때문이다. 그런데 이 문장부터 "사령(四靈)을 가축으로 삼는다."라는 문장까지의 총 10개 구문은 3

---

26) 『예기』「향음주의(鄕飮酒義)」【697b~c】: 賓主, 象天地也. 介僎, 象陰陽也. 三賓, 象三光也. 讓之三也, 象月之三日而成魄也. 四面之坐, 象四時也.

종류로 구분이 되는데, 우선 이곳 문장부터 "오행(五行)을 바탕으로 삼는다."라는 문장까지의 7개 구문은 성인이 교화의 법도를 제정할 때 본받고 본뜨는 것에 대해서 밝힌 문장이며, 또한 '예의(禮義)'와 '사람의 정감[人情]'에 대한 2개의 구문은 성인이 정치를 시행할 때의 사안에 대해서 밝힌 문장이고, 또 '사령(四靈)'에 대한 1개의 구문은 징험으로 나타나는 은혜의 공덕을 밝힌 문장이다.

孔疏 ●"以陰陽爲端"者, 端, 猶首也. 用天地爲根本, 又自陰陽爲端首也. 猶如劍戟以近柄處爲根本, 以鋒杪爲端首也. 聖人制法, 左右法陰陽, 及賞以春夏, 刑以秋冬, 是法陰陽爲端首也.

번역 ●經文: "以陰陽爲端". ○'단(端)'자는 '머리[首]'를 뜻한다. 천지를 근본으로 삼으면서도, 또한 음양(陰陽)을 머리[端首]로 삼는다는 뜻이다. 이것은 마치 칼이나 창의 부위 중 손잡이와 가까운 곳을 근본으로 삼고, 날 끝의 날카로운 부분을 머리로 삼는 것과 같다. 성인이 법도를 제정할 때, 좌우로는 음양을 본받으니, 봄과 여름에는 상(賞)을 위주로 하사하고, 가을과 겨울에는 형벌을 주로 시행하는 것도 음양을 본받아서 머리로 삼았기 때문이다.

孔疏 ●"以四時爲柄"者, 春生夏長, 秋斂冬藏, 是法四時爲柄也. 劍戟須柄而用之, 聖人爲教象, 須法四時而通也.

번역 ●經文: "以四時爲柄". ○봄은 만물을 탄생시키고, 여름은 장성하게 길러주며, 가을에는 거둬들이게 하고, 겨울에는 보관하게 하니, 이것은 사계절을 본받아서 자루로 삼았기 때문이다. 칼이나 창은 손잡이가 있어야만 사용할 수 있으니, 성인이 교화의 표본을 만들 때에는 사계절을 본받아야만 두루 소통될 수 있는 것이다.

참고 『중용』 16장 기록

경문 子曰, "鬼神之爲德, 其盛矣乎! 視之而弗見, 聽之而弗聞, 體物而不可遺."

번역 공자가 말하길, "귀신의 덕은 성대하구나. 보더라도 보이지 않고 듣더라도 들리지 않는데, 사물을 낳으면서도 하나라도 빼놓는 것이 없구나."라고 했다.

鄭注 體, 猶生也. 可, 猶所也. 不有所遺, 言萬物無不以鬼神之氣生也.

번역 '체(體)'자는 "낳다[生]."는 뜻이다. '가(可)'자는 소(所)자이다. 남겨두는 것이 없다는 말은 만물 중에는 귀신의 기운을 통해 생겨나지 않는 것이 없다는 뜻이다.

孔疏 ●"子曰"至"此夫". ○正義曰: 此一節明鬼神之道無形, 而能顯著誠信. 中庸之道與鬼神之道相似, 亦從微至著, 不言而自誠也.

번역 ●經文: "子曰"~"此夫". ○이곳 문단은 귀신의 도는 형체가 없지만 밝게 드러나며 진실될 수 있음을 나타내고 있다. 중용의 도와 귀신의 도는 서로 유사하니, 또한 은미한 것으로부터 드러나게 되며, 말하지 않아도 스스로 진실된다.

孔疏 ●"體物而不可遺"者, 體, 猶生也; 可, 猶所也. 言萬物生而有形體, 故云"體物而不可遺"者, 言鬼神之道, 生養萬物, 無不周徧而不有所遺, 言萬物無不以鬼神之氣生也.

번역 ●經文: "體物而不可遺". ○'체(體)'자는 "낳다[生]."는 뜻이며, '가(可)'자는 소(所)자이다. 즉 만물이 태어남에 형체를 가지고 있기 때문에 "만물을 낳으면서도 빼놓는 것이 없다."라고 했으니, 귀신의 도는 만물을 낳고 기르면서도 두루 하지 않음이 없어 빼놓는 것이 없다는 의미로, 만물 중에는 귀신의 기를 통해 태어나지 않은 것이 없다는 뜻이다.

集註 程子曰, "鬼神, 天地之功用, 而造化之迹也." 張子曰, "鬼神者, 二氣之良能也." 愚謂以二氣言, 則鬼者陰之靈也, 神者陽之靈也. 以一氣言, 則至而伸者爲神, 反而歸者爲鬼, 其實一物而已. 爲德, 猶言性情功效.

번역 정자는 "'귀신(鬼神)'은 천지의 작용이자 바탕이며 조화가 드러난 자취이다."라고 했다. 장자는 "'귀신(鬼神)'은 음양 두 기운의 양능(良能)이다."라고 했다. 내가 생각하기에 음양 두 기운으로 말을 한다면, 귀(鬼)는 음기의 영매함이며, 신(神)은 양기의 영매함이다. 하나의 기로 말을 한다면, 이르러 펴지는 것은 신(神)이 되고, 돌아가 되돌아가는 것은 귀(鬼)가 되는데, 실제로는 하나의 사물일 따름이다. '위덕(爲德)'은 성정(性情)이나 공효(功效)라고 말함과 같다.

集註 鬼神無形與聲, 然物之終始, 莫非陰陽合散之所爲, 是其爲物之體, 而物所不能遺也. 其言體物, 猶易所謂幹事.

번역 귀신은 형체나 소리가 없지만, 사물의 시작과 끝은 음양의 두 기운이 합하고 흩어지는 작용 아닌 것들이 없으니, 사물의 본체가 되어, 사물을 빠뜨릴 수 없는 것이다. '체물(體物)'이라고 한 말은 『역』에서 '일의 근간'[27]이라고 한 말과 같다.

참고 『중용』 27장 기록

경문 優優大哉, 禮儀三百, 威儀三千, 待其人然後行, 故曰, "苟不至德, 至道不凝焉."

---

27) 『역』「건괘(乾卦)」: 貞固, 足以幹事.

번역 공자가 계속하여 말하길, "너그럽고도 관대하여 매우 크구나, 예의는 300가지이고, 위의는 3,000가지인데, 현명한 자를 기다린 뒤에야 시행해야 하므로, 옛 말에서는 '진실로 지극한 덕을 갖춘 자가 아니라면, 지극한 도도 완성되지 않는다.'라고 했습니다."라고 했다.

鄭注 言爲政在人, 政由禮也. 凝, 猶成也.

번역 정치를 시행하는 것은 사람에게 달려 있고, 정치는 예(禮)에서 비롯된다는 뜻이다. '응(凝)'자는 "이루다[成]."는 뜻이다.

孔疏 ●"優優大哉", 優優, 寬裕之貌. 聖人優優然寬裕其道.

번역 ●經文: "優優大哉". ○'우우(優優)'는 관대하고 너그러운 모습을 뜻한다. 성인은 관대하고 너그럽게 그 도를 수용한다.

孔疏 ●"禮儀三百"者, 周禮有三百六十官, 言"三百"者, 擧其成數耳.

번역 ●經文: "禮儀三百". ○『주례』에는 360개의 관직이 수록되어 있는데, '삼백(三百)'이라고 말한 것은 성수를 제시한 것일 뿐이다.

孔疏 ●"威儀三千"者, 卽儀禮行事之威儀. 儀禮雖十七篇, 其中事有三千.

번역 ●經文: "威儀三千". ○『의례』에서 구체적인 일들을 시행할 때 나타나는 위엄에 따른 예의범절을 뜻한다. 현존하는 『의례』에는 비록 17개 편이 수록되어 있지만, 그 안에 포함된 사안은 3,000여 가지가 된다.

孔疏 ●"待其人然後行"者, 言三百·三千之禮, 必待賢人然後施行其事.

번역 ●經文: "待其人然後行". ○300과 3,000가지의 예는 반드시 현명한 자를 기다린 뒤에 그 사안을 시행해야만 한다는 뜻이다.

孔疏 ●"故曰: 苟不至德, 至道不凝焉", 凝, 成也. 古語先有其文, 今夫子旣言三百·三千待其賢人始行, 故引古語證之. 苟, 誠也. 不, 非也. 苟誠非至德之人, 則聖人至極之道不可成也. 俗本"不"作"非"也.

번역 ●經文: "故曰: 苟不至德, 至道不凝焉". ○'응(凝)'자는 "이루다[成]."는 뜻이다. 옛 말 중에 앞서 이러한 문장이 있었던 것인데, 현재 공자가 300과 3,000가지의 예가 현명한 자를 기다린 뒤에야 비로소 시행됨을 말했기 때문에, 옛 말을 인용해서 증명을 한 것이다. '구(苟)'자는 진실로[誠]라는 뜻이다. '불(不)'자는 비(非)자의 뜻이다. 진실로 지극한 덕을 갖춘 자가 아니라면, 성인의 지극한 도가 완성될 수 없다는 뜻이다. 세속본에서는 '불(不)'자를 비(非)자로 기록하고 있다.

集註 優優, 充足有餘之意. 禮儀, 經禮也. 威儀, 曲禮也. 此言道之入於至小而無閒也.

번역 '우우(優優)'는 충분하여 남음이 있다는 뜻이다. '예의(禮儀)'는 기준이 되는 예를 뜻한다. '위의(威儀)'는 세부적인 예를 뜻한다. 이 문장은 도는 지극히 작은 곳으로도 들어가 틈이 없음을 뜻한다.

集註 至德, 謂其人. 至道, 指上兩節而言也. 凝, 聚也, 成也.

번역 '지덕(至德)'은 '기인(其人)'을 뜻한다. '지도(至道)'는 앞의 두 문단을 가리켜서 한 말이다. '응(凝)'자는 모인다는 뜻이며, 이룬다는 뜻이다.

• 제 2 절 •

상복(喪服)의 제정원리 - 은제(恩制)

【721a】

其恩厚者其服重, 故爲父斬衰三年, 以恩制者也.

직역 그 恩이 厚한 者는 그 服이 重하니, 故로 父를 爲하여 斬衰로 三年함은 恩으로써 制한 者이기 때문이다.

의역 은정[恩]이 두터운 자에 대해서는 해당 상복(喪服)도 수위가 무겁다. 그렇기 때문에 돌아가신 부친을 위해서는 참최복(斬衰服)을 입고 3년 동안 복상(服喪)하는 것이니, 이처럼 하는 것은 은정에 따라 제도를 제정했기 때문이다.

集說 疏曰: 父最恩深, 故特擧父而言之. 其實門內諸親爲之著服, 皆是恩制也.

번역 공영달의 소에서 말하길, 부친에 대해서는 그 은정이 가장 깊다. 그렇기 때문에 부친에 대한 예시만 제시해서 언급한 것이다. 실제로 같은 대문 안에 살고 있는 친족들에 대해서는 그들이 죽었을 때 상복을 착용하는데, 이러한 것들도 모두 '은제(恩制)'에 해당한다.

大全 嚴陵方氏曰: 天生時, 地生財. 人其父生, 則恩之厚者, 莫如父, 服之重者, 莫如斬衰.

번역 엄릉방씨가 말하길, 하늘은 시간을 낳고 땅은 만물을 낳는다.[1] 사람에

---

1) 『예기』「예운(禮運)」【277a】: 故, 聖人參於天地, 並於鬼神, 以治政也, 處其所

게 있어서 부친은 태어나게 해준 대상이니, 은정이 두터운 대상 중에는 부친만한 자가 없고, 상복 중 수위가 무거운 것에는 참최복(斬衰服)만한 것이 없다.

鄭注 服莫重斬衰也.

번역 상복 중에는 참최복(斬衰服)보다 수위가 높은 것은 없다.

釋文 爲, 于僞反, 下及注同. 衰, 七回反, 注及下同.

번역 '爲'자는 '于(우)'자와 '僞(위)'자의 반절음이며, 아래문장 및 정현의 주에 나오는 글자도 그 음이 이와 같다. '衰'자는 '七(칠)'자와 '回(회)'자의 반절음이며, 정현의 주 및 아래문장에 나오는 글자도 그 음이 이와 같다.

孔疏 ●"其恩"至"者也". ○正義曰: 此一經明四制之中恩制也. 以父最深恩, 故特擧父而言之. 其實門內諸親爲之著服, 皆是"恩制"也.

번역 ●經文: "其恩"~"者也". ○이곳 한 단락의 경문은 사제(四制) 중에서도 은정에 따라 제정된 제도를 나타내고 있다. 부친에 대해서는 그 은정이 가장 깊다. 그렇기 때문에 부친에 대한 예시만 제시해서 언급한 것이다. 실제로 같은 대문 안에 살고 있는 친족들에 대해서는 그들이 죽었을 때 상복을 착용하는데, 이러한 것들도 모두 '은제(恩制)'에 해당한다.

集解 喪之正服, 皆以恩制, 而恩莫重於父, 故特以父言之.

번역 상례의 정복(正服)[2]은 모두 은정에 따라 제정한 것인데, 은정은 부친

存, 禮之序也, 玩其所樂, 民之治也. 故天生時而地生財, 人其父生而師敎之, 四者君以正用之, 故君者立於無過之地也.

2) 정복(正服)은 본래의 상례(喪禮) 규정에 따른 정식 복장을 뜻한다. 친족 관계에서는 각 등급에 따른 상례 절차가 규정되어 있으므로, '정복'이라는 것은 규정에 따른 상복(喪服)을 착용하는 것뿐만 아니라, 상(喪)을 치르는 기간과 각종 부수적 기물(器物)들에 대해서도 규정대로 따르는 것을 뜻한다.

에 대한 것보다 무거운 것이 없다. 그렇기 때문에 부친에 대해서만 언급한 것이다.

참고 구문비교

예기·상복사제 其恩厚者其服重, 故爲父斬衰三年, 以恩制者也.

대대례기·본명(本命) 恩厚者其服重, 故爲父斬衰三年, 以恩制者.

공자가어·본명해(本命解) 其恩厚者其服重, 故爲父母斬衰三年, 以恩制者也.

참고 『대대례기』「본명(本命)」 기록

경문 恩厚者其服重, 故爲父斬衰三年, 以恩制者.

번역 은정이 두터운 자에 대해서는 해당 상복도 수위가 무겁다. 그렇기 때문에 돌아가신 부친을 위해서는 참최복(斬衰服)을 입고 3년 동안 복상하는 것이니, 이처럼 하는 것은 은정에 따라 제도를 제정했기 때문이다.

解詁 鄭云: "服莫重斬衰也." 賈氏儀禮疏云: "斬衰裳者, 謂斬三升布以爲衰裳. 不言裁割而言斬者, 取痛甚之意."

번역 정현은 "상복 중에는 참최복(斬衰服)보다 수위가 높은 것은 없다."라고 했고, 『의례』에 대한 가공언의 소에서는 "'참최상(斬衰裳)'이라고 했는데, 3승(升)의 포를 잘라서 상의와 하의를 만든다는 뜻이다. 재단하여 잘라낸다고 말하지 않고 '끊다[斬].'라고 말한 것은 애통함이 매우 심하다는 뜻을 취했기 때문이다."라고 했다.

참고 『예기』「예운(禮運)」 기록

경문-277a 故, 聖人參於天地, 並於鬼神, 以治政也, 處其所存, 禮之序也, 玩其所樂, 民之治也. 故天生時而地生財, 人其父生而師敎之, 四者君以正用之, 故君者立於無過之地也.

번역 공자가 계속해서 말해주길, "그러므로 성인은 천지의 운행을 돕고, 귀신들과 나란히 서서, 이로써 정치를 다스리고, 천지와 귀신이 머무는 장소에 위치하여, 올바르게 예(禮)의 질서를 정한 것이고, 천지와 귀신이 즐거워하는 것들을 익혀서, 백성들을 다스렸던 것이다. 따라서 하늘은 계절의 기운을 낳고, 땅은 재화를 생산하며, 사람은 그의 부모로부터 태어나고, 스승은 그들을 가르치게 되므로, 이 네 가지는 군주가 자신을 올바르게 함으로써 활용하는 것이다.[3] 그렇기 때문에 군주는 허물이 없는 위치에 있어야 하는 것이다."라고 했다.

鄭注 並, 幷也, 謂比方之也. 存, 察也. 治, 所以樂其事居也. 順時以養財, 尊師以敎民, 而以治政, 則無過差矣. 易曰: "何以守位, 曰仁, 何以聚人, 曰財."

번역 '병(並)'자는 "함께한다[幷]."는 뜻이니, 그것들을 모방하고 본뜬다는 의미이다. '존(存)'자는 "살핀다[察]."는 뜻이다. '치(治)'자는 일삼고 거주하는 것들에 대해서 즐거워하는 것이다. 계절의 기운에 순응하여 재화를 양산하고, 스승을 존귀하게 여겨서 백성들을 가르치며, 이로써 정치를 다스린다면, 차질이 없게 된다. 『역』에서는 "무엇으로써 지위를 지키는가? 인(仁)이다. 무엇으로써 사람들을 모으는가? 재화[財]이다."[4]라고 했다.

孔疏 ●"故君者, 立於無過之地也"者. ○正義曰: 若天不生時, 地不生財,

---

3) 경문의 "四者君以正用之."라는 구문은 "이 네 가지를 군주는 올바르게 활용해야 한다."라고 해석할 수도 있다.

4) 『역』「계사하(繫辭下)」: 天地之大德曰生, 聖人之大寶曰位. <u>何以守位? 曰仁. 何以聚人? 曰財</u>.

父不生子, 師不敎訓, 直欲令人君敎之, 不可敎誨, 則君多有過. 今人君順天時以養財, 尊師傅以敎民, 因自然之性, 其功易成, 故人君得立於無過之地, 言其功易成, 無過差也.

번역 ●經文: "故君者, 立於無過之地也". ○만약 하늘이 계절을 낳아주지 않고, 땅이 재물을 낳아주지 않으며, 부모가 자식을 낳아주지 않고, 스승이 가르쳐주지 않고서, 단지 군주로 하여금 백성들을 교화시키도록 한다면, 그들을 제대로 교화시킬 수 없게 되니, 군주에게는 허물이 많아지게 된다. 그 반대로 오늘날 군주가 하늘의 계절에 순응하여 재화를 양산하고, 스승들을 존귀하게 받들어서 백성들을 가르치며, 자연의 성질에 따르게 되면, 그 공적을 쉽게 이룰 수 있게 된다. 그렇기 때문에 군주가 허물이 없는 경지에 설 수 있게 되는 것인데, 이 말은 곧 그 공적을 쉽게 이루게 되며, 허물이 없게 된다는 뜻이다.

大全 馬氏曰: 變通莫大於四時, 而有天以生之, 聚人莫若財, 而有地以生之, 后非民, 無以辟四方, 而有父以生之, 人非敎, 則無以別於禽獸, 而有師以敎之. 四者, 皆出於自然, 而無俟於君, 可也, 而曰正用之, 何也? 蓋天雖生於時, 而茂對育物者, 非君不能育也. 地雖生乎財, 而理財正辭者, 非君明其義, 則不能理也. 人生雖自乎父, 而非君, 則罔克胥匡以生, 敎雖自乎師, 而非君, 則不能安其敎. 正用之者, 順其自然之理, 而立於無過之地也. 夫有天以生時, 有地以生財, 有父以生之, 有師以敎之, 則富庶敎之具備, 可以參天地之化育, 而成位乎其中矣.

번역 마씨가 말하길, 사물의 변화에 연유하여 그 도리에 통달하는 것에는 사계절보다 큰 것이 없는데,[5] 하늘이 있음으로써, 그것들을 낳아주는 것이며, 백성들을 모으는 데에는 재물만한 것이 없는데,[6] 땅이 있음으로써, 그 재화들을 낳아주는 것이며, 군주들은 백성들이 없다면 각 지역에서 군주노릇을 할

---

5) 『역』「계사상(繫辭上)」: 是故法象莫大乎天地, <u>變通莫大乎四時</u>, 縣象著明莫大乎日月, 崇高莫大乎富貴.

6) 『역』「계사하(繫辭下)」: 何以守位? 曰仁. <u>何以聚人? 曰財</u>. 理財正辭禁民爲非曰義.

수 없는데,[7] 부모가 있음으로써, 그들을 낳아준 것이며, 사람은 교육이 없다면, 짐승들과 구별이 될 수 없는데, 스승이 있음으로써, 그들을 교육하는 것이다. 이 네 가지 것들은 모두 자연적으로 산출되는 것으로, 군주가 다스려주기를 기다리지 않아도 가능한 것이다. 그런데도 경문에서는 올바르게 사용한다고 말했는데, 그 이유는 어째서인가? 무릇 하늘이 비록 사계절을 낳는다고 하여도, 융성하게 천시(天時)에 합하여 만물을 성장시키는 것[8]은 군주가 아니고서는 불가능한 것이다. 땅이 비록 재물을 낳는다고 하여도, 재물을 다스리고 언사를 바르게 하는 것[9]은 군주가 그 도의에 밝지 못한다면, 다스릴 수 없는 것이다. 사람이 태어난 것은 비록 부모로부터 비롯된 것이지만, 군주가 아니라면 서로 바로잡으며 살아갈 수가 없고,[10] 교화가 비록 스승에게서 나오기는 하지만, 군주가 아니라면 그 교화를 안정되게 시행할 수가 없다. 따라서 올바르게 사용한다는 말은 자연의 이치에 순응하여, 허물이 없는 경지에 있다는 뜻이다. 무릇 하늘이 있음으로써 사계절이 생겨났고, 땅이 있음으로써 재화가 생겨났으며, 부모가 있음으로써 태어나게 되었고, 스승이 있어서 교화를 시키게 되었다면, 풍요롭게 만들고, 사람이 많게 하며, 교화를 시키는 일들이[11] 모두 구비가 되어, 천지의 조화롭게 만드는 작용과 생장시키는 작용에 참여할 수 있고,[12] 그 가운데 지위를 세울 수 있는 것이다.[13]

大全 嚴陵方氏曰: 時以氣運, 故天生時, 財以形成, 故地生財. 父以傳類, 故人其父生, 師以傳道, 故師敎之. 爲之君者, 位天地之中, 居父師之上, 夫何

7) 『서』「상서(商書)·태갑중(太甲中)」: 后非民, 罔以辟四方, 皇天眷佑有商, 俾嗣王克終厥德, 實萬世無疆之休. / 『예기』「표기(表記)」【624c~d】: 太甲曰, "民非后, 無能胥以寧. 后非民, 無以辟四方."

8) 『역』「무망괘(无妄卦)」: 象曰, 天下雷行, 物與无妄, 先王以茂對時育萬物.

9) 『역』「계사하(繫辭下)」: 理財正辭禁民爲非曰義.

10) 『서』「상서(商書)·태갑중(太甲中)」: 作書曰, 民非后, 罔克胥匡以生.

11) 『논어』「자로(子路)」: 子適衛, 冉有僕. 子曰, "庶矣哉!" 冉有曰, "旣庶矣, 又何加焉?" 曰, "富之." 曰, "旣富矣, 又何加焉?" 曰, "敎之."

12) 『중용』「22장」: 能盡物之性, 則可以贊天地之化育. 可以贊天地之化育, 則可以與天地參矣.

13) 『역』「계사상(繫辭上)」: 易簡, 而天下之理得矣, 天下之理得, 而成位乎其中矣.

爲哉? 以正用之而已.

번역 엄릉방씨가 말하길, 계절은 기운의 운용이기 때문에, 하늘이 계절을 낳는 것이고, 재물은 형태로 이루어진 것이기 때문에, 땅이 재물을 낳는 것이다. 부친은 자신의 혈육을 후세에 전수하기 때문에, 사람은 부친으로부터 태어나는 것이며, 스승은 도(道)를 전수하기 때문에, 스승이 교육을 시키는 것이다. 그들의 군주가 된 자는 천지 가운데 위치하며, 부친과 스승보다 위에 머무는데, 어떤 행위를 하는가? 올바른 도리로써 그것들을 사용할 따름이다.

訓纂 熊氏曰: 天生四時, 地生百物, 父生, 師教, 四者不能相兼. 惟君正身修德, 則兼用之, 而禮序民治矣. 此見君必正身, 立於無過之地, 而與天地合其德, 鬼神合其吉凶, 以爲治政之本也.

번역 웅안생이 말하길, 하늘은 사계절의 운행을 일으키고, 땅은 만물을 발생시키며, 부친은 자식을 낳고, 스승은 교육을 시키는데, 이 네 가지 것들은 서로 겸할 수가 없다. 오직 군주가 자신을 올바르게 하고, 덕(德)을 수양해야만, 이것들을 겸해서 사용할 수 있고, 예(禮)에도 질서가 생기며, 백성들도 다스려지게 되는 것이다. 이곳 문장에서는 군주는 반드시 자신을 올바르게 하여, 허물이 없는 경지에 도달하고, 천지(天地)와 함께 그 덕을 합치시키며, 귀신(鬼神)과 함께 길흉(吉凶)을 통합시켜서,[14] 정치의 근본으로 삼아야 한다는 것을 말하고 있다.

集解 參於天地, 並於鬼神, 猶中庸言"建諸天地, 質諸鬼神"之意, 言聖人效法於天地鬼神而參擬之, 比並之, 以求其合也. 樂, 如孟子"君子樂之"之樂. 天地鬼神之道, 具於吾身, 是聖人之所存也, 有以處之, 而率履不越, 則禮無不序矣. 天地鬼神之道, 見於政治, 是聖人之所樂也, 有以玩之, 而鼓舞不倦, 則民

---

14) 『역』「건괘(乾卦)」: 夫大人者, 與天地合其德, 與日月合其明, 與四時合其序, 與鬼神合其吉凶. 先天而天弗違, 後天而奉天時. 天且弗違, 而況於人乎? 況於鬼神乎?

無不治矣. 天生四時, 地生貨財, 父生, 師敎, 四者各不相兼, 兼是四者而使之各得其正者, 君之責也. 故君必正身立於無過之地, 而與天地合其德, 與鬼神合其吉凶, 然後禮序而民治也.

번역 "천지(天地)에 참여하고, 귀신(鬼神)과 나란히 한다."는 말은 『중용』에서 "천지에 세우고, 귀신에게 묻는다."[15]라고 했던 뜻과 같으니, 즉 이 말은 성인(聖人)은 천지 및 귀신의 도리를 본받아서, 참여하여 본뜨고, 나란히 동참하여, 합치가 됨을 구해야 한다는 뜻이다. '낙(樂)'자는 『맹자』에서 "군자(君子)도 그것을 즐거워한다."[16]라고 했을 때의 '낙(樂)'이다. 따라서 천지와 귀신의 도리는 내 몸 안에 모두 포함되어 있으니, 이것이 바로 성인이 갖추고 있는 바이며, 그것에 따라 처신을 하며 예법에 따라 처신을 하여 어김이 없게 된다면,[17] 예(禮)에 질서가 생기지 않는 일이 없게 될 것이다. 천지와 귀신의 도리는 정치를 통해 나타나는데, 이것은 성인도 즐거워하는 점이며, 이를 통해 완상을 하고, 흥기시켜 게으름을 피우지 않는다면, 백성들 중에는 다스려지지 않는 자가 없게 될 것이다. 하늘은 사계절을 만들어내고, 땅은 재화를 만들어내며, 부친은 자식을 낳아주고, 스승은 교육을 시켜주는데, 이 네 가지 부류는 각각 서로의 영역을 겸할 수가 없으니, 이 네 가지를 겸비하여, 그것들로 하여금 각각 그 올바름을 얻게 할 수 있는 것은 바로 군주의 책무이다. 그렇기 때문에 군주는 반드시 자신을 올바르게 만들어서, 잘못이 없는 경지에 도달하여, 천지와 함께 그 덕을 합치시키고, 귀신과 함께 그 길흉을 통합해야만, 그런 이후에야 예(禮)에 질서가 잡히고, 백성들이 다스려지게 된다는 뜻이다.

---

15) 『중용』「29장」: 故君子之道本諸身, 徵諸庶民, 考諸三王而不繆, 建諸天地而不悖, 質諸鬼神而無疑, 百世以俟聖人而不惑

16) 『맹자』「진심상(盡心上)」: 孟子曰, 廣土衆民, 君子欲之, 所樂不存焉, 中天下而立, 定四海之民, 君子樂之, 所性不存焉.

17) 『시』「상송(商頌)·장발(長發)」: 玄王桓撥, 受小國是達, 受大國是達. 率履不越, 遂視既發. 相土烈烈, 海外有截.

참고 『의례』「상복(喪服)」 기록

경문 喪服. 斬衰裳, 苴絰·杖·絞帶, 冠繩纓, 菅屨者.

번역 「상복」편. 깔끔하게 재단하지 않은 참최복(斬衰服)의 상의와 하의를 입고, 저(苴)로 만든 질(絰)을 두르며, 지팡이를 짚고, 교대(絞帶)를 차며, 관에는 끈을 엮어 만든 갓끈을 달며, 관(菅)이라는 풀로 엮은 짚신을 신는다.

鄭注 者者, 明爲下出也. 凡服, 上曰衰, 下曰裳, 麻在首·在要皆曰絰. 絰之言實也, 明孝子有忠實之心, 故爲制此服焉. 首絰象緇布冠之缺項, 要絰象大帶, 又有絞帶, 象革帶. 齊衰以下用布.

번역 '자(者)'자는 그 뒤에 열거되는 사람들을 위해 기록한 말이다. 상복에 있어서 상의는 '최(衰)'라 부르고 하의는 '상(裳)'이라 부르는데, 마(麻)로 엮은 것 중 머리에 쓰거나 허리에 두르는 것은 모두 '질(絰)'이라고 부른다. '질(絰)'자는 "진실됨이 가득하다[實]."는 뜻으로, 자식에게는 진실됨이 가득한 마음이 있음을 나타낸다. 그렇기 때문에 이러한 상복을 제작하는 것이다. 수질(首絰)은 치포관(緇布冠)의 규항(缺項)을 상징하고, 요질(要絰)은 대대(大帶)를 상징하며, 또한 교대(絞帶)라는 것을 두어 혁대(革帶)를 상징한다. 자최복(齊衰服) 이하의 상복에서는 포(布)를 이용해서 만든다.

賈疏 ●"喪服"至"屨者". ○釋曰: 題此二字於上者, 與此一篇爲總目. 言"斬衰裳"者, 謂斬三升布以爲衰裳. 不言裁割而言"斬"者, 取痛甚之意. 知者, 按三年問云: "創鉅者, 其日久; 痛甚者, 其愈遲." 雜記: "縣子云: 三年之喪如斬, 期之喪如剡." 謂哀有深淺, 是斬者痛深之義, 故云斬也. 若然, 斬衰先言斬, 下疏衰後言齊者, 以斬衰先斬布, 後作之, 故先言斬; 疏衰, 先作之, 後齊之, 故後云齊. 斬齊旣有先後, 是以作文有異也. 云"苴絰·杖·絞帶"者, 以一苴目此三事, 謂苴麻爲首絰·要絰, 又以苴竹爲杖, 又以苴麻爲絞帶. 知此三物皆同苴者, 以其冠繩纓不得用苴, 明此三者皆用苴. 又喪服小記云"苴杖, 竹也", 記人解此杖是苴竹也. 又絞帶與要絰象大帶與革帶, 二者同在要. 要絰旣苴, 明絞帶與要絰同用苴可知. 又喪服四制云"苴衰不補", 則衰裳亦同苴矣. 云"冠繩纓"者, 以六升布爲冠, 又屈一條繩爲武, 垂下爲纓. 冠在首, 退在帶下者, 以其衰用布三升, 冠六升. 冠旣加飾, 故退在帶下. 又齊衰冠纓用布, 則知此繩纓不用苴麻, 用枲麻, 故退冠在下, 更見斬義也. 云"菅屨"者, 謂以菅草爲屨, 詩: "云白華菅兮, 白茅束兮." 鄭云: "白華已漚名之爲菅, 濡刃中用." 則此菅亦是已漚者也. 已下諸章並見年月, 唯此斬章不言三年者, 以其喪之痛極, 莫甚於斬, 故不言年月, 表創鉅而已. 是以衰設人功之疏, 絰又言麻之形體, 至於齊衰已下, 非直見人功之疏, 又見絰去麻之狀貌. 擧齊衰云三年, 明上斬衰三年可知. 然此一經爲次若此者, 以先喪而後服, 故服在喪下. 又先斬, 後乃爲衰裳, 故斬文在衰裳之上. 絰·杖·絞帶俱蒙於苴, 故苴又在前. 絰中絰有二事, 仍以首絰爲主, 故絰文在上. 杖者各齊其心, 故在絞帶之前. 冠纓雖加於首, 以其不蒙於苴, 故退文在下. 屨乃服中之賤, 最後爲宜, 聖人作文倫次然.

번역 ●經文: "喪服"~"屨者". ○'상복(喪服)'이라는 두 글자를 맨 앞에 표제로 제시하였는데, 이 편의 총괄적인 제목이 된다. '참최상(斬衰裳)'이라고 했는데, 3승(升)의 포를 잘라서 상의와 하의를 만든다는 뜻이다. 재단하여 잘라낸다고 말하지 않고 "끊다[斬]."라고 말한 것은 애통함이 매우 심하다는 뜻을 취했기 때문이다. 이러한 사실을 알 수 있는 이유는 「삼년문」편에서 "상처가 큰 자는 고통의 기간이 오래가고 아픔이 심한 자는 낫는 것이 더디다."라고 했고, 『예기』「잡기(雜記)」편에서는 "현자는 삼년상의 애통함은 몸을 베는 것 같고, 기년상의 애통함은 몸을 깎는 것 같다고 했다."[18]라고 했으니, 애통함에는 깊고 얕은 차이가 있는데, 여기에서 말한 '참(斬)'이라는 말은 애통함이 극심하다는 의미가 되기 때문에 '참(斬)'자를 덧붙인 것이다. 만약 그렇다면 '참최상(斬衰裳)'이라고 했을 때에는 '참(斬)'자를 앞에 기록했는데 뒤에서는 '소최(疏衰)'라고 말한 뒤에 '자(齊)'자를 기록[19]한 이유는 참최상에 있어서는 우선 포를 끊어낸 이후에 제작을 하기 때문에 먼저 '참(斬)'자를 먼저 말한 것이고, 소최에

18) 『예기』「잡기하(雜記下)」【513b】: 縣子曰, "三年之喪如斬, 期之喪如剡."
19) 『의례』「상복(喪服)」: 疏衰裳齊·牡麻絰·冠布纓·削杖·布帶·疏屨三年者.

있어서는 먼저 제작을 한 이후에 꿰매기 때문에 이후에 '자(齊)'자를 기록한 것이다. 끊거나 꿰매는 것에 있어서 이미 선후의 차이가 있기 때문에 문장을 기록함에 있어서도 차이가 생긴 것이다. "저(苴)로 만든 질(絰)을 두르며, 지팡이를 짚고, 교대(絞帶)를 찬다."라고 했는데, 한 개의 '저(苴)'자는 이러한 세 가지 사안에 관련되니, 저마로 수질과 요질을 만들고 또 저죽(苴竹)으로 지팡이를 만들며 또 저마로 교대를 만드는 것이다. 이러한 세 사물이 모두 저(苴)라는 것을 동일하게 사용한다는 사실을 알 수 있는 이유는 관에 끈을 엮어 만든 갓끈에는 저(苴)를 쓸 수 없으니, 이 세 가지 것들에 모두 저(苴)를 사용한다는 사실을 나타낸다. 또 『예기』「상복소기(喪服小記)」편에서는 "저장(苴杖)은 대나무로 만든다."라고 했는데, 『예기』를 기록한 자는 여기에서 말한 지팡이가 저죽을 가리킨다는 사실을 풀이한 것이다. 또 교대는 요질과 함께 대대 및 혁대를 상징하는데, 두 사물은 모두 허리에 차게 된다. 요질에 대해서 이미 저로 만들었다면, 교대와 요질 모두 저를 이용해서 만든다는 사실을 알 수 있다. 또 「상복사제」편에서는 "저최(苴衰)와 같은 상복 부류들은 해지더라도 깁지 않는다."[20]라고 했으니, 상의와 하의 또한 동일하게 저를 이용해서 만드는 것이다. "관에는 끈을 엮어 만든 갓끈을 단다."라고 했는데, 6승의 포로 관을 만들고, 또 한 가닥의 끈을 엮어서 관의 테두리를 만들며, 그 끝을 밑으로 내려서 갓끈으로 삼는다. 관은 머리에 쓰게 되는데 요대에 대한 내용 뒤에 기술한 것은 상복은 3승의 포를 이용해서 만들고 관은 6승으로 만든다. 또 관에는 이미 장식이 가미되기 때문에 요대 뒤에 기술한 것이다. 또 자최복에 쓰는 관의 갓끈 또한 포를 이용해서 만드니, 여기에서 말한 끈을 엮어 만든 갓끈은 저마를 사용하지 않고 시마(枲麻)를 사용하게 됨을 알 수 있다. 그렇기 때문에 관에 대한 내용을 뒤에 기술하여 다시금 참(斬)자의 의미를 드러낸 것이다. '관구(菅屨)'라고 했는데, 관(菅)이라는 풀로 짚신을 엮은 것을 뜻하니, 『시』에서는 "백화가 관이 되었거든 백모로 묶느니라."[21]라고 했고, 정현은 "야생에서 자라는 관풀인 백화가 향기를 내기 시작하면 '관(菅)'이라고 부르는데 부드러우면서도 질겨

20) 『예기』「상복사제」【721b】: 三日而食, 三月而沐, 期而練, 毁不滅性, 不以死傷生也. 喪不過三年, 苴衰不補, 墳墓不培, 祥之日鼓素琴, 告民有終也, 以節制者也.
21) 『시』「소아(小雅)·백화(白華)」: 白華菅兮, 白茅束兮. 之子之遠, 俾我獨兮.

서 사용하기에 적합하다."라고 했으니, 여기에서 말한 관풀 또한 이미 향기를 내기 시작한 것이다. 뒤의 여러 기록들에서는 모두 그 기간을 명시하였는데, 이곳 참최장에서는 삼년이라는 기간을 언급하지 않았다. 그 이유는 상을 치르며 느끼는 극심한 고통은 참최상보다 심한 것이 없다. 그렇기 때문에 기간을 언급하지 않고, 그 고통만을 드러낼 따름이다. 이러한 까닭으로 상복에는 사람의 공정이 적게 들어가는데, 질(絰)은 또한 마의 형체를 뜻하는 것이지만, 자최복 이하의 상복에 있어서는 사람의 공정이 적게 드러나는 것을 직접적으로 드러내지 않고 또한 질이 마의 형태에서 탈피함을 드러낸다. 자최복의 상에서 삼년이라는 기간을 언급했으니, 그보다 수위가 높은 참최복의 상에서 삼년상을 지낸다는 사실을 알 수 있다. 그런데 이곳 경문의 순서가 이와 같아서, 먼저 상을 언급하고 이후에 상과 관련된 상복을 기술하였기 때문에, 상복에 대한 기술이 상에 대한 기술 뒤에 나오는 것이다. 또 먼저 포를 끊은 뒤에야 상복의 상의와 하의를 만들기 때문에 '참(斬)'이라는 글자가 '최상(衰裳)'이라는 글자 앞에 나오는 것이다. 질(絰) · 지팡이 · 교대(絞帶)는 모두 저(苴)자의 뜻과 관련이 된다. 그렇기 때문에 '저(苴)'자가 그 앞에 기술된 것이다. 경문에 나오는 질(絰)자에는 두 가지 사례가 있는데, 머리에 쓰는 수질(首絰)이 위주가 되기 때문에, 질(絰)자가 앞에 나온 것이다. 지팡이는 각각 자신의 가슴 높이에 맞춰 자르게 된다. 그렇기 때문에 교대 앞에 기술된 것이다. 관의 갓끈은 비록 머리 부분에 있는 것이지만, 이것은 저(苴)자와는 관련이 없기 때문에 그 뒤에 문장을 기술한 것이다. 신발은 상복의 복식 중에서도 미천한 것이므로 가장 뒤에 기술하는 것이 마땅하니, 성인이 문장을 기술한 순서가 이와 같은 것이다.

賈疏 ◎注"者者"至"用布". ○釋曰: 云"者者, 明爲下出也"者, 周公設經, 上陳其服, 下列其人. 此經所陳服者, 明爲下人所出, 故服下出者, 明臣子爲君父等所出也. 按下諸章皆言"者", 鄭止一解, 餘皆不釋, 義皆如此也. 云"凡服, 上曰衰, 下曰裳"者, 言"凡"者, 鄭欲兼解五服. 按下記云: 衰廣四寸, 長六寸. 綴之於心, 總號爲衰. 非正當心而已, 故諸言衰皆與裳相對. 至於弔服三者, 亦謂之爲衰也. 云"麻在首, 在要皆曰絰", 知一絰而兼二者, 以子夏傳要 · 首二絰俱解, 禮記諸文亦首·要並陳, 故士喪禮云"要絰小焉", 故知一絰而兼二文也. 云"絰之言實也, 明孝子有忠實之心, 故爲制此服焉", 檀弓云"絰也者實也", 明孝子有忠實之心, 故爲制此服焉. 按問喪云"斬衰貌若苴, 齊衰貌若枲"之等, 皆是心內苴惡, 貌亦苴惡, 服亦苴惡, 是服以象貌, 貌以象心, 是孝子有忠實之心. 若服苴而貌美, 心不苴惡者, 是中外不相稱, 無忠實之心者也. 云"首絰象緇布冠之缺項"者, 按士冠禮: 緇布冠, "青組纓, 屬於缺", 鄭注云: "缺, 讀如'有頍者弁'之頍, 緇布冠之無笄者, 著頍圍髮際, 結項中隅爲四綴, 以固冠也." 此所象無正文, 但喪服法吉服而爲之, 吉時有二帶, 凶時有二絰, 以要絰象大帶, 明首絰象頍項可知. 以彼頍項爲吉時, 緇布冠無笄, 故用頍項以固之. 今喪之首絰與冠繩纓, 別材而不相綴, 今言象之者, 直取絰法象頍項而爲之. 至於喪冠, 亦無笄, 直用六升布爲冠, 一條繩爲纓, 與此全異也. 云"要絰象大帶"者, 按玉藻云, 大夫以下大帶用素, 天子朱裏, 終裨以玄黃, 士則練帶, 裨下末三赤, 用緇, 是大帶之制. 今此要絰, 下傳名爲帶, 明象吉時大帶也. 云"又有絞帶, 象革帶"者, 按玉藻韠之形制, 云"肩革帶博二寸", 吉備二帶, 大帶申束衣, 革帶以佩玉佩及事佩之等. 今於要絰之外, 別有絞帶, 明絞帶象革帶可知. 按士喪禮云: "苴絰大鬲, 要絰小焉." 又云: "婦人之帶牡麻, 結本." 注云: "婦人亦有首絰, 但言帶者, 記其異. 此齊衰婦人, 斬衰婦人亦有苴絰." 以此而言, 則婦人吉時, 雖云女鞶絲, 以絲爲帶, 而無頍項. 今於喪禮哀痛甚, 亦有二絰與絞帶, 以備喪禮. 故此經具陳於上, 男女俱言於下, 明男女共有此服也. 云"齊衰已下用布"者, 卽下齊衰章云"削杖布帶" 是也. 若然, 按此經, 凶服皆依舊名, 唯衰與絰特制別名者, 按禮記·檀弓云"有以故興物者", 鄭云: "衰絰之制." 以絰表孝子忠實之心, 衰明孝子有哀摧之義, 故制此二者而異名, 見其哀痛之甚故也.

번역 ◎鄭注: "者者"~"用布". ○정현이 "'자(者)'자는 그 뒤에 열거되는 사람들을 위해 기록한 말이다."라고 했는데, 주공은 경문을 기술할 때, 먼저 해당하는 상복을 기술하고, 그 이후에 상복을 착용하게 되는 대상을 차례대로 나열하였다. 이곳 경문에서 기술한 상복은 곧 그 뒤에 나오는 사람들을 위해서 기술된 것이다. 그렇기 때문에 상복에 대한 기술 뒤에 나오는 '자(者)'자는 신하와 자식 등이 군주와 부친을 위해 착용한다는 사실로 인해 나타난 것이다. 아래 여러 기술들을 살펴보면 모두 '자(者)'자가 나오는데, 정현은 단지 이곳에서 한 차례 설명만 하였고, 나머지 기록에 대해서는 해석을 하지 않았으니, 그 의미가 모두 이와 같기 때문이다. 정현이 "상복에 있어서 상의는 '최(衰)'라 부르고 하의는 '상(裳)'이라 부른다."라고 했는데, '범(凡)'이라고 말한 것은 정현이 오복(五服)에 대해서 함께 풀이하고자 해서이다. 아래 기문을 살펴보면, 최(衰)의 너비는 4촌이고 길이는 6촌이라고 했다. 이것을 가슴 부분에서 연결하며 총괄적으로 '최(衰)'라고 부른다. 그러나 이것은 가슴 부분에 오는 것이 아니기 때문에, 여러 기록들에서 말하는 최(衰)자는 모두 하의를 뜻하는 상(裳)자와 상대적으로 기술된다. 그런데 조복(弔服)의 세 종류에 대해서도 또한 '최(衰)'라고 부른다. 정현이 "마(麻)로 엮은 것 중 머리에 쓰거나 허리에 두르는 것은 모두 '질(絰)'이라고 부른다."라고 했는데, 하나의 질(絰)자에 이러한 두 종류의 기물이 포함되어 있음을 알 수 있는 이유는 자하의 전문에서는 요질과 수질에 대해 모두 풀이를 했고, 『예기』의 여러 기록들에서도 수질과 요질을 모두 기술하였다. 그렇기 때문에 『의례』「사상례(士喪禮)」편에서는 "요질은 수질보다 작다."[22]라고 했으므로, 하나의 질자가 두 가지 의미를 겸한다는 사실을 알 수 있다. 정현이 "'질(絰)'자는 진실됨이 가득하다는 뜻으로, 자식에게는 진실됨이 가득한 마음이 있음을 나타낸다."라고 했는데, 『예기』「단궁(檀弓)」편에서는 "'질(絰)'이라는 것은 자식의 충실한 마음을 뜻한다."[23]라고 했으니, 자식에게 충실한 마음이 있음을 드러낸다. 그렇기 때문에 이러한 상복을 만든 것이다. 『예기』「문상(問喪)」편에서 "참최복의 모습은 암컷 마처럼 생겨서 검게 그을린 것처럼 보이고, 자최복의 모습은 수컷 마처럼 생겨서 초췌하면서도 어두워 보인다."라고 한 기록 등을 살펴보면, 이 모두는 속마음이 그을리고 추하게 된다면 모습 또한 그을리고 추하게 되며 복장 또한 그을리고 추하게 되니, 이것은 복장이 모습을 상징하고 모습이 마음을 상징하는 것이며, 자식에게 충실한 마음이 있음을 드러낸다. 만약 그을리고 추한 복장을 입었음에도 모습이 아름답다면 마

---

22) 『의례』「사상례(士喪禮)」: 苴絰, 大鬲, 下本在左, <u>要絰小焉</u>. 散帶垂, 長三尺. 牡麻絰, 右本在上, 亦散帶垂. 皆饌于東方.

23) 『예기』「단궁상(檀弓上)」【90d】: 絰也者, 實也.

음이 그을리고 추한 것이 아니니, 이것은 속마음과 외형이 서로 어울리지 못한 것이며 충실한 마음이 없는 자이다. 정현이 "수질(首絰)은 치포관(緇布冠)의 규항(缺項)을 상징한다."라고 했는데, 『의례』「사관례(士冠禮)」편을 살펴보면, 치포관에 대해 "청색의 끈으로 만든 갓끈을 규항에 연결한다."[24]라고 했고, 정현의 주에서는 "'缺'자는 '우뚝 솟아있는 변(弁)이여'[25]라고 했을 때의 '규(頍)' 자로 읽으며, 치포관을 쓸 때에는 비녀가 포함되지 않아서 규를 이용해 머리카락이 나는 지점을 두르고, 목이 있는 곳에 묶고 네 모퉁이에는 네 개의 연결 끈을 만들어서 관과 연결시킨다."라고 했다. 이것이 상징하는 것에 대해서는 경문에 기록이 없지만, 상복은 길복을 따라 만들고, 길한 시기에는 두 가지 허리띠를 차게 되고 흉한 시기에는 두 가지 질을 차게 되며, 요질로 대대를 상징한다면, 수질이 규항을 상징한다는 사실을 알 수 있다. 규항이라는 것은 길한 시기에 착용하는 것이고, 치포관을 쓸 때 비녀가 포함되지 않기 때문에 규항을 이용해 고정시키는 것이다. 현재 상복에 있어서 수질과 관에 다는 갓끈은 별도의 재질로 만들어서 서로 연결시키지 않는데, 현재 그것이 상징하는 것을 말하게 되어, 수질이 규항을 따라 만든 것이라는 의미를 취한 것이다. 상사에 쓰는 관에 있어서도 비녀가 포함되지 않고 단지 6승의 포를 이용해서 관을 만들며, 한 가닥의 끈으로 갓끈을 만들게 되어, 이것과는 판이하게 차이를 보인다. 정현이 "요질(要絰)은 대대(大帶)를 상징한다."라고 했는데, 『예기』「옥조(玉藻)」편을 살펴보면, 대부 이하의 계층은 대대를 흰색의 비단으로 만들게 되고,[26] 천자는 안감을 적색으로 대며 현색과 황색의 가선을 댄다.[27] 사의 경우 누인 명주로 허리띠를 만들고 가선의 끝부분에는 세 가지 적색을 사용하며 치포를 이용하니,[28] 이것은 대대의 제도가 된다. 현재 이곳에서 말한 요질을 아래 전문에서는 '대(帶)'라고 불렀으니, 길한 시기에 차는 대대를 상징한다는 사실을 나

24) 『의례』「사관례(士冠禮)」 : 緇布冠缺項, 青組纓屬于缺; 緇纚, 廣終幅, 長六尺; 皮弁笄; 爵弁笄; 緇組紘, 纁邊; 同篋.

25) 『시』「소아(小雅) · 규변(頍弁)」 : 有頍者弁, 實維伊何. 爾酒既旨, 爾殽既嘉. 豈伊異人, 兄弟匪他. 蔦與女蘿, 施于松柏. 未見君子, 憂心弈弈. 既見君子, 庶幾說懌.

26) 『예기』「옥조(玉藻)」【384c】 : 大夫素帶, 辟垂.

27) 『예기』「옥조(玉藻)」【384b】 : 天子素帶, 朱裏, 終辟.

28) 『예기』「옥조(玉藻)」【384c】 : 士練帶, 率下辟.

타낸다. 정현이 "또한 교대(絞帶)라는 것을 두어 혁대(革帶)를 상징한다."라고 했는데, 「옥조」편을 살펴보면 슬갑의 형태에 대해서 "양쪽 모서리와 혁대의 너비는 2촌이다."[29]라고 했는데, 길복을 착용할 때에는 두 가지의 허리띠를 갖추고, 대대로 의복을 결속하고 혁대로 패옥 및 일상생활에 필요한 물건 등을 차게 된다. 현재 요질 겉에는 별도로 교대라는 것을 두었으니, 교대가 혁대를 상징하게 됨을 알 수 있다. 「사상례」편을 살펴보면, "저질의 크기는 9촌이며, 요질은 그보다 작다."[30]라고 했고, 또 "부인이 차는 요질은 수컷 마를 이용해서 만드는데 뿌리부분을 묶는다."[31]라고 했고, 정현의 주에서는 "부인 또한 수질을 두르게 되는데 단지 요대만을 말한 것은 차이점을 언급하기 위해서이다. 여기에서 말한 대상은 자최복을 착용하는 부인인데, 참최복을 착용하는 부인 또한 저질을 착용한다."라고 했다. 이를 통해 말해보자면, 부인은 길한 시기에 비록 여자아이에게는 비단으로 만든 작은 주머니를 채운다고 말하지만,[32] 비단으로 허리띠를 만들고 규항에 해당하는 것이 없게 된다. 현재의 상황은 상례 중에서도 애통함이 극심한 경우임에도 또한 두 가지 질과 교대를 갖추어 상례의 격식을 갖춘다. 그렇기 때문에 여기에서 질을 비롯한 기물들을 앞에 기술하고 남자와 여자에 대해서는 모두 그 뒤에 기술하였으니, 남녀 모두 이러한 복장을 착용하게 됨을 나타낸다. 정현이 "자최복(齊衰服) 이하의 상복에서는 포(布)를 이용해서 만든다."라고 했는데, 뒤의 '자최장'에서 "삭장(削杖)을 짚고 포로 만든 대를 찬다."[33]라고 한 말이 이러한 사실을 나타낸다. 만약 그렇다면 이곳 경문을 살펴봤을 때, 흉복에 있어서는 모두 이전의 명칭에 따르지만 오직 상복과 질에 있어서는 특별히 별도의 명칭을 만들었다. 그 이유는 『예기』「단궁

29) 『예기』「옥조(玉藻)」【385c~d】: 韠, 君朱, 大夫素, 士爵韋. 圜殺直, 天子直, 諸侯前後方, 大夫前方後挫角, 士前後正. 韠下廣二尺, 上廣一尺, 長三尺, 其頸五寸, 肩革帶博二寸.

30) 『의례』「사상례(士喪禮)」: 苴絰, 大鬲, 下本在左, 要絰小焉. 散帶垂, 長三尺. 牡麻絰, 右本在上, 亦散帶垂. 皆饌于東方.

31) 『의례』「사상례(士喪禮)」: 婦人之帶, 牡麻結本, 在房.

32) 『예기』「내칙(內則)」【367d】: 子能食食, 教以右手; 能言, 男唯女俞. 男鞶革, 女鞶絲.

33) 『의례』「상복(喪服)」: 疏衰裳齊 · 牡麻絰 · 冠布纓 · 削杖 · 布帶 · 疏屨三年者.

(檀弓)」편을 살펴보면, "일부러 어떤 사물들을 만들어서, 이것을 통해 감정을 북돋는 경우도 있다."[34]라고 했고, 정현의 주에서는 "상복이나 질 등의 제도를 뜻한다."라고 했다. 질이 자식이 가지고 있는 충실한 마음을 드러내는 것이라면 상복에는 자식이 애통해 하는 뜻이 포함되어 있는 것이다. 그러므로 이러한 두 가지 제도를 만들며 명칭을 달리해서, 애통함이 극심함을 드러낸 것이다.

전문 傳曰: 斬者何? 不緝也. 苴絰者, 麻之有蕡者也.

번역 전문에서 말하였다. '참(斬)'자란 무슨 뜻인가? 꿰매지 않았다는 뜻이다. '저질(苴絰)'이라는 것은 마(麻) 중에서도 씨가 있는 것으로 만든 것이다.

賈疏 ○釋曰: 云"斬者何", 問辭, 以執所不知, 故云者何. 云"不緝也"者, 答辭, 此對下疏衰裳齊, 齊是緝, 此則不緝也. 云"苴絰者, 麻之有蕡者也", 按爾雅·釋草云"蕡, 枲實", 孫氏注云: "蕡, 麻子也." 以色言之謂之苴, 以實言之謂之蕡. 下言牡者, 對蕡爲名; 言枲者, 對苴生稱也, 是以云"斬衰貌若苴, 齊衰貌若枲"也. 若然, 枲是雄麻, 蕡是子麻, 爾雅云"蕡, 枲實"者, 擧類而言, 若圓曰簞, 方曰笥. 鄭注論語云: "簞·笥, 亦擧其類也." 下傳云: "牡麻者, 枲麻也." 不連言絰, 此苴連言絰者, 欲見苴絰別於苴杖. 故下傳別云苴杖, 後傳牡麻不連言絰, 此苴連言絰者, 彼無他物之嫌, 獨有絰, 故不須連言絰也.

번역 "'참(斬)'자란 무슨 뜻인가?"라고 했는데, 이것은 질문을 던지는 말로, 모르는 부분을 제시했기 때문에 "무슨 뜻인가?"라고 말한 것이다. "꿰매지 않았다는 뜻이다."라는 말은 답변하는 말인데, 이것은 아래문장에 나오는 '소최상자(疏衰裳齊)'라는 말과 대비가 되고, '자(齊)'자는 "꿰맨다[緝]."는 뜻이 되므로, 이 글자는 꿰매지 않았다는 뜻이 된다. "'저질(苴絰)'이라는 것은 마(麻) 중에서도 씨가 있는 것으로 만든 것이다."라고 했는데, 『이아』「석초(釋草)」편을 살펴보면, "'분(蕡)'은 삼의 씨이다."[35]라고 했고, 손씨의 주에서는 "'분(蕡)'

34) 『예기』「단궁하(檀弓下)」【120c】: 子游曰: "禮有微情者, 有以故興物者, 有直情而徑行者, 戎狄之道也. 禮道則不然."

은 마의 씨이다."라고 했다. 색을 기준으로 말하면 '저(苴)'라고 부르는 것이고, 씨를 기준으로 말하면 '분(蕡)'이라고 부른다. 아래문장에 나오는 '모(牡)'라는 글자는 분(蕡)자와 대비해서 쓴 명칭이고, '시(枲)'라고 말한 것은 '저(苴)'자와 대비하기 위해 만들어낸 칭호이다. 이러한 까닭으로 "참최복의 모습은 암컷 마처럼 생겨서 검게 그을린 것처럼 보이고, 자최복의 모습은 수컷 마처럼 생겨서 초췌하면서도 어두워 보인다."라고 말한 것이다. 만약 그렇다면 '시(枲)'는 마 중에서도 수컷에 해당하고, '분(蕡)'은 씨가 있는 마가 되는데, 『이아』에서 "분(蕡)은 시(枲)의 씨이다."라고 말한 것은 그 부류를 제시한 것이니, 마치 소쿠리 중 원형인 것을 '단(簞)'이라 부르고 사각형인 것을 '사(笥)'라 부르는 것과 같다. 『논어』에 대한 정현의 주에서는 "단(簞)과 사(笥) 또한 그 부류를 제시한 것이다."라고 했다. 아래 전문에서 "'모마(牡麻)'라는 것은 시마(枲麻)이다."라고 하여 질(絰)자를 함께 언급하지 않았는데, 이곳에서는 저(苴)자에 질(絰)자를 붙여서 기록했다. 그 이유는 저질이라는 것이 저장과는 구별됨을 드러내고자 해서이다. 그렇기 때문에 아래 전문에서는 별도로 저장을 말했던 것이고, 뒤의 전문에서 모마를 말하며 질자를 함께 언급하지 않고 이곳에서 저자에 질자를 붙여서 말한 것은 뒤의 기록에서는 다른 사물로 오인할 염려가 없고 해당하는 것은 질만이 있을 뿐이기 때문에 질자를 함께 기록하지 않은 것이다.

참고 『의례』「상복(喪服)」 기록

경문 父.

번역 부친을 위해서는 참최복(斬衰服)을 입고 삼년상을 치른다.

賈疏 ●"父". ○釋曰: 周公設經, 上陳其服, 下列其人, 卽此文. 父已下是

35) 『이아』「석초(釋草)」: 蕡, 枲實. 枲, 麻.

爲其人服上之服者也. 先陳父者, 此章恩義並設, 忠臣出孝子之門, 義由恩出, 故先言父也. 又下文諸侯爲天子·妻爲夫·妾爲君之等, 皆兼擧著服之人於上, 乃言所爲之人於下. 若然, 此父與君直單擧所爲之人者, 餘者若直言天子, 臣皆爲天子, 故擧諸侯也. 若直言夫, 則妾於君體敵, 亦有夫義. 妾爲君, 若直言君, 與前臣爲君文不殊, 已外亦皆嫌疑, 故兼擧著服之人. 子爲父·臣爲君, 二者無嫌疑, 故單擧所爲之人而已.

번역 ●經文: “父”. ○주공이 경문을 기술했을 때, 먼저 해당하는 상복을 기술하고 그 뒤에 해당하는 대상들을 나열하였으니, 바로 이곳 문장에 해당한다. 부친이라는 기술 뒤에 나오는 기록들은 바로 해당하는 대상을 위해 앞서 기술한 상복을 입는 것이다. 먼저 부친에 대한 내용을 기술하였는데, 이곳에서는 은정과 도의를 함께 기술하였지만, 충신은 효자의 집안에서 배출되므로 도의는 은정으로부터 도출된다. 그렇기 때문에 먼저 부친에 대해서 언급한 것이다. 그 뒤의 문장에서 제후가 천자를 위해서 착용한다거나 처가 남편을 위해서 착용한다거나 첩이 군을 위해서 착용한다고 하는 기록들은 모두 상복을 착용하는 자들을 앞에 기록하고, 그 뒤에 해당하는 대상을 언급하였다. 그런데 이곳에서는 부친과 군주에 대해 기록하며 해당하는 대상만 제시하였다. 그 이유는 나머지 기록에서 만약 천자라고만 언급한다면 신하들은 모두 천자를 위해서 이러한 상복을 착용하는 것이 되기 때문에 제후라는 말을 함께 제시한 것이다. 또 만약 남편이라고만 말한다면 첩은 군에 대해 대등하게 되어 또한 남편에 대한 도의를 지니게 된다. 첩이 군을 위해 착용한다고 했을 때, 만약 군이라고만 말한다면 이전에 기술된 신하들이 군을 위해 착용한다고 했던 문장과 차이가 없어진다. 이외에도 모두 혐의스러운 부분이 있기 때문에 상복을 착용하는 자들까지도 함께 기술한 것이다. 그런데 자식이 부친을 위해 착용한다거나 신하가 군주를 위해 착용한다는 경우에는 혐의로 삼을 것이 없기 때문에 단지 상복의 대상만을 제시한 것일 뿐이다.

전문 傳曰: 爲父何以斬衰也? 父至尊也.

번역 전문에서 말하였다. 부친을 위해서 어찌하여 참최복을 착용하는가? 부친은 지극히 존귀하기 때문이다.

賈疏 ●云"傳曰: 爲父何以斬衰也? 父至尊也"者, 言何以者, 問比例, 以父母恩愛等, 母則在齊衰, 父則入於斬, 比並不例, 故問何以斬, 不齊衰. 答云父至尊者, 天無二日, 家無二尊, 父是一家之尊, 尊中至極, 故爲之斬也.

번역 ●傳文: "傳曰: 爲父何以斬衰也? 父至尊也". ○'하이(何以)'라고 말한 것은 비슷한 사례를 근거로 질문한 것이니, 부친과 모친에 대한 은정과 친애함은 동일한데도 모친의 경우에는 자최복에 해당하고 부친의 경우에는 참최복에 해당하여 비중이 다르다. 그렇기 때문에 어찌하여 참최복으로 치르고 자최복으로 치르지 않느냐고 물어본 것이다. 답변에서는 부친은 지극히 존귀하기 때문이라고 했는데, 하늘에 2개의 태양이 없듯이 집안에도 존귀한 자가 2명일 수 없다. 부친은 한 집안에서 가장 존귀한 자이니, 존귀한 자들 중에서도 지극히 존귀하기 때문에, 그를 위해서 참최복을 착용하는 것이다.

참고 『예기』「삼년문(三年問)」 기록

경문-669d 三年之喪, 何也? 曰, "稱情而立文, 因以飾群, 別親疎貴賤之節, 而弗可損益也. 故曰, '無易之道也.' 創鉅者其日久, 痛甚者其愈遲. 三年者, 稱情而立文, 所以爲至痛極也. 斬衰, 苴杖, 居倚廬, 食粥, 寢苫, 枕塊, 所以爲至痛飾也. 三年之喪, 二十五月而畢, 哀痛未盡, 思慕未忘, 然而服以是斷之者, 豈不送死有已·復生有節也哉?"

번역 삼년상이란 무엇인가? 대답해보자면, "정감에 따라 격식을 정하고, 그에 따라서 군중을 수식하여, 친소관계와 귀천의 등급을 구별하니, 더하거나 보탤 수 없다. 그렇기 때문에 '바꿀 수 없는 도이다.'라고 했다. 상처가 큰 자는 고통의 기간이 오래가고 아픔이 심한 자는 낫는 것이 더디다. 삼년이라는 것은 정감에 따라서 격식을 정한 것이니, 지극한 아픔을 극진히 나타내기 위해서이다. 참최복(斬衰服)을 착용하고, 저장(苴杖)[36]을 하며, 의려(倚廬)에 거처하고, 죽을 먹으며, 거적을 깔고 자고, 흙덩이를 베개로 삼으니, 지극한 아픔을 수식하기 위해서이다. 삼년상은 25개월이 지나서 끝나는데, 애통한 마음이 모두 없어지지 않았고 부모를 그리워하는 마음도 잊을 수가 없지만, 복상기간을 이로써 제한한 것은 죽은 자를 전송하는 일에 끝이 있고, 일상사로 되돌아옴에 절차가 있도록 한 것이 아니겠는가?"라고 했다.

鄭注 稱情而立文, 稱人之情輕重, 而制其禮也. 群, 謂親之黨也. 無易, 猶不易也. 飾, 情之章表也. 復生, 除喪反生者之事也.

번역 정감에 따라 격식을 정하는 것은 사람의 정감에 나타나는 경중의 차이에 따라서 관련 예법을 제정한다는 뜻이다. '군(群)'자는 친족 무리를 뜻한다. '무역(無易)'은 바꿀 수 없다는 뜻이다. '식(飾)'자는 정감을 드러내는 것이다. '복생(復生)'은 상을 끝내고 일상사로 되돌아오는 일을 뜻한다.

孔疏 ●"三年之喪, 何也"者, 記者欲釋三年之義, 故假設其問, 云三年喪者, 意有何義理? 謂稱人之情而立禮之節文.

번역 ●經文: "三年之喪, 何也". ○『예기』를 기록한 자는 삼년상의 의미를 풀이하고자 했기 때문에, 질문형식을 빌렸다. 그래서 "삼년상을 치르는데 그 의미에 어떠한 이치가 있느냐?"고 물어본 것이니, 사람의 정감에 따라서 예법의 격식을 정했다는 의미이다.

孔疏 ●"因以飾群"者, 飾, 謂章表也; 群, 謂五服之親也. 因此三年之喪差

---

36) 저장(苴杖)은 부친의 상(喪)을 치를 때 사용하는 지팡이로, 대나무로 만든 지팡이를 뜻한다.

降, 各表其親黨.

번역 ●經文: "因以飾群". ○'식(飾)'자는 드러낸다는 뜻이며, '군(群)'자는 오복(五服)을 착용하는 친족을 뜻한다. 삼년상에서 차등적으로 낮추는 것에 따라 각각 친족의 관계를 드러낸 것이다.

孔疏 ●"別親疏·貴賤之節, 而弗可損益也"者, 親, 謂大功以上; 疏, 謂小功以下; 貴, 謂天子諸侯絶期, 卿大夫降期以下; 賤, 謂士庶人服族. 其節分明, 使不可損益也.

번역 ●經文: "別親疏·貴賤之節, 而弗可損益也". ○'친(親)'자는 대공복(大功服) 이상의 관계를 뜻하며, '소(疏)'자는 소공복(小功服) 이하의 관계를 뜻한다. '귀(貴)'자는 천자와 제후는 기년상(期年喪)으로 관계를 한정하고, 경과 대부는 기년상 이하까지 낮추는 것을 뜻하고, '천(賤)'자는 사와 서인이 친족에 대해 복상(服喪)하는 것을 뜻한다. 그 절도를 분명하게 해서 덜거나 보태지 못하도록 한 것이다.

孔疏 ●"故曰無易之道也"者, 引舊語成文也. 無, 不也. 並有差品, 其道不可改易.

번역 ●經文: "故曰無易之道也". ○이전부터 전해지던 말을 인용한 것이다. '무(無)'자는 불(不)자의 뜻이다. 모두 차등적 품계를 갖게 되어 그 도는 바꿀 수 없다는 뜻이다.

孔疏 ●"創鉅者其日久"者, 以釋重喪所以三年也. 其事旣大, 故爲譬也. 鉅, 大也. 夫創小則易差, 創大則難愈, 故云創鉅其日久也.

번역 ●經文: "創鉅者其日久". ○수위가 높은 상을 삼년간 치르는 의미를 풀이한 것이다. 그 사안이 중대하기 때문에 이러한 비유를 하였다. '거(鉅)'자는 "크다[大]."는 뜻이다. 상처가 작다면 쉽게 낫지만, 상처가 크다면 낫기가 어렵다. 그렇기 때문에 "상처가 크면 낫는 기간이 오래 걸린다."라고 했다.

孔疏 ●"痛甚者其愈遲"者, 愈, 差也. 賢者喪親, 傷腎·乾肝斬斫之痛, 其痛旣甚, 故其差亦遲也.

번역 ●經文: "痛甚者其愈遲". ○'유(愈)'자는 "차도를 보인다[差]."는 뜻이다. 현명한 자가 부모의 상을 치를 때에는 콩팥을 다친 것 같고 간이 타들어가 베이고 잘린 듯한 고통이 생기는데, 그 고통이 매우 극심하기 때문에 차도를 보이는 것 또한 더디게 된다.

孔疏 ●"三年者, 稱情而立文, 所以爲至痛極也"者, 旣痛甚差遲, 故稱其痛情, 而立三年之文, 以表是至痛極者也.

번역 ●經文: "三年者, 稱情而立文, 所以爲至痛極也". ○고통이 이미 극심하여 차도를 보이는 것도 더디기 때문에 이러한 애통한 정감을 헤아려서 삼년상이라는 형식을 만들고, 이를 통해 지극한 고통을 모두 드러내도록 한 것이다.

孔疏 ●"哀痛未盡, 思慕未忘"者, 言賢人君子於此二十五月之時, 悲哀摧痛, 猶未能盡, 憂思哀慕, 猶未能忘, 故心之哀慕於時未盡, 而外貌喪服以是斷割者.

번역 ●經文: "哀痛未盡, 思慕未忘". ○현명한 자와 군자는 이러한 25개월의 기간 동안 비통하고 극심한 고통에 시달리는데도 여전히 모두 소진할 수 없고, 근심하고 그리워하지만 이 또한 여전히 잊어버릴 수가 없다. 그렇기 때문에 마음에 있는 애통함과 그리움이 이 기간 동안 모두 소진되지 못하는데도 외적으로 착용하는 상복기간을 이러한 기한으로 제한하였다.

孔疏 ●"豈不送死有已·復生有節也哉"者, 若不斷以二十五月, 則孝子送死之情何時得已? 復吉常之禮何有限節? 故聖人裁斷止限二十五月, 豈不是送死須有已止, 反復生禮須有限節也哉?

번역 ●經文: "豈不送死有已·復生有節也哉". ○만약 25개월로 제한을 두지 않는다면, 자식이 죽은 부모를 전송하는 마음이 어느 시기에 그칠 수 있겠는가? 그리고 일상적인 예법으로 돌아오는 것도 어떠한 제한이 있겠는가? 그렇기 때문에 성인이 25개월로 제한을 두었으니, 어찌 죽은 자를 전송함을 그치게 만들며 일상적인 예법으로 돌아옴에 제한을 둠이 아니겠는가?

참고 『순자』「예론(禮論)」 기록

원문 三年之喪, 何也? 曰, "稱情而立文①, 因以飾群別親疏貴賤之節, 而不可益損也. 故曰, '無適不易之術也②.' 創巨者其日久, 痛甚者其愈遲, 三年之喪, 稱情而立文, 所以爲至痛極也③. 齊衰, 苴杖, 居廬, 食粥, 席薪, 枕塊, 所以爲至痛飾也④. 三年之喪, 二十五月而畢, 哀痛未盡, 思慕未忘, 然而禮以是斷之者, 豈不以送死有已·復生有節也哉⑤?"

번역 삼년상이란 무엇인가? 대답해보자면, "정감에 따라 격식을 정하고, 그에 따라서 군중을 수식하여 친소관계와 귀천의 등급을 구별하니, 더하거나 보탤 수 없다. 그렇기 때문에 '가는 곳마다 바꿀 수 없는 도이다.'라고 했다. 상처가 큰 자는 고통의 기간이 오래가고 아픔이 심한 자는 낫는 것이 더디다. 삼년상이라는 것은 정감에 따라서 격식을 정한 것이니, 지극한 아픔을 극진히 나타내기 위해서이다. 자최복(齊衰服)을 착용하고, 저장(苴杖)을 하며, 의려(倚廬)에 거처하고, 죽을 먹으며, 땔감을 깔고 자고, 흙덩이를 베개로 삼으니, 지극한 아픔을 수식하기 위해서이다. 삼년상은 25개월이 지나서 끝나는데, 애통한 마음이 모두 없어지지 않았고 부모를 그리워하는 마음도 잊을 수가 없지만, 상례에서 이로써 제한한 것은 죽은 자를 전송하는 일에 끝이 있고, 일상사로 되돌아옴에 절차가 있도록 한 것이 아니겠는가?"라고 했다.

楊注-① 鄭康成曰: 稱人之情輕重, 而制其禮也.

번역 정강성이 말하길, 사람의 정감에 나타나는 경중의 차이에 따라서 관련 예법을 제정한다.

楊注-② 群別, 謂群而有別也. 適, 往也, 無往不易, 言所至皆不可易此術. 或曰, 適讀爲敵.

번역 '군별(群別)'이란 무리를 지어도 구별이 생긴다는 뜻이다. '적(適)'자는 "~에 가다[往]."는 뜻이니, '무왕불역(無往不易)'이라는 말은 가는 곳마다 모두 이러한 방법을 바꿀 수 없다는 뜻이다. 혹자는 '적(適)'자를 적(敵)자로 풀이해야 한다고 주장하기도 한다.

楊注-③ 創, 傷也, 楚良反. 日久愈遲, 互言之也, 皆言久乃能平, 故重喪必待三年乃除, 亦爲至痛之極, 不可朞月而已.

번역 '창(創)'자는 "상처를 입다[傷]."는 뜻으로, '楚(초)'자와 '良(량)'자의 반절음이다. 시간이 오래 경과되었다는 말과 낫는 것이 더디다는 말은 상호 호환이 되도록 말한 것이니, 둘 모두 오랜 시간이 지나야만 평상시대로 돌아올 수 있다는 뜻이다. 그렇기 때문에 중대한 상에서는 반드시 삼년이라는 기간을 기다린 뒤에야 상복을 제거하는데, 이 또한 지극한 아픔 때문으로, 일년으로 한정할 수 없는 것이다.

楊注-④ 禮記斬衰苴杖, 謂以苴惡死竹爲之杖. 鄭云, 飾, 謂章表也.

번역 『예기』에서는 '참최저장(斬衰苴杖)'이라고 기록했는데, 추악하고 죽은 대나무로 그에 대한 지팡이를 만든다는 뜻이다. 정현은 식(飾)자가 드러낸다는 뜻이라고 했다.

楊注-⑤ 斷, 決也, 丁亂反. 鄭云, 復生, 謂除喪反生者之事也.

번역 '단(斷)'자는 "결단하다[決]."는 뜻으로, '丁(정)'자와 '亂(란)'자의 반절음이다. 정현은 '복생(復生)'은 상을 끝내고 일상사로 되돌아오는 일을 뜻한다고 했다.

참고 『예기』「단궁상(檀弓上)」 기록

경문-70c 孔子曰: "拜而后稽顙, 頹乎其順也; 稽顙而后拜, 頎乎其至也. 三年之喪, 吾從其至者."

번역 공자가 말하길, "절을 한 이후에 머리를 땅에 닿도록 하는 것은 예법의 순서에 따르는 것이다. 그 반대로 머리를 땅에 닿도록 한 이후에 절을 하는 것은 자신의 애달픈 감정을 지극히 나타내는 것이다. 삼년상을 치르는 경우라면, 나는 자신의 애달픈 감정을 지극히 나타내는 방법을 따르겠다."라고 했다.

鄭注 此殷之喪拜也. 頹, 順也. 先拜賓, 順於事也. 此周之喪拜也. 頎, 至也. 先觸地無容, 哀之至. 重者尙哀戚, 自期如殷可.

번역 이것은 은나라 때 상례를 치르며 했던 절하는 절차이다. '퇴(頹)'자는 "따른다[順]."는 뜻이다. 앞서 빈객에게 절을 하는 것은 그 사안에 따르는 것이다. 이것은 주나라 때 상례를 치르며 했던 절하는 절차이다. '기(頎)'자는 "지극히 한다[至]."는 뜻이다. 먼저 땅에 머리를 대어, 예법에 따른 행동거지를 갖추지 않는 것은 애통함이 지극하기 때문이다. 중대한 상에 대해서는 애달프고 슬퍼하는 감정을 우선시하므로, 기년상으로부터는 은나라 때의 예법처럼 해야 하는 것이다.

孔疏 ●"三年之喪, 吾從其至"者, 孔子評二代所拜也. 至者, 謂先稽顙後拜也. 重喪, 主貌惻隱, 故三年喪則從其頎至者也.

번역 ●經文: "三年之喪, 吾從其至". ○공자가 은나라와 주나라에서 절을 했던 방법을 평가한 것이다. '지(至)'라는 것은 먼저 땅에 머리를 대고 그 이후에 절을 하는 것을 뜻한다. 중대한 상에서는 측은한 마음을 표출하는 모습을 위주로 한다. 그렇기 때문에 삼년상을 치르는 경우라면, 애통함을 지극히 나타내는 방법에 따르겠다고 한 것이다.

孔疏 ◎注"重者"至"殷可". ○正義曰: 三年之喪, 尙哀戚則從周. 自期以下如殷可. 此經直云"拜而后稽顙", "稽顙而后拜", 鄭知拜而後稽顙是"殷之喪拜", 稽顙而后拜是"周之喪拜"者, 於孔子所論, 每以二代相對, 故下檀弓云: "殷人旣封而弔, 周人反哭而弔, 殷以慤, 吾從周." 又云: "殷朝而殯於祖, 周朝而遂葬." 皆以殷·周相對, 故知此亦殷·周相對也. 知並是殷·周喪拜者, 此云"三年之喪, 吾從其至", 明非三年喪者, 則從其順, 故知並是喪拜. 但殷之喪拜, 自斬衰以下, 緦麻以上, 皆拜而后稽顙, 以其質故也. 周則杖期以上, 皆先稽顙而后拜, 不期杖以下, 乃作殷之喪拜. 鄭知殷先拜而后稽顙, 周先稽顙而后拜者, 以孔子所論皆先殷而後周; 今"拜而后稽顙", 文在其上, 故爲殷也; "稽顙而后拜", 文在其下, 故爲周也. 且下檀弓云, 秦穆公使人弔公子重耳, 重耳稽顙而不拜, 示不爲後也. 若爲後, 當稽顙而後拜也. 重耳旣在周時, 明知先稽顙而後拜者. 若然, 士喪禮旣是周禮, 所以主人拜稽顙, 似亦先拜而後稽顙者, 士喪禮云"拜稽顙"者, 謂爲拜之時先稽顙. 其喪大記每拜稽顙者, 與士喪禮同. 按晉語云, 秦穆公弔重耳, 重耳再拜不稽顙. 與下篇重耳稽顙不拜文異者, 國語之文, 不可用此稽顙而後拜. 卽大祝"凶拜"之下, 鄭注: "稽顙而後拜, 謂三年服者." 此拜而後稽顙, 卽大祝吉拜. 鄭注云: "謂齊衰不杖以下者." 鄭知凶拜是三年服者, 以雜記云: "三年之喪, 以其喪拜." 喪拜卽凶拜. 鄭又云: "吉拜, 齊衰不杖以下." 則齊衰杖者, 亦用凶拜者. 知齊衰杖用凶拜者, 以雜記云: "父母在, 爲妻不杖不稽顙." 明父母歿, 爲妻杖得稽顙也. 是知杖齊衰得爲凶拜. 若然, 雜記云: "三年之喪, 以其喪拜. 非三年之喪, 以吉拜." 則杖期以下, 皆用吉拜. 今此杖期得用凶拜者, 雜記所云, 大判而言, 雖有杖期, 總屬三年之內. 熊氏以爲雜記所論, 是拜問拜賜, 故杖期亦屬吉拜. 必知然者, 以鄭注大祝

“凶拜” 云“三年服者”, 是用雜記之文, 解以凶拜之義, 則拜賓·拜問·拜賜不得殊也. 且雜記“問”與“賜”與於“拜”文, 上下不相接次, 不可用也. 周禮·大祝“一曰稽首”, 鄭云: “頭至地.” 按中候: “我應云王, 再拜稽首.” 鄭云: “稽首, 頭至手也.” 此卽臣拜君之拜, 故左傳云: “天子在, 寡君無所稽首.” 大夫於諸侯亦稽首, 故下曲禮云: “大夫之臣不稽首.” 則大夫於君得稽首. “二曰頓首”, 鄭曰: “頭叩地不停留也.” 此平敵以下拜也, 諸侯相拜則然, 以其不稽首, 唯頓首也. “三曰空首”, 鄭云: “頭至手, 所謂拜手也.” 以其與拜手是一, 故爲頭至手也. 此答臣下之拜, 其敵者旣用頓首, 故知不敵者用空首. “四曰振動”, 鄭云: “戰栗變動之拜.” 謂有敬懼, 故爲振動, 故尙書·泰誓火流爲烏·王動色變是也. “五曰吉拜”者, 謂先作頓首拜, 後作稽顙, 故鄭康成注與頓首相近. “六曰凶拜”者, 旣重於吉拜, 當先作稽顙, 而後稽首. “七曰奇拜”, 鄭大夫云: “奇拜謂一拜也.” 鄭康成云: “一拜答臣下.” 然燕禮·大射公答再拜者, 爲初敬之, 爲賓尊之, 故再拜. 燕末無筭爵之後, 唯止一拜而已. “八曰褒拜”者, 鄭大夫云: “褒讀爲報, 報拜, 再拜也.” 鄭康成云: “再拜, 拜神與尸.” “九曰肅拜”者, 鄭司農云: “但俯下手, 今時撎是也. 介者不拜.” 引成十六年“爲事故, 敢肅使者”. 此禮拜, 體爲空首一拜而已, 其餘皆再拜也. 其肅拜或至再, 故成十六年晉郤至三肅使者. 此肅又謂婦人之拜, 故少儀云“婦人吉事, 雖有君賜, 肅拜”, 是也.

번역 ◎鄭注: “重者”~“殷可”. ○삼년상을 치를 때 애달프고 슬퍼하는 마음을 숭상하게 된다면, 이것은 주나라 때의 예법에 따르는 것이다. 기년상으로부터 그 이하의 경우에는 은나라 때의 예법대로 하는 것도 괜찮다. 이곳 경문에서는 단지 “절을 한 이후에 머리를 땅에 댄다.”라고 하였고, 또 “머리를 땅에 댄 이후에 절을 한다.”라고 하였는데, 정현이 절을 한 이후에 머리를 땅에 닿도록 한다는 것이 은나라 때 상례를 치르며 하는 절의 방법이 됨을 알았고, 또 머리를 땅에 닿게 한 이후에 절을 하는 것이 주나라 때 상례를 치르며 하는 절의 방법이 됨을 알았던 이유는 공자가 논평을 한 부분에 있어서는 매번 은나라와 주나라를 서로 상대적으로 비교를 했었기 때문이다. 그래서 아래 「단궁」편의 문장에서도 “은나라 때에는 하관(下官)을 하고 나서 조문을 했고, 주나라 때에는 반곡(反哭)을 하고 나서 조문을 했으니, 은나라는 진실된 감정에 따랐던 것이지만, 나는 주나라 때의 예법에 따르겠다."[37]라고 한 것이고, 또 "은나라 때에는 종묘로 영구를 옮겨 아뢰고 나서, 조묘(祖廟)에 빈소를 마련했고, 주나라 때에는 종묘로 영구를 옮겨 아뢰고 나서, 장례를 치렀다."[38]라고 했는데, 이러한 기록에서는 모두 은나라와 주나라를 서로 대비시키고 있다. 그렇기 때문에 이 문장 또한 은나라와 주나라 때의 예법을 서로 대비시켜서 말한 것임을 알 수 있다. 아울러 은나라와 주나라 때 상례를 치르며 했던 절의 방법이라는 사실을 알 수 있는 이유는 이곳 문장에서 "삼년상을 치르는 경우라면, 나는 그 지극함에 따르겠다."라고 했기 때문이니, 이 말은 곧 삼년상이 아니라면, 순차에 따르겠다는 뜻을 나타낸다. 그렇기 때문에 이 모두가 상례를 치르며 절을 하는 방법임을 알 수 있었던 것이다. 다만 은나라 때 상례를 치르며 절을 했던 방법은 참최복(斬衰服) 이하부터 시마복(緦麻服) 이상의 경우에 모두 절을 한 이후에 머리를 땅에 대었으니, 질박함을 숭상했기 때문이다. 주나라의 경우에는 지팡이를 잡고 치르는 기년상(期年喪) 이상은 모든 경우에 있어서 먼저 머리를 땅에 대고 그 이후에 절을 했으니, 지팡이를 잡고 치르는 기년상이 아닌 경우부터는 곧 은나라 때의 상례 규정에 따라 절을 했던 것이다. 정현이 은나라 때에는 먼저 절을 한 이후에 머리를 땅에 대었다는 사실과 주나라 때에는 먼저 머리를 땅에 대고 그 이후에 절을 했다는 사실을 알 수 있었던 이유는 공자가 논변을 할 때에는 모든 경우에 있어서 먼저 은나라에 대한 경우를 제시하고, 그 이후에 주나라에 대한 경우를 제시했기 때문이다. 따라서 이곳 문장에서 "절을 한 이후에 머리를 땅에 댄다."라는 구문은 앞에 기록되어 있기 때문에, 은나라 때의 예법에 해당한다는 사실을 알 수 있는 것이고, "머리를 땅에 댄 이후에 절을 한다."는 구문은 그 뒤에 기록되어 있기 때문에, 주나라 때의 예법에 해당한다는 사실을 알 수 있는 것이다. 또 아래 「단궁」편의 문장에서는 진나라 목공은 사람을 시켜 공자 중이에게 조문을 하도록 했는데,[39] 중이는 머리를

37) 『예기』「단궁하(檀弓下)」【115b】: 殷既封而弔, 周反哭而弔. 孔子曰, "殷已愨, 吾從周."

38) 『예기』「단궁하(檀弓下)」【117b】: 喪之朝也, 順死者之孝心也. 其哀, 離其室也, 故至於祖考之廟而后行. 殷朝而殯於祖, 周朝而遂葬.

39) 『예기』「단궁하(檀弓下)」【111b】: 晉獻公之喪, 秦穆公使人弔公子重耳, 且曰, "寡人聞之, 亡國恒於斯, 得國恒於斯. 雖吾子儼然在憂服之中, 喪亦不可久也,

땅에 대었지만, 절을 하지 않아서, 자신이 후계자가 되지 못함을 드러낸 것이라고 했다.[40] 따라서 만약 후계자가 된 자라면, 마땅히 머리를 땅에 댄 이후에 절을 해야 하는 것이다. 중이 본인은 주나라 때 생존했던 인물이므로, 먼저 머리를 땅에 댄 이후에 절을 해야 한다는 사실을 분명히 알고 있었던 것이다. 만약 이와 같다면, 『의례』「사상례(士喪禮)」편의 내용은 주나라 때의 예법에 해당하는데, 상주가 절을 하며 머리를 땅에 댄다고 했던 말이 또한 먼저 절을 한 이후에 머리를 땅에 댄다고 했던 것과 유사해보이지만, 「사상례」편에서 말한 '배계상(拜稽顙)'이라는 말은 절을 할 때에는 먼저 머리를 땅에 댄다는 뜻이다. 그리고 『예기』「상대기(喪大記)」편에서 매번 '배계상(拜稽顙)'이라고 한 말도 「사상례」편의 의미와 동일하다. 『국어』「진어(晉語)」편을 살펴보면, 진나라 목공이 중이에게 조문을 했을 때, 중이는 재배(再拜)를 했지만, 머리를 땅에 대지는 않았다고 했다.[41] 그런데 이 기록은 「단궁하(檀弓下)」편에서 머리를 땅에 대고 절을 하지 않았다고 한 기록과 차이를 보인다. 그 이유는 『국어』의 문장은 이곳에서 말한 머리를 땅에 댄 이후에 절을 한다는 방법을 사용할 수 없다는데 초점을 맞추고 있기 때문이다. 『주례』「대축(大祝)」편에서는 '흉배(凶拜)' 이하의 절하는 방법[42] 등을 기술하고 있는데,[43] 정현의 주에서는 "머

時亦不可失也. 孺子其圖之!"

40) 『예기』「단궁하(檀弓下)」【112a】: 子顯以致命於穆公, 穆公曰, "仁夫, 公子重耳! 夫稽顙而不拜, 則未爲後也, 故不成拜. 哭而起, 則愛父也. 起而不私, 則遠利也."

41) 『국어(國語)』「진어이(晉語二)」: 公子重耳出見使者, 曰, "君惠弔亡臣, 又重有命. 重耳身亡, 父死不得與於哭泣之位, 又何敢有他志以辱君義?" 再拜不稽首, 起而哭, 退而不私.

42) 구배(九拜)는 제사를 지낼 때 사용하게 되는 아홉 종류의 절하는 형식을 뜻한다. 계수(稽首), 돈수(頓首), 공수(空首), 진동(振動), 길배(吉拜), 흉배(凶拜), 기배(奇拜), 포배(褒拜), 숙배(肅拜)에 해당한다. '계수'는 절을 하며 머리가 지면에 닿도록 하는 것이며, '돈수'는 절을 하며 머리가 땅을 두드리듯이 꾸벅거리는 것이고, '공수'는 절을 하며 머리가 손을 포갠 곳에 닿도록 하는 것이니, '배수(拜手)'라고 부르는 것에 해당한다. '길배'는 절을 한 이후에 이마를 땅에 닿게 하는 것이며, '흉배'는 이마를 땅에 닿게 한 이후에 절을 하는 것이다. '진동'의 경우 애통하게 울면서 절을 하는 것을 뜻하기도 하고, 양손을 서로 부딪치는 것을 뜻하기도 하며, 위엄을 갖추고 절을 하는 것을 뜻하기도 한다. '기배'는 절하는 횟수를 홀수로 하는 것을 뜻하기도 하며, 한쪽 무릎만 굽히고 하는 절이나 손에 쥐고

리를 땅에 댄 이후에 절을 하는 것은 삼년상을 치를 때 절하는 방법을 뜻한다." 라고 했으니, 이곳에서 절을 한 이후에 머리를 땅에 댄다고 했던 것은 곧 「대축」편에서 말한 길배(吉拜)가 된다. 정현의 주에서 "자최복(齊衰服)을 입고 지팡이를 잡지 않는 경우로부터 그 이하의 상례 수위에 해당한다."라고 하였는데, 정현은 흉배(凶拜)가 삼년상을 치를 때 절하는 방법임을 알고 있었다. 그 이유는 『예기』「잡기(雜記)」편에서 "삼년상에서는 상배(喪拜)로써 한다."[44]라고 했는데, '상배(喪拜)'는 곧 흉배(凶拜)에 해당하기 때문이다. 정현은 또한 "길배(吉拜)는 자최복을 입고 지팡이를 잡지 않는 경우로부터 그 이하의 상례 수위에 해당한다."라고 하였으니, 자최복을 입고 지팡이를 잡게 되는 상례에서는 또한 흉배의 방법을 따르는 것이다. 자최복을 입고 지팡이를 잡는 상례에서 흉배의 방법을 따른다는 사실을 알 수 있는 이유는 「잡기」편에서 "부모가 생존해 계시면, 죽은 처를 위해서 지팡이를 잡지 않고, 머리를 땅에 대지 않는다."[45] 라고 했으니, 이 말은 부모가 돌아가신 이후에는 죽은 처를 위해서 지팡이를 잡게 되고, 머리를 땅에 댈 수 있다는 사실을 나타내기 때문이다. 따라서 이

있는 물건 등에 의지해서 절하는 것을 뜻하기도 하고, 한 번 절하는 것을 뜻하기도 한다. '포배'는 답배를 뜻하기도 하니, 재배(再拜)에 해당하고, 또 손에 물건을 쥐고 절하는 것을 뜻하기도 한다. '숙배'는 단지 손을 아래로 내려서 몸에 붙이는 것에 해당한다. 『주례』「춘관(春官)·대축(大祝)」편에는 "辨九拜, 一曰稽首, 二曰頓首, 三曰空首, 四曰振動, 五曰吉拜, 六曰凶拜, 七曰奇拜, 八曰褒拜, 九曰肅拜, 以享右祭祀."라는 기록이 있고, 이에 대한 정현의 주에서는 "稽首, 拜頭至地也. 頓首, 拜頭叩地也. 空首, 拜頭至手, 所謂拜手也. 吉拜, 拜而后稽顙, 謂齊衰不杖以下者. 言吉者, 此殷之凶拜, 周以其拜與頓首相通, 故謂之吉拜云. 凶拜, 稽顙而后拜, 謂三年服者. 杜子春云, '振讀爲振鐸之振, 動讀爲哀慟之慟, 奇讀爲奇偶之奇, 謂先屈一膝, 今雅拜是也. 或云, 奇讀曰倚, 倚拜謂持節·持戟拜, 身倚之以拜.' 鄭大夫云, '動讀爲董, 書亦或爲董. 振董, 以兩手相擊也. 奇拜, 謂一拜也. 褒讀爲報, 報拜, 再拜是也.' 鄭司農云, '褒拜, 今時持節拜是也. 肅拜, 但俯下手, 今時揖是也. 介者不拜, 故曰爲事故, 敢肅使者.' 玄謂振動戰栗變動之拜. 書曰王動色變. 一拜, 答臣下拜. 再拜, 拜神與尸. 享, 獻也, 謂朝獻饋獻也. 右讀爲侑. 侑勸尸食而拜."라고 풀이했다.

43) 『주례』「춘관(春官)·대축(大祝)」: 辨九拜, 一曰稽首, 二曰頓首, 三曰空首, 四曰振動, 五曰吉拜, 六曰凶拜, 七曰奇拜, 八曰褒拜, 九曰肅拜, 以享右祭祀.

44) 『예기』「잡기하(雜記下)」【512d】: 三年之喪, 以其喪拜, 非三年之喪, 以吉拜.

45) 『예기』「잡기상(雜記上)」【498b】: 爲妻, 父母在不杖不稽顙.

기록을 통해서 지팡이를 잡고 자최복을 입는 상에서는 흉배를 할 수 있다는 사실을 알 수 있다. 만약 그렇다면 「잡기」편에서 "삼년상을 치를 때에는 상배의 방법으로써 한다. 삼년상이 아닌 경우에는 길배의 방법으로써 한다."라고 했으니, 지팡이를 잡고 기년상을 치르는 경우로부터 그 이하의 상에서는 모두 길배의 방법을 따르는 것이다. 그런데 이곳 문장에서는 지팡이를 잡고 기년상을 치르는 경우에도 흉배의 방법을 사용할 수 있다고 했다. 그 이유는 「잡기」편에서 말한 내용은 대체적으로 구분하여 기록을 한 것이니, 비록 지팡이를 잡고 기년상을 치르는 경우가 있다고 하더라도, 총괄적으로 삼년상의 범위로 포함시켰던 것이다. 웅안생은 「잡기」편에서 논의한 내용은 빙문(聘問)에 대해서 절을 하고 하사품을 받았을 때 절을 하는 예법에 해당한다고 여겼다. 그렇기 때문에 지팡이를 잡고 기년상을 치를 때 절을 하는 방법 또한 길배에 속한다고 말한 것이다. 이처럼 한다는 사실을 분명히 알 수 있는 이유는 「대축」편에서 '흉배(凶拜)'라고 한 기록에 대해, 정현의 주에서는 "삼년상을 치르는 경우이다."라고 했으니, 이것은 곧 「잡기」편의 문장을 인용하여, 흉배의 뜻을 풀이한 것이 된다. 그러므로 빈객에게 절을 하고, 빙문에 대해서 절을 하며, 하사품에 대해서 절을 하는 것들을 구분할 수 없었던 것이다. 또 「잡기」편에서는 빙문 · 하사품에 대한 항목과 절을 하는 항목의 기록은 서로 연접해서 순차적으로 기록되어 있지 않으니, 이 방법을 사용할 수 없는 것이다. 『주례』「대축」편에서는 "첫 번째는 계수(稽首)이다."라고 하였는데, 이 문장에 대해 정현은 "머리를 지면에 대는 것이다."라고 했다. 『상서중후(尙書中候)』에서는 "나는 응당 왕이라 일컬어지니, 재배를 하며 머리를 조아려야 한다."라고 했고, 정현은 "'계수(稽首)'는 머리를 손등에 대는 것이다."라고 했다. 이것은 신하가 군주에게 절을 할 때의 절하는 법도에 해당한다. 그렇기 때문에 『좌전』에서는 "천자가 아니라면, 저희 군주께는 머리를 땅에 대는 법도를 시행할 곳이 없다."[46]라고 한 것이다. 대부는 제후에 대해서 또한 머리를 땅에 대는 방법을 따른다. 그렇기 때문에 「곡례」편에서는 "대부에게 속한 가신들은 머리를 땅에 대며 절을 하지 않는다."라고

46) 『춘추좌씨전』「애공(哀公) 17년」: 齊侯稽首, 公拜. 齊人怒. 武伯曰, "非天子, 寡君無所稽首."

했던 것이니,[47] 이 말은 곧 대부는 자신의 군주에 대해서 머리를 땅에 대고 절을 할 수 있다는 뜻이 된다. 그리고 『주례』에서는 "두 번째는 돈수(頓首)이다."라고 하였는데, 이 문장에 대해 정현은 "절을 하며 머리가 땅을 두드리듯이 꾸벅거리지만, 땅에 댄 상태로 있지 않는다."라고 하였다. 이것은 서로 신분이 대등하거나 그 이하의 계층에서 시행하는 절하는 법도이니, 제후들끼리 서로 절을 하는 경우라면 이처럼 하는데, 머리를 땅에 댈 수 없기 때문에, 단지 머리를 꾸벅거리는 것이다. 『주례』에서는 "세 번째는 공수(空首)이다."라고 하였는데, 이 문장에 대해서 정현은 "절을 하며 머리가 손을 포갠 곳에 닿도록 하는 것이니, '배수(拜手)'라고 부르는 것에 해당한다."라고 하였다. 즉 이처럼 절하는 방법은 '배수(拜手)'를 하는 것과 동일하기 때문에, 머리를 손을 포갠 곳에 대는 행위가 된다. 그리고 이러한 방법은 신하들이 절을 한 것에 대해서 답배를 할 때의 절하는 법도이며, 신분이 대등한 자들끼리는 이미 돈수(頓首)의 방법에 따른다고 하였기 때문에, 신분이 서로 대등하지 않았을 때, 공수(空首)의 방법을 사용한다는 사실을 알 수 있는 것이다. 『주례』에서는 "네 번째는 진동(振動)이다."라고 하였는데, 이 문장에 대해서 정현은 "몸을 떨며 하는 절이다."라고 했으니, 공경하고 두려워하는 마음을 갖추고 있기 때문에, 몸을 떨게 된다는 뜻이다. 그래서 『상서』「태서(泰誓)」편에서, 길조(吉兆)를 나타내는 붉은 색의 새가 나타나고, 왕이 움직이자 낯빛이 변했다고 한 것이 바로 이것을 가리킨다. 『주례』에서는 "다섯 번째는 길배(吉拜)이다."라고 했는데, 이것은 먼저 돈수(頓首)를 하여 절을 하고, 이후에 계상(稽顙)을 한다는 뜻이다. 그렇기 때문에 정현의 주에서는 돈수(頓首)의 방법과 흡사하다고 한 것이다. 『주례』에서는 "여섯 번째는 흉배(凶拜)이다."라고 했는데, 이 방법 자체가 길배(吉拜)보다도 중대하므로, 마땅히 먼저 계상(稽顙)을 하고, 그 이후에 계수(稽首)를 해야 하는 것이다. 『주례』에서는 "일곱 번째는 기배(奇拜)이다."라고 했는데, 정사농은 "기배(奇拜)는 한 차례 절을 한다는 뜻이다."라고 했고, 정현은 "한 차례 절을 하여 신하에게 답배를 하는 것이다."라고 했다. 그런데 『의례』「연례(燕

---

47) 이 문장은 「곡례(曲禮)」편이 아닌 「교특생(郊特牲)」편에 기록되어 있다. 『예기』「교특생」【323d】 : <u>大夫之臣不稽首</u>, 非尊家臣, 以辟君也.

禮)」편과 「대사(大射)」편을 살펴보면, 제후는 답배를 할 때, 재배(再拜)를 한다고 했다. 이것은 최초 절을 하며 공경의 뜻을 표시하고, 빈객이 재차 그를 존귀하게 높이기 때문에, '재배(再拜)'를 하는 것이다. 연회에서는 말미에 무산작(無筭爵)[48]을 하게 되면, 그 이후에는 단지 한 차례만 절을 할 따름이다. 『주례』에서는 "여덟 번째는 포배(褒拜)이다."라고 했는데, 정사농은 "'포(褒)'자는 보(報)자로 해석하니, 보배(報拜)라는 것은 재배(再拜)를 뜻한다."라고 했고, 정현은 "재배는 신(神)과 시동에게 절을 한다는 뜻이다."라고 했다. 『주례』에서는 "아홉 번째는 숙배(肅拜)이다."라고 했는데, 정사농은 "단지 손을 아래로 내려서 몸에 붙이는 것이며, 오늘날 시행하는 의(撎)의 방법이 여기에 해당하며, 개(介)는 절을 하지 않는다."라고 했다. 그리고 정사농은 성공(成公) 16년 기사에 기록된 "일을 시행하기 때문에, 감히 사신에게 숙배를 한다."[49]라는 말을 인용하였다. 이것은 예법에 따라 절하는 절차인데, 그 자신은 공수(空首)를 하며 한 차례 절을 할 따름이며, 나머지 경우에서는 모두 재배(再拜)를 하게 된다. 숙배(肅拜)의 경우에도 간혹 재배를 하기도 한다. 그렇기 때문에 성공 16년의 기록에서, 진나라 극지는 사신에 대해서 세 차례 숙배를 했던 것이다. 여기에서 말하는 숙배에 대해서는 또한 부인들이 하는 절이라고도 한다. 그렇기 때문에 『예기』「소의(少儀)」편에서 "부인들은 길사(吉事)에 대해서, 비록 군주가 은덕을 베풀더라도, 숙배를 한다."[50]라고 한 말이 바로 이러한 사실을 가리킨다.

---

48) 무산작(無筭爵)은 술잔의 수를 헤아리지 않는다는 뜻이다. 여수(旅酬)를 한 이후에, 빈객들의 제자들과 형제들의 자제들은 각각 그들의 수장에게 술을 따르고, 잔을 들어 올리는 것도 각각 그들의 수장에게 한다. 그리고 빈객들이 잔을 가져다가, 형제들 집단에 술을 권하고, 장형제(長兄弟)들은 잔을 가져다가 빈객의 무리들에게 술을 권하게 된다. 이처럼 여러 차례 술을 따르고 권하기 때문에, 이러한 절차를 '무산작'이라고 부르는 것이다.

49) 『춘추좌씨전』「성공(成公) 16년」: 曰, "君之外臣至從寡君之戎事, 以君之靈, 間蒙甲冑, 不敢拜命. 敢告不寧, 君命之辱. <u>爲事之故, 敢肅使者</u>."

50) 『예기』「소의(少儀)」【437b】: <u>婦人, 吉事雖有君賜, 肅拜</u>. 爲尸坐則不手拜, 肅拜. 爲喪主則不手拜.

集解 愚謂: 拜者, 以首加手而拜也. 稽顙者, 觸地無容也. 蓋拜所以禮賓, 稽顙所以致哀. 故先拜者於禮爲順, 而先稽顙者於情爲至, 蓋當時喪拜有此二法, 而孔子欲從其至者. 鄭·孔以二者爲殷·周喪拜之異, 非也. 士喪禮·雜記每言"拜稽顙", 皆據周禮也, 則拜而后稽顙非專爲殷法明矣.

번역 내가 생각하기에, '배(拜)'라는 것은 머리를 손에 대고 절을 하는 것이다. '계상(稽顙)'이라는 것은 머리를 땅에 대며 예법에 따른 행동거지를 갖추지 않는 것이다. 무릇 배(拜)는 빈객들에게 예우를 할 때 사용하는 방법이며, 계상(稽顙)은 애달픈 마음을 지극히 나타내는 방법이다. 그렇기 때문에 우선적으로 배를 하는 것은 예법에 대해서 그 질서를 지키는 것이며, 우선적으로 계상을 하는 것은 자신의 정감을 지극히 나타내는 것인데, 무릇 당시에는 상례를 치르며 절을 하는 방식에 이러한 두 가지 예법이 있었던 것이지만, 공자는 감정을 지극히 나타내는 방법을 따르고자 했던 것이다. 정현과 공영달은 이 두 가지 방법이 은나라와 주나라 때 상례를 치르며 절을 했던 방식의 차이점이라고 여겼는데, 이것은 잘못된 주장이다. 『의례』「사상례(士喪禮)」편과 『예기』「잡기(雜記)」편에서 매번 '배계상(拜稽顙)'이라고 기록하고 있는데, 이것들은 모두 주나라 때의 예법을 기준으로 작성한 문장들이니, 배(拜)를 한 이후에 계상(稽顙)을 하는 것은 전적으로 은나라 때의 법도가 되지 않는다는 사실이 분명하다.

참고 『예기』「단궁상(檀弓上)」 기록

경문-71d 喪三年以爲極, 亡則弗之忘矣. 故君子有終身之憂, 而無一朝之患. 故忌日不樂.

번역 자사가 말하길, "상에서는 삼년상을 치르는 것을 가장 지극하다고 여기며, 장례를 치르게 되더라도 부모를 잊을 수가 없는 것이다. 그렇기 때문에 군자는 종신토록 품게 되는 근심이 있다고 하더라도, 하루아침에 발생하는 우환은 없는 것이다. 그래서 부모의 기일(忌日)에는 음악을 연주하지 않는 것이다."라고 했다.

鄭注 去已久遠, 而除其喪. 則之言曾. 念其親. 毁不滅性. 謂死日, 言忌日不用擧吉事.

번역 부모를 떠나보낸 시기가 이미 오래되어, 그 상을 끝냈다는 뜻이다. '즉(則)'자는 일찍이[曾]라는 뜻이다. 종신토록 근심하는 점이 있다는 것은 부모에 대한 생각을 품고 있다는 뜻이다. 하루아침의 우환이 없다는 것은 몸이 수척하게 되더라도 생명을 해치지 않는다는 뜻이다. 기일(忌日)은 부모가 돌아가신 날을 뜻하니, 기일에는 길사(吉事)를 시행할 수 없다는 뜻이다.

孔疏 ●"喪三年以爲極亡", ○此亦子思語辭也. 言服親之喪, 以經三年, 以爲極亡, 可以棄忘, 而孝子有終身之痛, 曾不暫忘於心也. 注云"則之言曾", 故君子有終竟己身, 恒慘念親. 此則是不忘之事. 雖終身念親, 而不得有一朝之間有滅性禍患, 恐其常毁, 故唯忌日不爲樂事, 他日則可, 防其滅性故也. 所以不滅性者, 父母生己, 欲其存寧, 若滅性, 傷親之志, 又身已絶滅, 無可祭祀故也.

번역 ●經文 "喪三年以爲極亡", ○이 문장 또한 자사가 한 말이다. 부모에 대한 상을 치를 때, 3년이 경과하게 되면, 부모가 돌아가신지 매우 긴 기간이 흘렀으므로, 부모에 대한 생각을 잊을 수도 있지만, 자식에게는 평생토록 한스럽게 여기는 점이 있게 되어, 마음속에서 잠시라도 잊지 못하게 된다. 정현의 주에서는 "'즉(則)'자는 일찍이[曾]라는 뜻이다."라고 하였다. 그렇기 때문에 군자는 자신이 죽을 때까지 항상 부모에 대해 애처롭게 생각하게 되는 것이다. 이처럼 한다면, 이것은 부모를 잊지 못하는 사안에 해당한다. 비록 평생토록 부모에 대해 생각하게 되지만, 창졸간에 생명을 잃게 되는 화근이 있어서는 안 되니, 평상시에도 부모에 대한 생각 때문에, 몸을 상하게 될까를 염려한 것이다. 그래서 오직 기일(忌日)에만 경사스러운 일을 시행할 수 없고, 다른 날에는 가능하니, 그가 자신의 목숨을 잃게 될 것을 방지한 것이다. 자신의 생명을 잃지 말아야 하는 이유는 부모가 자신을 낳아주었던 것은 자식의 안존과 안녕을 바라고자 한 것인데, 만약 자신의 생명을 잃게 된다면, 부모의 뜻을 해치게 되고, 또 자신이 생명을 잃게 되면, 제사를 모실 수 없기 때문이다.

訓纂 朱氏軾曰: 蓋喪有盡而哀無窮, 雖親死已久, 而追慕之情, 終身弗忘. 於何見之? 於忌日不樂見之也. 一朝之患, 不重, 蓋古有是語, 連引及之. 注以患爲滅性, 未是.

번역 주식[51]이 말하길, 무릇 상에서는 진심을 다하여, 애달픔에 끝이 없으니, 비록 부친이 돌아가신지 이미 오래되었더라도, 사모하고 그리워하는 감정은 종신토록 잊을 수가 없는 것이다. 어디에서 이러한 점을 확인할 수 있는가? 기일(忌日)에 음악을 연주하지 않는 것을 통해, 이러한 사실을 확인할 수 있다. 하루아침의 우환이라는 것은 중대하지 않은데, 아마도 고대에는 이러한 말이 있었기 때문에, 연이어서 이 말을 인용했던 것이다. 정현의 주에서 '환(患)'이라는 것을 자신의 생명을 잃는다는 것으로 해석했는데, 이것은 옳은 해석이 아니다.

訓纂 王氏引之曰: 釋文如字讀, 是也. 忌日不作樂者, 哀之徵也. 唯居喪不聽樂, 忌日如之. 故祭義謂之終身之喪. 古者謂作樂爲樂, 下文"是月禫, 徙月樂", 注曰, "明月可以用樂." "孟獻子禫, 縣而不樂." 又曰, "子卯不樂." 注曰, "不以擧樂爲吉事."

번역 왕인지[52]가 말하길, 『경전석문』[53]에서는 글자들을 각 글자대로 음독하여 풀이했는데, 이것은 옳은 주장이다. 기일(忌日)에 음악을 연주하지 않는

---

51) 주식(朱軾, A.D.1665~A.D.1735) : 청(淸)나라 때의 명신(名臣)이다. 자(字)는 약섬(若贍)·백소(伯蘇)이고, 호(號)는 가정(可亭)이다.

52) 왕인지(王引之, A.D.1766~A.D.1834) : 청(淸)나라 때의 훈고학자이다. 자(字)는 백신(伯申)이고, 호(號)는 만경(曼卿)이며, 시호(諡號)는 문간(文簡)이다. 왕념손(王念孫)의 아들이다. 대진(戴震), 단옥재(段玉裁), 부친과 함께 대단이왕(戴段二王)이라고 일컬어졌다. 『경전석사(經傳釋詞)』, 『경의술문(經義述聞)』 등의 저술이 있다.

53) 『경전석문(經典釋文)』은 석문(釋文)이라고도 부른다. 당(唐)나라 때의 학자인 육덕명(陸德明)이 지은 책이다. 문자(文字)의 동이(同異) 및 음과 뜻에 대해서 풀이한 서적이다. 전체 30권으로 구성되어 있으며, 『역(易)』, 『서(書)』, 『시(詩)』, 『주례(周禮)』, 『의례(儀禮)』, 『예기(禮記)』 등 주요 유가경전(儒家經典)들에 대해 풀이하고 있다. 한편 노장사상(老莊思想)이 유행했던 당시의 영향으로, 『노자(老子)』와 『장자(莊子)』에 대한 내용 또한 수록되어 있다.

다는 것은 슬픔을 나타내는 것이다. 오직 상에 처했을 때에는 음악을 듣지 않으므로, 기일에도 이처럼 하는 것이다. 그렇기 때문에 『예기』「제의(祭義)」편에서는 종신토록 지내야 하는 상을 언급했던 것이다. 고대에는 음악을 연주하는 것을 '악(樂)'이라고 기록하였으니, 아래문장에서 "이번 달에 담제를 지냈다면, 그 달을 넘겨서야 음악을 연주한다."[54]라고 했고, 이 문장에 대한 정현의 주에서는 "다음 달에는 음악을 연주할 수 있다."라고 풀이했다. 또 "맹헌자는 담제사를 지내며, 악기를 걸어두기만 하고 연주를 하지 않았다."[55]라고 했고, 또 "자(子)자가 들어가는 날과 유(卯)자가 들어가는 날에는 음악을 연주하지 않았다."[56]라고 했는데, 이 문장에 대한 정현의 주에서는 "음악을 연주하여 길사(吉事)처럼 지내지 않는 것이다."라고 풀이했다.

참고 『예기』「상복소기(喪服小記)」 기록

경문-412a~b 再期之喪, 三年也. 期之喪, 二年也. 九月·七月之喪, 三時也. 五月之喪, 二時也. 三月之喪, 一時也. 故期而祭, 禮也, 期而除喪, 道也. 祭不爲除喪也.

번역 만 2년을 치르는 상은 삼년상에 해당한다. 만 1년을 치르는 상은 이년상에 해당한다. 만 9개월과 7개월 동안 치르는 상은 세 계절 동안 치르는 상이다. 만 5개월 동안 치르는 상은 두 계절 동안 치르는 상이다. 만 3개월 동안 치르는 상은 한 계절 동안 치르는 상이다. 그렇기 때문에 만 1년이 되어서 제사를 지내는 것은 예이고, 만 1년이 되어서 상복을 제거하는 것은 도이다. 제사는 상복을 제거하기 위해서 지내는 것이 아니다.

---

54) 『예기』「단궁상」【106c】: 祥而縞, 是月禫, 徙月樂.
55) 『예기』「단궁상」【77b】: 孟獻子禫, 縣而不樂, 比御而不入. 夫子曰, "獻子加於人一等矣."
56) 『예기』「단궁하(檀弓下)」【123a】: 平公呼而進之, 曰, "蕢, 曩者爾心或開予, 是以不與爾言." "爾飮曠何也?" 曰, "子卯不樂. 知悼子在堂, 斯其爲子卯也大矣. 曠也大師也, 不以詔, 是以飮之也."

鄭注 言喪之節, 應歲時之氣. 此謂練祭也. 禮: 正月存親, 親亡至今而期, 期則宜祭. 期, 天道一變, 哀惻之情益衰, 衰則宜除, 不相爲也.

번역 상례의 절차가 해와 계절의 기운에 호응한다는 사실을 나타낸다. 이것은 연제(練祭)를 뜻한다. 예법에 따르면, 매해 정월에는 부모에 대한 마음을 간직하는데, 부모가 돌아가시고 현재에 이르러 만 1년이 되었으니, 1년이 되었다면, 마땅히 제사를 지내야 한다. 1년의 주기는 천도가 한 차례 변화하는 것이니, 애통한 마음이 좀 더 줄어들었고, 줄어들었다면 마땅히 제거를 해야 하지만, 서로를 위해서가 아니다.

訓纂 射慈曰: 三年 · 期歲喪沒閏, 九月以下數閏也.

번역 사자[57]가 말하길, 삼년상과 기년상에서는 윤달을 기간에 포함시키지 않고, 9개월 동안 치르는 상으로부터 그 이하의 상에서는 윤달까지도 포함시킨다.

集解 愚謂: 期而祭者, 謂期而行小祥之祭, 再期而行大祥之祭也. 期而除喪者, 謂練而男子除首絰, 婦人除要帶, 祥而總除衰杖也. 禮, 謂擧祭禮以存親. 道, 謂順天道以變除也. 由夫禮, 則有不忍忘其親之心; 順乎道, 則有不敢過於哀之意. 二者之義, 各有所主, 而不相爲也. 然親固不可忘, 而哀亦不可過. 不忍忘, 故有終身之憂, 不敢過, 故送死有已, 復生有節, 又並行而不相悖者也.

번역 내가 생각하기에, '기이제(期而祭)'라는 말은 만 1년이 되어 소상의 제사를 치른다는 뜻이며, 만 2년이 되어 대상의 제사를 치른다는 뜻이다. '기이제상(期而除喪)'이라는 말은 소상이 되어 남자는 수질(首絰)을 제거하고, 부인은 요대(要帶)를 제거하며, 대상이 되어, 총괄적으로 상복과 지팡이를 제거한다는 뜻이다. '예(禮)'는 제례를 시행하여, 부모에 대한 마음을 보존한다는 뜻이

---

57) 사자(射慈, A.D.205~A.D.253) : =사자(謝慈). 삼국시대(三國時代) 때 오(吳)나라의 학자이다. 자(字)는 효종(孝宗)이다.

다. '도(道)'는 천도에 순응하여 변화를 주고 제거한다는 뜻이다. 예에 따르면 차마 부모를 잊지 못하는 마음이 있게 되고, 도에 순응하면 감히 애통함을 지나치게 나타낼 수 없는 뜻이 있다. 이러한 두 가지 뜻에는 각각 주안점으로 두고 있는 것이 있으니, 서로를 위한 것이 아니다. 그러므로 부모에 대해서는 진실로 잊을 수가 없지만, 애통함 또한 지나치게 나타낼 수 없다. 차마 잊지 못하기 때문에, 종신토록 품게 되는 근심이 생기고, 감히 지나치게 나타낼 수 없기 때문에, 죽은 이를 전송하는 일에는 끝이 있고, 생시로 돌아오는 일에는 절도가 있는 것이니, 또한 함께 시행을 하더라도 서로 어그러트리지 않는다.

참고 『예기』「잡기하(雜記下)」 기록

경문-510a~b 三年之喪, 言而不語, 對而不問. 廬堊室之中, 不與人坐焉. 在堊室之中, 非時見乎母也不入門.

번역 삼년상을 치를 때에는 자기 스스로 자신이 처리해야 할 일을 말하지만, 남과 함께 논의하지는 않고, 대답은 하지만 스스로 묻지는 않는다. 의려(倚廬)와 악실(堊室)에 있을 때에는 남과 함께 앉지 않는다. 악실에 있을 때에는 때에 따라 모친을 뵙는 일이 아니라면, 중문(中門)으로 들어가지 않는다.

鄭注 言, 言己事也. 爲人說爲語. 在堊室之中, 以時事見乎母, 乃後入門, 則居廬時不入門.

번역 '언(言)'은 자신이 처리해야 할 일을 말한다는 뜻이다. 남과 함께 말하는 것을 '어(語)'라고 한다. 악실(堊室) 안에 있을 때에는 때때로 모친을 찾아뵙게 된 이후에야 문으로 들어가니, 여(廬)에 있을 때에는 특정한 때라고 하더라도 문으로 들어가지 않는다.

참고 『예기』「잡기하(雜記下)」 기록

경문-513b 縣子曰, "三年之喪如斬, 期之喪如剡."

번역 현자가 말하길, "삼년상의 애통함은 몸을 베는 것 같고, 기년상의 애통함은 몸을 깎는 것 같다."라고 했다.

鄭注 言其痛之惻怛有淺深也.

번역 애통함과 슬퍼함에는 깊이의 차이가 있음을 뜻한다.

訓纂 釋名: 三年之縗曰斬, 不緝其末, 直翦斬而已. 期曰▼(齊/衣), ▼(齊/衣), 齊也.

번역 『석명』[58]에서 말하길, 삼년상을 치를 때 착용하는 상복을 '참(斬)'이라고 부르니, 끝단을 재봉하지 않고, 단지 천을 자른 상태로 놔둘 뿐이기 때문이다. 기년상(期年喪)에 착용하는 상복을 '▼(齊/衣)'라고 부르니, '▼(齊/衣)'자는 "꿰매다[齊]."는 뜻이다.

訓纂 方氏苞曰: 父歿爲母, 齊衰三年, 故不曰"斬齊", 而曰"三年之喪".

번역 방포가 말하길, 부친이 이미 돌아가신 상태에서 모친에 대한 상례를 치르게 되면, 자최복(齊衰服)을 착용하고 삼년상을 치른다. 그렇기 때문에 '참최복과 자최복'이라고 말하지 않고, '삼년상'이라고 말한 것이다.

集解 愚謂: 剡, 削也. 斬之痛深, 剡之痛淺.

번역 내가 생각하기에, '섬(剡)'자는 "깎는다[削]."는 뜻이다. 베는 듯한 아

---

58) 『석명(釋名)』은 후한(後漢) 때의 학자인 유희(劉熙)가 지은 서적이다. 오래된 훈고학 서적의 하나로 꼽힌다.

픔은 극심하고, 깎는 듯한 아픔은 상대적으로 덜하다.

참고 『예기』「방기(坊記)」 기록

경문-614c 子云, "君子弛其親之過, 而敬其美. 論語曰, '三年無改於父之道, 可謂孝矣.' 高宗云, '三年其惟不言, 言乃讙.'"

번역 공자가 말하길, "군자는 부모의 잘못을 잊어버리고 아름다운 점만을 공경한다. 『논어』에서는 '3년 동안 부친의 도에서 고친 점이 없어야만 효라고 할 수 있다.'라고 했고, 「고종」에서는 '3년 동안 말을 하지 않았는데, 이윽고 말을 하자 백성들이 기뻐하였다.'"라고 했다.

鄭注 弛猶棄忘也, 孝子不藏識父母之過. 不以己善駮親之過. 高宗, 殷王武丁也, 名篇在尙書. 三年不言, 有父小乙喪之時也. 讙, 當爲"歡", 聲之誤也. 其旣言, 天下皆歡喜, 樂其政敎也.

번역 '이(弛)'자는 버리고 잊는다는 뜻이니, 자식은 부모의 잘못에 대해서 기억하지 않는다. 자신의 좋은 점을 부모의 잘못과 비교하지 않는다. '고종(高宗)'은 은나라의 천자인 무정(武丁)인데, 그의 이름을 딴 편명이 『상서』에 수록되어 있다. 3년 동안 말을 하지 않은 것은 그의 부친인 소을(小乙)의 상사를 치른 기간에 해당한다. '환(讙)'자는 마땅히 '환(歡)'자가 되어야 하니, 소리가 비슷해서 생긴 잘못이다. 그가 말을 하자 천하의 백성들이 모두 기뻐하였으니, 그의 정치와 교화를 즐거워했던 것이다.

孔疏 ●"君子弛其親之過"者, 弛謂棄忘, 若親有過失, 孝子棄忘之, 不藏記在心也.

번역 ●經文: "君子弛其親之過". ○'이(弛)'자는 버리고 잊는다는 뜻이니,

만약 부모에게 잘못이 있다면, 자식은 그것을 잊어버리며 마음에 담아두거나 기억하지 않는다.

孔疏 ●"高宗云"者, 此尙書 · 說命之篇, 論高宗之事, 故言"高宗云", 高宗非書篇之名.

번역 ●經文: "高宗云". ○이것은 『상서』「열명(說命)」편인데, 고종의 일화를 논의하였기 때문에 '고종운(高宗云)'이라고 한 것이니, '고종(高宗)'은 『서』의 편명이 아니다.

孔疏 ●"三年其惟不言"者, 在父喪三年之內, 其惟不言政教.

번역 ●經文: "三年其惟不言". ○부모의 상을 치르는 3년 동안 정치와 교화에 대해서 언급하지 않았다는 뜻이다.

孔疏 ●"言乃讙"者, 謂三年服畢之後, 言論政教, 天下皆歡樂也.

번역 ●經文: "言乃讙". ○3년의 복상기간이 끝난 이후 정치와 교화에 대해 논의를 하자 천하의 백성들이 모두 기뻐하였다는 뜻이다.

孔疏 ◎注"高宗, 殷王武丁也, 名篇在尙書". ○正義曰: 按"其惟不言"之文在尙書 · 說命之篇, "言乃讙"在無逸之篇, 而鄭云"名篇在尙書", 則是高宗篇上有此二言, 與書之文不同者, 鄭不見古文尙書序有高宗之訓, 此經有"高宗云", 謂是高宗之訓篇有此語, 故云"名篇在尙書".

번역 ◎鄭注: "高宗, 殷王武丁也, 名篇在尙書". ○살펴보니, "말을 하지 않았다."는 문장은 『상서』「열명(說命)」편에 수록되어 있고, "말하자 기뻐하였다."는 말은 『상서』「무일(無逸)」편에 수록되어 있는데도, 정현은 "그의 이름을 딴 편명이 『상서』에 수록되어 있다."라고 했다. 이것은 「고종」편에는 이러한 두 기록이 수록되어 있다는 뜻인데, 『서』의 문장과 동일하지 않은 것은 정현이

『고문상서』의 「소서(小序)」에 「고종지훈(高宗之訓)」이라는 편이 있는 것을 보지 못했기 때문이며,[59] 이곳 경문에 '고종운(高宗云)'이라고 기록되어 있으니, 이것은 「고종지훈」편에 이러한 말들이 수록되어 있음을 뜻한다. 그렇기 때문에 "그의 이름을 딴 편명이 『상서』에 수록되어 있다."라고 했다.

集解 愚謂: 引高宗者, 周書無逸篇述殷高宗之事也. 不言, 謂不出教令也. 讙, 書作"雍", 喜悅也. 言高宗居喪三年不言, 不欲遽出教令以改父之所行, 是以旣言而人喜悅之也.

번역 내가 생각하기에, '고종(高宗)'이라고 인용을 한 것은 『서』「주서(周書)·무일(無逸)」편에서 은나라 고종의 일화를 조술하였기 때문이다. "말을 하지 않았다."는 말은 교령을 내리지 않았다는 뜻이다. '환(讙)'자를 『서』에서는 '옹(雍)'자로 기록했으니, 기뻐했다는 뜻이다. 즉 고종은 상을 치르는 3년 동안 말을 하지 않았으니, 갑자기 교령을 내려서 부친이 시행했던 것을 고치고 싶지 않았던 것으로, 이것이 바로 말을 하게 되자 사람들이 기뻐했던 이유이다.

참고 『논어』「양화(陽貨)」 기록

경문 宰我問: 三年之喪, 期已久矣. 君子三年不爲禮, 禮必壞; 三年不爲樂, 樂必崩. 舊穀旣沒, 新穀旣升, 鑽燧改火, 期可已矣.

번역 재아가 묻기를, 삼년상을 치른다고 했는데, 1년이라는 기간도 이미 오랜 시간입니다. 군자가 3년 동안 예를 시행하지 않으면 예는 반드시 붕괴될 것이며, 3년 동안 음악을 연주하지 않으면 음악은 반드시 무너질 것입니다. 1년이라는 기간은 묵은 양식을 모두 먹고 새로운 곡식을 수확하며, 불씨나무를 뚫어서 새로운 불을 취하게 되므로, 1년만 해도 그칠 만합니다.

---

59) 『서』「상서(商書)·고종융일(高宗肜日)」: 高宗祭成湯, 有飛雉升鼎耳而雊, 祖己訓諸王, 作高宗肜日, 高宗之訓.

何注 馬曰: 周書·月令有更火之文. 春取楡柳之火, 夏取棗杏之火, 季夏取桑柘之火, 秋取柞楢之火, 冬取槐檀之火. 一年之中, 鑽火各異木, 故曰改火也.

번역 마씨가 말하길, 『일주서』「월령(月令)」편에는 불씨를 바꾼다는 문장이 있다. 봄에는 느릅나무와 버드나무에서 불씨를 취하고, 여름에는 대추나무와 살구나무에서 불씨를 취하며, 중앙에 해당하는 계하에는 뽕나무와 산뽕나무에서 불씨를 취하고, 가을에는 조롱나무와 졸참나무에서 불씨를 취하며, 겨울에는 회화나무와 박달나무에서 불씨를 취한다. 1년 중 불씨나무를 뚫어서 불씨를 취할 때 계절마다 각기 다른 나무를 사용한다. 그렇기 때문에 '개화(改火)'라고 부른다.

邢疏 ◎注"馬曰"至"火也". ○正義曰: 云"周禮·月令有更火之文"者, 周書, 孔子所刪尙書百篇之餘也, 晉成康中得之汲冢, 有月令篇, 其辭今亡. 按周禮"司爟掌行火之政令, 四時變國火, 以救時疾". 鄭玄注云: "行猶用也. 變猶易也. 鄭司農說以鄹子曰: 春取楡柳之火, 夏取棗杏之火, 季夏取桑柘之火, 秋取柞楢之火, 冬取槐檀之火." 其文與此正同. 釋者云: "楡柳靑故春用之, 棗杏赤故夏用之, 桑柘黃故季夏用之, 柞楢白故秋用之, 槐檀黑故冬用之."

번역 ◎何注: "馬曰"~"火也". ○"『일주서』「월령(月令)」편에는 불씨를 바꾼다는 문장이 있다"라고 했는데, '주서(周書)'라는 것은 공자가 『상서』 100여 편을 산정할 때 제외된 나머지 편들로, 진(晉)나라 성제(成帝) 함강(咸康) 연간에 『급총주서』를 얻었는데, 그 중에는 「월령」편이 수록되어 있었지만, 그 기록들은 현재 망실되어 전해지지 않는다. 『주례』를 살펴보면 "사관(司爟)은 불 사용의 정령을 담당하니, 사계절마다 나라의 불씨를 바꾸어 각 계절의 질병을 구제한다."[60]라고 했다. 그리고 정현의 주에서는 "행(行)자는 사용한다는 뜻이다. 변(變)자는 바꾼다는 뜻이다. 정사농[61]은 『추자』를 통해 봄에는 느릅나무

---

60) 『주례』「하관(夏官)·사관(司爟)」: 司爟掌行火之政令, 四時變國火, 以救時疾.
61) 정중(鄭衆, ?~A.D.83) : =정사농(鄭司農). 후한(後漢) 때의 경학자이다. 자(字)는 중사(仲師)이다. 부친은 정흥(鄭興)이다. 부친에게 『춘추좌씨전(春秋左氏傳)』의 학문을 전수받았다. 또한 그는 대사농(大司農) 등의 관직을 역임하였기 때문

와 버드나무에서 불씨를 취하고, 여름에는 대추나무와 살구나무에서 불씨를 취하며, 중앙에 해당하는 계하에는 뽕나무와 산뽕나무에서 불씨를 취하고, 가을에는 조롱나무와 졸참나무에서 불씨를 취하며, 겨울에는 회화나무와 박달나무에서 불씨를 취한다고 설명했다."라고 했다. 그 문장은 이곳의 주석과 완전히 동일하다. 주석가들에 따르면 "느릅나무와 버드나무는 청색이기 때문에 봄에 사용하고, 대추나무와 살구나무는 적색이기 때문에 여름에 사용하며, 뽕나무와 산뽕나무는 황색이기 때문에 계하에 사용하고, 조롱나무와 졸참나무는 백색이기 때문에 가을에 사용하며, 회화나무와 박달나무는 흑색이기 때문에 겨울에 사용한다."라고 설명한다.

集註 期, 周年也. 恐居喪不習而崩壞也. 沒, 盡也. 升, 登也. 燧, 取火之木也. 改火, 春取楡柳之火, 夏取棗杏之火, 夏季取桑柘之火, 秋取柞楢之火, 冬取槐檀之火, 亦一年而周也. 已, 止也. 言期年則天運一周, 時物皆變, 喪至此可止也.

번역 '기(期)'자는 1년을 뜻한다. 상을 치를 때 예악을 익히지 않아서 붕괴될 것을 염려한 것이다. '몰(沒)'자는 "다하다[盡]."는 뜻이다. '승(升)'자는 "익다[登]."는 뜻이다. '수(燧)'는 불씨를 얻는 나무이다. '개화(改火)'는 봄에는 느릅나무와 버드나무에서 불씨를 취하고, 여름에는 대추나무와 살구나무에서 불씨를 취하며, 중앙에 해당하는 계하에는 뽕나무와 산뽕나무에서 불씨를 취하고, 가을에는 조롱나무와 졸참나무에서 불씨를 취하며, 겨울에는 회화나무와 박달나무에서 불씨를 취하는 것을 뜻하니, 이 또한 1년이 되면 1주기가 된다. '이(已)'자는 "그치다[止]."는 뜻이다. 1년이 되면 하늘의 운행도 한 주기를 돌게 되며 계절과 만물이 모두 변하게 되니, 상을 치르는 기간도 이 시기가 되면 그칠 수 있다는 의미이다.

에, '정사농'이라고도 불렸다. 한편 정흥과 그의 학문은 정현(鄭玄)에게 많은 영향을 주었기 때문에, 후대에서는 정현을 후정(後鄭)이라고 불렀고, 정흥과 그를 선정(先鄭)이라고도 불렀다. 저서로는 『춘추조례(春秋條例)』, 『주례해고(周禮解詁)』 등을 지었다고 하지만, 현재는 전해지지 않았다.

集註 尹氏曰: 短喪之說, 下愚且恥言之, 宰我親學聖人之門, 而以是爲問者, 有所疑於心而不敢强焉爾.

번역 윤씨가 말하길, 복상기간을 단축해야 한다는 주장은 지극히 어리석은 자라도 말하기를 부끄러워하는 것인데, 재아는 성인의 문하에서 수학을 했던 자임에도 이를 질문했다. 그 이유는 마음에 의심스러운 점이 있으면 감히 억지로 따를 수가 없었기 때문이다.

경문 子曰: 食夫稻, 衣夫錦, 於女安乎? 曰: 安. 女安, 則爲之. 夫君子之居喪, 食旨不甘, 聞樂不樂, 居處不安, 故不爲也. 今女安, 則爲之!

번역 공자가 "쌀밥을 먹고 비단옷을 입는 것이 너에겐 편안하느냐?"라고 묻자 재아는 "편안합니다."라고 답했다. 그러자 공자는 "네가 편안하다면 그렇게 하거라. 군자가 상을 치를 때에는 맛있는 음식을 먹어도 맛있지 않고 즐거운 음악을 들어도 즐겁지 않으며 편안한 곳에 머물러도 불편하게 느낀다. 그렇기 때문에 하지 않는 것이다. 그런데 너는 편안하다고 하니 그렇게 하거라!"라고 대답했다.

何注 孔曰: 旨, 美也. 責其無仁恩於親, 故再言"女安, 則爲之."

번역 공씨가 말하길, '지(旨)'자는 "맛있다[美]."는 뜻이다. 부모에 대한 인자함과 은혜가 없음을 책망했기 때문에 "네가 편안하다면 그렇게 하거라."라는 말을 반복해서 말한 것이다.

集註 禮, 父母之喪, 旣殯, 食粥麤衰, 旣葬, 疏食水飮, 受以成布, 期而小祥, 始食菜果, 練冠縓緣, 要絰不除, 無食稻衣錦之理. 夫子欲宰我反求諸心, 自得其所以不忍者, 故問之以此, 而宰我不察也. 此夫子之言也. 旨, 亦甘也. 初言女安則爲之, 絶之之辭, 又發其不忍之端, 以警其不察, 而再言女安則爲之, 以深責之.

번역 예법에 따르면 부모의 상을 치를 때 빈소를 차리고 나면 죽을 먹고 거친 상복을 입으며, 장례를 마치면 거친 밥을 먹고 물을 마시며 성포(成布)[62]로 만든 상복을 받고, 1년이 지나 소상(小祥)[63]을 치르면 비로소 채소와 과일을 먹고 연관(練冠)을 쓰고 분홍색의 가선을 두른 옷을 입으며 요질을 제거하지 않는다고 하니, 쌀밥을 먹고 비단옷을 입는 이치가 없다. 공자는 재아가 자신의 마음을 통해 반성하여 차마 하지 못하는 이유를 스스로 터득하기를 바라여 이러한 말로 질문을 했던 것인데 재아는 이를 살피지 못한 것이다. '여안(女安)'부터 시작되는 말은 공자의 말이다. '지(旨)'자 또한 "맛있다[甘]."는 뜻이다. 처음 "네가 편안하면 그렇게 하거라."라고 한 말은 확 잘라 한 말인데, 재차 차마하지 못하는 단서를 드러내어 재아가 살피지 못함을 경계시켜 "네가 편안하면 그렇게 하거라."라고 재차 말한 것이니, 이를 통해 깊이 책망한 것이다.

경문 宰我出. 子曰: 予之不仁也! 子生三年, 然後免於父母之懷.

번역 재아가 밖으로 나갔다. 그러자 공자가 말하길, 재아의 불인함이여! 자식은 태어난 후 3년이 지나야 부모의 품에서 벗어날 수 있는 것이다.

何注 馬曰: 子生未三歲, 爲父母所懷抱.

번역 마씨가 말하길, 자식이 태어나 아직 3년이 되지 않았다면 부모의 품안에 있게 된다.

경문 夫三年之喪, 天下之通喪也,

---

62) 성포(成布)는 비교적 가늘고 부드러운 포(布)를 뜻한다. 상복의 경우 6승(升) 이하의 포는 길복(吉服)에 사용되는 포와 유사하기 때문에, 이러한 상복에 사용되는 포를 '성포'라고 부른다.

63) 소상(小祥)은 본래 부모 및 군주의 상(喪)에서, 부모가 죽은 지 만 1년 만에 지내는 제사이다. 이 제사가 끝나면, 자식은 3년상을 지낼 때의 복장과 생활방식을 조금씩 덜어내게 된다. 또한 '소상'은 친족 및 타인의 상에서 1년이 지났을 때를 가리키기도 한다.

번역 따라서 삼년상이라는 것은 천하의 모든 사람들이 따르는 상례인데,

何注 孔曰: 自天子達於庶人.

번역 공씨가 말하길, 천자로부터 서인들에 이르기까지 모두 통용된다는 뜻이다.

邢疏 ◎注: "孔曰: 自天子達於庶人". ○正義曰: 禮記·三年問云: "夫三年之喪, 天下之達喪也." 鄭玄云: "達, 謂自天子至於庶人." 喪服四制曰: "此喪之所以三年, 賢者不得過, 不肖者不得不及." 檀弓曰: "先王制禮也, 過之者俯而就之, 不至焉者跂而及之也." 聖人雖以三年爲文, 其實二十五月而畢, 若駟之過隙, 然而遂之, 則是無窮也, 故先王爲之立中制節, 壹使足以成文理則釋之矣. 喪服四制曰: "始死, 三日不怠, 三月不解, 期悲哀. 三年憂, 恩之殺也." 故孔子云: "子生三年, 然後免於父母之懷. 夫三年之喪, 天下之達喪也." 所以喪必三年爲制也.

번역 ◎何注: "孔曰: 自天子達於庶人". ○『예기』「삼년문」편에서는 "삼년상은 천하의 통용되는 상례이다."라고 했고, 정현은 "달(達)자는 천자로부터 서인에 이르기까지 모두 통용된다는 뜻이다."라고 했다. 또 『예기』「상복사제(喪服四制)」편에서는 "이것이 바로 상을 3년이라는 기간으로 정하여, 현명한 자도 지나치지 못하게 만들고, 불초한 자도 미치지 못하는 일이 없게끔 했던 방법이다."[64]라고 했고, 『예기』「단궁(檀弓)」편에서는 "선왕이 예를 제정할 때에는 지나친 자에 대해서는 굽히게 해서 나아가게 했고, 미치지 못하는 자에 대해서는 발돋움을 해서라도 좇아오게 했다."[65]라고 했다. 성인이 비록 3년이

---

64) 『예기』「상복사제」【722c】: 始死, 三日不怠, 三月不解, 期悲哀, 三年憂, 恩之殺也. 聖人因殺以制節, <u>此喪之所以三年, 賢者不得過, 不肖者不得不及</u>. 此喪之中庸也, 王者之所常行也. 書曰: "高宗諒闇, 三年不言." 善之也.

65) 『예기』「단궁상(檀弓上)」【80d~81a】: 曾子謂子思曰: "伋! 吾執親之喪也, 水漿不入於口者七日." 子思曰: "<u>先王之制禮也, 過之者, 俯而就之; 不至焉者, 跂而及之</u>. 故君子之執親之喪也, 水漿不入於口者三日, 杖而後能起."

라는 기간으로 제도를 정했지만 그 기간은 실제로는 25개월이 되면 끝나니, 마치 네 마리의 말이 끄는 수레가 좁은 틈을 지나치는 것처럼 빠른데, 그렇다고 하여 이를 좇게 된다면 끝이 없게 된다. 그렇기 때문에 선왕이 이를 위해 중도를 세워 절제의 제도를 만들었고, 모두가 격식을 완성하여 이를 해소토록 한 것이다. 「상복사제」편에서는 "어떤 자가 이제 막 죽었을 때, 그의 자식은 3일 동안 게으름을 피우지 않고, 3개월 동안 느슨하게 풀어지지 않으며, 1년째에는 비통하고 애통한 마음이 들고, 3년째에는 근심을 하게 되니, 이것은 그 은정이 점진적으로 줄어듦을 뜻한다."[66]라고 했다. 그렇기 때문에 공자는 "자식은 태어난 후 3년이 지난 뒤에야 부모의 품에서 벗어날 수 있다. 삼년상은 천하의 통용되는 상례이다."라고 말한 것이니, 상을 반드시 3년이라는 기간으로 제도를 정한 이유이다.

경문 予也有三年之愛於其父母乎?

번역 재아는 자기 부모에 대해 이러한 삼년간의 사랑이 있단 말인가?

何注 孔曰: 言子之於父母, 欲報之恩, 昊天罔極, 而予也有三年之愛乎?

번역 공씨가 말하길, 자식은 부모에 대해 "그 덕에 보답하고자 하나 호천이여, 다함이 없구나."라고 하지만, 재아는 3년 동안의 사랑이 있었느냐는 뜻이다.

邢疏 ●"宰我"至"母乎". ○正義曰: 此章論三年喪禮也. "宰我問: 三年之喪, 期已久矣"者, 禮·喪服爲至親者三年. 宰我嫌其期月大遠, 故問於夫子曰: "三年之喪, 期已久矣乎?" "君子三年不爲禮, 禮必壞; 三年不爲樂, 樂必崩"者, 此宰我又說喪不可三年之義也. 言禮檢人迹, 樂和人心, 君子不可斯須去身. 惟在喪則皆不爲也. 不爲旣久, 故禮壞而樂崩也. "舊穀旣沒, 新穀旣升, 鑽

---

66) 『예기』「상복사제」【722c】: 始死, 三日不怠, 三月不解, 期悲哀, 三年憂, 恩之殺也. 聖人因殺以制節, 此喪之所以三年, 賢者不得過, 不肖者不得不及. 此喪之中庸也, 王者之所常行也. 書曰: "高宗諒闇, 三年不言." 善之也.

燧改火, 期可已矣"者, 宰我又言, 三年之喪, 一期爲足之意也. 夫人之變遷, 本依天道. 一期之間, 則舊穀已沒, 新穀已成. 鑽木出火謂之燧. 言鑽燧者又已改變出火之木. 天道萬物旣已改新, 則人情亦宜從舊, 故喪禮但一期而除, 亦可已矣. "子曰: 食夫稻, 衣夫錦, 於女安乎"者, 孔子見宰我言至親之喪, 欲以期斷, 故問之. 言禮爲父母之喪, 旣殯, 食粥, 居倚廬, 斬衰三年. 期而小祥, 食菜果, 居堊室, 練冠縓緣, 要絰不除. 今女旣期之後, 食稻衣錦, 於女之心, 得安否乎? "曰: 安"者, 宰我言, 旣期除喪, 卽食稻衣錦, 其心安也. "女安, 則爲之"者, 孔子言, 女心安, 則自爲之. "夫君子之居喪, 食旨不甘, 聞樂不樂, 居處不安, 故不爲也. 今女安, 則爲之"者, 孔子又爲說不可安之禮. 旨, 美也. 言君子之居喪也疾, 卽飮酒食肉, 雖食美味, 不以爲甘, 雖聞樂聲, 不以爲樂, 寢苫枕塊, 居處不求安也. 故不爲食稻衣錦之事. 今女旣心安, 則任自爲之. 責其無仁恩於親, 故再言"女安, 則爲之". "宰我出. 子曰: 予之不仁也! 子生三年, 然後免於父母之懷"者, 予, 宰我名. 宰我方當愚執, 夫子不欲面斥其過, 故宰我旣問而出去, 孔子對二三子言曰: 夫宰予不仁於父母也! 凡人子生未三歲, 常爲父母所懷抱, 旣三年, 然後免離父母之懷. 是以聖人制喪禮, 爲父母三年. "夫三年之喪, 天下之通喪也"者, 通, 達也. 謂上自天子, 下達庶人, 皆爲父母三年, 故曰通喪也. "予也有三年之愛於其父母乎"者, 爲父母愛己, 故喪三年. 今予也不欲行三年之服, 是有三年之恩愛於父母乎?

번역 ●經文: "宰我"~"母乎". ○이 문장은 삼년상의 예법을 논의하고 있다. "재아가 묻기를, 삼년상을 치른다고 했는데, 1년이라는 기간도 이미 오랜 시간입니다."라고 했는데, 『의례』「상복(喪服)」편의 기록에 따르면 지극히 친근한 자를 위해서는 3년 동안 복상한다고 했다. 재아는 그 기간이 너무 오래 걸린다고 의심했기 때문에 공자에게 질문하여, "삼년상은 1년만 해도 이미 오랜 시간이 경과한 것이니 충분하지 않겠습니까?"라고 말한 것이다. "군자가 3년 동안 예를 시행하지 않으면 예는 반드시 붕괴될 것이며, 3년 동안 음악을 연주하지 않으면 음악은 반드시 무너질 것입니다."라고 했는데, 이것은 재아가 재차 상을 3년 동안 지속할 수 없다는 뜻을 설명한 것이다. 즉 예란 사람의 행실을 검속하고 음악이란 사람의 마음을 조화롭게 하므로 군자는 이러한 것들을 자신과 떨어트려 놓을 수 없다. 그런데 상을 치르는 기간 동안은 이러한 것들을 모두 시행할 수 없다. 시행하지 않은 시기가 오래 지속되었기 때문에 예악이 붕괴된다는 의미이다. "1년이라는 기간은 묵은 양식을 모두 먹고 새로운 곡식을 수확하며, 불씨나무를 뚫어서 새로운 불을 취하게 되므로, 1년만 해도 그칠 만합니다."라고 했는데, 재아가 재차 삼년상을 1년만 해도 충분하다는 의미를 설명한 것이다. 사람의 변화는 본래 하늘의 도에 따르게 되어 있다. 1년이라는 기간 동안 묵은 양식을 모두 먹고 새로운 곡식이 익게 된다. 나무를 뚫어서 불을 붙이는 것을 수(燧)라고 부른다. 즉 불씨를 채취하는 자 또한 이미 불씨를 내는 나무를 바꿨다는 의미이다. 천도에 따라 만물이 이미 새롭게 변화했는데 사람의 정감은 옛 것을 따라야 하는 상황이기 때문에, 상례를 1년만 지내고 그치는 것 또한 괜찮다는 의도이다. "공자가 묻기를, 쌀밥을 먹고 비단옷을 입는 것이 너에겐 편안하느냐?"라고 했는데, 공자는 재아가 부모의 상을 1년이란 기간으로 단축하고자 하는 것을 보았기 때문에 질문한 것이다. 예법에 따르면 부모의 상을 치를 때 빈소를 차리고 나면 죽을 먹고 의려(倚廬)에 거처하며 참최복(斬衰服)으로 3년 동안 복상한다. 그리고 1년이 지나 소상(小祥)을 치르면 채소와 과일을 먹고 악실(堊室)[67]에 거처하며, 연관(練冠)을 쓰고 분홍색 가선이 들어간 옷을 착용하며 요질은 제거하지 않는다. 그런데 현재 너는 1년이 지난 뒤에 쌀밥을 먹고 비단옷을 입었는데도 너의 마음이 편안하느냐고 물어본 것이다. "재아가 답하길, 편안합니다."라고 했는데, 이것은 재아의 말이며, 1년이 지나 상을 끝내고 곧바로 쌀밥을 먹고 비단옷을 입어도 마음이 편안하다는 뜻이다. "네가 편안하다면 그렇게 하거라."라고 했는데, 이것은 공자의 말이며, 너의 마음이 편안하다면 스스로 그렇게 시행하라는 뜻이다. "군자가 상을 치를 때에는 맛있는 음식을 먹어도 맛있지 않고 즐거운 음악을 들어도 즐겁지 않으며 편안한 곳에 머물러도 불편하게 느낀다. 그렇기 때문에 하지 않는 것이다. 그런데 너는 편안하다고 하니 그렇게 하거라!"라고 했는데, 공자는 재차 편안해질 수 없는 예법을 설명한 것이다. '지(旨)'자는 "맛있다[美]."는

---

67) 악실(堊室)은 상중(喪中)에 임시로 거처하던 가옥으로, 네 벽면에 흰색의 회칠을 하였다.

뜻이다. 군자가 상을 치를 때에는 그 기간을 매우 빠르다고 여겨서, 술을 마시고 고기를 먹어서 비록 맛있는 것들을 먹게 되더라도 맛있다고 여기지 않으며, 비록 즐거운 음악을 듣더라도 즐겁다고 여기지 않으니, 거적을 깔고 자며 흙덩이를 베개로 삼아 거처함에도 편안함을 찾지 않는다. 그렇기 때문에 쌀밥을 먹거나 비단옷을 입는 일을 시행하지 않는다. 그런데 너는 이미 마음이 편안하다고 했으니, 스스로 그처럼 시행하라는 뜻이다. 이것은 부모에 대한 인자함과 은정이 없음을 책망한 것이기 때문에 재차 "네가 편안하면 그렇게 하거라."라고 말한 것이다. "재아가 밖으로 나갔다. 그러자 공자가 말하길, 재아의 불인함이여! 자식은 태어난 후 3년이 지나야 부모의 품에서 벗어날 수 있는 것이다."라고 했는데, '여(予)'는 재아의 이름이다. 재아는 어리석은 소견을 고집하였으므로, 공자는 면전에서 그 과오를 지적하고 싶지 않았다. 그렇기 때문에 재아가 질문을 끝내고 밖으로 나가자 공자는 다른 제자들에게 말한 것이니, 재아는 부모에 대해 불인하구나! 자식이 태어나 3년이 되지 않았다면 부모의 품에 있게 되며, 3년을 넘긴 뒤에야 부모의 품에서 벗어날 수 있는 것이다. 이러한 까닭으로 성인이 상례를 제정함에 부모를 위해서는 삼년상을 치르도록 한 것이라고 설명했다. "삼년상이라는 것은 천하의 모든 사람들이 따르는 상례이다."라고 했는데, '통(通)'자는 "두루 통한다[達]."는 뜻이다. 즉 위로는 천자로부터 아래로는 서인에 이르기까지 모두 부모를 위해 삼년상을 치른다는 뜻이다. 그렇기 때문에 '통상(通喪)'이라고 부른다. "재아는 자기 부모에 대해 이러한 삼년간의 사랑이 있단 말인가?"라고 했는데, 부모로부터 사랑을 받았기 때문에 삼년상을 치른다. 그런데 재아는 삼년상을 치르고 싶어 하지 않았으니, 부모에 대한 3년 동안의 은정과 애정이 있는 것이겠는가?

邢疏 ◎注"孔曰"至"愛乎". ○正義曰: 云"欲報之德, 昊天罔極"者, 小雅·蓼莪文. 鄭箋云: "之猶是也. 我欲報父母是德, 昊天乎, 我心無極." 云"予也有三年之愛乎"者, 言宰予不欲服喪三年, 是無三年之愛也. 繆協云: "爾時禮壞樂崩, 三年不行. 宰我大懼其往, 以爲聖人無微旨以戒將來, 故假時人之謂, 啓憤於夫子, 義在屈己以明道也."

번역 ◎何注: "孔曰"~"愛乎". ○"그 덕에 보답하고자 하나 호천이여, 다함이 없구나."라고 했는데, 이것은 『시』「소아(小雅)·요아(蓼莪)」편의 기록이다.[68] 정현의 전문에서는 "지(之)자는 시(是)자와 같다. 내가 부모의 덕에 보답하고자 하는데, 호천이여, 나의 마음은 끝이 없다."라고 했다. "재아는 3년 동안의 사랑이 있었는가?"라고 했는데, 재여는 삼년상을 치르고 싶어 하지 않았으니, 이것은 3년 동안의 사랑이 없다는 사실에 해당한다. 무협은 "당시에는 예악이 붕괴되어 삼년상이 시행되지 않았다. 재아는 앞으로 어찌될지 크게 염려하였으니, 공자가 깊은 뜻으로 미래 세대를 경계함이 없을까 걱정했기 때문에, 당시 사람들이 일반적으로 하던 말을 빌려 그 울분을 공자에게 털어놓은 것으로, 그 뜻은 자신을 굽혀 도를 밝히는데 있다."라고 했다.

集註 宰我旣出, 夫子懼其眞以爲可安而遂行之, 故深探其本而斥之, 言由其不仁, 故愛親之薄如此也. 懷, 抱也. 又言君子所以不忍於親而喪必三年之故, 使之聞之, 或能反求而終得其本心也.

번역 재아가 밖으로 나가자 공자는 재아가 정말로 편안하다고 여길 수 있으면 그대로 시행해도 된다고 오해할 것을 염려하였다. 그렇기 때문에 그 근본적 원인을 깊이 탐색하여 질타한 것이니, 재아의 불인함으로 인해 부모를 사랑하는 마음이 이처럼 박하다는 뜻이다. '회(懷)'자는 "품다[抱]."는 뜻이다. 또한 군자가 부모에 대해 차마 하지 못하여 복상기간을 반드시 3년으로 정한 이유를 말하여, 재아로 하여금 이 말을 듣고 혹시라도 스스로 반성하여 끝내 본심을 터득할 수 있도록 한 것이다.

集註 范氏曰: 喪雖止於三年, 然賢者之情則無窮也. 特以聖人爲之中制而不敢過, 故必俯而就之, 非以三年之喪爲足以報其親也. 所謂三年然後免於父母之懷, 特以責宰我之無恩, 欲其有以跂而及之爾.

---

68) 『시』「소아(小雅)·요아(蓼莪)」: 父兮生我, 母兮鞠我. 拊我畜我, 長我育我, 顧我復我, 出入腹我. 欲報之德, 昊天罔極.

번역 범씨가 말하길, 복상기간이 비록 3년에 끝나지만 현자의 정감은 끝이 없다. 다만 성인은 이러한 이유로 인해 중도에 따른 제도를 만들어서 감히 지나치게 시행할 수 없도록 했기 때문에 반드시 굽혀서 나아가는 것이지, 삼년상으로 부모에게 충분히 보답할 수 있다고 여긴 것은 아니다. 3년이 지나야 부모의 품에서 벗어날 수 있다고 한 말은 단지 재아에게 은정이 없음을 책망하여 그가 발돋움을 해서라도 따라올 수 있게끔 하고자 했던 말일 뿐이다.

참고 『효경』「상친장(喪親章)」 기록

邢疏 ○正義曰: 此章首云"孝子之喪親也", 故章中皆論喪親之事. 喪, 亡也, 失也. 父母之亡沒, 謂之喪親. 言孝子亡失其親也, 故以名章, 結之於末矣.

번역 ○「상친장」의 첫 부분에서는 "자식이 부모의 상을 치른다."라고 했다. 그렇기 때문에 「상친장」의 내용들은 모두 부모의 상을 치르는 일에 대해 논의하고 있다. '상(喪)'자는 "없어지다[亡]."는 뜻이며, "잃다[失]."는 뜻이다. 부모가 돌아가신 것을 '상친(喪親)'이라고 부른다. 즉 자식이 부모를 잃었다는 의미이다. 그렇기 때문에 이러한 명칭을 장의 제목으로 정하고, 『효경』의 마지막 장에 두어 매듭을 지은 것이다.

경문 子曰: 孝子之喪親也,

번역 공자가 말하길, 자식이 부모의 상을 치를 때에는

李注 生事已畢, 死事未見, 故發此章.

번역 부모가 생존해 계실 때 섬기는 도리에 대해서는 이미 설명을 끝냈는데, 돌아가셨을 때 섬기는 일들은 아직 나타나지 않았기 때문에, 「상친장」을 기술한 것이다.

邢疏 ◎注"生事"至"此事". ○正義曰: 此依鄭注也. 生事謂上十七章說. 生事之禮已畢, 其死事經則未見, 故又發此章以言也.

번역 ◎李注: "生事"~"此事". ○이것은 정현의 주에 따른 것이다. 생존해 계실 때 섬기는 도리는 앞의 17개 장에서 설명한 내용들을 뜻한다. 생존해 계실 때 섬기는 예법의 설명이 모두 끝났는데, 돌아가셨을 때 섬기는 일들을 기록한 경문은 나타나지 않았다. 그렇기 때문에 재차 「상친장」을 기술하여 그 내용을 설명한 것이다.

경문 哭不偯,

번역 곡을 하며 울음소리에 격식을 갖추지 않고,

李注 氣竭而息, 聲不委曲.

번역 기력이 고갈된 이후에 그치고 울음소리에 격식을 갖추지 않는 것이다.

邢疏 ◎注"氣竭"至"委曲". ○正義曰: 此依鄭注也. 禮記·間傳曰: "斬衰之哭, 若往而不反. 齊衰之哭, 若往而反." 此注據斬衰而言之, 是氣竭而後止息. 又曰: "大功之哭, 三曲而偯." 鄭注云: "三曲, 一擧聲而三折也. 偯, 聲餘從容也." 是偯爲聲餘委曲也. 斬衰則不偯, 故云"聲不委曲也".

번역 ◎李注: "氣竭"~"委曲". ○이것은 정현의 주에 따른 것이다. 『예기』「간전(間傳)」편에서는 "참최복(斬衰服)의 상에서 곡을 할 때에는 마치 가서 되돌아오지 않는 것처럼 한 차례 소리를 지름에 다시는 소리를 내지 못할 것처럼 한다. 자최복(齊衰服)의 상에서 곡을 할 때에는 마치 가서 되돌아오는 것처럼 한 차례 소리를 지르지만 참최복의 상만큼 간절하지 않다."[69]라고 했는데, 이곳 주석에서는 참최복의 곡에 기준을 두고 말한 것이니, 기력이 고갈된 이후

69) 『예기』「간전(間傳)」【665c】: 斬衰之哭, 若往而不反. 齊衰之哭, 若往而反. 大功之喪, 三曲而偯. 小功緦麻, 哀容可也. 此哀之發於聲音者也.

에야 그치는 것이다. 또 「간전」편에서는 "대공복(大功服)의 상에서 곡을 할 때에는 한 차례 소리를 지르며 세 마디를 꺾어 미미한 소리가 계속 맴돌게 한다."라고 했고, 정현의 주에서는 "'삼곡(三曲)'은 한 번 소리를 지름에 세 마디를 꺾는다는 뜻이다. '의(偯)'는 미미한 소리가 계속 남아있다는 뜻이다."라고 했다. 이것은 '의(偯)'라는 것이 소리에 여운이 남으며 마디가 꺾이는 뜻임을 나타낸다. 참최복의 상에서 의를 하지 않기 때문에 "울음소리에 격식을 갖추지 않는다."라고 말한 것이다.

경문 禮無容,

번역 예법에 따르지만 용모를 꾸미지 않으며,

李注 觸地無容.

번역 이마가 땅에 닿도록 엎드려서 용모를 꾸미지 않는 것이다.

邢疏 ◎注"觸地無容". ○正義曰: 此禮記·問喪之文也. 以其悲哀在心, 故形變於外, 所以稽顙觸地無容, 哀之至也.

번역 ◎李注: "觸地無容". ○이것은 『예기』「문상(問喪)」편의 기록이다.[70] 비통함과 애통함이 마음에 남아있기 때문에 외형적으로도 모습이 변화된다. 이마를 땅에 닿도록 굽혀서 용모를 꾸미지 않는 것은 애통함이 지극하기 때문이다.

경문 言不文,

번역 말은 하되 수식을 꾸미지 않고,

---

70) 『예기』「문상(問喪)」【659b】: 或問曰, "冠者不肉袒, 何也?" 曰, "冠至尊也, 不居肉袒之體也, 故爲之免以代之也. 然則禿者不免, 傴者不袒, 跛者不踊. 非不悲也, 身有錮疾, 不可以備禮也. 故曰, '喪禮唯哀爲主矣.' 女子哭泣悲哀, 擊胸傷心, 男子哭泣悲哀, 稽顙觸地無容, 哀之至也."

李注 不爲文飾.

번역 문식을 꾸미지 않는다는 뜻이다.

邢疏 ◎注"不爲文飾". ○正義曰: 按喪服四制云: "三年之喪, 君不言." 又云: "不言而事行者, 扶而起; 言而後事行者, 杖而起." 鄭玄云: "扶而起, 謂天子諸侯也. 杖而起, 謂大夫士也." 今此經云"言不文", 則是謂臣下也. 雖則有言, 志在哀慼, 不爲文飾也.

번역 ◎李注: "不爲文飾". ○「상복사제」편을 살펴보면, "삼년상을 치를 때 군주는 말을 하지 않는다."[71]라고 했고, 또 "말을 하지 않아도 일이 시행될 수 있는 경우에는 지팡이가 있지만 몸이 몹시 수척해지는 것이 허용되므로, 남의 부축을 받아서 일어나게 된다. 직접 말을 해야만 일이 시행되는 경우에는 몸을 몹시 수척하게 할 수 없으니, 자신이 직접 지팡이를 잡고 일어나게 된다."[72]라고 했고, 정현은 "부축을 받아서 일어난다는 것은 천자와 제후에 대한 경우를 뜻한다. 지팡이를 잡고서 일어난다는 것은 대부와 사에 대한 경우를 뜻한다."라고 했다. 이곳 경문에서는 "말은 하되 문식을 꾸미지 않는다."라고 했으니, 이것은 신하의 경우를 뜻한다. 비록 말을 하게 되지만 뜻은 애통함과 슬픔에 젖어 있어서 문식을 꾸미지 않는 것이다.

경문 服美不安,

번역 아름다운 의복을 입어도 편안하지 못하고,

---

71) 『예기』「상복사제」【723a】: 王者莫不行此禮, 何以獨善之也? 曰: 高宗者武丁, 武丁者殷之賢王也, 繼世卽位, 而慈良於喪. 當此之時, 殷衰而復興, 禮廢而復起, 故善之. 善之, 故載之書中而高之, 故謂之高宗. 三年之喪, 君不言, 書云: "高宗諒闇, 三年不言", 此之謂也. 然而曰"言不文"者, 謂臣下也.

72) 『예기』「상복사제」【721d】: 杖者, 何也? 爵也. 三日授子杖, 五日授大夫杖, 七日授士杖. 或曰擔主, 或曰輔病. 婦人·童子不杖, 不能病也. 百官備, 百物具, 不言而事行者, 扶而起. 言而后事行者, 杖而起. 身自執事而后行者, 面垢而已. 禿者不髽, 傴者不袒, 跛者不踊, 老病不止酒肉. 凡此八者, 以權制者也.

李注 不安美飾, 故服縗麻,

번역 아름다운 장식을 편안하게 여기지 않기 때문에 상복을 착용하는 것이다.

邢疏 ◎注"不安"至"縗麻". ○正義曰: 按論語孔子責宰我, 云: "食夫稻, 衣夫錦, 於汝安乎?" 美飾謂錦繡之類也. 故禮記 · 問喪云"身不安美", 是也. 孝子喪親, 心如斬截, 爲其不安美飾, 故聖人制禮, 令服縗麻. 縗當以麤布長六寸, 廣四寸. 麻謂腰絰首絰俱以麻爲之. 縗之言摧也, 絰之言實也. 孝子服之, 明其心實摧痛也. 韋昭引書云: "成王旣崩, 康王冕服卽位. 旣事畢, 反喪服." 據此則天子諸侯, 但位定初喪, 是皆服美, 故宜不安也.

번역 ◎李注: "不安"~"縗麻". ○『논어』를 살펴보면 공자는 재아를 책망하며, "쌀밥을 먹고 비단옷을 입어도 네 마음에 편안하느냐?"라고 했는데, 아름다운 장식이란 바로 비단으로 만들고 수를 놓은 의복 등을 뜻한다. 그러므로 『예기』「문상(問喪)」편에서는 "몸은 아름다운 것을 편안하게 여기지 못한다."[73] 라고 한 것이다. 자식이 부모를 잃게 되면 마음은 마치 베이고 끊어진 것 같아서 아름다운 장식들을 편안하게 여기지 못한다. 그렇기 때문에 성인이 예법을 제정하여 상복을 착용토록 한 것이다. '최(縗)'는 거친 포로 그 길이는 6촌이며 너비는 4촌이다. '마(麻)'는 요질과 수질을 모두 마로 만든다는 뜻이다. '최(縗)'자는 "꺾이다[摧]."는 뜻이며, '질(絰)'자는 "채우다[絰]."는 뜻이다. 자식이 이 복장을 착용하는 것은 마음에 아픔이 가득하다는 사실을 나타내기 위해서이다. 위소[74]는 『서』의 기록을 인용하여 "성왕이 죽자 강왕은 면복을 착용하고 즉위를 했다. 의식이 끝나자 다시 상복으로 갈아입었다."라고 했다. 이러한 기록에 따르면 천자와 제후는 제위의 계승을 확정하는 초상 때 모두들 화려한 복장을

73) 『예기』「문상(問喪)」【657d】: 親始死, 雞斯徒跣, 扱上衽, 交手哭. 惻怛之心, 痛疾之意, 傷腎乾肝焦肺, 水漿不入口. 三日不擧火, 故鄰里爲之糜粥以飮食之. 夫悲哀在中, 故形變於外也. 痛疾在心, 故口不甘味, 身不安美也.

74) 위소(韋昭, A.D.204~A.D.273): 삼국시대(三國時代) 때 오(吳)나라의 학자이다. 자(字)는 홍사(弘嗣)이다. 사마소(司馬昭)의 이름을 피휘하여, 요(曜)로 고쳤다. 저서로는 『국어주(國語注)』 등이 있다.

착용하게 된다. 그렇기 때문에 편안하지 않은 마음이 들게 된다.

경문 聞樂不樂,

번역 음악을 들어도 즐겁지 않으며,

李注 悲哀在心, 故不樂也.

번역 비통함과 애통함이 마음에 있기 때문에 즐겁지 않은 것이다.

邢疏 ◎注"悲哀"至"樂也". ○正義曰: 此依鄭注也. 言至痛中發, 悲哀在心, 雖聞樂聲, 不爲樂也.

번역 ◎李注: "悲哀"~"樂也". ○이것은 정현의 주에 따른 것이다. 지극한 아픔이 나타나고 비통함과 애통함이 마음에 남아있기 때문에 비록 음악을 듣게 되더라도 즐겁지 않다는 뜻이다.

경문 食旨不甘,

번역 맛있는 음식을 먹어도 맛을 느끼지 못하니,

李注 旨, 美也. 不甘美味, 故蔬食水飮.

번역 '지(旨)'자는 "맛있다[美]."는 뜻이다. 맛있는 음식의 맛을 느끼지 못하기 때문에 거친 밥을 먹고 물을 마시는 것이다.

邢疏 ◎注"旨美"至"水飮". ○正義曰: "旨, 美", 經傳常訓也. 嚴植之曰: "美食, 人之所甘. 孝子不以爲甘, 故問喪云: '口不甘味', 是不甘美味也. 間傳曰: '父母之喪旣殯, 食粥. 旣虞·卒哭, 疏食水飮, 不食菜果', 是疏食水飮也. 韋昭引曲禮云: '有疾則飮酒食肉, 是爲食旨.' 故宜不甘也."

번역 ◎李注: "旨美"~"水飮". ○"'지(旨)'자는 맛있다는 뜻이다."라고 했는데, 이것은 경전과 전문에 대한 일반적인 풀이이다. 엄식지[75]는 "맛있는 음식이란 사람들이 맛있게 여기는 것이다. 자식은 그것을 맛있다고 느끼지 못하기 때문에 『예기』「문상(問喪)」편에서는 '입은 맛을 느끼지 못한다.'[76]라고 했으니, 이것이 맛있는 음식의 맛을 느끼지 못한다는 뜻이다. 또 『예기』「간전(間傳)」편에서는 '부모의 상을 치를 때에는 빈소 마련하는 일이 끝나야 죽을 먹는다.'[77]라고 했고 '우제(虞祭)와 졸곡(卒哭)을 끝내면 거친 밥을 먹고 물을 마시되 채소와 과일은 먹지 않는다.'[78]라고 했는데, 이것은 거친 밥을 먹고 물을 마신다는 뜻이다. 위소는 『예기』「곡례(曲禮)」편을 인용하여, '병이 생기면 술을 마시고 고기도 먹을 수 있다고 했으니,[79] 이것이 맛있는 음식을 먹는다는 뜻이다.'라고 했다. 그렇기 때문에 맛을 느끼지 못해야만 하는 것이다."라고 했다.

경문 此哀戚之情也.

번역 이것은 애통하고픈 정감 때문이다.

李注 謂上六句.

번역 앞의 여섯 구문을 가리킨다.

---

75) 엄식지(嚴植之, A.D.457~A.D.508) : 남북조시대 남조의 양(梁)나라 학자이다. 자(字)는 효원(孝源)이다. 저서로는 『흉례의주(凶禮儀注)』 등이 있다.

76) 『예기』「문상(問喪)」【657d】: 親始死, 雞斯徒跣, 扱上衽, 交手哭. 惻怛之心, 痛疾之意, 傷腎乾肝焦肺, 水漿不入口. 三日不舉火, 故鄰里爲之糜粥以飲食之. 夫悲哀在中, 故形變於外也. 痛疾在心, 故口不甘味, 身不安美也.

77) 『예기』「간전(間傳)」【666a】: 斬衰三日不食, 齊衰二日不食, 大功三不食, 小功緦麻再不食, 士與斂焉則壹不食. 故父母之喪, 既殯食粥, 朝一溢米, 莫一溢米. 齊衰之喪, 疏食水飲, 不食菜果. 大功之喪, 不食醯醬. 小功緦麻, 不飲醴酒. 此哀之發於飲食者也.

78) 『예기』「간전(間傳)」【666a~b】: 父母之喪, 既虞卒哭, 疏食水飲, 不食菜果. 期而小祥, 食菜果. 又期而大祥, 有醯醬. 中月而禫, 禫而飲醴酒. 始飲酒者, 先飲醴酒. 始食肉者, 先食乾肉.

79) 『예기』「곡례상(曲禮上)」【36a】: 居喪之禮, 頭有創則沐, 身有瘍則浴, 有疾則飲酒食肉, 疾止復初. 不勝喪, 乃比於不慈不孝.

그림 2-1 ▣ 참최복(斬衰服) 착용 모습

※ **출처:**『삼재도회(三才圖會)』「의복(衣服)」 3권

그림 2-2 ▣ 참최복(斬衰服) 각부 명칭

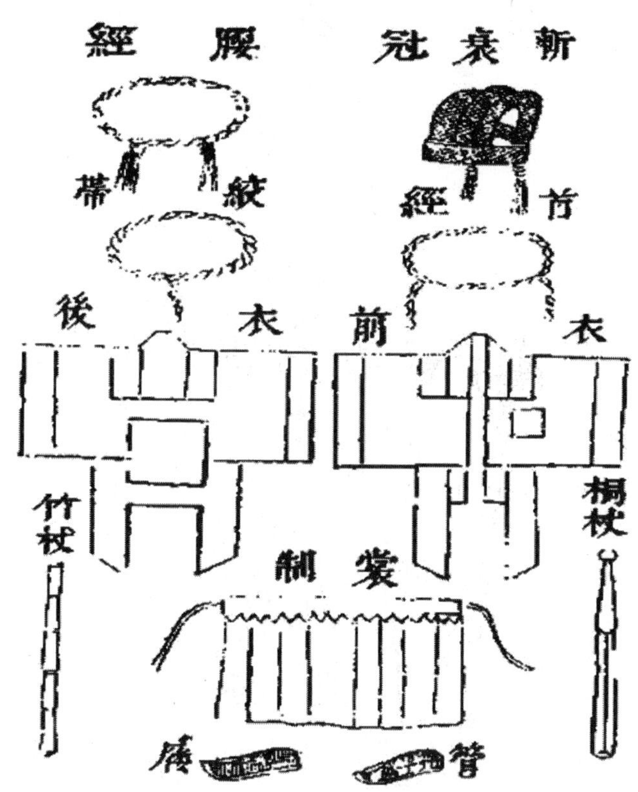

※ **출처:** 『삼재도회(三才圖會)』「의복(衣服)」 3권

그림 2-3 ▣ 자최복(齊衰服) 착용 모습

※ **출처:** 『삼재도회(三才圖會)』「의복(衣服)」 3권

그림 2-4 ▣ 자최복(齊衰服) 각부 명칭

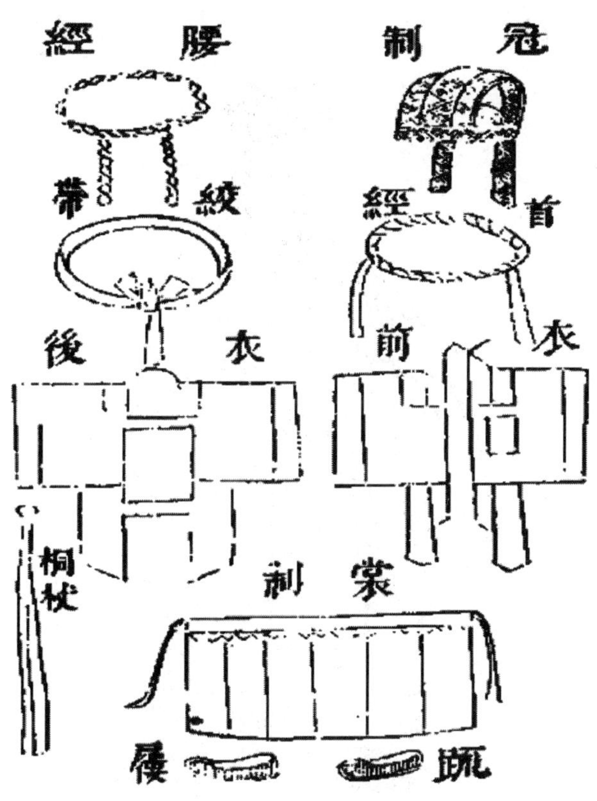

※ **출처:** 『삼재도회(三才圖會)』「의복(衣服)」 3권

그림 2-5 ▣ 대공복(大功服) 착용 모습

※ **출처:** 『삼재도회(三才圖會)』「의복(衣服)」 3권

그림 2-6 ▣ 대공복(大功服) 각부 명칭

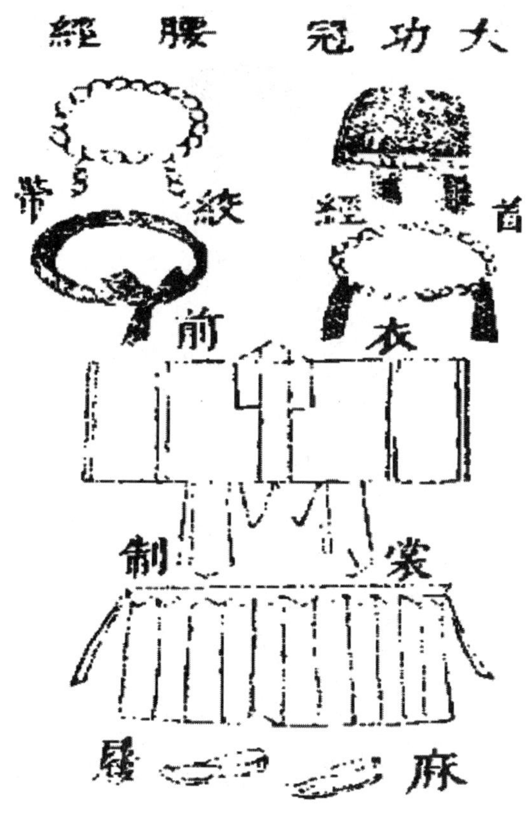

※ 출처: 『삼재도회(三才圖會)』「의복(衣服)」 3권

그림 2-7 ▣ 소공복(小功服) 착용 모습

※ 출처: 『삼재도회(三才圖會)』「의복(衣服)」 3권

그림 2-8 ▣ 소공복(小功服) 각부 명칭

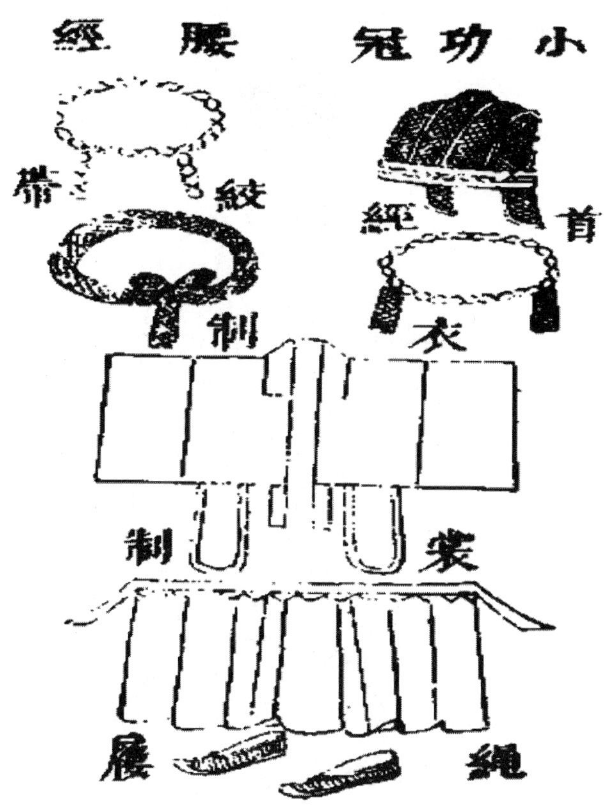

※ **출처:** 『삼재도회(三才圖會)』「의복(衣服)」 3권

그림 2-9 ■ 시마복(緦麻服) 착용 모습

※ 출처: 『삼재도회(三才圖會)』「의복(衣服)」 3권

그림 2-10 ▣ 시마복(緦麻服) 각부 명칭

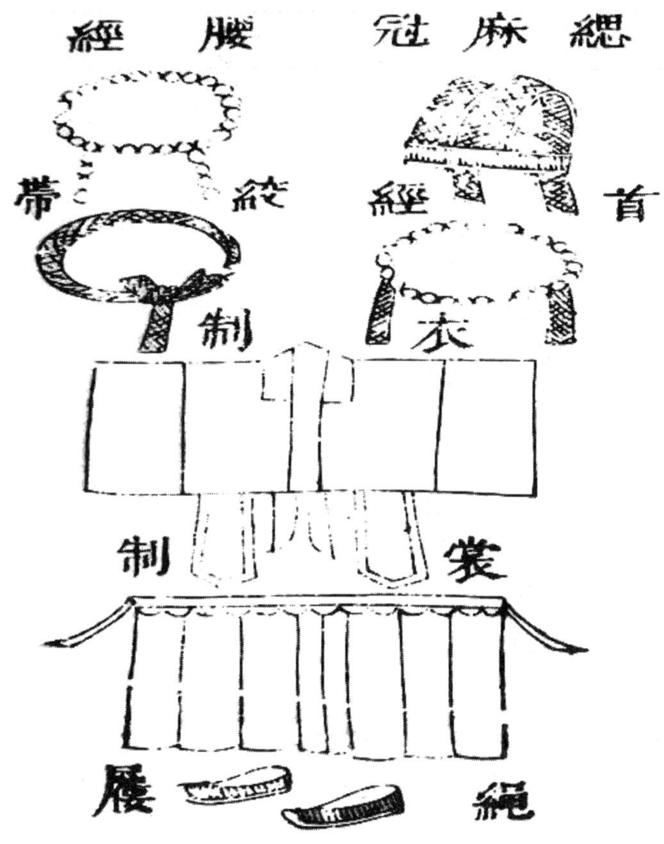

※ **출처:** 『삼재도회(三才圖會)』「의복(衣服)」 3권

그림 2-11 ▣ 의려(倚廬)

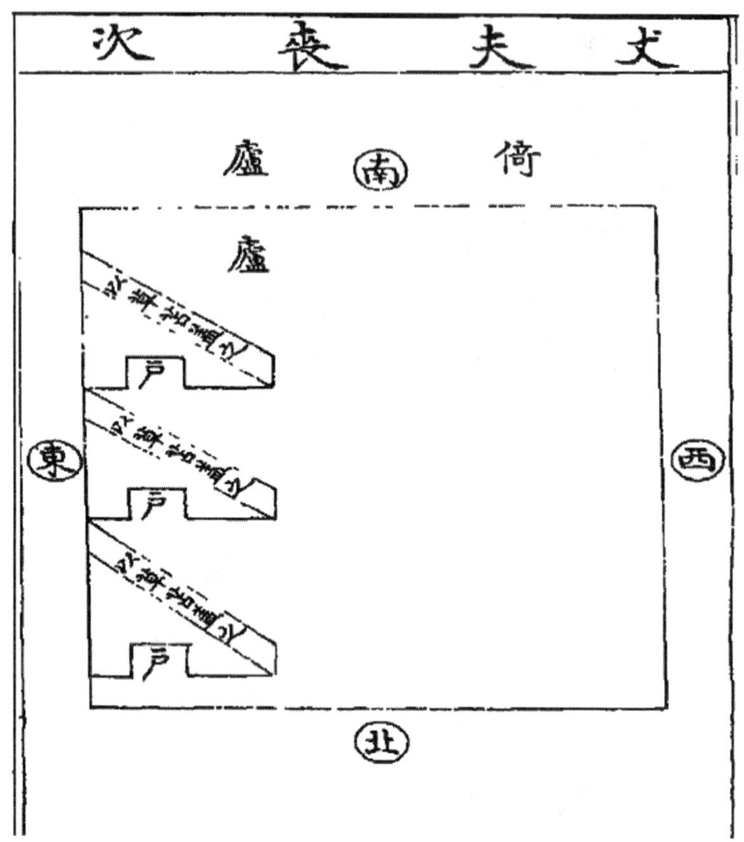

※ 출처: 『가산도서(家山圖書)』

• 제3절 •

상복(喪服)의 제정원리-의제(義制)

【721a】

門內之治恩揜義, 門外之治[1])義斷恩. 資於事父以事君, 而敬同. 貴貴尊尊, 義之大者也. 故爲君亦斬衰三年, 以義制者也.

직역 門內의 治는 恩이 義를 揜하고, 門外의 治는 義가 恩을 斷한다. 父를 事함에 資하여, 이로써 君을 事하니, 敬이 同하다. 貴을 貴하고 尊를 尊함은 義의 大한 者이다. 故로 君을 爲하여 亦히 斬衰로 三年하니, 義로써 制한 者이기 때문이다.

의역 집안에서의 다스림은 은혜로움으로 의로움을 덮고, 집밖에서의 다스림은 의로움으로 은혜로움을 재단한다. 부친을 섬기는 것에 바탕을 두고 군주를 섬기게 되므로, 둘에 대한 공경함은 동일한 것이다. 존귀한 자를 존귀하게 대하는 것은 의로움 중에서도 가장 큰 것이다. 그렇기 때문에 군주를 위해서도 참최복(斬衰服)을 입고 3년 동안 복상(服喪)하니, 의(義)에 따라 제도를 제정했기 때문이다.

集說 門內主恩, 故常揜蔽公義; 門外主義, 故常斷絶私恩. 父母之喪, 三年不從政, 恩揜義也. 有君喪服於身, 不敢私服, 義斷恩也. 資, 猶取也, 用也, 用事父之道以事君, 故其敬同也. 人臣爲君重服, 乃貴貴尊尊之大義, 故曰以義制者也. 然五服皆有義服, 亦是以義制, 此擧重者言之耳.

번역 집안에서는 은혜로움을 위주로 한다. 그렇기 때문에 항상 공적인 의로움을 덮고 가리는 것이다. 집밖에서는 의로움을 위주로 한다. 그렇기 때문에

---

1) '치(治)'자에 대하여. 『십삼경주소(十三經注疏)』 북경대 출판본에서는 "『예기훈찬(禮記訓纂)』에는 '제(制)'자로 되어 있다."라고 했다.

항상 사적인 은혜로움을 절제하는 것이다. 부모의 상을 치를 때에는 3년 동안 정사에 복무하지 않으니, 은혜로움으로 의로움을 가린 것이다. 군주의 상이 발생하여 본인이 그에 대한 상복을 착용하고 있을 때에는 감히 개인적인 상복을 착용할 수가 없으니,[2] 의로움으로 은혜로움을 절제하는 것이다. '자(資)'자는 취한다는 뜻의 취(取)자와 같으니, "사용한다[用]."는 뜻으로, 부친을 섬기는 도리를 사용하여, 군주를 섬긴다는 의미이다. 그렇기 때문에 공경함이 동일한 것이다. 신하된 자가 군주를 위해서 수위가 높은 상복을 착용한다면, 이것은 존귀한 자를 존귀하게 여기는 큰 도의에 해당한다. 그렇기 때문에 의로움으로 제정한 사안이라고 말한 것이다. 그런데 오복(五服)[3]에는 모두 의복(義服)[4]이 포함되어 있으니 이 또한 의로움으로 제정한 것인데, 이곳에서는 그 중에서도 가장 수위가 높은 것을 제시하여 언급을 한 것일 따름이다.

大全 藍田呂氏曰: 極天下之愛, 莫愛於父, 極天下之敬, 莫敬於君. 愛敬生乎心, 與生俱生者, 故門內以親爲重, 故爲父斬衰, 親親之至也. 門外以君爲重, 故爲君亦斬衰, 尊尊之至也. 內外尊親, 其義一也, 故以事父之義施之君, 此君之服以義制者也.

번역 남전여씨가 말하길, 천하에 친애함을 지극히 하는 것 중에는 부친을 친애하는 것보다 큰 것이 없고, 천하에 공경함을 지극히 하는 것 중에는 군주를

2) 『예기』「증자문(曾子問)」【238b】: 曾子問曰: 大夫·士有私喪, 可以除之矣, 而有君服焉, 其除之也, 如之何. 孔子曰: 有君喪服於身, 不敢私服, 又何除焉. 於是乎, 有過時而弗除也, 君之喪服除而后, 殷祭, 禮也.

3) 오복(五服)은 죽은 자와 친하고 소원한 관계에 따라 입게 되는 다섯 가지 상복(喪服)을 뜻한다. 참최복(斬衰服), 자최복(齊衰服), 대공복(大功服), 소공복(小功服), 시마복(緦麻服)을 가리킨다. 『예기』「학기(學記)」편에는 "師無當於五服, 五服弗得不親."이라는 기록이 있는데, 이에 대한 공영달(孔穎達)의 소(疏)에서는 "五服, 斬衰也, 齊衰也, 大功也, 小功也, 緦麻也."라고 풀이했다. 또한 '오복'에 있어서는 죽은 자와 가까운 관계일수록 중대한 상복을 입고, 복상(服喪) 기간도 늘어난다. 위의 '오복' 중 참최복이 가장 중대한 상복에 속하며, 그 다음은 자최복이고, 대공복, 소공복, 시마복 순으로 내려간다.

4) 의복(義服)은 본래 친속관계가 성립되지 않아서, 상복(喪服)을 착용해야만 하는 관계가 아닌데도, 도리에 따라 상복을 착용하는 것을 말한다.

공경하는 것보다 큰 것이 없다. 친애함과 공경함은 마음에서 생겨나고, 사람이 태어날 때부터 함께 구비되어 생겨난 것이다. 그렇기 때문에 집안에서는 부모를 중대한 대상으로 삼는다. 그래서 부친을 위해서는 참최복(斬衰服)을 착용하는 것이니, 친근한 자를 친애하는 도가 지극한 것이다. 집밖에서는 군주를 중대한 대상으로 삼는다. 그래서 군주를 위해서도 참최복을 착용하는 것이니, 존귀한 자를 존귀하게 여기는 도가 지극한 것이다. 집의 안팎에서 존귀하게 대하고 친애하는 일에 있어서 그 도의는 동일하다. 그렇기 때문에 부친을 섬기는 도의를 군주에게도 적용시키니, 이것이 바로 군주를 위한 상복 규정을 의로움에 따라 제정한 이유이다.

鄭注 資, 猶操也. 貴貴, 謂爲大夫君也. 尊尊, 謂爲天子諸侯也.

번역 '자(資)'자는 "잡다[操]."는 뜻이다. 귀한 자를 귀하게 여긴다고 했을 때의 귀한 자는 대부인 주군이 된 자를 뜻한다. 존한 자를 존하게 여긴다고 했을 때의 존한 자는 천자와 제후가 된 자를 뜻한다.

釋文 治, 直吏反, 下同. 揜, 於檢反. 斷, 丁亂反. 操, 七刀反, 皇云"持也".

번역 '治'자는 '直(직)'자와 '吏(리)'자의 반절음이며, 아래문장에 나오는 글자도 그 음이 이와 같다. '揜'자는 '於(어)'자와 '檢(검)'자의 반절음이다. '斷'자는 '丁(정)'자와 '亂(란)'자의 반절음이다. '操'자는 '七(칠)'자와 '刀(도)'자의 반절음이며, 황간[5]은 "짝하다[特]."는 뜻이라고 했다.

---

5) 황간(皇侃, A.D.488～A.D.545) : =황씨(皇氏). 남조(南朝) 때 양(梁)나라의 경학자이다. 『주례(周禮)』, 『의례(儀禮)』, 『예기(禮記)』 등에 해박하여, 『상복문구의소(喪服文句義疏)』, 『예기의소(禮記義疏)』, 『예기강소(禮記講疏)』 등을 지었지만, 현재는 전해지지 않는다. 그 일부가 마국한(馬國翰)의 『옥함산방집일서(玉函山房輯佚書)』에 수록되어 있다.

孔疏 ●"門內"至"者也". ○正義曰: 此一經明門外之治, 四制之中義制也.

번역 ●經文: "門內"~"者也". ○이곳 경문은 집밖에서의 다스림은 사제(四制) 중 의제(義制)에 해당한다는 사실을 밝히고 있다.

孔疏 ●"門內之治恩揜義"者, 以門內之親, 恩情既多, 揜藏公義, 言得行私恩, 不行公義. 若公羊傳云"有三年之喪, 君不呼其門", 是也.

번역 ●經文: "門內之治恩揜義". ○집안에서의 친애함은 은정이 이미 많이 포함되어 있어서 공적인 도의를 가릴 수 있으니, 이것은 곧 사적인 은정을 시행할 수 있고 공적인 도의에 따르지 않을 수 있다는 뜻이다. 예를 들어 『공양전』에서 "신하에게 삼년상이 있다면, 군주는 3년 동안 그의 집 앞에서 그를 찾지 않는다."[6]라고 한 말이 바로 이러한 사실을 나타낸다.

孔疏 ●"門外之治義斷恩"者, 門外, 謂朝廷之間. 既仕公朝, 當以公義斷絕私恩. 若曾子問"父母之喪, 既卒哭, 金革之事無辟", 是也.

번역 ●經文: "門外之治義斷恩". ○'문외(門外)'는 조정에 있을 때를 뜻한다. 이미 벼슬살이를 하여 군주의 조정에 몸담고 있다면, 마땅히 공적인 도의에 따라서 사적인 은정을 재단해야만 한다. 예를 들어 『예기』「증자문(曾子問)」편에서 "부모에 대한 삼년상(三年喪)을 치르는데 졸곡(卒哭)을 하고서, 전쟁 등의 일이 발생하였다면 피하지 않고 군주의 명령에 따라서 전쟁에 임한다."[7]라고 한 말이 바로 이러한 사실을 나타낸다.

孔疏 ●"資於事父以事君, 而敬同"者, 言操持事父之道以事於君, 則敬君之禮與父同.

---

6) 『춘추공양전』「선공(宣公) 1년」: 古者臣有大喪, 則君三年不呼其門.

7) 『예기』「증자문(曾子問)」【245b~c】: 子夏問曰: 三年之喪, 卒哭, 金革之事, 無辟也者, 禮與, 初有司與. 孔子曰: 夏后氏, 三年之喪, 既殯而致事, 殷人, 既葬而致事, 記曰, 君子, 不奪人之親, 亦不可奪親也, 此之謂乎.

번역 ●經文: "資於事父以事君, 而敬同". ○부친을 섬기는 도리를 가지고 군주를 섬기게 된다면, 군주를 공경하는 예법은 부친에 대한 것과 동일하다는 뜻이다.

孔疏 ●"貴貴"者, 貴, 謂大夫之臣事大夫爲君者也. 大夫始入尊境, 則是貴也. 此臣盡敬此君, 故云"貴貴"也.

번역 ●經文: "貴貴". ○'귀(貴)'자는 대부의 신하가 대부를 주군으로 섬긴다는 뜻이다. 대부가 되어서야 비로소 존귀한 지위에 들어서게 되니, 이는 곧 귀(貴)한 신분이 된 것이다. 이러한 자들에게 속한 신하들은 자신의 주군에 대해 공경함을 다하게 된다. 그렇기 때문에 "귀한 자를 귀하게 여긴다."라고 말한 것이다.

孔疏 ●"尊尊"者, 尊尊, 謂天子·諸侯之臣事天子·諸侯爲君者也. 天子·諸侯同爲南面, 則是尊也. 此臣極敬此君, 故曰"尊尊"也.

번역 ●經文: "尊尊". ○'존존(尊尊)'은 천자와 제후의 신하들이 천자와 제후를 주군으로 섬긴다는 뜻이다. 천자와 제후는 모두 남면(南面)을 하는 자이니 존(尊)한 자가 된다. 이러한 자들에게 속한 신하들은 자신의 주군에 대해 공경함을 극진히 나타내게 된다. 그렇기 때문에 "존한 자를 존하게 여긴다."라고 말한 것이다.

孔疏 ●"義之大者也", 以義斷恩, 內外如一, 雖復大夫與王侯有異, 而其臣敬不殊, 故並云"義之大者也".

번역 ●經文: "義之大者也". ○의로움에 따라 은정을 재단하는 것은 내외가 모두 동일하니, 비록 대부 및 천차·제후에 대한 사안에 차이점이 있더라도, 그들의 신하가 그들을 공경하는 사안에 있어서는 차이가 없다. 그렇기 때문에 모두에 대해서 "의로움 중 큰 것이다."라고 말한 것이다.

孔疏 ●"故爲君亦斬衰三年, 以義制者也", 言"亦", 謂亦同於父也.

번역 ●經文: "故爲君亦斬衰三年, 以義制者也". ○또한[亦]이라고 말한 것은 또한 부친에 대한 경우와 동일하게 한다는 뜻이다.

訓纂 王氏懋竑曰: 貴貴·尊尊, 一也. 大夫·天子·諸侯, 皆君也, 其義不別.

번역 왕무횡[8]이 말하길, 귀한 자를 귀하게 여기고 존한 자를 존하게 여긴다는 것은 동일한 뜻이다. 대부·천자·제후는 모두 주군이 되니, 그에 대한 도의는 구별되지 않는다.

集解 愚謂: 門內之服, 自義率祖, 而殺極於三月; 自仁率親, 而加隆於三年. 是恩重而義輕也, 故曰恩揜義. 蓋恩莫隆於父, 而凡爲義者莫得而奪之也. 門外之服, 以恩制者, 不過旁親之期·功; 以義制者, 極於至尊之三年. 是義重而恩輕也, 故曰義斷恩. 蓋義莫重於君, 而凡爲恩者莫得而並之也. 資, 藉也. 事君之敬同於父, 故其服亦同於父, 所謂方喪三年也. 上以理對恩言, 此以義對恩言. 在物爲理, 處物爲義, 體用之名也. 喪之義服, 皆以義制, 義莫重於君, 故特以君言之.

번역 내가 생각하기에, 집안사람들에 대한 상복은 의(義)에 따라 조상에 따르며 낮추는 것은 3개월까지이고, 인(仁)에 따라 부모를 따르며 3년까지 높인다.[9] 이것은 은정이 중대하고 의로움은 상대적으로 덜 중대하다는 사실을 나타낸다. 그렇기 때문에 "은정이 의로움을 가린다."라고 했다. 은정에 있어서는 부친보다 융성하게 높이지 않으니, 의로움에 따른 것들도 이를 빼앗을 수 없다. 집밖의 사람들에 대한 상복 중 은정에 따라 제정한 것은 방계친족에 대한 기년복(期年服)·대공복(大功服)·소공복(小功服)을 초과하지 않는데, 의로움에

8) 왕무횡(王懋竑, A.D.1668~A.D.1741) : 청(淸)나라 때의 경학자이다. 자(字)는 여중(予中)·여중(與中)이며, 호(號)는 백전(白田)이다.

9) 『예기』「대전(大傳)」【428a】: 自仁率親, 等而上之至于祖, 名曰輕; 自義率祖, 順而下之至于禰, 名曰重. 一輕一重, 其義然也.

따라 제정한 것은 지극히 존귀한 자에 대해서 삼년상을 치르는 것까지 시행되니, 이것은 의로움이 중대하고 은정은 상대적으로 덜 중대하다는 사실을 나타낸다. 그렇기 때문에 "의로움이 은정을 재단한다."라고 했다. 의로움에 있어서 군주보다 중대하게 여기지 않으니, 은정에 따른 것들도 이를 동시에 진할 수 없는 것이다. '자(資)'자는 "의지하다[藉]."는 뜻이다. 군주를 섬길 때의 공경함은 부친에 대한 것과 동일하다. 그렇기 때문에 그에 대한 상복 또한 부친에 대한 경우와 동일하게 하는 것이니, 이른바 "부모에 대한 상례에 견주어서 삼년상을 치른다."[10]는 뜻이다. 앞에서는 이(理)자를 은(恩)자와 대비해서 말했는데, 이곳에서는 의(義)자를 은(恩)자와 대비해서 말했다. 사물에게 내재되어 있을 때에는 이(理)가 되고, 사물을 대처할 때에는 의(義)가 되니, 체(體)와 용(用)에 따른 명칭이다. 상복의 의복(義服)이라는 것들은 모두 의로움을 기준으로 제정한 것인데, 의로움은 군주보다 중대한 것이 없다. 그렇기 때문에 특별히 군주를 기준으로 말한 것이다.

참고 구문비교

예기 · 상복사제 門內之治恩揜義, 門外之治義斷恩. 資於事父以事君, 而敬同. 貴貴尊尊, 義之大者也. 故爲君亦斬衰三年, 以義制者也.

대대례기 · 본명(本命) 門內之治恩掩義; 門外之治義斷恩. 資於事父以事君, 而敬同, 貴貴尊尊, 義之大者也. 故爲君亦服斬衰三年, 以義制者也.

공자가어 · 본명해(本命解) 門內之治恩掩義, 門外之治義掩恩, 資於事父以事君, 而敬同, 尊尊貴貴, 義之大也. 故爲君亦服衰三年, 以義制者也.

---

10) 『예기』「단궁상(檀弓上)」【69a】: 事親有隱而無犯, 左右就養無方, 服勤至死, 致喪三年. 事君有犯而無隱, 左右就養有方, 服勤至死, <u>方喪三年</u>. 事師無犯無隱, 左右就養無方, 服勤至死, 心喪三年.

참고 구문비교

예기 · 상복사제 門內之治恩揜義, 門外之治義斷恩. 資於事父以事君, 而敬同. 貴貴尊尊, 義之大者也. 故爲君亦斬衰三年, 以義制者也.

효경 · 사장(士章) 資於事父以事母, 而愛同; 資於事父以事君, 而敬同.

참고 『예기』「증자문(曾子問)」 기록

경문-238b 曾子問曰: "大夫 · 士有私喪, 可以除之矣, 而有君服焉, 其除之也, 如之何?" 孔子曰: "有君喪服於身, 不敢私服, 又何除焉. 於是乎, 有過時而弗除也, 君之喪服除而后, 殷祭, 禮也."

번역 증자가 질문하기를 "대부와 사의 경우 본인이 상을 치르는 중에 이제 곧 탈상(脫喪)을 하게 되어, 상복을 벗을 수가 있게 되었는데, 만약 이때 군주가 죽어서 군주를 위한 상복을 입게 된다면, 본인의 탈상은 어떻게 해야 합니까?" 라고 하자 공자가 대답해주기를 "죽은 군주를 위해 본인이 상복을 입게 되었다면, 감히 개인의 상복을 입을 수가 없게 되는데, 또한 어찌 탈상을 하겠는가? 그래서 탈상할 시기를 지나치게 되더라도 탈상을 하지 않는 것이다. 그러나 군주의 상이 끝나서 군주를 위해 입었던 상복을 벗은 이후에는 개인적으로 탈상을 못하였으므로, 성대한 제사를 지내서 탈상을 대신하는 것이 올바른 예법이다."라고 했다.

鄭注 重命輕也. 私喪, 家之喪也. 喪服四制曰, 門外之治, 義斷恩. 謂主人也. 支子則否.

번역 더 중요한 것[11]으로써 덜 중요한 것[12]을 깨우쳐준 것이다. '사상(私

---

11) '더 중요한 것'이란 군주의 상이 생기면, 부모에 대한 상복(喪服)조차 입지 않는

喪)'은 가족 중에 발생한 상을 뜻한다. 「상복사제」편에서는 "문밖에서의 다스림은 의로움으로 인정을 재단한다."라고 말했다. 은제(殷祭)[13]를 지내는 경우는 상주인 자에게만 해당한다. 지자(支子)[14]라면 은제를 지내지 않는다.

孔疏 ●"孔子曰, 有君喪服於身, 不敢私服, 又何除焉"者, 答以重喩輕也. "門外之治, 義斷恩", 若身有君服, 後遭親喪, 則不敢爲親制服也. "又何除焉"者, 謂成喪服爲重始, 除服爲輕末, 在親始重之日, 尙不獲伸, 況輕末之時而可行乎. 故云, "又何除焉".

번역 ●經文: "孔子曰, 有君喪服於身, 不敢私服, 又何除焉". ○더 중요한 사실을 설명하여 덜 중요한 사실까지도 깨우쳐준 것이다. 정현이 "문밖에서의 다스림은 의로움으로 인정을 재단한다."라고 하였는데, 만약 본인이 군주에 대한 상복을 입고 있는 경우인데, 이후에 부모의 상을 당하게 되더라도, 감히 부모를 위해 상복을 재단하여 입을 수 없다는 뜻이다. 경문에서 "또한 어찌 제(除)하리오?"라고 하였는데, 이 말은 죽은 부모를 위해 상복을 갖춰 입은 일은 중대한 일의 시작이 되고, 부모의 상이 막바지가 되어 탈상을 하는 일은 덜 중요한 일의 말단이 되는데, 죽은 부모에 대해 상을 치러야 하는 중대한 일이 시작되는 날에 해당하면서도 군주의 상으로 인해 오히려 제 뜻을 펼칠 수가 없는데, 하물며 경미한 시기에 해당하는 부모에 대한 탈상을 시행을 할 수 있겠느냐는 뜻이다. 그렇기 때문에 "또한 어찌 제하리오?"라고 말한 것이다.

孔疏 ●"君之喪服除, 而后殷祭, 禮也"者, 殷祭, 謂小大二祥祭也. 以其禮大, 故曰殷也. 言初乃爲身有君服, 不敢爲親私除. 若君服除後, 乃可爲親行私喪二祥之祭, 以伸孝心也. 故盧氏云, "殷祭, 盛也. 君服除, 乃行釋私服之禮."

다는 내용이다.

12) '덜 중요한 것'이란 군주의 상이 발생하여, 부모에 대한 탈상(脫喪)을 하지 않는다는 내용이다.

13) 은제(殷祭)는 성대한 제사를 뜻한다. 3년마다 지내는 협(祫)제사와 5년마다 지내는 체(禘)제사 등을 '은제'라고 부른다.

14) 지자(支子)는 적장자(嫡長子)를 제외한 나머지 아들들을 말한다.

庾蔚云, "今月除君服, 明月可小祥, 又明月可大祥, 猶若久喪不葬者也. 若未有君服之前, 私服已小祥者, 除君服後, 但大祥而可. 已有君服之時, 已私服或未小祥, 是以總謂之殷祭, 而不得云再祭. 殷, 大也. 小·大二祥, 變除之大祭, 故謂之殷祭也. 禘祫者, 祭之大, 故亦謂之殷祭." 但此論大夫士, 則不應有禘祫, 此殷是釋除之祭也. 有殷事則之君所, 鄭以爲朔月月半薦新之奠, 此又比朝夕爲大也. 各有所指, 不嫌殷名同也.

번역 ●經文: "君之喪服除, 而后殷祭, 禮也". ○'은제(殷祭)'는 소상(小祥)과 대상(大祥)의 제사를 뜻한다. 그 제사들을 치르는 예가 성대하기 때문에 '은(殷)'자를 붙여서 부른 것이다. 그리고 은제를 지내는 경우는 애초에 본인이 군주를 위해 상복을 입게 되어, 감히 자신의 부모를 위해 사적인 탈상을 할 수 없게 된 경우에 해당한다. 만약 군주를 위해 입었던 상복을 제거한 이후라면, 부모를 위하여 개인의 상례인 소상과 대상의 제사를 지낼 수 있게 된다. 따라서 이 제사들을 통하여 효성스러운 마음을 펼칠 수가 있게 된다. 그렇기 때문에 노식[15]은 "은제는 성대하다는 뜻이다. 군주를 위해 입었던 상복을 벗게 되면, 곧 개인의 상례를 시행할 수 있게 된다."라고 말한 것이다. 유씨는 "이달에 군주를 위해 입었던 상복을 벗게 되면, 다음 달에 자신의 부모에 대해서 소상을 지낼 수 있고, 또 그 다음 달에 대상을 지낼 수 있는 것이니, 마치 상이 오래되어 장례를 치르지 못하는 경우[16]와 같은 것이다. 만약 아직 군주를 위한 상복을 입기 이전인 시기에, 개인의 상중에서 이미 소상을 치른 경우라면, 군주를 위해 입었던 상복을 벗은 이후 부모에 대해서는 단지 대상만 치르는 것이 옳다. 이미 군주를 위한 상복을 입고 있는 시기에, 자기 본인이 부모의 상에서 혹여 아직

15) 노식(盧植, A.D.159?～A.D.192) : =노씨(盧氏). 후한(後漢) 때의 유학자이다. 자(字)는 자간(子幹)이다. 어려서 마융(馬融)을 스승으로 섬겼다. 영제(靈帝)의 건녕(建寧) 연간(A.D.168～A.D.172)에 박사(博士)가 되었다. 채옹(蔡邕) 등과 함께 동관(東觀)에서 오경(五經)을 교정했다. 후에 동탁(董卓)이 소제(少帝)를 폐위시키자, 은거하며 『상서장구(尙書章句)』, 『삼례해고(三禮解詁)』를 저술했지만, 남아 있지 않다.

16) 『예기』「상복소기(喪服小記)」【418a】: 久而不葬者, 唯主喪者不除, 其餘以麻終月數者, 除喪則已.

소상조차 치르지 않은 상태라면, 군주에 대한 상복을 벗고 나서 소상과 대상을 별도로 지내게 된다. 만약 소상과 대상을 한꺼번에 지낸다고 하여 그것을 총괄해서 '은제'라 부른다고 한다면, 『예기』「상복소기(喪服小記)」편에서 '재제(再祭)'[17]라고 말할 수 없게 된다. '은'자는 성대하다는 뜻이다. 소상과 대상은 변제(變除)[18]할 때의 성대한 제사이다. 그렇기 때문에 '은제'라고 부른 것이다. 체협(禘祫)[19]도 제사 중에서 성대한 것이기 때문에, 그것을 또한 '은제'라고도 부른다.[20]"라고 했다. 그러나 이 문장은 대부와 사의 경우를 논의한 내용이니, 체(禘)와 협(祫)이라는 제사가 있을 수가 없다. 그러므로 여기에서 언급하는 '은제'는 상복을 제거할 때 지내는 제사를 뜻한다. 또한 이곳 「증자문」편에서는

---

17) 『예기』「상복소기(喪服小記)」【412b】: 三年而后葬者必再祭, 其祭之間不同時, 而除喪.

18) 변제(變除)는 상복(喪服)을 바꾸거나 제거하는 경우를 뜻한다. 소상(小祥)을 지내고 나서 상복의 단계를 낮추고, 대상(大祥)을 지낸 뒤에 상복을 벗는 것을 '변제'라고 부른다.

19) 체협(禘祫)은 고대에 제왕(帝王)이 시조(始祖)에게 지냈던 제사를 뜻하니, 일종의 성대한 제사의례를 가리킨다. 간혹 '체협'을 구분하여 각각에 의미를 부여하기도 하며, 혹은 '체협'을 합쳐서 같은 의미로 사용하기도 한다. 이 문제에 대해서 장병린(章炳麟)은 『국고논형(國故論衡)』「명해고하(明解故下)」에서 "禘祫之言, 訩訩爭論旣二千年. 若以禘祫同爲殷祭, 祫名大事, 禘名有事, 是爲禘小於祫, 何大祭之云? 故知周之廟祭有大嘗·大烝, 有秋嘗·冬烝. 禘祫者大嘗·大烝之異語."라고 주장한다. 즉 '체협'이라는 말에 대해서 의견들이 분분한데, 만약 '체협'을 모두 은(殷)나라 때의 제사라고 말하며, '협(祫)'은 '중대한 사안[大事]'이 발생했을 때 지내는 제사를 뜻하고, '체(禘)'는 유사시에 지내게 되는 제사를 뜻한다고 한다면, '체'는 '협'보다 규모가 작은 것인데, 어떻게 대제(大祭)라고 말할 수 있겠는가? 그렇기 때문에 '체협'은 주(周)나라 때의 제사이다. 주나라 때 종묘(宗廟)에서 지내는 제사에는 대상(大嘗), 대증(大烝)이라는 용어가 있었고, 또 추상(秋嘗: 가을에 지내는 상(嘗)제사), 동증(冬烝: 겨울에 지내는 증(烝)제사라는 용어가 있었으니, '체협'은 대제(大祭)를 뜻하는 용어로, 대상이나 대증을 다르게 부른 명칭이다. 또한 『후한서(後漢書)』「장제기(章帝紀)」편에는 "其四時禘祫於光武之堂."이라는 기록이 있는데, 이에 대한 이현(李賢)의 주에서는 『속한서(續漢書)』를 인용하여, "五年再殷祭. 三年一祫, 五年一禘."라고 풀이한다. 즉 5년마다 2번의 성대한 제사를 지내게 되는데, 3년에 1번 '협'제사를 지내고, 5년에 1번 '체'제사를 지낸다.

20) 『한서(漢書)』「위현전(韋賢傳)」: 毁廟之主臧乎太祖, 五年而再殷祭, 言壹禘壹祫也.

"은사(殷事)가 있다면 군주의 시신이 있는 빈소로 간다."[21]라고 하였는데, 정현은 이때의 '은사'를 매월 초하루와 보름마다 새로운 제물을 바치는 전제사[奠祭][22]라고 여겼다. 따라서 이 문장에서 말하는 '은사' 또한 일상적으로 아침저녁마다 시행하는 전제사에 비해 성대하게 지낸다는 뜻이 된다. 그러므로 같은 '은'자가 붙은 단어라고 하더라도, 각각 가리키는 대상이 다르니, 유씨처럼 '은'이라는 글자가 붙었다고 해서 같은 대상으로 여겨서는 안 된다.

孔疏 ◎注"謂主人也, 支子則否". ○正義曰: 主人謂適子仕官者, 適子主祭祀, 故二祥待除君服而後行也. 若支子仕官, 雖不得除私服, 而其家適子已行祥祭, 庶子於後無所復追祭, 故云否也.

번역 ◎鄭注: "謂主人也, 支子則否". ○주인(主人)은 적장자의 신분이면서, 관직을 가지고 있는 자를 뜻한다. 따라서 적장자는 자신의 부모에 대한 제사를 주관하기 때문에, 부모에 대한 소상(小祥)과 대상(大祥)에 있어서도, 군주에 대한 상복을 벗을 때까지 가다린 이후에 시행한다. 만약 지자(支子)들 중에 관직을 가지고 있는 경우라면, 군주를 위한 상복을 입게 되어서, 비록 개인의 부모상에서 탈상을 할 수가 없더라도, 그의 집안에 있는 적장자가 이미 소상과 대상을 지내게 된다. 따라서 서자(庶子)들은 군주에 대한 상복을 벗은 이후에, 다시금 소급하여 탈상을 하지 못한 부모상에 대해서, 제사를 지내는 일이 없게 된다. 그렇기 때문에 하지 않는다고 말한 것이다.

大全 嚴陵方氏曰: 有君之喪而不敢私服, 則以義斷恩故也.

번역 엄릉방씨가 말하길, 군주의 상이 발생하여, 감히 개인의 상복을 입을 수 없는 이유는 의(義)로써 은(恩)을 재단하기 때문이다.

---

21) 『예기』「증자문」【239a】: 有殷事, 則之君所, 朝夕否.

22) 전제(奠祭)는 죽은 자 및 귀신들에게 음식을 헌상하는 제사이다. 상례(喪禮)를 치를 때, 빈소를 차리고 나면, 매일 아침과 저녁에 음식을 바치며 제사를 지내게 되는데, '전제'는 주로 이러한 제사를 뜻한다.

集解 愚謂: 可以除之者, 謂小祥之後, 將及大祥之期也. 此殷祭, 謂大祥也. 君喪除而后殷祭者, 凡變除之祭, 必服其除後之服以祭, 君服未除, 則不可以行親喪大祥之祭也. 若未練而遭君喪. 則親喪練·祥之祭亦各於君喪練·祥之後行之. 如此, 則雖不除親喪, 而其練·祥之祭與變除之服亦悉得相應矣.

번역 내가 생각하기에, 경문에서 "상복을 제거할 수 있다."고 한 말은 소상(小祥)을 지낸 이후, 장차 대상(大祥)을 지낼 시기가 도래했을 때에 해당한다. 그러므로 이 문장에서 언급하고 있는 은제(殷祭)는 대상을 가리킨다. 또한 경문에서는 "군주의 상에 대해서 상복을 벗은 이후에 부모에 대해 은제를 지낸다."고 하였는데, 무릇 변제(變除)를 하며 지내는 제사에서는 반드시 군주의 대한 상복을 벗은 이후에 본인의 상에 해당하는 상복을 입고서 제사를 지내게 된다. 따라서 군주에 대한 상복을 아직 벗지 않은 상태라면, 부모상에 대한 대상의 제사를 지낼 수가 없는 것이다. 만약 아직 소상조차 끝내지 않은 상태에서 군주의 상을 당하게 된다면, 부모상에 대한 소상과 대상의 제사 또한 군주상에 대한 소상과 대상을 지낸 이후에, 각각 시행하게 된다. 이처럼 한다면, 비록 부모상을 탈상하지 않았더라도, 부모에 대한 소상과 대상의 제사와 변제할 때의 복식이 또한 서로 상응하게 된다.

참고 『춘추공양전』「선공(宣公) 1년」 기록

傳文 古者臣有大喪, 則君三年不呼其門.

번역 고대에는 신하에게 중대한 상이 발생한다면, 군주는 3년 동안 그의 집 앞에서 그를 찾지 않는다.

何注 重奪孝子之恩也. 禮, 父母之喪三年不從政, 齊衰·大功之喪三月不從政, 故孔子曰"夏后氏三年之喪, 既殯而致事; 殷人既葬而致事; 周人卒哭而致事. 君子不奪人之親, 亦不可奪親也".

번역 자식의 부모에 대한 은정을 빼앗는 것을 중대한 일로 여겼기 때문이다. 예법에 따르면 부모의 상이 발생하면 3년 동안 정사에 참여하지 않는다고 했고, 자최복(齊衰服)이나 대공복(大功服)의 상이 발생하면 3개월 동안 정사에 참여하지 않는다고 했다.[23] 그렇기 때문에 공자는 "하후씨 때에는 부모에 대한 삼년상을 치르게 되면, 빈소를 차리고 나서 관직에서 물러났었고, 은나라 때에는 장례를 치르고 나서 관직에서 물러났으며, 주나라 때에는 졸곡(卒哭)을 하고서 관직에서 물러났다. 군자는 남의 부모에 대한 효심을 빼앗지 않으며, 또한 그러한 마음을 빼앗을 수도 없다."[24]라고 했다.

徐疏 ◎注"禮父"至"不從政". ○解云: 禮記·王制文也. 此政, 謂稅矣.

번역 ◎何注: "禮父"~"不從政". ○『예기』「왕제(王制)」편의 기록이다. 여기에서 말한 '정(政)'자는 세금을 뜻한다.

徐疏 ◎注"故孔子"至"卒哭而致事". ○解云: 曾子問文. 鄭云"致事者, 還其職位於君", 是也.

번역 ◎何注: "故孔子"至"卒哭而致事". ○『예기』「증자문(曾子問)」편의 기록이다. 정현은 "'치사(致事)'은 자신이 맡았던 직무와 지위를 군주에게 되돌려주는 것이다."라고 했다.

徐疏 ◎注"君子"至"親也". ○解云: 亦曾子問文. 彼云"君子不奪人之親, 亦不可奪親也, 此之謂乎", 鄭云"二者, 恕也, 孝也"者, 是.

---

23) 『예기』「왕제(王制)」【180a】: 八十者一子不從政, 九十者其家不從政. 廢疾非人不養者, 一人不從政. 父母之喪, 三年不從政, 齊衰大功之喪, 三月不從政. 將徙於諸侯, 三月不從政, 自諸侯來徙家, 期不從政.

24) 『예기』「증자문(曾子問)」【245b~c】: 子夏問曰: 三年之喪, 卒哭, 金革之事, 無辟也者, 禮與, 初有司與. 孔子曰: 夏后氏, 三年之喪, 既殯而致事, 殷人, 既葬而致事, 記曰, 君子, 不奪人之親, 亦不可奪親也, 此之謂乎.

번역 ◎何注: "君子"至"親也". ○이 또한 『예기』「증자문(曾子問)」편의 기록이다. 「증자문」편에서는 "'군자는 남의 부모에 대한 효심을 빼앗지 않으며, 또한 그러한 마음을 빼앗을 수도 없다.'라고 했으니, 바로 이것을 뜻함일 것이다."라고 했고, 정현은 "두 가지는 군주에게 해당하는 서(恕)와 신하에게 해당하는 효(孝)를 나타낸다."라고 했다.

참고 『예기』「증자문(曾子問)」 기록

경문-245b~c 子夏問曰: 三年之喪, 卒哭, 金革之事, 無辟也者, 禮與, 初有司與. 孔子曰: 夏后氏, 三年之喪, 既殯而致事, 殷人, 既葬而致事, 記曰, 君子, 不奪人之親, 亦不可奪親也, 此之謂乎.

번역 자하가 "삼년상을 치르는데 졸곡(卒哭)을 하고서 전쟁 등의 일이 발생하였다면, 피하지 않고 군주의 명령에 따라 전쟁에 임하는 것이 예법입니까? 그것이 아니라면 애초에 군주가 유사를 파견하여 그에게 다급한 상황을 말해주며, 전쟁에 임하도록 재촉하게 되어서, 오늘날처럼 전쟁에 참여하게 된 사례가 생긴 것입니까?"라고 질문하자 공자는 "하후씨 때에는 부모에 대한 삼년상을 치르게 되면 빈소를 차리고 나서 관직에서 물러났었고, 은나라 때에는 장례를 치르고 나서 관직에서 물러났었다. 옛말에 '군자는 남의 부모에 대한 효심을 빼앗지 않으며, 또한 그러한 마음을 빼앗을 수도 없는 것이다.'라고 했으니, 바로 이것을 뜻함일 것이다."라고 대답했다.

鄭注 疑有司初使之然. 致事, 還其職位於君. 周卒哭而致事. 二者, 恕也, 孝也.

번역 경문의 '초유사여(初有司與)'라는 말은 "아마도 유사(有司)[25]가 애초

25) 유사(有司)는 관리를 뜻하는 용어이다. '사(司)'자는 담당한다는 뜻이다. 관리들은 각자 담당하고 있는 업무가 있었으므로, 관리를 '유사'라고 불렀던 것이다. 일반적으로 하위관료들을 지칭하여, 실무자를 뜻하는 용어로 많이 사용된다. 그러나 때

에 그로 하여금 그렇게 시켰던 일이 있었던 것이냐?"라는 뜻이다. '치사(致事)'는 그의 직위를 군주에게 되돌려준다는 뜻이다. 주나라 때에는 졸곡(卒哭)을 하고서 관직에서 물러났다. '기(記)'에서 말하는 두 가지는 군주에게 해당하는 서(恕)와 신하에게 해당하는 효(孝)를 나타낸다.

孔疏 ●"子夏問曰三年之喪"至"初有司與"者, 子夏以人遭父母三年之喪, 卒哭之後, 國有金革戰伐之事, 君使則行, 無敢辭辟, 爲是禮當然與? 爲當初時有司强逼遣之與?

번역 ●經文: "子夏問曰三年之喪"~"初有司與". ○자하가 질문한 내용은 신하가 부모의 삼년상을 당하게 되었고, 졸곡(卒哭)을 치른 이후에, 국가에 전쟁이나 정벌을 해야 할 일이 발생한 상황이다. 이러한 때에 군주가 명령을 내리면, 곧바로 참가해야 하며, 감히 사양하여 피하는 일이 없는 것이 예법상 당연한 것인가? 아니면 마땅히 애초부터 유사(有司)가 강제로 재촉을 해야 하는가를 물어본 것이다.

孔疏 ◎注"致事"至"致事". ○正義曰: 皇氏云, "夏后氏尙質, 孝子喪親恍惚, 君事不敢久留, 故旣殯致事還君. 殷人漸文, 思親彌深, 故旣葬畢始致事還君. 周人極文, 悲哀至甚, 故卒哭而致事." 知周卒哭致事者, 以喪之大事有三, 殯也, 葬也, 卒哭也. 夏旣殯, 殷旣葬, 後代漸遠. 以此推之, 故知周卒哭也.

번역 ◎鄭注: "致事"~"致事". ○황간은 "하후씨 때에는 질박함을 숭상하였다. 그런데 사람의 자식된 자는 부모의 상을 치르며 정신을 빼앗겨 혼미하게 되며, 군주가 시킨 일을 신속하게 처리하지 않고 감히 오래도록 방치할 수 없기 때문에, 빈소를 차리고 나면, 곧바로 관직을 사양하여 군주에게 되돌려주었던 것이다. 은나라 사람들은 점차 문식을 꾸미게 되었다. 그래서 부모를 생각하는 마음이 오래도록 깊어졌기 때문에, 장례를 끝내게 되면 비로소 관직을 사양하여 군주에게 되돌려주었던 것이다. 주나라 사람들은 지극히 문식을 꾸미게 되

로는 고위관료까지도 지칭하는 용어로 사용되기도 한다.

었다. 그래서 비통해하고 애달픈 마음이 지극히 깊어졌기 때문에, 졸곡(卒哭)을 지내고서야 관직에서 물러났던 것이다."라고 했다. 주나라 때에는 졸곡을 한 이후에 관직에서 물러났다는 사실을 알 수 있는 이유는 상에서는 큰 일이 3가지가 있는데, 빈궁(殯宮)을 차리는 것과 장례를 치르는 것과 졸곡을 지내는 것이다. 하나라 때에는 빈소를 차린 뒤에 관직에서 물러났고, 은나라 때에는 장례를 끝낸 뒤에 관직에서 물러났다고 하였으니, 후대로 내려갈수록 조금씩 그 기간이 길어졌다. 따라서 이러한 사실을 토대로 추론해보면, 주나라 때에는 졸곡을 한 이후에 관직에서 물러났음을 알 수 있다.

孔疏 ●"記曰"至"謂乎". ○解人臣喪親, 在上君子許之致事. 君子謂人君也. 人臣有親之喪, 在上君子許其致事, 是不奪人喪親之心, 此謂恕也, 以己情恕彼也, 據君許於下也. 亦不可奪親者, 謂人臣遭親之喪, 若不致事, 是自奪思親之心也, 故遭喪須致事, 是不奪情以求利祿, 此謂孝也, 此據孝子之身也. 言孝子居喪, 不可以不致事, 人君不可以不許. 舊記先有此文, 故孔子引之, 故云, "此之謂乎".

번역 ●經文: "記曰"~"謂乎". ○이 문장은 신하된 자가 부모의 상 중에 있으면, 신하의 군주가 된 자는 그가 관직에서 물러나는 것을 허락해주어야 한다는 내용을 풀이한 말이다. '군자(君子)'는 군주를 뜻한다. 신하가 부모의 상을 당하게 되면, 군주는 그가 관직에서 물러나는 것을 허락하니, 이것이 바로 "부모상을 치르는 자식의 마음을 빼앗지 않는다."는 뜻이다. 또한 이것을 '서(恕)'라고도 부르니, 자신의 감정을 기준으로 남까지도 헤아려본다는 말로, 군주가 신하에 대해서 허락을 해야 한다는 사실을 나타내고 있다. 또한 "부모에 대한 마음을 잃어버려서도 안 된다."[26]는 말은 신하가 부모의 상을 당하게 되었는데, 만약 관직에서 물러나지 않는다면, 이것은 바로 제 스스로 부모를 생각하는 마음을 잃어버리는 것이다. 그렇기 때문에 상을 당하게 되면, 관직에서 물러나야 하는 것이다. 따라서 이것은 정감을 잃어버리고서, 이익과 녹봉을 추

26) 이처럼 경문을 해석하는 것은 공영달(孔穎達)의 경문 해석이 진호(陳澔)와 다르기 때문이다.

구하지 않는다는 뜻으로, '효(孝)'라고도 부르니, 이 말은 효자 본인에 대해서 지적하는 내용이다. 그러므로 이 문장은 자식은 상중에 있으면서, 관직에서 물러나지 않을 수도 없고, 군주는 그 일을 허락하지 않을 수 없다는 것을 뜻한다. 옛날 기록 중에는 이전부터 이러한 문장들이 있었기 때문에, 공자가 이 말을 인용한 것이다. 그러므로 "이것을 뜻함일 것이다."라고 말한 것이다.

孔疏 ◎注"二者恕也孝也"者, "恕也", 解不奪人之親, 己旣思親, 以己方人, 何可奪人之親? 是君恕[27]也. "孝也", 解亦不可奪親, 是孝子思親, 今不致事, 不能念親, 今旣致事, 是不奪思親之情, 是其孝也.

번역 ◎鄭注: "二者恕也孝也". ○"서(恕)이다."라는 말은 남의 부모에 대한 마음을 빼앗을 수 없다는 것을 풀이한 말이니, 군주 본인에게도 부모를 생각하는 마음이 있으므로, 자신을 기준으로 남을 헤아려보면, 어찌 남의 부모에 대한 마음을 빼앗을 수 있겠는가? 이것이 바로 군주의 '서'이다. "효(孝)이다."라는 말은 또한 부모에 대한 마음을 잃어버려서는 안 된다는 것을 풀이한 말이니, 자식은 항상 부모를 생각하고 있는데, 이러한 상황에 처해서도 관직에서 물러나지 않는다면, 부모에 대한 마음을 항상 떠올릴 수가 없게 된다. 따라서 부모상을 당하여서 관직에서 물러나는 것은 바로 부모에 대한 애정을 잃어버리지 않는다는 것으로, 이것이 바로 자식의 '효'이다.

참고 『예기』「대전(大傳)」 기록

경문-428a 自仁率親, 等而上之至于祖, 名曰輕; 自義率祖, 順而下之至于禰, 名曰重. 一輕一重, 其義然也.

번역 은정을 사용하여 부모에 따름에, 순차적으로 위로 올라가 조상에 이르

---

27) '서(恕)'자에 대하여. '서'자 위에는 본래 '충(忠)'자가 기록되어 있었는데, 완원(阮元)의 『교감기(校勘記)』에서는 "'충'자는 연문이다."라고 하였다.

게 되니, 이러한 경우를 가벼워진다고 부른다. 반면 의로움을 사용하여 조상을 따름에, 순차적으로 밑으로 내려가 부친에 이르게 되니, 이러한 경우를 무거워진다고 부른다. 어떤 경우에는 가벼워지고, 또 어떤 경우에는 무거워지는 것은 그 도의에 따라 그러한 것이다.

鄭注 自, 猶用也. 率, 循也. 用恩則父母重而祖輕, 用義則祖重而父母輕. 恩重者爲之三年, 義重者爲之齊衰. 然, 如是也.

번역 '자(自)'자는 "~을 쓰다[用]."는 뜻이다. '솔(率)'자는 "따르다[循]."는 뜻이다. 은정을 사용한다면, 부모에 대해서는 무거워지고, 조상에 대해서는 가벼워지며, 의로움을 사용한다면, 조상에 대해서는 무거워지고, 부모에 대해서는 가벼워진다. 은정에 따라 무거워지는 대상에 대해서는 그를 위해서 삼년상을 치르고, 의로움에 따라 무거워지는 대상에 대해서는 그를 위해서 자최복을 착용한다. '연(然)'자는 이와 같다는 뜻이다.

孔疏 ○自, 用也. 仁, 恩也. 率, 循也. 親, 謂父母也. 等, 差也. 子孫若用恩愛依循於親, 節級而上, 至於祖遠者, 恩愛漸輕, 故云"名曰輕"也.

번역 ○'자(自)'자는 "~을 쓰다[用]."는 뜻이다. '인(仁)'자는 은정[恩]을 뜻한다. '솔(率)'자는 "따르다[循]."는 뜻이다. '친(親)'자는 부모를 뜻한다. '등(等)'자는 차등[差]을 뜻하다. 자손이 만약 은정을 사용하여, 부모에게 의거해 따르면, 순차에 따라서 위로 올라가 대수가 먼 조상에 이르고, 그 조상에 대해서는 은정이 점진적으로 옅어지기 때문에, "가벼워진다고 부른다."라고 했다.

孔疏 ●"自義率祖, 順而下之至於禰, 名曰重"者, 義主斷割, 用義循祖, 順而下之, 至於禰, 其義漸輕, 祖則義重, 故云"名曰重"也.

번역 ●經文: "自義率祖, 順而下之至於禰, 名曰重". ○의로움은 판결하는 것을 위주로 하니, 의로움을 사용하여 조상에게 따르면, 순차적으로 낮아져서 부친에 이르게 되니, 그 의로움은 점진적으로 옅어지지만, 조상은 의리상 중대한 대상이기 때문에, "중대해진다고 부른다."라고 했다.

孔疏 ●"一輕一重, 其義然也"者, 言恩之與義, 於祖與父母, 互有輕重, 若義則祖重而父母輕, 若仁則父母重而祖輕. 一輕一重, 義宜也. 然, 如是也, 言人情道理, 宜合如是. 祖是尊嚴以上漸, 宜合輕, 父母恩愛漸近, 宜合重, 故云"其義然"也. 故鄭云: "恩重者爲之三年, 義重者爲之齊衰." 言其事合宜如此矣. 按喪服條例衰服表恩, 若高·曾之服, 本應緦麻小功而進以齊衰, 踰數等之服, 豈非爲尊重而然也? 至親以期斷, 而父母加三年, 寧不爲恩深? 故亦然矣.

번역 ●經文: "一輕一重, 其義然也". ○은정과 의로움은 조상과 부모에 대해서, 상호 낮추고 무겁게 하는 점이 있다는 뜻이다. 만약 의로움에 따른다면 조상은 중대하고 부모는 상대적으로 덜 중요하며, 은정에 따른다면 부모는 중대하고 조상은 상대적으로 덜 중요하다. 어떤 것은 가벼워지고 어떤 것은 중대해진다는 것은 도의상 마땅하다. '연(然)'자는 이와 같다는 뜻이니, 인정과 도리에 따라 마땅히 이처럼 해야 한다는 의미이다. 조상은 존엄한 존재인데, 위로 올라갈수록 점진적으로 옅어지니, 가벼워지는 것이 마땅하다. 부모는 은정에 따라 점진적으로 가까워지니, 무거워지는 것이 마땅하다. 그렇기 때문에 "그 도의에 따라 그러한 것이다."라고 말한 것이다. 그래서 정현은 "은정에 따라 무거워지는 대상에 대해서는 그를 위해서 삼년상을 치르고, 의로움에 따라 무거워지는 대상에 대해서는 그를 위해서 자최복을 착용한다."라고 했는데, 이것은 그 사안을 마땅히 이처럼 해야 한다는 의미이다. 『상복조례』를 살펴보면, 상복은 은정을 나타내는데, 만약 고조와 증조를 위한 상복인 경우라면, 본래 마땅히 시마복(緦麻服)과 소공복(小功服)을 착용해야 하지만, 단계를 높여서 자최복(齊衰服)을 착용하는데, 이것은 여러 등급을 뛰어넘은 복장이니, 어찌 존귀한 자를 중대하게 여겨서 이처럼 한 것이 아니겠는가? 지극히 친근한 자에 대해서는 기년복으로 제도를 단정했지만, 부모를 위해서는 삼년상을 치르니, 어찌 은정이 깊기 때문에 이처럼 한 것이 아니겠는가? 그렇기 때문에 이와 같다고 한 것이다.

大全 馬氏曰: 以祖對禰, 則禰爲仁, 以禰對祖, 則祖爲義. 祖以義爲主, 禰以仁爲本, 故曰自仁率親, 等而上之以至于祖, 名曰輕, 以其義有所殺也. 自義率祖, 順而下之以至於禰, 名曰重, 以其仁有所隆也. 唯其仁有所隆, 義有所殺, 其理不得不然, 故曰一輕一重, 其義然也.

번역 마씨가 말하길, 조상을 부친과 대비해보면, 부친은 인(仁)에 해당하고, 부친을 조상과 대비해보면, 조상은 의(義)에 해당한다. 조상은 의(義)를 위주로 하고, 부친은 인(仁)을 근본으로 한다. 그렇기 때문에 "인(仁)을 통해 부친에 따른다면, 순차적으로 위로 올라가 조상에 이르게 되니, 이것을 가벼워진다고 부른다."라고 했으니, 의(義)에 따라서 줄이는 점이 있기 때문이다. "의(義)를 통해 조상을 따른다면, 순차적으로 낮아져서 부친에 이르게 되니, 이것을 무거워진다고 부른다."라고 했으니, 인(仁)에 따라서 융성하게 하는 점이 있기 때문이다. 다만 인(仁)에 따라 융성하게 하는 점이 있고, 의(義)에 따라 줄이는 점이 있는 것은 이치상 그렇게 하지 않을 수가 없다. 그렇기 때문에 "한 번은 가벼워지고 한 번은 무거워지는 것은 그 도리에 따라 그러한 것이다."라고 말한 것이다.

集解 此又以服之上殺, 明上治祖 · 禰之義也. 自, 猶從也. 率, 循也. 親, 謂父也. 輕重, 謂服之隆殺也. 仁主於恩厚, 義主於斷制. 從乎仁, 則服隆於三年, 而其事循乎親, 等而上之, 而爲祖期, 爲曾祖三月, 而其服漸殺, 故曰輕. 輕者, 義之制也. 從乎義, 則服殺於三月, 而其事循乎祖, 順而下之, 而爲祖期, 爲父母三年, 而其服轉隆, 故曰重. 重者, 仁之厚也. 一輕一重, 無非天理所當然, 非以私意爲隆殺也. 蓋祖 · 禰皆尊尊之服, 然父則尊 · 親並極, 祖則尊雖極而恩稍遠矣. 此服之輕重所以不同也.

번역 이 또한 상복의 수위가 위로 갈수록 줄어드는 경우를 통해서, 위로 조부와 부친 항렬을 다스린다는 뜻을 밝힌 것이다. '자(自)'자는 "~에 따르다[從]."는 뜻이다. '솔(率)'자는 "따른다[循]."는 뜻이다. '친(親)'자는 부친을 뜻한다. 가볍고 무겁다는 말은 상복의 수위를 높이고 낮춘다는 뜻이다. 인(仁)은 은정의 두터움을 위주로 하고, 의(義)는 단정하고 재단하는 일을 위주로 한다.

인(仁)에 따른다면, 상복을 삼년상으로 융성하게 높이고, 그 사안은 부친에 따라서 차례대로 위로 올라가서, 조부를 위해서 기년복을 착용하며, 증조부를 위해서 3개월상을 치르게 되는데, 해당 복장들은 점진적으로 낮아지기 때문에, 낮아진다고 말한 것이다. 낮아진다는 것은 의(義)에 따라 재단한 것이다. 의(義)에 따른다면, 상복은 3개월상으로 낮추니, 그 사안은 조상을 따라서 순차적으로 밑으로 내려가서, 조부를 위해서는 기년상을 치르고, 부모를 위해서는 삼년상을 치르니, 해당 복장들은 점진적으로 융성해지기 때문에, 무거워진다고 말한 것이다. 무거워진다는 것은 인(仁)의 두터움을 뜻한다. 어느 것은 가벼워지고 어느 것은 무거워지는데, 이것은 천리의 당연함이 아닌 것이 없고, 사적인 뜻에 따라 높이고 낮추는 것이 아니다. 무릇 조부와 부친에 대해서는 모두 존귀한 자를 존귀하게 높일 때의 상복에 해당하는데, 부친의 경우에는 존귀하면서도 친근함이 매우 지극하고, 조부의 경우에는 존귀함이 비록 지극하더라도, 은정에 대해서는 좀 더 멀어지게 된다. 이것이 상복에 있어서 수위를 낮추고 무겁게 하는 차이가 생긴 이유이다.

참고 『예기』「단궁상(檀弓上)」 기록

경문-69a 事親有隱而無犯, 左右就養無方, 服勤至死, 致喪三年. 事君有犯而無隱, 左右就養有方, 服勤至死, 方喪三年. 事師無犯無隱, 左右就養無方, 服勤至死, 心喪三年.

번역 부모를 섬길 때에는 허물을 덮어두고 면전에서 허물을 직접적으로 지적함이 없으며, 좌우로 나아가 봉양을 함에 특별히 정해진 제한이 없고, 힘든 일에 복무하며 목숨을 바쳐서 하고, 부모가 돌아가셨을 때에는 상례의 법도를 지극히 하여 삼년상을 치른다. 군주를 섬길 때에는 면전에서 허물을 직접적으로 지적하고 허물을 덮어주는 일이 없으며, 좌우로 나아가 봉양을 할 때에는 특별히 정해진 제한이 있고, 힘든 일에 복무하며 목숨을 바쳐서 하고, 군주가 돌아가셨을 때에는 부모에 대한 상례에 견주어서 삼년상을 치른다. 스승을 섬길 때에는 면전에서 허물을 지적하는 일도 없고 허물을 덮어주는 일도 없으며, 좌우로 나아가 봉양을 할 때에는 부모에 대한 경우와 마찬가지로 특별히 정해진 제한이 없고, 힘든 일에 복무하며 목숨을 바쳐서 하고, 스승이 돌아가셨을 때에는 심상(心喪)의 방법으로 삼년상을 치른다.

鄭注 隱, 謂不稱揚其過失也. 無犯, 不犯顔而諫. 論語曰: "事父母, 幾諫." 左右, 謂扶持之. 方, 猶常也. 子則然, 無常人. 勤, 勞辱之事也. 致謂戚容稱其服也. 凡此以恩爲制. 旣諫, 人有問其國政者, 可以語其得失, 若齊晏子爲晉叔向言之. 不可侵官. 方喪, 資於事父. 凡此以義爲制. 心喪, 戚容如父而無服也. 凡此以恩義之間爲制.

번역 '은(隱)'자는 그의 과실을 드러내고 지적하지 않는다는 뜻이다. '무범(無犯)'은 면전에서 잘못을 지적하며 간언을 하지 않는다는 뜻이다. 『논어』에서는 "부모를 섬길 때에는 은미한 말로 조심스럽게 간언을 올린다."[28]라고 하였다. '좌우(左右)'는 부축을 한다는 뜻이다. '방(方)'자는 항상[常]이라는 뜻이다. 자식의 경우에는 이처럼 해야 하며, 부모의 곁에 고정적으로 두게 되는 사람은 없다. '근(勤)'은 수고로운 일을 뜻한다. '치(致)'자는 슬퍼하는 모습을 자신이 입는 상복의 수위에 맞춘다는 뜻이다.[29] 무릇 부모에 대한 이러한 규정들은 은혜로움[恩]을 기준으로 제도로 정한 것이다. 간언을 끝낸 뒤에, 사람들 중에 그 나라의 정사에 대해서 질문을 하는 자가 있다면, 그 득실에 대해서 말을 할 수 있으니, 제나라의 안자와 같은 자는 진나라의 숙향에게 그러한 말을 하였다. '유방(有方)'은 다른 관직의 직분을 침범할 수 없다는 뜻이다. '방상(方喪)'은 부모를 섬기는 규정에 바탕을 둔다는 뜻이다. 무릇 군주에 대한 이러한 규정들은 의로움[義]을 기준으로 제도로 정한 것이다. '심상(心喪)'은 슬퍼하는 모습이 부친에 대한 경우와 같지만, 상복을 입지 않고 치르는 것이다. 무릇 스

---

28) 『논어』「이인(里仁)」: 子曰, "事父母幾諫, 見志不從, 又敬不違, 勞而不怨."
29) 『예기』「잡기하(雜記下)」【509b】: 子貢問喪, 子曰, "敬爲上, 哀次之, 瘠爲下. 顔色稱其情, 戚容稱其服."

승에 대한 이러한 규정들은 은혜로움과 의로움의 두 측면에 기준을 두고 제도로 정한 것이다.

孔疏 ◎注"方喪, 資於事父". ○正義曰: 方謂比方也, 謂比方父喪禮以喪君, 故云"資於事父". 資, 取也. 取事父之喪禮以喪君, 但居處飮食同耳, 不能戚容稱其服.

번역 ◎鄭注: "方喪, 資於事父". ○'방(方)'자는 "견주다[比方]."는 뜻이니, 이 말은 부친에 대한 상례에 견주어서, 군주에 대한 상을 치른다는 뜻이다. 그렇기 때문에 "부모를 섬기는 규정에 바탕을 둔다."라고 말한 것이다. '자(資)'자는 "취한다[取]."는 뜻이다. 즉 부모를 섬길 때의 상례에서 그 규정을 취하여, 군주에 대한 상을 치르게 되는데, 단지 거처를 마련하고 먹는 음식 등이 같다는 뜻일 뿐이며, 슬퍼하는 감정에 따라 상복의 수위를 맞추는 일은 할 수 없다.

참고 『의례』「상복(喪服)」 기록

경문 諸侯爲天子.

번역 제후는 천자를 위해서 참최복(斬衰服)을 입고 삼년상을 치른다.

賈疏 ●"諸侯爲天子". ○釋曰: 此文在父下君上者, 以下文君中雖言天子, 兼有諸侯及大夫, 此天子不兼餘君, 君中最尊上, 故特著文於上也.

번역 ●經文: "諸侯爲天子". ○이 문장은 부친에 대한 기록 뒤와 군주에 대한 기록 앞에 나오는데, 아래문장에 나오는 '군(君)'이라는 글자에 있어서는 비록 천자를 뜻하기도 하지만, 제후 및 대부까지도 그 의미에 포함되고, 이곳에서 말한 천자는 나머지 주군들을 포함하지 않고, 군주 중에서도 가장 존귀한 자이다. 그렇기 때문에 특별히 이러한 기록들 앞에 문장을 서술한 것이다.

전문 傳曰: 天子至尊也.

번역 전문에서 말하였다. 천자는 지극히 존귀하기 때문이다.

賈疏 ●"傳曰天子至尊也". ○釋曰: 不發問而直答之者, 義可知, 故直答而云"天子至尊", 同於父也.

번역 ●傳文: "傳曰天子至尊也". ○질문하는 말이 없고 단지 답변하는 말만 있는데, 앞의 내용을 통해서 그 의미를 유추하여 알 수 있기 때문이다. 그래서 단지 답변하는 말만 기록해서 "천자는 지극히 존귀하기 때문이다."라고 했으니, 부친에 대한 경우와 동일하다.

경문 君.

번역 군주를 위해서는 참최복(斬衰服)을 입고 삼년상을 치른다.

賈疏 ●"君". ○釋曰: 臣爲之服. 此君內兼有諸侯及大夫, 故文在天子下. 鄭注曲禮云: "臣無君猶無天", 則君者, 臣之天. 故亦同之於父爲至尊, 但義故還著義服也.

번역 ●經文: "君". ○신하가 군주를 위해서 착용한다. 이곳에서 말한 '군(君)'자의 의미 안에는 제후 및 대부까지도 포함된다. 그렇기 때문에 천자에 대한 기록 뒤에 기술된 것이다. 『예기』「곡례(曲禮)」편에 대한 정현의 주에서는 "신하에게 군주가 없는 것은 하늘이 없는 것과 같다."[30]라고 했으니, 군주는 신하에게 있어 하늘이 된다. 그렇기 때문에 부친에 대한 경우와 동일하게 지극히 존귀한 존재가 된다. 다만 도의에 따른 것이기 때문에 의복(義服)을 착용한다.

---

30) 이 문장은 『예기』「곡례하(曲禮下)」【51c】의 "大夫士去國, 踰竟, 爲壇位, 鄉國而哭. 素衣, 素裳, 素冠, 徹緣, 鞮屨, 素簚, 乘髦馬. 不蚤鬋, 不祭食, 不說人以無罪, 婦人不當御. 三月而復服."이라는 기록에 대한 정현의 주이다.

전문 傳曰: 君至尊也.

번역 전문에서 말하였다. 군주는 지극히 존귀하기 때문이다.

鄭注 天子諸侯及卿大夫有地者, 皆曰君.

번역 천자 및 제후와 경·대부들 중 채지를 소유한 자는 모두 '군(君)'이라고 부른다.

賈疏 ◎注"天子"至"曰君". ○釋曰: 卿大夫承天子諸侯, 則天子諸侯之下, 卿大夫有地者皆曰君. 按周禮·載師云: 家邑任稍地, 小都任縣地, 大都任畺地. 是天子卿大夫有地者, 若魯國季孫氏有費邑, 叔孫氏有郈邑, 孟孫氏有郕邑, 晉國三家亦皆有韓·趙·魏之邑, 是諸侯之卿大夫有地者, 皆曰君, 以其有地則有臣故也. 天子不言公與孤, 諸侯大國亦有孤, 鄭不言者, 詩云"三事大夫", 謂三公, 則大夫中含之也. 但士無臣, 雖有地不得君稱, 故僕隷等爲其長, 弔服加麻, 不服斬也.

번역 ◎鄭注: "天子"~"曰君". ○경과 대부에 대한 기록을 천자와 제후에 대한 기록과 연이어 기술했다면, 천자와 제후 이하로 경과 대부들 중 채지를 소유한 자들은 모두 '군(君)'이라고 부른 것이다. 『주례』「재사(載師)」편을 살펴보면, 가읍(家邑)[31]은 초지(稍地)[32]에 두고, 소도(小都)[33]는 현지(縣地)[34]에 두며, 대도(大都)[35]는 강지(畺地)[36]에 둔다고 했다.[37] 이것은 천자에게 소속된 경과 대부들 중 채지를 소유한 자들을 의미하는데, 노나라 계손씨가 비읍

31) 가읍(家邑)은 대부(大夫)가 부여받는 채지(采地)를 뜻한다.
32) 초지(稍地)는 주(周)나라 때 도성에서 300리(理) 떨어진 지역을 일컫는 말이다.
33) 소도(小都)는 경(卿)이 부여받는 채지(采地)를 뜻한다.
34) 현지(縣地)는 주(周)나라 때 도성에서 400리(理) 떨어진 지역을 일컫는 말이다.
35) 대도(大都)는 공(公)이 부여받는 채지(采地)를 뜻한다.
36) 강지(畺地)는 주(周)나라 때 도성에서 500리(理) 떨어진 지역을 일컫는 말이다.
37) 『주례』「지관(地官)·재사(載師)」: 以廛里任國中之地, 以場圃任園地, 以宅田·士田·賈田任近郊之地, 以官田·牛田·賞田·牧田任遠郊之地, 以公邑之田任甸地, 以家邑之田任稍地, 以小都之田任縣地, 以大都之田任畺地.

(費邑)을 소유했고 숙손씨가 후읍(郈邑)을 소유했으며 맹손씨가 성읍(郕邑)을 소유했고, 진나라의 세 가문 또한 모두 한(韓) · 조(趙) · 위(魏)라는 읍(邑)을 소유했었는데, 이것들은 제후에게 소속된 경과 대부들 중 채지를 소유한 자들을 의미하며, 이들에 대해서 모두 '군(君)'이라 부를 수 있는 것은 그들이 채지를 소유했다면 그들 휘하에 신하가 있기 때문이다. 천자에 대해서 신하들 중 '공(公)'과 '고(孤)'를 언급하지 않았고, 제후 중 대국을 소유한 경우에도 고(孤)라는 신하를 두었는데 정현이 언급하지 않았다. 그 이유는 『시』에서 '3가지 일을 담당하는 대부'[38]라고 했는데, 이들은 삼공(三公)을 뜻하니, '대부(大夫)'라는 말 속에 그들까지 포함하는 것이다. 다만 사는 신하가 없기 때문에 비록 채지를 가지고 있더라도 '군(君)'이라 지칭할 수 없다. 그렇기 때문에 종들이 자신들의 수장을 위해서 상복을 착용할 때에는 조문할 때의 복장에 마(麻)를 두르게 되어 있으며 참최복을 착용하지 않는 것이다.

참고 『맹자』「만장상(萬章上)」 기록

경문 堯老而舜攝也. 堯典曰: 二十有八載, 放勳乃徂落, 百姓如喪考妣. 三年, 四海遏密八音.

번역 맹자가 말하길, "요임금이 늙어 순임금이 섭정을 한 것이다. 『서』「요전(堯典)」편에서는 28년이 지나자 요임금이 죽었는데, 백성들이 부모의 상을 치르는 것처럼 했다. 3년 동안 사해에서는 팔음(八音)의 연주를 그쳤다고 했다."라고 했다.

趙注 孟子言舜攝行事耳, 未爲天子也. 放勳, 堯名. 徂落, 死也. 如喪考妣, 思之如父母也. 遏, 止也. 密, 無聲也. 八音不作, 哀思甚也.

---

38) 『시』「소아(小雅) · 우무정(雨無正)」: 周宗旣滅, 靡所止戾. 正大夫離居, 莫知我勩. 三事大夫, 莫肯夙夜. 邦君諸侯, 莫肯朝夕. 庶曰式臧, 覆出爲惡.

번역 맹자는 순임금이 섭정을 해서 일을 처리했을 뿐이며, 아직 천자에 오른 것은 아니라고 했다. '방훈(放勳)'은 요임금의 이름이다. '조락(徂落)'은 죽었다는 뜻이다. 부모의 상처럼 치렀다는 말은 부모처럼 생각했다는 뜻이다. '알(遏)'자는 "그치다[止]."는 뜻이다. '밀(密)'자는 소리가 나지 않는다는 뜻이다. 팔음을 연주하지 않은 것은 애통함과 사모함이 깊기 때문이다.

경문 孔子曰: 天無二日, 民無二王. 舜旣爲天子矣, 又帥天下諸侯以爲堯三年喪, 是二天子矣.

번역 계속하여 맹자가 말하길, "또한 공자는 하늘에는 두 개의 태양이 없듯이 백성에게도 두 명의 천자가 없다고 했다. 순임금이 이미 천자에 올랐는데 재차 천하의 제후들을 이끌어서 요임금에 대한 삼년상을 치렀다면, 이것은 천자가 둘이 되는 상황이다."라고 했다.

趙注 日一, 王一, 言不得並也.

번역 태양이 하나이고 천자가 한명이라는 말은 둘이 될 수 없다는 뜻이다.

孫疏 ●"堯老而舜攝之"至"是二天子矣", 孟子又言堯帝旣老, 而舜於是攝權堯行事耳, 未爲天子也. 堯典之篇有云: 言舜攝堯行事, 至二十有八年, 放勳乃徂落而死. 放勳, 堯之號也. 魂氣往爲徂, 體魄殞爲落, 大抵則死也. 堯旣死, 天下百姓如喪其父母, 三年, 四海之內絶盡八音, 以其哀思之甚也. 禮記曰: "生曰父曰母, 死曰考曰妣." 鄭注云: 考, 成也, 言其德行之成也. 妣之言媲也, 媲於考故也. 八音: 金·石·絲·竹·匏·土·革·木是也. 孔子云天無兩日, 民無兩王, 如舜旣爲天子矣, 又率諸侯以爲堯三年之喪, 是則爲二天子矣. 言日與王不可得而並也. 以其舜方攝堯行事, 未爲天子故也.

번역 ●經文: "堯老而舜攝之"~"是二天子矣". ○맹자는 또한 요임금이 노쇠하여 순임금이 이 시기에 요임금을 섭정하여 정무를 처리했던 것일 뿐이며, 아직 천자에 오른 것이 아니라고 말했다. 『서』「순전(舜典)」편에서는 순임금이 요임금을 섭정하여 정무를 처리함에 28년이 되자 요임금의 혼백이 떠나고 떨어져서 죽었다고 했다. '방훈(放勳)'은 요임금의 칭호이다. 혼기가 떠나는 것은 조(徂)가 되고 체백이 떨어지는 것은 낙(落)이 되니, 대체로 죽는다는 뜻이 된다. 요임금이 죽자 천하의 백성들은 부모의 상을 치르는 것처럼 하였고, 3년 동안 사해 이내에서는 팔음의 연주를 완전히 그쳤으니, 그를 애통해하고 사모하는 마음이 깊었기 때문이다. 『예기』에서는 "생존해 계실 때에는 부(父)라 부르고 모(母)라 부르며, 돌아가셨을 때에는 고(考)라 부르고 비(妣)라 부른다."라고 했고, 정현은 '고(考)'자는 이룬다는 뜻으로, 그가 덕행을 완성하였다는 의미이다. '비(妣)'자는 짝이 된다는 뜻으로, 남편과 짝을 이룬다는 의미라고 했다. '팔음(八音)'은 금(金)·석(石)·사(絲)·죽(竹)·포(匏)·토(土)·혁(革)·목(木)이다. 공자는 하늘에는 두 개의 태양이 없고 백성에게는 두 명의 천자가 없다고 했는데, 만약 순임금이 이미 천자의 지위에 올랐고 재차 제후들을 통솔하여 요임금을 위해 삼년상을 지냈다면, 이것은 두 명의 천자가 생기는 꼴이 된다. 즉 태양과 천자는 둘이 될 수 없다는 의미이다. 순임금은 요임금을 섭정하여 대신 정무를 처리했고, 아직 천자에 오르지 않았기 때문이다.

集註 又引書及孔子之言以明之. 堯典, 虞書篇名. 今此文乃見於舜典, 蓋古書二篇, 或合爲一耳. 言舜攝位二十八年而堯死也. 徂, 升也. 落, 降也. 人死則魂升而魄降, 故古者謂死爲徂落. 遏, 止也. 密, 靜也. 八音, 金·石·絲·竹·匏·土·革·木, 樂器之音也.

번역 또 『서』와 공자의 말을 인용하여 그 사실을 밝힌 것이다. '요전(堯典)'은 『서』「우서(虞書)」의 편명이다. 현재 이 문장은 『서』「우서(虞書)·순전(舜典)」편에 나타나니, 옛 『서』의 두 편이 아마도 하나로 합쳐지면서 생긴 차이일 것이다. 그 내용은 순임금이 섭정을 한 후 28년이 지나지 요임금이 죽었다는 뜻이다. '조(徂)'자는 "오르다[升]."는 뜻이다. '낙(落)'자는 "떨어진다[降]."는 뜻이다. 사람이 죽게 되면 혼은 상승하고 백은 하강한다. 그렇기 때문에 옛날에는 죽음을 조락(徂落)이라고 불렀다. '알(遏)'자는 "그치다[止]."는 뜻이다. '밀

(密)'자는 "고요하다[靜]."는 뜻이다. '팔음(八音)'은 금(金) · 석(石) · 사(絲) · 죽(竹) · 포(匏) · 토(土) · 혁(革) · 목(木)으로 만든 악기이니, 악기의 소리를 의미한다.

참고 『순자』「예론(禮論)」 기록

원문 君之喪, 所以取三年, 何也①? 曰, 君者, 治辨之主也, 文理之原也, 情貌之盡也, 相率而致隆之, 不亦可乎②? 詩曰, "愷悌君子, 民之父母." 彼君子者, 固有爲民父母之說焉. 父能生之, 不能養之③; 母能食之, 不能敎誨之④; 君者, 已能食之矣, 又善敎誨之者也⑤. 三年畢矣哉⑥! 乳母, 飮食之者也, 而三月; 慈母, 衣被之者也, 而九月; 君曲備之者也, 三年畢乎哉⑦! 得之則治, 失之則亂, 文之至也⑧. 得之則安, 失之則危, 情之至也⑨. 兩至者俱積焉, 以三年事之, 猶未足也, 直無由進之耳⑩. 故社, 祭社也; 稷, 祭稷也⑪; 郊者, 並百王於上天而祭祀之也⑫.

번역 군주의 상을 3년으로 하는 것은 어째서인가? 대답해보자면 군주는 다스려 구별하는 주인이고, 법리와 조리의 근본이며, 충심과 공경을 다하는 자이니, 서로 이끌어 지극히 융성하게 하는 것이 또한 옳은 일이 아니겠는가? 『시』에서는 "화락한 군자여 백성들의 부모로다."[39]라고 했다. 군자라는 말에는 진실로 백성들의 부모가 된다는 뜻이 있다. 부친은 자식을 태어나게 할 수는 있지만 젖을 먹여 기를 수는 없고, 모친은 밥을 먹여 기를 수는 있지만 가르칠 수는 없다. 군주는 이미 백성들을 먹여 살릴 수 있으면서도 잘 가르칠 수 있는 자이다. 따라서 삼년상으로 그 은혜를 다 갚을 수 있겠는가! 유모는 음식을 먹여주는 사람으로, 그녀에 대해서는 3개월 동안 복상한다. 자모는 의복을 입혀주는 사람으로, 그녀를 위해서는 9개월 동안 복상한다. 군주는 음식과 의복을 갖출

39) 『시』「대아(大雅) · 형작(泂酌)」 : 泂酌彼行潦, 挹彼注玆, 可以餴饎. 豈弟君子, 民之父母.

수 있도록 해준 자이니, 삼년상으로 그 은혜를 다 갚을 수 있겠는가! 따라서 군주가 있으면 다스려지고 없으면 혼란스럽게 되니, 법도의 지극함을 갖춘 자이다. 군주가 있으면 안전하게 되고 없으면 위태롭게 되니 충심과 후덕함이 지극한 자이다. 이처럼 두 가지 지극함을 모두 갖추고 있으니, 삼년상으로 섬긴다 하더라도 여전히 부족하다. 다만 그보다 더 할 길이 없을 따름이다. 그러므로 사(社)는 토지신에게만 제사지내는 것이고, 직(稷)은 곡식 신에게만 제사지내는 것인데, 교(郊)제사는 모든 신들을 아울러 상천에게 제사지내는 것이다.

楊注-① 問君之喪何取於三年之制.

번역 군주의 상은 어찌하여 삼년상의 제도를 따르느냐고 질문한 것이다.

楊注-② 治辨, 謂能治人, 使有辨別也. 文理, 法理條貫也. 原, 本也. 情, 忠誠也. 貌, 恭敬也. 致, 至也. 言人所施忠敬, 無盡於君者, 則臣下相率服喪, 而至於三年, 不亦可乎?

번역 '치변(治辨)'은 사람들을 잘 다스려서 구분과 구별이 있게끔 했다는 뜻이다. '문리(文理)'는 법리와 조리를 뜻한다. '원(原)'자는 근본을 뜻한다. '정(情)'자는 충심과 정성을 뜻한다. '모(貌)'자는 공손함과 공경함을 뜻한다. '치(致)'자는 "이르다[至]."는 뜻이다. 즉 사람들에게 충심과 공경을 베푸는 자는 군주보다 지극히 다하는 자가 없으니, 신하들이 서로 복상하여 3년에 이르는 것 또한 옳은 일이 아니겠느냐는 뜻이다.

楊注-③ 養, 謂哺乳之也. 養, 或謂食.

번역 '양(養)'자는 젖을 먹여 기른다는 뜻이다. '양(養)'자를 사(食)자로 풀이하기도 한다.

楊注-④ 食音嗣.

번역 '食'자의 음은 '嗣(사)'이다.

楊注-⑤ 食, 謂祿廩. 敎誨, 謂制命也.

번역 '사(食)'는 녹봉을 뜻한다. '교회(敎誨)'는 명령을 내린다는 뜻이다.

楊注-⑥ 君者, 兼父母之恩, 以三年報之, 猶未畢也.

번역 군주는 부친과 모친의 은덕을 겸하고 있으니, 삼년상으로 보답한다 하더라도 여전히 다 갚을 수 없다.

楊注-⑦ 曲備, 謂兼飮食衣服.

번역 '곡비(曲備)'는 음식과 의복을 겸한다는 뜻이다.

楊注-⑧ 文, 謂法度也. 治亂所繫, 是有法度之至也.

번역 '문(文)'자는 법도를 뜻한다. 다스려짐과 혼란스럽게 됨이 연계되니, 이것은 법도의 지극함을 갖추고 있음을 뜻한다.

楊注-⑨ 情, 謂忠厚, 使人去危就安, 是忠厚之至者也.

번역 '정(情)'자는 충심과 후덕함을 뜻하니, 사람들로 하여금 위태로운 곳을 떠나 안전한 곳으로 나아가게 하는 것으로, 충심과 후덕함이 지극한 자에 해당한다.

楊注-⑩ 直, 但也.

번역 '직(直)'자는 다만[但]이라는 뜻이다.

楊注-⑪ 社, 土神, 以句龍配之, 稷, 百穀之神, 以棄配之, 但各止祭一神而已.

번역 '사(社)'는 토지신으로 구룡(句龍)을 배향하며, '직(稷)'은 모든 곡식의 신으로 기(棄)를 배향하는데, 단지 각각의 제사에서는 하나의 신에게만 제사지낼 따름이다.

楊注-⑫ 百王, 百神也. 或神字誤爲王. 言社稷唯祭一神, 至郊天, 則兼祭百神, 以喩君兼父母者也.

번역 '백왕(百王)'은 모든 신을 뜻한다. 혹은 신(神)자를 잘못하여 왕(王)자로 기록했을 수도 있다. 즉 사와 직에 대해서는 오직 하나의 신에게만 제사지내는데, 하늘에 대한 교제사 때에는 모든 신을 아울러 제사지내니, 이를 통해 군주는 부친과 모친의 은덕을 겸비한 자임을 비유하였다.

참고 『서』「우서(虞書) · 요전(堯典)」 기록

경문 二十有八載, 帝乃殂落.

번역 제위를 섭정한지 28년이 되었을 때, 요임금이 죽었다.

孔傳 殂落, 死也. 堯年十六卽位, 七十載求禪, 試舜三載, 自正月上日至崩二十八載, 堯死壽一百一十七歲.

번역 '조락(殂落)'은 죽었다는 뜻이다. 요임금은 16세 때 제위에 올랐고 70년이 흘러 제위를 선양하고자 하여 순임금을 3년 동안 시험하였는데, 정월 초하루로부터 요임금이 붕어할 때까지 순임금이 섭정한 것은 28년이 되었으니, 요임금이 죽었을 때의 나이는 117세가 된다.

孔疏 ◎傳"殂落"至"七歲". ○正義曰: "殂落, 死也", 釋詁文. 李巡曰: "殂落, 堯死之稱." 郭璞曰: "古死尊卑同稱. 故書堯曰'殂落', 舜曰'陟方乃死'". 謂之"殂落"者, 蓋"殂"爲往也, 言人命盡而往; "落"者若草木葉落也. 堯以十六卽位, 明年乃爲元年. 七十載求禪, 求禪之時八十六也. 試舜三年, 自正月上日至崩二十八載, 總計其數, 凡壽一百一十七歲. 按堯典求禪之年卽得舜而試之, 求禪試舜共在一年也. 更得二年, 卽爲歷試三年, 故下傳云"歷試二年". 與攝位二十八年, 合得爲"三十在位". 故王肅云: "徵用三載, 其一在徵用之年, 其餘二載, 與攝位二十八年凡三十歲也." 故孔傳云: "歷試二年."明其一年在徵用之限. 以此計之, 惟有一百一十六歲, 不得有七, 蓋誤爲七也.

번역 ◎孔傳: "殂落"~"七歲". ○공안국은 "'조락(殂落)'은 죽었다는 뜻이다."라고 했는데, 이것은 『이아』「석고(釋詁)」편의 문장이다.[40] 이순은 "조락(殂落)은 요임금이 죽었음을 지칭하는 말이다."라고 했고, 곽박은 "고대에는 죽음에 있어서 신분의 차이와 상관없이 용어를 동일하게 사용했다. 그렇기 때문에 『서』에서는 요임금이 죽었을 때 '조락(殂落)'이라고 부른 것이며, 순임금이 죽었을 때에는 '순수(巡守)[41]를 하다가 죽었다.'[42]라고 말한 것이다."라고

---

40) 『이아』「석고(釋詁)」 : 崩·薨·無祿·卒·徂落·殪, 死也.

41) 순수(巡守)는 '순수(巡狩)'라고도 부른다. 천자가 수도를 벗어나 제후의 나라를 시찰하는 것을 뜻한다. '순수'의 '순(巡)'자는 그곳으로 행차를 한다는 뜻이고, '수(守)'자는 제후가 지키는 영토를 뜻한다. 제후는 천자가 하사해준 영토를 대신 맡아서 수호하는 것이기 때문에, 천자가 그곳에 방문하여, 자신의 영토를 어떻게 관리하고 있는지를 시찰하게 된다. 『서』「우서(虞書)·순전(舜典)」편에는 "歲二月, 東巡守, 至于岱宗, 柴."라는 기록이 있고, 이에 대한 공안국(孔安國)의 전(傳)에서는 "諸侯爲天子守土, 故稱守. 巡, 行之."라고 풀이했으며, 『맹자』「양혜왕하(梁惠王下)」편에서는 "天子適諸侯曰巡狩. 巡狩者, 巡所守也."라고 기록하였다. 한편 『예기』「왕제(王制)」편에는 "天子, 五年, 一巡守."라는 기록이 있고, 『주례』「추관(秋官)·대행인(大行人)」편에는 "十有二歲王巡守殷國."이라는 기록이 있다. 즉 「왕제」편에서는 천자가 5년에 1번 순수를 시행하고, 「대행인」편에서는 12년에 1번 순수를 시행한다고 기록하고 있는데, 이러한 차이점에 대해서 정현은 「왕제」편의 주에서 "五年者, 虞夏之制也. 周則十二歲一巡守."라고 풀이했다. 즉 5년에 1번 순수를 하는 제도는 우(虞)와 하(夏)나라 때의 제도이며, 주(周)나라에서는 12년에 1번 순수를 했다.

42) 『서』「우서(虞書)·순전(舜典)」 : 舜生三十徵庸, 三十在位. 五十載, 陟方乃死.

했다. 죽음을 '조락(殂落)'이라고 부르는 이유는 '조(殂)'자는 "간다[往]."는 뜻이니, 사람의 생명이 다하여 떠난다는 의미가 되고, '낙(落)'자는 마치 초목의 낙엽이 떨어지는 것과 같다. 요임금은 16세 때 제위에 올랐고, 그 다음해가 원년이 된다. 70년을 통치한 뒤 제위를 선양하고자 했는데, 제위를 선양하고자 했던 때 그의 나이는 86세가 된다. 순임금을 3년 동안 시험하였고, 순임금이 섭정을 한 정월 초하루부터 요임금이 죽었을 때까지 28년이 흘렀으니, 그 시간을 계산해보면 그의 나이는 117세가 된다. 「요전」편을 살펴보면 제위를 선양하고자 했을 때 곧바로 순임금을 얻어 그를 시험하였고, 선양을 하고자 했던 때와 순임금을 시험했던 시기는 모두 같은 일 년 안에 해당한다. 다시 2년의 시간을 보내 총 3년 동안 여러모로 시험을 했다. 그렇기 때문에 뒤의 전문에서는 "2년 동안 여러모로 시험하다."라고 말한 것이다. 이 기간과 순임금이 섭정을 한 28년의 기간을 합하면 "30년에 제위에 오른다."는 말이 된다. 그렇기 때문에 왕숙은 "불러서 등용을 한 것이 3년인데, 그 중 1년은 불러서 등용했던 해가 되며 나머지 2년과 섭정을 한 28년을 합하면 30년이 된다."라고 말한 것이다. 그래서 공안국의 전문에서는 "2년 동안 여러모로 시험했다."라고 말한 것이니, 이 말은 1년이라는 기간은 처음 불러서 등용했던 시기에 해당함을 나타낸다. 이를 통해 계산해보면 116세가 되어 117세가 될 수 없으니, 아마도 7이라는 글자는 잘못 기록된 것 같다.

경문 百姓如喪考妣,

번역 모든 관리들은 부모의 상을 당한 것처럼 삼년상을 치렀고,

孔傳 考妣, 父母. 言百官感德思慕.

번역 '고비(考妣)'는 부모를 뜻하니, 모든 관리들이 그의 덕에 감화되었고 그를 흠모하였다.

帝釐下土, 方設居方, 別生分類, 作汨作, 九共, 九篇, 槀飫.

孔疏 ◎傳"考妣"至"思慕". ○正義曰: 曲禮云: "生曰父母, 死曰考妣." 鄭玄云: "考, 成也, 言其德行之成也. 妣之言媲也, 媲於考也." 喪服爲父爲君, 同服斬衰. 檀弓說事君之禮云: "服勤至死, 方喪三年." 鄭玄云: "方喪資於事父, 凡此以義爲制." 義重則恩輕, 其情異於父. "如喪考妣", 言百官感德, 情同父母, 思慕深也. 諸經傳言"百姓", 或爲百官, 或爲萬民, 知此"百姓"是百官者, 以喪服庶民爲天子齊衰三月, 畿外之民無服, 不得如考妣, 故知百官也.

번역 ◎孔傳: "考妣"~"思慕". ○『예기』「곡례(曲禮)」편에서는 "살아계셨을 때에는 부모(父母)라 부르고, 돌아가셨을 때에는 고비(考妣)라 부른다."[43] 라고 했고, 정현은 "'고(考)'자는 이룬다는 뜻으로, 그가 덕행을 완성하였다는 의미이다. '비(妣)'자는 짝이 된다는 뜻으로, 남편과 짝을 이룬다는 의미이다." 라고 했다. 『의례』「상복(喪服)」편에 따르면 돌아가신 부친이나 군주를 위해서는 동일하게 참최복(斬衰服)을 착용한다고 했다. 『예기』「단궁(檀弓)」편에서는 군주를 섬기는 예법을 설명하며, "힘든 일에 복무하며 목숨을 바쳐서 하고, 군주가 돌아가셨을 때에는 부모에 대한 상례에 견주어서 삼년상을 치른다."[44] 라고 했고, 정현은 "'방상(方喪)'은 부모를 섬기는 규정에 바탕을 둔다는 뜻이며, 군주에 대한 이러한 규정들은 의로움을 기준으로 제도로 정한 것이다."라고 했다. 상대적으로 의로움이 중요하다면 은혜는 덜 중요하니, 그 정감은 부친에 대한 것과 달라진다. "고비(考妣)의 상을 치르는 것처럼 한다."라고 했는데, 모든 관리들이 그 덕에 감화되어 그에 대한 정감이 부모에 대한 것과 동일하게 되며 그를 사모하는 마음이 깊어진다는 뜻이다. 여러 경문과 전문에서 '백성(百姓)'이라고 한 말은 모든 관리를 뜻하기도 하고 모든 백성을 뜻하기도 하는데, 이곳에 나온 '백성(百姓)'이라는 말이 모든 관리를 뜻한다는 사실을 알 수 있는 이유는 「상복」편에서 서민들은 천자를 위해 자최복(齊衰服)으로 3개월 상을 치른다고 했고, 천자의 수도 밖에 있는 백성들은 상복을 착용하지 않는다고

---

43) 『예기』「곡례하(曲禮下)」【65a】: 生曰父, 曰母, 曰妻. 死曰考, 曰妣, 曰嬪. 壽考曰卒, 短折曰不祿.

44) 『예기』「단궁상(檀弓上)」【69a】: 事親有隱而無犯, 左右就養無方, 服勤至死, 致喪三年. 事君有犯而無隱, 左右就養有方, 服勤至死, 方喪三年. 事師無犯無隱, 左右就養無方, 服勤至死, 心喪三年.

했으므로, 부모에 대한 것처럼 치를 수 없다. 그렇기 때문에 모든 관리를 뜻한다는 사실을 알 수 있다.

경문 三載, 四海遏密八音.

번역 3년 동안 사해에서는 팔음(八音)의 연주를 그쳤다.

孔傳 遏, 絶. 密, 靜也. 八音, 金·石·絲·竹·匏·土·革·木. 四夷絶音三年, 則華夏可知. 言盛德恩化所及者遠.

번역 '알(遏)'자는 "끊다[絶]."는 뜻이다. '밀(密)'자는 "고요하다[靜]."는 뜻이다. '팔음(八音)'은 쇠[金]·돌[石]·실[絲]·대나무[竹]·박[匏]·흙[土]·가죽[革]·나무[木]로 만든 악기이다. 사방의 오랑캐들도 3년 동안 음악을 연주하지 않았으니, 중하의 사람들도 연주하지 않았다는 사실을 알 수 있다. 즉 융성한 덕에 따라 은덕을 베풀고 교화한 것이 멀리까지 미쳤음을 의미한다.

孔疏 ●"二十"至"八音". ○正義曰: 舜受終之後, 攝天子之事二十有八載, 帝堯乃死. 百官感德思慕, 如喪考妣. 三載之內, 四海之人, 蠻夷戎狄皆絶靜八音而不復作樂. 是堯盛德恩化所及者遠也.

번역 ●經文: "二十"~"八音". ○순임금이 제위를 물려받은 이후 천자의 일을 섭정한 지 28년에 이르자 요임금이 죽었다. 모든 관리들은 그의 덕에 감화되어 그를 사모하였고 부모에 대한 상처럼 치렀다. 3년 동안 사해 안의 사람들 중 오랑캐들 또한 모두 팔음의 악기를 연주하지 않아 음악을 연주하는 일이 없었다. 이것은 요임금의 융성한 덕에 따른 은덕 및 교화가 멀리까지 미쳤음을 뜻한다.

孔疏 ◎傳"遏絶"至"者遠". ○正義曰: "密, 靜", 釋詁文. "遏", 止絶之義, 故爲絶也. 周禮·太師云: "播之以八音: 金·石·土·革·絲·木·匏·竹."

鄭云: "金, 鍾鎛也; 石, 磬也; 土, 塤也; 革, 鼓鼗也; 絲, 琴瑟也; 木, 柷敔也; 匏, 笙也; 竹, 管簫也." 傳言"八音"與彼次不同者, 隨便言耳. 釋地云: "九夷八狄七戎六蠻謂之四海." 夷狄尚絶音三年, 則華夏內國可知也. 喪服諸侯之大夫爲天子正服繐衰, 旣葬除之. 今能使四夷三載絶音, 言堯有盛德, 恩化所及遠也.

번역 ◎孔傳: "遏絶"~"者遠". ○공안국이 "'밀(密)'자는 고요하다는 뜻이다."라고 했는데, 이것은 『이아』「석고(釋詁)」편의 문장이다.[45] '알(遏)'자는 그치고 끊는다는 의미이다. 그렇기 때문에 절(絶)자의 뜻이 된다. 『주례』「태사(太師)」편에서는 "팔음(八音)으로 드러내니, 금(金)·석(石)·토(土)·혁(革)·사(絲)·목(木)·포(匏)·죽(竹)이다."[46]라고 했고, 정현은 "금(金)은 종(鐘)과 박(鎛)이고, 석(石)은 경(磬)이며, 토(土)는 훈(塤)이고, 혁(革)은 고(鼓)와 도(鼗)이며, 사(絲)는 금(琴)과 슬(瑟)이고, 목(木)은 축(柷)과 어(敔)이며, 포(匏)는 생(笙)이고, 죽(竹)은 관(管)과 소(簫)이다."라고 했다. 공안국의 전문에서 '팔음'을 언급한 것과 「태사」편에 나열된 팔음의 순서가 다른 것은 편리에 따라 말했기 때문이다. 『이아』「석지(釋地)」편에서는 "구이(九夷)[47]·팔적(八狄)[48]·칠융(七戎)[49]·육만(六蠻)[50]을 사해(四海)라고 부른다."[51]라고 했다.

---

45) 『이아』「석고(釋詁)」: 忥·諡·溢·蟄·愼·貉·謐·顗·頠·密·寧, 靜也.

46) 『주례』「춘관(春官)·대사(大師)」: 大師掌六律六同, 以合陰陽之聲. 陽聲: 黃鍾·大蔟·姑洗·蕤賓·夷則·無射. 陰聲: 大呂·應鍾·南呂·函鍾·小呂·夾鍾. 皆文之以五聲, 宮·商·角·徵·羽. 皆播之以八音, 金·石·土·革·絲·木·匏·竹.

47) 구이(九夷)는 고대 중국의 동쪽 지역에 거주하던 아홉 종류의 소수 민족을 뜻한다. 또한 그들이 거주하는 지역 전체를 가리키는 용어로도 사용되었다. 아홉 종류의 소수 민족을 견이(畎夷)·우이(于夷)·방이(方夷)·황이(黃夷)·백이(白夷)·적이(赤夷)·현이(玄夷)·풍이(風夷)·양이(陽夷)라고 정의하기도 한다. 『논어』「자한(子罕)」편에는 "子欲居九夷."라는 기록이 있고, 이에 대한 하안(何晏)의 『집해(集解)』에서는 마융(馬融)의 주장을 인용하여, "東方之夷有九種."이라고 풀이했으며, 『후한서(後漢書)』「동이전(東夷傳)」편에는 "夷有九種. 曰, 畎夷·于夷·方夷·黃夷·白夷·赤夷·玄夷·風夷·陽夷."라는 기록이 있다.

48) 팔적(八狄)은 고대 중국의 북쪽 지역에 거주하던 여덟 종류의 소수 민족을 뜻한다. 또한 그들이 거주하는 지역 전체를 가리키는 용어로도 사용되었다. 여덟 종류의 소수 민족에 대해서는 구체적인 기록이 없다. '팔적' 이외에도 '적(狄)'을 가리

오랑캐도 오히려 3년 동안 음악을 연주하지 않았다면, 중하에 속한 나라들도 음악을 연주하지 않았다는 사실을 알 수 있다. 「상복」편에 따르면 제후에게 소속된 대부는 천자를 위해 정규 복장으로 세최(繐衰)[52]를 착용하고, 장례를 끝내면 제거한다고 했다. 현재 사방의 오랑캐들로 하여금 3년 동안 음악을 연주하지 않게끔 할 수 있었다는 것은 요임금에게 융성한 덕이 있어서, 그에 따른 은혜와 교화가 먼 곳까지 미쳤음을 의미한다.

蔡傳 殂落, 死也, 死者, 魂氣歸于天, 故曰殂, 體魄歸于地, 故曰落. 喪, 爲之服也. 遏, 絶, 密, 靜也. 八音, 金石絲竹匏土革木也. 言堯聖德廣大, 恩澤隆

키는 용어로 '오적(五狄)', '육적(六狄)' 등의 용어가 등장한다. '적' 중에서 '오적'에 대해서는 구체적인 기록이 남아 있는데, 다섯 종류의 소수 민족은 월지(月支), 예맥(穢貊), 흉노(匈奴), 단우(單于), 백옥(白屋)을 뜻한다. 『이아』「석지(釋地)」편에 기록된 '팔적'에 대해, 형병(邢昺)의 소(疏)에서는 이순(李巡)의 말을 인용하여, "一曰月支, 二曰穢貊, 三曰匈奴, 四曰單于, 五曰白屋."이라고 풀이했다.

49) 칠융(七戎)은 고대 중국의 서쪽 지역에 거주하던 일곱 종류의 소수 민족을 뜻한다. 또한 그들이 거주하는 지역 전체를 가리키는 용어로도 사용되었다. 일곱 종류의 소수 민족에 대해서는 구체적인 기록이 없다. '칠융' 이외에도 '융(戎)'을 가리키는 용어로 '육융(六戎)', '오융(五戎)' 등의 용어가 등장한다. '융' 중에서 '육융'에 대해서는 구체적인 기록이 남아 있는데, 여섯 종류의 소수 민족은 요이(僥夷), 융부(戎夫), 노백(老白), 기강(耆羌), 비식(鼻息), 천강(天剛)을 뜻한다. 『이아』「석지(釋地)」편에 기록된 '육융'에 대해, 형병(邢昺)의 소(疏)에서는 이순(李巡)의 말을 인용하여, "一曰僥夷, 二曰戎夫, 三曰老白, 四曰耆羌, 五曰鼻息, 六曰天剛."이라고 풀이했다.

50) 육만(六蠻)은 고대 중국의 남쪽 지역에 거주하던 여섯 종류의 소수 민족을 뜻한다. 또한 그들이 거주하는 지역 전체를 가리키는 용어로도 사용되었다. 여섯 종류의 소수 민족에 대해서는 구체적인 기록이 없다. '육만' 이외에도 '만(蠻)'을 가리키는 용어로 '팔만(八蠻)'이라는 용어가 등장한다. '만' 중에서 '팔만'에 대해서는 구체적인 기록이 남아 있는데, 여덟 종류의 소수 민족은 천축(天竺), 해수(咳首), 초요(僬僥), 파종(跛踵), 천흉(穿胸), 담이(儋耳), 구궤(狗軌), 방춘(旁春)을 뜻한다. 『이아』「석지(釋地)」편에 기록된 '육만'에 대해, 형병(邢昺)의 소(疏)에서는 이순(李巡)의 말을 인용하여, "一曰天竺, 二曰咳首, 三曰僬僥, 四曰跛踵, 五曰穿胸, 六曰儋耳, 七曰狗軌, 八曰旁春."이라고 풀이했다.

51) 『이아』「석지(釋地)」: 九夷 · 八狄 · 七戎 · 六蠻, 謂之四海.

52) 세최(繐衰)는 5개월 동안 소공복(小功服)의 상을 치를 때 착용하는 상복을 뜻한다. 가늘고 성근 마(麻)의 포를 사용해서 만들기 때문에, '세최'라고 부른다.

厚, 故四海之民, 思慕之深, 至於如此也. 儀禮, 圻內之民, 爲天子齊衰三月, 圻外之民無服. 今應服三月者, 如喪考妣, 應無服者, 遏密八音. 堯十六卽位, 在位七十載, 又試舜三載, 老不聽政二十八載, 乃崩, 在位通計百單一年.

번역 '조락(殂落)'은 죽었다는 의미로, 죽은 자의 경우 혼기가 하늘로 돌아가기 때문에 조(殂)라고 부르고, 체백이 땅으로 돌아가기 때문에 낙(落)이라고 부른다. '상(喪)'자는 그를 위해 상복을 착용했다는 뜻이다. '알(遏)'자는 "끊다[絶]."는 뜻이며, '밀(密)'자는 "고요하다[靜]."는 뜻이다. '팔음(八音)'은 금(金)·석(石)·사(絲)·죽(竹)·포(匏)·토(土)·혁(革)·목(木)으로 만든 악기이다. 요임금의 성인다운 덕성이 광대하였고 그에 따른 은택이 융성하고 두터웠기 때문에, 사해의 백성들이 그를 사모하는 마음이 깊어 이와 같은 상황에 이르렀다는 의미이다. 『의례』에 따르면 천자의 수도에 속한 백성들은 천자를 위해서 자최복으로 3개월 동안 복상한다고 했고, 수도 밖의 백성들은 상복이 없다고 했다. 현재 3개월 동안 복상해야 하는 자들은 부모의 상을 치르는 것처럼 했고, 상복을 착용하지 말아야 하는 자들은 팔음의 연주를 그친 것이다. 요임금은 16세 때 제위에 올랐고 제위에서 70년을 통치하였으며, 또 순임금을 3년 동안 시험하고, 나이가 들어 정사를 직접 다스리지 않은지 28년이 되어 죽었으니, 그가 제위에 있었던 기간은 총 101년이다.

• 제4절 •

상복(喪服)의 제정원리-절제(節制)

【721b】

三日而食, 三月而沐, 期而練, 毁不滅性, 不以死傷生也. 喪不過三年, 苴衰不補, 墳墓不培, 祥之日鼓素琴, 告民有終也, 以節制者也.

직역 三日하고 食하며, 三月하고 沐하고, 期하고 練하며, 毁나 性을 不滅함은 死로써 生을 傷함을 不함이다. 喪은 三年을 不過하고, 苴衰를 不補하며, 墳墓를 不培하고, 祥의 日엔 素琴을 鼓하여, 民에게 終이 有함을 告하니, 節로써 制한 者이기 때문이다.

의역 상(喪)을 치를 때, 돌아가신 후 3일이 지난 뒤에 죽을 마시며, 3개월이 지난 뒤에 목욕을 하고, 1년이 지난 뒤에 연복(練服)을 착용하며, 상으로 인해 몸이 수척해지더라도 생명을 해치게 하지 않음은 죽음으로 인해 생명을 해치게 하지 않기 때문이다. 상의 기간은 3년을 넘지 않고, 저최(苴衰)와 같은 상복 부류들은 해지더라도 깁지 않으며, 무덤을 조성한 뒤에는 다시금 보수하지 않고, 대상(大祥)을 치르는 날에는 소금(素琴)을 연주하여, 백성들에게 마침이 있음을 알리는 것이니, 절(節)에 따라 제도를 제정했기 때문이다.

集說 三日而食, 始食粥也. 葬而虞祭始沐. 不補, 雖破不補完也. 不培, 一成丘壟之後, 不再加益其土也. 祥日, 大祥之日也. 素琴, 無漆飾也, 與素几素俎之素同.

번역 3일이 지난 뒤에 먹는다는 말은 처음으로 죽을 마신다는 뜻이다. 장례를 치르고 우제(虞祭)[1]를 지내게 되면 비로소 목욕을 하게 된다. '불보(不補)'는 비록 해지더라도 깁지 않는다는 뜻이다. '불배(不培)'는 한 번 구릉을 완성한 이후에는 재차 그 위에 흙을 더하여 보완하지 않는다는 뜻이다. '상일(祥日)'은 대상(大祥)[2]을 치르는 날을 뜻한다. '소금(素琴)'에서의 '소(素)'자는 옻칠을 해서 장식을 함이 없다는 뜻이니, 소궤(素几) 및 소조(素俎)라고 했을 때의 소(素)자와 의미가 같다.

大全 嚴陵方氏曰: 練, 謂練帛以爲冠. 毁, 謂瘠其身, 毁而過制, 則傷生矣. 鼓琴, 固所以散哀, 止以素而不加飾, 以示有漸也. 凡此皆以禮節之, 而不使過哀焉.

번역 엄릉방씨가 말하길, 연(練)이라는 것은 비단을 누여서 관(冠)을 만든 것을 뜻한다. 훼(毁)는 몸을 수척하게 한다는 뜻인데, 몸이 수척해졌는데도 예제를 지나치게 시행하게 된다면 생명을 잃게 된다. 금(琴)을 연주하는 것은 진실로 슬픈 감정을 해소하는 방법인데, 단지 흰색으로 만들고 별다른 장식을 가미하지 않음으로써 점진적으로 변화하게 됨을 나타낸다. 무릇 이러한 것들은 모두 예에 따라 절제하여, 슬픔을 지나치게 나타내지 않게끔 하는 것이다.

鄭注 食, 食粥也. 沐, 謂將虞祭時也. 補·培, 猶治也. 鼓素琴, 始存樂也. 三年不爲樂, 樂必崩.

번역 '식(食)'자는 죽을 마신다는 뜻이다. '목(沐)'은 우제(虞祭)를 지내려고 하는 때를 뜻한다. '보(補)'자와 '배(培)'자는 "다듬다[治]."는 뜻이다. 소금(素琴)을 연주하여 비로소 음악을 보존하게 된다. 3년 동안 음악을 연주하지 않는다면, 음악은 반드시 붕괴된다.[3]

---

1) 우제(虞祭)는 장례(葬禮)를 치르고 난 뒤에 지내는 제사를 뜻한다.
2) 대상(大祥)은 부모의 상(喪)에서, 부모가 죽은 지 만 2년 만에 탈상을 하며 지내는 제사이다.
3) 『논어』「양화(陽貨)」: 宰我問, "三年之喪, 期已久矣. 君子三年不爲禮, 禮必壞,

釋文 期音基, 下同. 苴, 七餘反. 墳, 扶云反. 培, 步回反, 徐扶來反.

번역 '期'자의 음은 '基(기)'이며, 아래문장에 나온 글자도 그 음이 이와 같다. '苴'자는 '七(칠)'자와 '餘(여)'자의 반절음이다. '墳'자는 '扶(부)'자와 '云(운)'자의 반절음이다. '培'자는 '步(보)'자와 '回(회)'자의 반절음이며, 서음(徐音)은 '扶(부)'자와 '來(래)'자의 반절음이다.

孔疏 ●"三日"至"尊也". ○正義曰: 此一節明四制之中節制也.

번역 ●經文: "三日"~"尊也". ○이곳 문단은 사제(四制) 중 절제(節制)에 대한 사안을 나타내고 있다.

孔疏 ●"苴衰不補"者, 言苴麻之衰, 雖破不補.

번역 ●經文: "苴衰不補". ○저마(苴麻) 등으로 제작한 상복이 비록 해지더라도 깁지 않는다는 뜻이다.

孔疏 ●"墳墓不培"者, 培, 益也. 一成丘陵之後, 不培益其土.

번역 ●經文: "墳墓不培". ○'배(培)'자는 "더하다[益]."는 뜻이다. 한 번 무덤을 조성한 이후에는 그 위에 흙을 더하지 않는다는 뜻이다.

孔疏 ●"祥之日鼓素琴"者, 大祥之日, 得鼓素琴.

번역 ●經文: "祥之日鼓素琴". ○대상(大祥)을 치르는 날에는 소금(素琴)을 연주할 수 있다.

孔疏 ●"告民有終也"者, 言所以爲此上事, 告敎其民使衰有終極也.

三年不爲樂, 樂必崩. 舊穀既沒, 新穀既升, 鑽燧改火, 期可已矣."

번역 ●經文: "告民有終也". ○이상에서 언급한 일들을 시행하는 것은 백성들에게 상을 치름에 있어서 끝맺음이 있도록 함을 알려주는 방법이라는 뜻이다.

孔疏 ●"以節制者也", 以情實未已, 仍以禮節爲限制, 抑其情也. 自此以上, 皆節制之事, 從此以下, 更申明節制. 欲尊歸其一, 故更明無二尊之理.

번역 ●經文: "以節制者也". ○정감은 실질적으로 끊어지지 않으므로, 곧 예에 따른 절도로써 제한을 두어서 그 감정을 억누르는 것이다. 이상에서 언급한 사안들은 모두 절(節)로써 제정한 사안이 되고, 이곳 구문으로부터 그 이하의 내용들은 재차 절(節)로써 제정한 사안을 나타내는 것이다. 존귀함을 한 곳으로 귀의시키고자 했기 때문에 다시금 존귀함이 둘 일 수 있는 이치가 없다고 나타낸 것이다.

孔疏 ◎注"食食粥"至"必崩". ○正義曰: 沐, 謂將虞祭時也. 士虞記曰"沐而不櫛", 故知"沐, 謂將虞祭時". 虞後有事得沐浴也, 故雜記云: "非虞附練祥, 無沐浴." 云"鼓素琴, 始存樂也". 於此祥日而鼓素琴, 始存省此樂縣, 而作樂在旣禫之後.

번역 ◎鄭注: "食食粥"~"必崩". ○목(沐)은 우제(虞祭)를 치르려고 할 때를 뜻한다. 『의례』「사우례(士虞禮)」편의 기문에서는 "목욕을 하지만 빗질은 하지 않는다."[4]라고 했다. 그렇기 때문에 "'목(沐)'은 우제를 지내려고 하는 때를 뜻한다."라고 한 말이 사실임을 알 수 있다. 우제를 지낸 이후에는 시행할 일이 있을 때 목욕을 할 수 있게 된다. 그렇기 때문에 『예기』「잡기(雜記)」편에서는 "우제·부제(祔祭)[5]·연상(練祥)[6]이 아니라면, 목욕을 하는 일이 없다."[7]

---

4) 『의례』「사우례(士虞禮)」: 記. 虞, 沐浴, 不櫛. 陳牲于廟門外, 北首, 西上, 寢右. 日中而行事.

5) 부제(祔祭)는 '부(祔)'라고도 한다. 새로이 죽은 자가 있으면, 선조(先祖)에게 '부제'를 올리면서, 신주(神主)를 합사(合祀)하는 것을 말한다. 『주례』「춘관(春官)·대축(大祝)」편에는 "付練祥, 掌國事."라는 기록이 있고, 이에 대한 정현의 주에서는 "付當爲祔. 祭於先王以祔後死者."라고 풀이하였다.

라고 한 것이다. 정현이 "소금(素琴)을 연주하여, 비로소 음악을 보존하게 된다."라고 했는데, 이처럼 대상(大祥)을 치르는 날에는 소금을 연주하여 악기의 현들을 살피고 보존하게 되며, 평상시처럼 음악을 연주하는 것은 담제(禫祭)[8]를 지낸 이후의 시기가 된다.

訓纂 崔凱曰: 小祥祭則櫛, 稍自飾.

번역 최개가 말하길, 소상(小祥)의 제사를 지내게 되면 빗질을 하니, 조금씩 자신을 치장하게 된다.

集解 愚謂: 三月而沐者, 三月而葬, 旣葬而虞, 始得沐浴也. 苴衰, 謂斬衰之喪用苴麻爲衰也. 衰特喪之所服而已, 喪畢則將除之, 故雖敝而不補; 墳特葬之所封而已, 旣葬則無所事, 故雖庳而不培. 素琴, 琴之無飾者也. 祥之日, 得鼓素琴, 而子路譏朝祥暮歌者, 琴之聲出於器, 歌之聲出於口, 內外之別也. 終, 盡也. 孝子有終身之憂, 而喪以三年爲限, 示民有終盡之期也. 不以死傷生者, 所以節其哀之過; 告民有終者, 所以節其時之過.

번역 내가 생각하기에, "3개월이 지난 뒤에 목욕을 한다."는 것은 3개월이 지나서 장례를 치르고, 장례를 치르고 난 뒤 우제(虞祭)를 지내면, 비로소 목욕을 알 수 있다는 뜻이다. '저최(苴衰)'는 참최복(斬衰服)의 상을 치르며 저마(苴麻)를 이용해서 만든 상복을 뜻한다. 상복이라는 것은 단지 상을 치를 때에만 착용하는 것일 뿐이니, 상을 끝내면 제거하게 된다. 그렇기 때문에 해지더라

---

6) 연상(練祥)은 소상(小祥)과 대상(大祥)을 뜻한다. '연상'에서의 '연(練)'자는 연제(練祭)를 뜻하며, '연제'는 곧 '소상'을 가리킨다. '연상'에서의 '상(祥)'자는 '대상'을 뜻한다. 소상은 죽은 지 13개월만에 지내는 제사이며, 대상은 25개월만에 지내는 제사이고, 대상을 지내게 되면 상복과 지팡이를 제거하게 된다. 『주례』「춘관(春官)·대축(大祝)」편에는 "言甸人讀禱, 付<u>練祥</u>, 掌國事."라는 기록이 있고, 이에 대해 가공언(賈公彦)의 소(疏)에서는 "練, 謂十三月小祥, 練祭. 祥, 謂二十五月大祥, 除衰杖."이라고 풀이했다.

7) 『예기』「잡기하(雜記下)」【515a】: 凡喪, 小功以上, <u>非虞附練祥無沐浴</u>.

8) 담제(禫祭)는 상복(喪服)을 벗을 때 지내는 제사이다.

도 깁지 않는다. 무덤은 장례를 치르며 쌓아올린 것일 뿐이니, 장례를 마친 뒤에는 일삼을 것이 없다. 그렇기 때문에 비록 낮아지더라도 흙을 더 쌓아올리지 않는다. '소금(素琴)'은 금(琴) 중 장식이 없는 것을 뜻한다. 대상(大祥)을 치르는 날 소금을 연주할 수 있는데, 자로가 아침에 대상을 치르고 저녁에 노래를 불렀던 자를 비판한 것[9]은 금의 소리는 악기 자체에서 나오는 것이지만 노래 소리는 사람의 입에서 나오니, 내외에 따른 구별에 해당한다. '종(終)'자는 다한다는 뜻이다. 자식에게는 종신토록 품게 되는 걱정이 있지만,[10] 상에서는 3년을 제한으로 삼았으니, 백성들에게 마침의 기한이 있음을 보여주기 위해서이다. "죽음으로 인해 생명을 해치게 하지 않는다."라고 했는데, 슬픔이 지나치게 되는 것을 절제하기 위한 것이며, "백성들에게 마침이 있음을 알린다."라고 했는데, 그 시기가 지나치게 되는 것을 절제하기 위한 것이다.

참고 구문비교

예기 · 상복사제 三日而食, 三月而沐, 期而練, 毁不滅性, 不以死傷生也. 喪不過三年, 苴衰不補, 墳墓不培, 祥之日鼓素琴, 告民有終也, 以節制者也.

대대례기 · 본명(本命) 三日而食, 三月而沐, 期而練, 毁不滅性, 不以死傷生. 喪不過三年, 苴衰不補, 墳墓不坯, 同于邱陵, 除之日, 鼓素琴, 示民有終也, 以節制者也.

공자가어 · 본명해(本命解) 三日而食, 三月而沐, 期而練, 毁不滅性, 不以死傷生. 喪不過三年, 苴衰不補, 墳不修, 除服之日, 鼓素琴, 示民有終也, 凡此以節制者也.

---

9) 『예기』「단궁상(檀弓上)」【74c】: 魯人有朝祥而莫歌者, 子路笑之. 夫子曰: "由! 爾責於人, 終無已夫! 三年之喪, 亦已久矣夫!" 子路出, 夫子曰: "又多乎哉! 踰月則其善也."

10) 『예기』「단궁상(檀弓上)」【71d】: 喪三年以爲極, 亡則弗之忘矣. 故君子有終身之憂, 而無一朝之患. 故忌日不樂.

참고 『대대례기』「본명(本命)」 기록

경문 三日而食, 三月而沐, 期而練, 毁不滅性, 不以死傷生. 喪不過三年, 苴衰不補, 墳墓不坯, 同于邱陵, 除之日, 鼓素琴, 示民有終也, 以節制者也.

번역 3일이 지난 뒤에 죽을 마시며, 3개월이 지난 뒤에 목욕을 하고, 1년이 지난 뒤에 연복(練服)을 착용하며, 상으로 인해 몸이 수척해지더라도 생명을 해치게 하지 않음은 죽음으로 인해 생명을 해치게 하지 않기 때문이다. 상의 기간은 3년을 넘지 않고, 저최(苴衰)와 같은 상복 부류들은 해지더라도 깁지 않으며, 무덤을 조성한 뒤에는 다시금 보수하지 않고, 대상(大祥)을 치르는 날에는 소금(素琴)을 연주하여, 백성들에게 마침이 있음을 알리는 것이니, 절(節)에 따라 제도를 제정했기 때문이다.

解詁 盧注云: "食, 食粥也. 沐, 將虞時. 苴衰不補, 異於吉, 無飾也. 鼓素琴, 漸有終, 因省哀." 鄭云: "補·培, 猶治也. 鼓素琴, 始存樂也. 三年不爲樂, 樂必崩." 聘珍謂: 練, 小祥也. 小祥而著練冠, 練中衣, 故曰練也. 苴, 麻之有蕡者也, 所以爲首絰·要絰·絞帶者. 凡喪服, 上曰衰, 下曰裳. 又衰廣四寸, 長六寸, 綴之於心, 亦曰衰. 除之日, 祥日也. 雜記曰, "祥, 主人之除也." "坯"讀曰 "培", 益也. 孔氏喪服四制疏云: "墳墓不培者, 培, 益也, 一成丘陵之後, 不培益其土."

번역 노식의 주에서 말하길, "'식(食)'자는 죽을 먹는다는 뜻이다. '목(沐)'은 우제(虞祭)를 지내려고 할 때를 뜻한다. 상복을 깁지 않는 것은 길한 시기와 달리 하기 위한 것이니 장식이 없기 때문이다. 소금(素琴)을 연주하는 것은 점차 마침이 있게 되니, 이로 인해 슬픔을 줄이기 때문이다."라고 했다. 정현은 "'보(補)'자와 '배(培)'자는 다듬는다는 뜻이다. 소금을 연주하여 비로소 음악을 보존하게 된다. 3년 동안 음악을 연주하지 않는다면 음악은 반드시 붕괴된다."라고 했다. 내가 생각하기에, '연(練)'자는 소상(小祥)을 뜻한다. 소상을 치르고서 누인 천으로 만든 관과 누인 천으로 만든 안에 입는 옷을 착용하게 된다.

그렇기 때문에 '연(練)'이라고 부른다. '저(苴)'는 마(麻) 중에서도 씨가 있는 것을 뜻하니, 수질(首絰)·요질(要絰)·교대(絞帶)를 만드는 것이다. 상복에 있어서 상의는 '최(衰)'라고 부르고 하의는 '상(裳)'이라고 부른다. 또한 상복의 천을 너비는 4촌이고 길이는 6촌으로 하여 가슴 부근에 연결하는 것 또한 '최(衰)'라고 부른다. '제지일(除之日)'은 대상(大祥)을 치르는 날을 뜻한다. 『예기』「잡기(雜記)」편에서는 "대상의 제사는 상주가 상복을 제거하는 절차이다."[11] 라고 했다. '배(坏)'자는 배(培)자로 풀이하니, 더한다는 뜻이다. 공영달의 「상복사제」편에 대한 소에서는 "'배(培)'자는 더한다는 뜻이다. 한 번 무덤을 조성한 이후에는 그 위에 흙을 더하지 않는다는 뜻이다."라고 했다.

참고 『의례』「사우례(士虞禮)」 기록

기문 記. 虞, 沐浴, 不櫛.

번역 기문이다. 우제(虞祭)를 지낼 때에는 목욕을 하지만 빗질은 하지 않는다.

鄭注 沐浴者, 將祭, 自絜清. 不櫛, 未在於飾也. 唯三年之喪不櫛, 期以下櫛可也. 今文曰沐浴.

번역 목욕을 하는 것은 제사를 지내기 위해서 스스로 청결히 하고자 해서이다. 빗질을 하지 않는 것은 아직 꾸밀 때가 되지 않았기 때문이다. 오직 삼년상을 지내는 경우에만 빗질을 하지 않으며, 기년상(期年喪)[12]으로부터 그 이하의 상에서는 빗질을 해도 괜찮다. 금문에서는 '목욕(沐浴)'이라고 기록했다.

---

11) 『예기』「잡기하(雜記下)」【511a】: <u>祥, 主人之除也</u>, 於夕爲期, 朝服. 祥因其故服.

12) 기년상(期年喪)은 1년 동안 치르는 상을 뜻한다. 일반적으로 자최복(齊衰服)을 입고 치르는 상을 뜻한다. '기년(期年)'은 1년을 뜻하는데, '자최복'은 일반적으로 1년 동안 입게 되는 상복이기 때문이다.

賈疏 ●"記虞沐浴不櫛". ◎注"沐浴"至"沐浴". ○釋曰: 云"唯三年之喪不櫛, 期以下櫛可也"者, 經文唯據三年爲主, 按下文"班祔", 而明期以下, 虞而沐浴·櫛可也.

번역 ●記文: "記虞沐浴不櫛". ◎鄭注: "沐浴"~"沐浴". ○정현이 "오직 삼년상을 지내는 경우에만 빗질을 하지 않으며, 기년상(期年喪)으로부터 그 이하의 상에서는 빗질을 해도 괜찮다."라고 했는데, 경문의 내용은 삼년상을 위주로 했으며, 아래문장을 살펴보면 "순차에 따라 부제(祔祭)를 치른다."[13]라고 했으므로, 기년상으로부터 그 이하의 상에서는 우제를 치르며 목욕과 빗질을 해도 괜찮다는 사실을 나타낸다.

참고 『예기』「잡기하(雜記下)」 기록

경문-515a 凡喪小功以上, 非虞附練祥無沐浴.

번역 무릇 상에 있어서 소공복(小功服)으로부터 그 이상의 경우, 우제(虞祭)·부제(祔祭)·소상(小祥)·대상(大祥)이 아니라면, 목욕을 하거나 머리를 감는 일이 없다.

鄭注 言不有飾事則不沐浴.

번역 장식을 해야 하는 일이 없다면, 목욕이나 머리를 감을 수 없다는 뜻이다.

孔疏 ●"凡喪"至"沐浴". ○正義曰: 凡居喪之禮, 自小功以上恩重哀深, 自宜去飾. 以沐浴是自飾, 故不有此數條祭事, 則不自飾. 言"小功以上", 則至斬同. 然各在其服限如此耳. 練祥不主大功·小功也. 若三年之喪, 虞祭之時但沐浴不櫛, 故士虞禮云"沐浴不櫛", 鄭注云"唯三年之喪不櫛, 期以下櫛可也".

---

13) 『의례』「사우례(士虞禮)」: 明日, 以其班祔.

又士虞禮云: "明日, 以其班祔, 沐浴, 櫛." 注云: "彌自飾." 此雖士禮, 明大夫以上亦然.

번역 ●經文: "凡喪"~"沐浴". ○무릇 상을 치를 때의 예법에 있어서, 소공복(小功服)으로부터 그 이상의 상에서는 은정이 두텁고 애통함이 깊으니, 제 스스로 장식을 제거해야만 한다. 목욕을 하고 머리를 감는 것은 스스로를 꾸미는 일이다. 그렇기 때문에 이러한 항목의 제사가 없다면, 스스로를 꾸미지 않는다. '소공복으로부터 그 이상'이라고 했으니, 참최복(斬衰服)에 이르기까지 모두 동일하다. 그러므로 각각 해당하는 복장을 착용하고 있다면 이와 같은 제한이 있을 따름이다. 소상(小祥)과 대상(大祥)은 대공복(大功服)이나 소공복의 경우를 위주로 한 말이 아니다. 만약 삼년상의 경우라면, 우제(虞祭)를 치를 때 다만 목욕과 머리를 감되 빗질을 하지 않는다. 그렇기 때문에 『의례』「사우례(士虞禮)」편에서는 "목욕과 머리를 감지만 빗질은 하지 않는다."[14]라고 말한 것이고, 정현의 주에서는 "오직 삼년상에서만 빗질을 하지 않으니, 기년상(期年喪)으로부터 그 이하의 경우에는 빗질을 해도 괜찮다."라고 했다. 또 「사우례」편에서는 "그 다음날 소목(昭穆)의 질서에 따라 부제(祔祭)를 치르며 목욕과 머리를 감고 빗질을 한다."[15]라고 했고, 정현의 주에서는 "이전보다 스스로 장식을 하게 된다."라고 했다. 이것은 비록 사 계급에 해당하는 예법이지만, 대부로부터 그 이상의 계급도 이처럼 따른다는 사실을 나타낸다.

大全 嚴陵方氏曰: 有祭則不可以不齋戒, 齋戒則不可不沐浴.

번역 엄릉방씨가 말하길, 제사를 치르게 되면 재계를 하지 않을 수 없고, 재계를 하게 되면 목욕이나 머리를 감지 않을 수 없다.

集解 愚謂: 虞·祔·練·祥, 必沐浴, 接神宜自潔也. 非是則否, 哀不在於飾也. 緦麻恩輕, 雖沐浴可也.

---

14) 『의례』「사우례(士虞禮)」: 記. 虞, <u>沐浴, 不櫛</u>. 陳牲于廟門外, 北首, 西上, 寢右. 日中而行事.

15) 『의례』「사우례(士虞禮)」: <u>明日以其班祔. 沐浴, 櫛</u>, 搔翦.

번역 내가 생각하기에, 우제(虞祭) · 부제(祔祭) · 소상(小祥) · 대상(大祥)의 경우에는 반드시 목욕과 머리를 감는데, 신과 교감할 때에는 마땅히 스스로 청결하게 해야 하기 때문이다. 이러한 경우가 아니라면 하지 않으니, 애통함은 스스로를 꾸미는데 있지 않기 때문이다. 시마복(緦麻服)을 착용하는 경우에는 은정이 낮기 때문에, 비록 목욕이나 머리를 감더라도 괜찮다.

참고 『예기』「단궁상(檀弓上)」 기록

경문-74c 凡喪小功以上, 非虞附練祥無沐浴.

번역 예법에 따르면, 삼년상을 치를 때에는 24개월째에 대상(大祥)을 치르고, 한 달을 더 넘겨서 만 25개월을 넘기게 되면, 탈상(脫喪)을 하게 되어 노래를 불러도 된다. 그런데 노나라 사람 중에 어떤 자는 아침에 대상을 치르고, 그날 저녁에 노래를 불렀다. 그래서 그 모습을 보고 자로가 그를 비웃었다. 그러자 공자는 "자로야! 네가 남에 대해서 책망하는 것이 매우 심하구나! 그 자는 삼년상을 치렀으니, 이 또한 매우 긴 기간 동안 예법대로 행동했다고 할 수 있다!"라고 했다. 이후 자로가 밖으로 나가자, 공자는 "그가 노래를 부를 수 있는 시기가 많이 남았겠는가! 한 달을 넘기고 나서 노래를 불렀다면, 그의 행동은 올바른 행동이 되었을 것이다."라고 했다.

鄭注 笑其爲樂速. 爲時如此人行三年喪者希, 抑子路以善彼. 又, 復也.

번역 자로(子路)는 음악을 즐기는 일을 너무 빨리 시행한 것에 대해 비웃은 것이다. 당시에 이처럼 삼년상을 치르는 자가 매우 희박했기 때문에, 자로의 비웃음을 억눌러서, 그를 좋게 평가한 것이다. '우(又)'자는 다시[復]라는 뜻이다.

孔疏 ●"魯人有朝祥莫歌"者, 魯人不辨其姓名, 祥謂二十五月大祥, 歌·哭不同日, 故仲由笑之也. 故鄭注: "笑其爲樂速." 然祥日得鼓素琴.

번역 ●經文: "魯人有朝祥莫歌". ○이곳에서 말한 노나라 사람에 대해서는 그 성명을 알 수가 없다. '상(祥)'은 25개월째에 지내는 대상(大祥)을 뜻하며, 노래를 부르는 일과 곡을 하는 일을 같은 날에 할 수 없다. 그렇기 때문에 자로가 그를 비웃은 것이며, 정현의 주에서도 "음악을 즐기는 일을 너무 빨리 시행한 것에 대해 비웃은 것이다."라고 풀이한 것이다. 그러나 대상을 치른 날에는 소금(素琴)을 연주할 수 있다.

孔疏 ●"夫子"至"善也". ○夫子抑子路, 呼其名云: "由, 若人治喪不備三年, 各有可責. 今此人既滿三年, 爾尚責之, 女罪於人, 終無休已之時." "夫", 是助語也. 三年之喪, 計其日月已過, 亦已久矣. 人皆廢, 此獨能行, 其人既美, 何須笑之? 時孔子抑子路, 善彼人. 既不當實禮, 恐學者致惑, 待子路出, 後更以正禮言之. 夫子曰: "魯人可歌之時節, 豈有多經日月哉! 但踰越後月, 即其善." 言歌合於禮. 按喪服四制: "祥之日, 鼓素琴." 不譏彈琴而譏歌者, 下注云: "琴以手, 笙歌以氣." 手在外而遠, 氣在內而近也.

번역 ●經文: "夫子"~"善也". ○공자는 자로의 행위를 억누르며 그의 이름을 불러서, "유(由)야! 만약 어떤 자가 상을 치르며, 삼년상의 예법을 준수하지 않는다면, 각각에 대해서 책망할 수가 있다. 그런데 현재 저 사람은 이미 삼년의 기간을 채웠는데, 네가 오히려 그를 책망하니, 너는 그 자에게 죄를 내리는 것이다. 따라서 그는 상을 끝내는 시기가 없게 될 것이다."라고 한 것이다. '부(夫)'자는 어조사이다. 삼년상에서 그 시기를 보냄이 이미 정해진 기간을 경과하였으니, 또한 이미 오랜 기간을 보낸 것이다. 사람들이 모두 삼년상의 예법을 따르지 않는데, 그 자만이 유독 시행을 하였으니, 사람들이 이미 좋게 평가하고 있는데, 어찌 비웃을 필요까지 있는가? 당시 공자는 자로의 행위를 억누르며, 그 자에 대해서 좋게 평가한 것이다. 그런데 그 자의 행동은 실제의 예법 규정에는 합당하지 않으므로, 학생들이 의혹을 품게 될까를 염려하여, 자로가 나가기를 기다렸다가 이후에 재차 올바른 예법에 따라 말을 해준 것이다. 공자는 "그 자가 노래를 부를 수 있는 시기가 어찌 많은 시간이 남았겠는가! 단지 한 달을 넘겨서 했다면, 그 자의 행동은 올바른 행위였을 것이다."라고 말했다.

이 말은 곧 노래를 부르는 것이 예법에 합치되는 시점을 언급한 것이다. 「상복사제」편을 살펴보면, "대상(大祥)을 치른 날에는 소금(素琴)을 연주한다."라고 했으니, 소금을 연주하는 것을 나무란 것이 아니며, 노래를 부르는 것에 대해서 나무란 것이고, 아래문장에 대한 정현의 주에서는 "금(琴)은 손으로 연주하는 것이고, 생황에 맞춰 노래를 부르는 것은 자신의 기운으로 내는 것이다."[16]라고 했는데, 손은 외부에 있으므로 상대적으로 멀리 있는 것이고, 기운은 내부에 있으므로 상대적으로 가까이 있는 것이다.

大全 長樂陳氏曰: 喪, 凶禮也, 祭, 吉禮也. 畢凶禮之喪, 猶爲吉祭之禫, 未全乎吉也. 吉事, 兆見於此矣, 得不謂之祥乎? 祥歌同日, 失之太速, 子路笑之, 失之太嚴, 此孔子所以恕魯人, 而抑子路之責人無已也. 記曰, "祥之日鼓素琴", 不爲非, 而歌則爲未善者, 琴自外作, 歌由中出故也.

번역 장락진씨가 말하길, '상(喪)'은 흉례(凶禮)에 해당하고, '제(祭)'는 길례(吉禮)에 해당한다. 흉례에 해당하는 상을 끝낸다는 것은 길례에 해당하는 담제(禫祭)가 전적으로 길례에만 속하지 않는다는 경우와 같다. '길사(吉事)'는 그 조짐이 이 시점부터 나타나니, 그 제사를 두고 '상(祥)'이라고 부르지 못하겠는가? 대상(大祥)을 치르는 것과 노래를 부르는 것을 같은 날에 시행하는 것은 너무 빨리 했다는 잘못이 있는 것이고, 자로가 비웃은 것은 너무 까다롭게 평가했다는 잘못이 있는 것이니, 이것이 바로 공자가 노나라 사람 중 실례를 범한 자에 대해서 용서를 하고, 자로가 그 자에 대해서 너무 심하게 책망하는 것을 억눌렀던 이유이다. 『예기』에서는 "대상을 치른 날에 소금(素琴)을 연주한다." 라고 했으니, 이것을 비례라고 여긴 것은 아니다. 노래의 경우에는 그것을 선하지 못한 경우로 여겼는데, 그 이유는 소금이라는 것은 외부의 사물을 통해 연주를 하는 것이지만, 노래라는 것은 자신으로부터 그 소리가 나오기 때문이다.

---

16) 이 문장은 『예기』「단궁상」편의 "孔子旣祥, 五日彈琴而不成聲, 十日而成笙歌."에 대한 정현의 주이다.

集解 愚謂: 大祥者, 喪再期而殷祭之名也. 祥, 吉也. 喪一期而除要絰, 故其祭謂之小祥; 再期而除衰杖, 故其祭謂之大祥. 祥之日, 鼓素琴, 未可歌也. 故魯人朝祥莫歌, 而子路笑之. 夫子欲寬其責者, 乃所以深慨夫時人之不能爲三年喪耳, 非以魯人爲得禮而許之也. 又恐門人不喩其意, 故於子路出而正言以明之.

번역 내가 생각하기에, '대상(大祥)'이라는 것은 상을 치르는 기간이 두 해가 되어, 치르게 되는 은제(殷祭)의 명칭이다. '상(祥)'자는 "길하다[吉]."는 뜻이다. 상을 치르는 기간이 한 해가 되어, 요질(要絰)을 제거하기 때문에, 그때 지내는 제사를 '소상(小祥)'이라고 부르는 것이며, 두 해가 되어, 상복과 지팡이를 제거하기 때문에, 그때 지내는 제사를 '대상(大祥)'이라고 부르는 것이다. 대상을 치르는 날에는 소금(素琴)을 연주할 수 있지만, 노래는 부를 수 없다. 그렇기 때문에 노나라 사람 중 아침에 대상을 치르고, 저녁에 노래를 부르는 자가 있어서, 자로가 그를 비웃었던 것이다. 공자는 그의 잘못에 대해서 관대하게 대해주고자 하였으니, 당시 사람들이 삼년상을 제대로 치르지 않았던 것에 대해서 매우 개탄하고 있었기 때문으로, 노나라 사람이 예법에 맞게 하여, 그의 행동을 정당하다고 평가한 것은 아니다. 또한 공자는 문인들이 그 뜻을 이해하지 못할 것을 염려하였기 때문에, 자로가 밖으로 나가자 올바른 말을 해주어서 정식 예법에 대해 밝힌 것이다.

참고 『예기』「단궁상(檀弓上)」 기록

경문-71d 喪三年以爲極, 亡則弗之忘矣. 故君子有終身之憂, 而無一朝之患. 故忌日不樂.

번역 자사가 말하길, "상에서는 삼년상을 치르는 것을 가장 지극하다고 여기며, 장례를 치르게 되더라도 부모를 잊을 수가 없는 것이다. 그렇기 때문에 군자는 종신토록 품게 되는 근심이 있다고 하더라도, 하루아침에 발생하는 우환은 없는 것이다. 그래서 부모의 기일(忌日)에는 음악을 연주하지 않는 것이다."라고 했다.

鄭注 去已久遠, 而除其喪. 則之言曾. 念其親. 毁不滅性. 謂死日, 言忌日不用擧吉事.

번역 부모를 떠나보낸 시기가 이미 오래되어, 그 상을 끝냈다는 뜻이다. '즉(則)'자는 일찍이[曾]라는 뜻이다. 종신토록 근심하는 점이 있다는 것은 부모에 대한 생각을 품고 있다는 뜻이다. 하루아침의 우환이 없다는 것은 몸이 수척하게 되더라도 생명을 해치지 않는다는 뜻이다. 기일(忌日)은 부모가 돌아가신 날을 뜻하니, 기일에는 길사(吉事)를 시행할 수 없다는 뜻이다.

孔疏 ●"喪三年以爲極亡", ○此亦子思語辭也. 言服親之喪, 以經三年, 以爲極亡, 可以棄忘, 而孝子有終身之痛, 曾不暫忘於心也. 注云"則之言曾", 故君子有終竟己身, 恒慘念親. 此則是不忘之事. 雖終身念親, 而不得有一朝之間有滅性禍患, 恐其常毁, 故唯忌日不爲樂事, 他日則可, 防其滅性故也. 所以不滅性者, 父母生己, 欲其存寧, 若滅性, 傷親之志, 又身已絶滅, 無可祭祀故也.

번역 ●經文 "喪三年以爲極亡", ○이 문장 또한 자사가 한 말이다. 부모에 대한 상을 치를 때, 3년이 경과하게 되면, 부모가 돌아가신지 매우 긴 기간이 흘렀으므로, 부모에 대한 생각을 잊을 수도 있지만, 자식에게는 평생토록 한스럽게 여기는 점이 있게 되어, 마음속에서 잠시라도 잊지 못하게 된다. 정현의 주에서는 "'즉(則)'자는 일찍이[曾]라는 뜻이다."라고 하였다. 그렇기 때문에 군자는 자신이 죽을 때까지 항상 부모에 대해 애처롭게 생각하게 되는 것이다. 이처럼 한다면, 이것은 부모를 잊지 못하는 사안에 해당한다. 비록 평생토록 부모에 대해 생각하게 되지만, 창졸간에 생명을 잃게 되는 화근이 있어서는 안 되니, 평상시에도 부모에 대한 생각 때문에, 몸을 상하게 될까를 염려한 것이다. 그래서 오직 기일(忌日)에만 경사스러운 일을 시행할 수 없고, 다른 날에는 가능하니, 그가 자신의 목숨을 잃게 될 것을 방지한 것이다. 자신의 생명을 잃지 말아야 하는 이유는 부모가 자신을 낳아주었던 것은 자식의 안존과 안녕을 바라고자 한 것인데, 만약 자신의 생명을 잃게 된다면, 부모의 뜻을 해치게 되고, 또 자신이 생명을 잃게 되면, 제사를 모실 수 없기 때문이다.

大全 馬氏曰: 君子之事親, 無所不用誠信, 而至於明器則備物, 而不可用者, 亦可以爲誠信乎! 蓋之死而致死之, 不仁而不可爲也, 之死而致生之, 不知而不可爲也. 明器之用 · 仁知之道, 誠信之至者也, 知此則可以無悔也.

번역 마씨가 말하길, 군자는 부모를 섬길 때, 성심과 신의를 다하지 않는 바가 없고, 명기(明器)[17] 등에 대해서는 기물을 모두 갖추게 되지만, 실제로 사용할 수 없는 것들로 준비하니, 이 또한 성심과 신의를 다했다고 할 수 있다![18] 무릇 죽은 자를 전송할 때 죽은 자를 대하는 방법으로만 전송한다면, 인(仁)하지 못한 일이 되어 그처럼 할 수 없고, 죽은 자를 전송할 때 산 자를 대하는 방법으로만 전송한다면, 지혜롭지 못한 일이 되어 그처럼 할 할 수 없다.[19] 명기를 사용하고, 인(仁)과 지(知)의 도리에 따르는 것은 성심과 신의를 지극히 발휘한 것이다. 이와 같은 사실을 안다면, 회한이 없도록 할 수 있다.

大全 長樂陳氏曰: 君子之於親, 有終制之喪, 有終身之喪, 終制之喪, 三年是也, 終身之喪, 忌日是也. 文王之於親, 忌日必哀而不樂, 豈非能全終身之憂乎? 有終身之憂, 仁也, 無一朝之患, 義也.

번역 장락진씨가 말하길, 군자는 부모에 대해서, 종제(終制)의 상을 치러야 하고, 또 종신(終身)의 상을 치러야 하니, 종제의 상은 삼년상을 가리키며, 종신의 상은 기일(忌日)에 대한 제사를 뜻한다. 문왕은 부모에 대해서, 기일에는 반드

---

17) 명기(明器)는 명기(冥器)라고도 부른다. 장례(葬禮) 때 시신과 함께 매장하는 순장품을 뜻한다.

18) 『예기』「단궁하(檀弓下)」【117c】: 孔子謂, 爲明器者知喪道矣, <u>備物而不可用也</u>.

19) 『예기』「단궁상(檀弓上)」【94b~c】: 孔子曰, "<u>之死而致死之, 不仁而不可爲也. 之死而致生之, 不知而不可爲也</u>. 是故竹不成用, 瓦不成味, 木不成斲, 琴瑟張而不平, 竽笙備而不和, 有鐘磬而無簨虡, 其曰明器, 神明之也."

시 슬픈 감정에 빠져서, 음악을 연주하지 않았는데,[20] 이것을 어찌 종신토록 가지게 되는 근심을 온전히 나타낸 것이 아니라 하겠는가? 종신토록 근심을 지니는 것은 인(仁)에 해당하고, 하루아침의 우환이 없는 것은 의(義)에 해당한다.

訓纂 朱氏軾曰: 蓋喪有盡而哀無窮, 雖親死已久, 而追慕之情, 終身弗忘. 於何見之? 於忌日不樂見之也. 一朝之患, 不重, 蓋古有是語, 連引及之. 注以患爲滅性, 未是.

번역 주식이 말하길, 무릇 상에서는 진심을 다하여, 애달픔에 끝이 없으니, 비록 부친이 돌아가신지 이미 오래되었더라도, 사모하고 그리워하는 감정은 종신토록 잊을 수가 없는 것이다. 어디에서 이러한 점을 확인할 수 있는가? 기일(忌日)에 음악을 연주하지 않는 것을 통해, 이러한 사실을 확인할 수 있다. 하루아침의 우환이라는 것은 중대하지 않은데, 아마도 고대에는 이러한 말이 있었기 때문에, 연이어서 이 말을 인용했던 것이다. 정현의 주에서 '환(患)'이라는 것을 자신의 생명을 잃는다는 것으로 해석했는데, 이것은 옳은 해석이 아니다.

訓纂 王氏引之曰: 釋文如字讀, 是也. 忌日不作樂者, 哀之徵也. 唯居喪不聽樂, 忌日如之. 故祭義謂之終身之喪. 古者謂作樂爲樂, 下文"是月禫, 徙月樂", 注曰, "明月可以用樂." "孟獻子禫, 縣而不樂." 又曰, "子卯不樂." 注曰, "不以擧樂爲吉事."

번역 왕인지가 말하길, 『경전석문』에서는 글자들을 각 글자대로 음독하여 풀이했는데, 이것은 옳은 주장이다. 기일(忌日)에 음악을 연주하지 않는다는 것은 슬픔을 나타내는 것이다. 오직 상에 처했을 때에는 음악을 듣지 않으므로, 기일에도 이처럼 하는 것이다. 그렇기 때문에 『예기』「제의(祭義)」편에서는 종신토록 지내야 하는 상을 언급했던 것이다. 고대에는 음악을 연주하는 것을

20) 『예기』「제의(祭義)」【555b~c】: 文王之祭也, 事死者如事生, 思死者如不欲生, 忌日必哀, 稱諱如見親, 祀之忠也. 如見親之所愛, 如欲色然, 其文王與. 詩云, "明發不寐, 有懷二人." 文王之詩也. 祭之明日, 明發不寐, 饗而致之, 又從而思之. 祭之日樂與哀半, 饗之必樂, 已至必哀.

'악(樂)'이라고 기록하였으니, 아래문장에서 "이번 달에 담제를 지냈다면, 그 달을 넘겨서야 음악을 연주한다."21)라고 했고, 이 문장에 대한 정현의 주에서는 "다음 달에는 음악을 연주할 수 있다."라고 풀이했다. 또 "맹헌자는 담제사를 지내며, 악기를 걸어두기만 하고 연주를 하지 않았다."22)라고 했고, 또 "자(子)자가 들어가는 날과 유(卯)자가 들어가는 날에는 음악을 연주하지 않았다."23)라고 했는데, 이 문장에 대한 정현의 주에서는 "음악을 연주하여, 길사(吉事)처럼 지내지 않는 것이다."라고 풀이했다.

集解 愚謂: 殯, 謂斂尸於棺而塗之也. 言"三日"·"三月"者, 謂其時足以治其殯葬之事也. 誠者, 盡其心而無所苟; 信者, 當於禮而無所違. 蓋送死大事, 人子之心之所能自盡者, 惟在此時, 苟有幾微之失, 將有悔之, 而無可悔者矣. 喪三年以爲極者, 送死有已, 復生有節也. 亡, 猶"反而亡焉"之亡, 亡則弗之忘者, 言親雖亡, 而子之心則不能忘也. 春霜秋露, 悽愴怵惕, 如將見之, 故有終身之憂; 不敢以父母之遺體行殆, 故無一朝之患. 此皆由不忘親, 故能如此. 忌日不樂, 亦終身不忘親之一端也.

번역 내가 생각하기에, '빈(殯)'은 대렴(大斂)을 하여 시신을 관에 안치하고, 가매장을 한다는 뜻이다. '3일[三日]'·'3개월[三月]'이라고 기록한 것은 그 기간이 빈(殯)을 하고 장례의 일들을 치르기에 충분하다는 뜻이다. '성(誠)'이라는 것은 자신의 마음을 다하여 구차한 점이 없다는 뜻이고, '신(信)'이라는 것은 예법에 합당하여 위배되는 점이 없다는 뜻이다. 무릇 죽은 자를 전송하는 일은 중대한 일이며, 자식된 마음에서 제 스스로 그 마음을 다할 수 있는 것은 오직 이 시기에 한정되어 있으니, 만약 작은 실수라도 발생한다면, 장차 그것을 후회하게 되므로, 후회할 만한 일이 없도록 해야 한다. 삼년상을 치르는 것을

---

21) 『예기』「단궁상(檀弓上)」【106c】: 祥而縞, 是月禫, 徙月樂.

22) 『예기』「단궁상(檀弓上)」【77b】: 孟獻子禫, 縣而不樂, 比御而不入. 夫子曰, "獻子加於人一等矣."

23) 『예기』「단궁하(檀弓下)」【123a】: 平公呼而進之, 曰, "蕢, 曩者爾心或開予, 是以不與爾言." "爾飮曠何也?" 曰, "子卯不樂. 知悼子在堂, 斯其爲子卯也大矣. 曠也大師也, 不以詔, 是以飮之也."

지극하다고 한 이유는 죽은 자를 전송하는 일이 이미 끝이 났으므로, 생시(生時)로 돌아오는 일에 절도가 있기 때문이다.[24] '망(亡)'이라는 것은 "매장을 마치고 돌아오니, 부모가 없구나."[25]라고 할 때의 '망(亡)'자와 같으니, 부모가 없어졌는데도 잊을 수가 없다는 말은 부모가 이미 돌아가시고 없지만, 자식된 마음의 입장에서는 잊을 수가 없다는 뜻이다. 봄에 이슬을 밟고 가을에 서리를 밟게 되면, 몹시 슬프고 애달픈 마음과 섬뜩한 느낌이 들게 되어, 마치 돌아가신 부모를 직접 보는 것처럼 느껴지게 된다.[26] 그렇기 때문에 종신토록 품게 되는 근심이 있게 되는 것이다. 그리고 부모가 남겨주신 자신의 몸에 대해서 감히 위태롭게 할 수 없다.[27] 그렇기 때문에 하루아침의 우환도 없어야 하는 것이다. 이러한 일들은 모두 부모를 잊을 수 없다는 것으로부터 연유하므로, 이처럼 할 수 있는 것이다. 기일(忌日)에 음악을 연주하지 않는 일 또한 종신토록 부모를 잊을 수 없다는 것의 한 단면이다.

참고 『효경』「상친장(喪親章)」 기록

경문 三日而食, 教民無以死傷生, 毁不滅性, 此聖人之政也.

번역 부모가 돌아가신 후 3일이 지나서야 음식을 먹는 것은 백성들에게 돌

24) 『예기』「삼년문(三年問)」【669d】: 創鉅者其日久, 痛甚者其愈遲. …… 三年之喪, 二十五月而畢, 哀痛未盡, 思慕未忘, 然而服以是斷之者, 豈不送死有已, 復生有節也哉!

25) 『예기』「단궁하(檀弓下)」【115a】: 反哭之弔也, 哀之至也. 反而亡焉失之矣, 於是爲甚.

26) 『예기』「제의(祭義)」【553b】: 祭不欲數, 數則煩, 煩則不敬. 祭不欲疏, 疏則怠, 怠則忘. 是故君子合諸天道, 春禘, 秋嘗. 霜露既降, 君子履之, 必有悽愴之心, 非其寒之謂也. 春雨露既濡, 君子履之, 必有怵惕之心, 如將見之. 樂以迎來, 哀以送往, 故禘有樂而嘗無樂.

27) 『예기』「제의(祭義)」【567d~568a】: 樂正子春下堂而傷其足, 數月不出, 猶有憂色. …… 壹舉足而不敢忘父母, 是故道而不徑, 舟而不游, 不敢以先父母之遺體行殆.

아가신 부모로 인해 살아있는 자식마저 해쳐서는 안 되고, 몸이 수척해지더라도 생명을 잃는 지경에 이르게 되어서는 안 된다는 사실을 가르치기 위한 것이니, 이것이 바로 성인의 정치인 것이다.

李注 不食三日, 哀毀過情, 滅性而死, 皆虧孝道, 故聖人制禮施教, 不令至於殞滅.

번역 음식을 먹지 않은 것이 3일을 넘기게 되면 애통함과 수척해짐이 정도를 지나치게 되어 생명에 해를 끼쳐 죽음에 이르게 한다. 따라서 이 모두는 효도를 어그러트리기 때문에 성인이 예법을 제정하고 교화를 펼쳐서 생명을 잃는 지경에 이르지 못하게끔 한 것이다.

邢疏 ◎注"不食"至"殞滅". ○正義曰: 經云"三日而食, 毀不滅性", 注言不食三日, 卽三日不食也. 云"哀毀過情"者, 是毀瘠過度也. 言三日不食, 及毀瘠過度, 因此二者有致危亡, 皆虧孝行之道. 禮記·問喪云: "親始死, 傷腎乾肝焦肺, 水漿不入口三日." 又間傳稱: "斬衰三日不食." 此云三日而食者何? 劉炫言三日之後乃食, 皆謂滿三日則食也. 云"故聖人制禮施教, 不令至於殞滅"者, 曲禮云: "居喪之禮, 毀瘠不形", 又曰: "不勝喪, 乃比於不慈不孝", 是也.

번역 ◎李注: "不食"~"殞滅". ○경문에서는 "3일이 지나서야 음식을 먹고 몸이 수척해지더라도 생명을 잃는 지경에 이르게 되어서는 안 된다."라고 했으니, 주에서 음식을 먹지 않은 것이 3일이라고 한 말은 3일이 지나도 음식을 먹지 않는다는 뜻이다. "애통함과 수척해짐이 정도를 지나치게 된다."라고 했는데, 수척함이 정도를 벗어났다는 뜻이다. 즉 3일이 지나도 음식을 먹지 않고 수척함이 정도를 벗어나게 되면, 이러한 두 가지 원인으로 인해 사망에 이르는 경우가 발생한다. 그렇기 때문에 효를 시행하는 도를 어그러트린다. 『예기』「문상(問喪)」편에서는 "부모가 이제 막 돌아가시게 되면 콩팥을 상하게 하고 간을 마르게 하며 폐를 태우니, 물이나 음료도 마실 수 없는 것이 3일이다."[28]라고

28) 『예기』「문상(問喪)」【657d】: 親始死, 雞斯徒跣, 扱上衽, 交手哭. 惻怛之心,

했고, 또 『예기』「간전(間傳)」편에서는 "참최복(斬衰服)의 상을 치를 때에는 3일 동안 밥을 먹지 않는다."[29]라고 했는데, 이곳에서 3일이 되어서 음식을 먹는다고 말한 것은 어째서인가? 유현[30]은 이 문제에 대해서 3일이 지난 이후에야 음식을 먹는다는 뜻이니, 이 모든 기록들은 3일이라는 기간을 채운 뒤에라야 음식을 먹는다는 뜻이라고 했다. "그러므로 성인이 예법을 제정하고 교화를 펼쳐서 생명을 잃는 지경에 이르지 못하게끔 한 것이다."라고 했는데, 『예기』「곡례(曲禮)」편에서 "상을 치르는 예법에서는 슬픔 때문에 몸이 수척하게 되더라도 그 상태가 피골이 상접한 지경까지 이르게 하지 않는다."[31]라고 했고, 또 "상사를 끝까지 치르지 못하는 것은 곧 자애롭지 못하고 효성스럽지 못한 것에 해당한다."[32]라고 한 말에 해당한다.

경문 喪不過三年, 示民有終也.

번역 복상기간이 3년을 넘기지 못하게 한 것은 백성들에게 모든 일에는 끝이 있음을 보여주기 위해서이다.

李注 三年之喪, 天下達禮, 使不肖企及, 賢者俯從. 夫孝子有終身之憂, 聖人以三年爲制者, 使人知有終竟之限也.

痛疾之意, 傷腎乾肝焦肺, 水漿不入口. 三日不擧火, 故鄰里爲之糜粥以飮食之. 夫悲哀在中, 故形變於外也. 痛疾在心, 故口不甘味, 身不安美也.

29) 『예기』「간전(間傳)」【666a】: 斬衰三日不食, 齊衰二日不食, 大功三不食, 小功緦麻再不食, 士與斂焉則壹不食. 故父母之喪, 旣殯食粥, 朝一溢米, 莫一溢米. 齊衰之喪, 疏食水飮, 不食菜果. 大功之喪, 不食醯醬. 小功緦麻, 不飮醴酒. 此哀之發於飮食者也.

30) 유현(劉炫, ?~?): 수(隋)나라 때의 학자이다. 자는 광백(光伯)이며, 경성(景城) 출신이다. 태학박사(太學博士) 등을 지냈다. 『논어술의(論語述義)』, 『춘추술의(春秋述義)』, 『효경술의(孝經述義)』 등을 저술하였다.

31) 『예기』「곡례상(曲禮上)」【35d】: 居喪之禮, 毁瘠不形, 視聽不衰. 升降, 不由阼階, 出入, 不當門隧.

32) 『예기』「곡례상(曲禮上)」【36a】: 居喪之禮, 頭有創則沐, 身有瘍則浴, 有疾則飮酒食肉, 疾止復初. 不勝喪, 乃比於不慈不孝.

번역 삼년상은 천하의 모든 사람들이 따르는 예법으로, 불초한 자들로 하여금 발돋움하여 도달토록 하고 현명한 자로 하여금 굽혀서 따르도록 시킨 것이다. 자식에게는 종신토록 부모를 생각하는 마음이 있는데, 성인이 3년이라는 기간으로 제도를 만든 것은 사람들로 하여금 끝맺어야 할 시한이 있음을 알게끔 하고자 해서이다.

邢疏 ◎注"三年"至"限也". ○正義曰: 云"三年之喪天下達禮"者, 此依鄭注也. 禮記·三年問云: "夫三年之喪, 天下之達喪也." 鄭玄云: "達謂自天子至於庶人." 注與彼同, 唯改喪爲禮耳. 云"使不肖企及, 賢者俯從"者, 按喪服四制曰: "此喪之所以三年, 賢者不得過, 不肖者不得不及." 檀弓曰: "先王制禮也, 過之者, 俯而就之; 不至焉者, 跂而及之"也. 注引彼二文, 欲擧中爲節也. 起踵曰企, 俛首曰俯. 云"夫孝子有終身之憂, 聖人以三年爲制"者, 聖人雖以三年爲文, 其實二十五月而畢. 故三年問云: "將申夫脩飾之君子與? 則三年之喪, 二十五月而畢, 若駟之過隙, 然而遂之, 則是無窮也. 故先王焉爲之立中制節, 壹使足以成文理則釋之矣", 是也. 喪服四制曰: "始死, 三日不怠, 三月不解, 期悲哀, 三年憂, 恩之殺也." 故孔子云: "子生三年, 然後免於父母之懷. 夫三年之喪, 天下之達喪也." 所以喪必三年爲制也.

번역 ◎李注: "三年"~"限也". ○"삼년상은 천하의 모든 사람들이 따르는 예법이다."라고 했는데, 이것은 정현의 주에 따른 것이다. 『예기』「삼년문」편에서는 "삼년상은 천하의 통용되는 상례이다."라고 했고, 정현은 "'달(達)'자는 천자로부터 서인에 이르기까지 모두 통용된다는 뜻이다."라고 했는데, 정현의 주와 이곳 주석이 동일하며, 단지 '상(喪)'자를 '예(禮)'자로 바꿨을 따름이다. "불초한 자들로 하여금 발돋움하여 도달토록 하고 현명한 자로 하여금 굽혀서 따르도록 시킨 것이다."라고 했는데, 「상복사제」편을 살펴보면 "이것이 상을 3년이라는 기간으로 정하여, 현명한 자도 지나치지 못하게 만들고, 불초한 자도 미치지 못하는 일이 없게끔 했던 방법이다."[33]라고 했고, 『예기』「단궁(檀弓)」

33) 『예기』「상복사제」【722c】: 始死, 三日不怠, 三月不解, 期悲哀, 三年憂, 恩之殺也. 聖人因殺以制節, 此喪之所以三年, 賢者不得過, 不肖者不得不及. 此喪之

편에서는 "선왕이 예법을 제정할 때에는 지나친 자에 대해서는 굽히게 해서 나아가게 했고, 미치지 못하는 자에 대해서는 발돋움을 해서라도 쫓아오게 했다."[34]라고 했다. 주에서는 이 두 문장을 인용하여, 중도에 따라 절제하게끔 한 것이다. 뒤꿈치를 들어 올리는 것을 '기(企)'라고 부르고, 머리를 숙이는 것을 '부(俯)'라고 부른다. "자식에게는 종신토록 부모를 생각하는 마음이 있는데, 성인이 3년이라는 기간으로 제도를 만들었다."라고 했는데, 성인이 비록 3년이라는 기간으로 제도를 정했지만, 실제로는 25개월이 지나면 끝나게 된다. 그렇기 때문에 「삼년문」편에서는 "장차 저 문식을 지극히 꾸민 군자를 따르려 하는가? 삼년상은 25개월이 되면 끝나는데, 이것은 마치 네 마리의 말이 끄는 수레가 좁은 틈새를 지나가는 것처럼 빠르지만, 그런데도 그들을 따른다면 이것은 끝이 없게 되는 것이다. 그렇기 때문에 선왕은 그를 위해서 알맞은 제도를 세우고 절도를 제정하여 모두가 예법에 따른 격식과 이치를 이루면 상복을 벗게 했던 것이다."라고 했다. 「상복사제」편에서는 "어떤 자가 이제 막 죽었을 때, 그의 자식은 3일 동안 게으름을 피우지 않고, 3개월 동안 느슨하게 풀어지지 않으며, 1년째에는 비통하고 애통한 마음이 들고, 3년째에는 근심을 하게 되니, 이것은 그 은정이 점진적으로 줄어듦을 뜻한다."라고 했고, 그래서 공자는 "자식이 태어난 후 3년이 지나서야 부모의 품에서 벗어난다. 삼년상이라는 것은 천하의 통용되는 상례이다."라고 했던 것이니, 이것이 복상기간을 기어코 3년으로 제정한 이유이다.

邢疏 ●"子曰"至"終也". ○正義曰: 此夫子述喪親之義, 言孝子之喪親, 哭以氣竭而止, 不有餘偯之聲; 擧措進退之禮, 無趨翔之容; 有事應言, 則言不爲文飾; 服美不以爲安; 聞樂不以爲樂; 假食美味不以爲甘, 此上六事, 皆哀慼之情也.

中庸也, 王者之所常行也. 書曰: "高宗諒闇, 三年不言." 善之也.

34) 『예기』「단궁상(檀弓上)」【80d~81a】: 曾子謂子思曰: "伋! 吾執親之喪也, 水漿不入於口者七日." 子思曰: "先王之制禮也, 過之者, 俯而就之; 不至焉者, 跂而及之. 故君子之執親之喪也, 水漿不入於口者三日, 杖而後能起."

번역 ●經文: "子曰"~"終也". ○이것은 공자가 부모상의 의미를 기술한 것으로, 자식이 부모를 잃게 되면 곡을 함에 기력이 소진되어야만 그치고, 곡소리에 여운을 내며 소리를 꺾는 것이 없다. 또 행동거지와 나아가고 물러나는 예법에 있어서 종종걸음이나 날갯짓을 하는 것처럼 우아한 모습을 갖추지 않고, 어떤 일이 발생하여 응대하는 말을 하게 되면 말에 문식을 꾸미지 않으며, 아름다운 의복을 입으면 편안하게 여기지 않고, 음악을 들어도 즐겁게 여기지 않으며, 맛있는 음식을 먹더라도 맛있게 여기지 못하니, 이러한 여섯 가지 사안은 모두 애통하고 슬퍼하는 정감 때문이다.

邢疏 ●"三日而食"者, 聖人設教, 無以親死多日不食傷及生人; 雖卽毁瘠, 不令至於殞滅性命, 此聖人所制喪禮之政也. 又服喪不過三年, 示民有終畢之終也.

번역 ●經文: "三日而食". ○성인이 교화를 펼칠 때 부모의 죽음으로 인해 여러 날 동안 음식을 먹지 않아 살아있는 사람을 상하게 하지 않도록 했으니, 비록 수척해지더라도 생명을 잃는 지경에는 이르지 못하도록 한 것이다. 이것이 바로 성인이 상례를 제정하여 시행토록 한 정치이다. 또 복상기간은 3년을 넘기지 못하도록 하여 백성들에게는 끝을 맺어야 하는 시한이 있음을 보여주었다.

그림 4-1 ■ 금(琴)

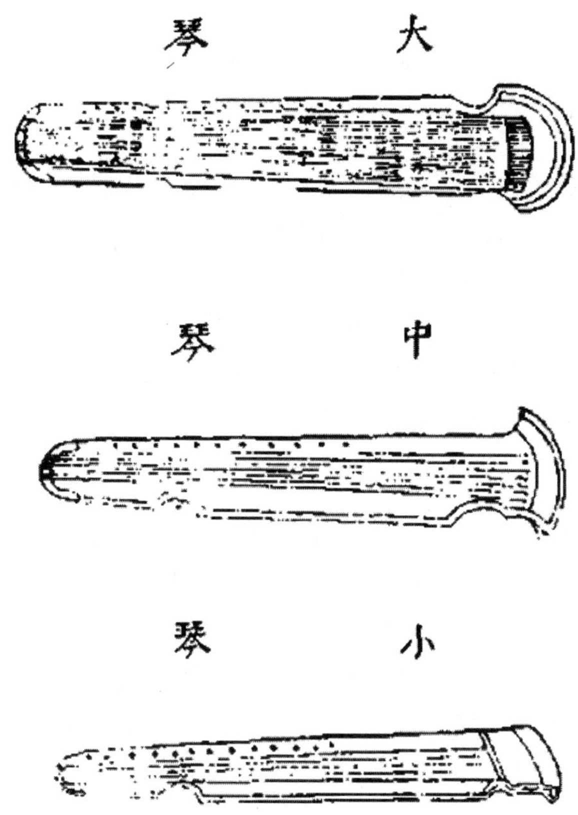

※ **출처:** 『삼재도회(三才圖會)』「기용(器用)」 3권

• 제 5 절 •

무이존(無二尊)

【721c】

資於事父以事母, 而愛同. 天無二日, 土無二王, 國無二君, 家無二尊, 以一治之也. 故父在爲母齊衰期者, 見無二尊也.

직역 父를 事함에 資하여, 이로써 母를 事하니, 愛가 同이라. 天에는 二日이 無하고, 土에는 二王이 無하며, 國에는 二君이 無하고, 家에는 二尊이 無하니, 一로써 治함이다. 故로 父在에 母를 爲하여 齊衰로 期하는 者는 二尊이 無함을 見함이다.

의역 부친을 섬기는 것에 바탕을 두고 모친을 섬기게 되므로, 둘에 대한 친애함은 동일한 것이다. 하늘에는 두 개의 태양이 없고, 땅에는 두 명의 왕이 없으며, 제후국에는 두 명의 군주가 없고, 집에는 두 명의 존귀한 자가 없으니, 하나로써 다스리는 것이다. 그렇기 때문에 부친이 생존해 계실 때에는 돌아가신 모친을 위해서 자최복(齊衰服)을 입고 기년상(期年喪)으로 치르는 것은 집에 두 명의 존귀한 자가 없다는 사실을 드러내는 것이다.

集說 齊衰之服, 期而除之, 以心喪終三年.

번역 자최복(齊衰服)[1]을 입고 치르는 상에서는 1년이 지나면 상복을 제거

---

1) 자최복(齊衰服)은 상복(喪服) 중 하나로, 오복(五服)에 속한다. 거친 삼베를 사용해서 만들며, 자른 부위를 꿰매어 가지런하게 정리하기 때문에, '자최복'이라고 부른다. 이 복장을 입게 되는 기간에도 여러 종류가 있는데, 3년 동안 입는 경우는 죽은 계모(繼母)나 자모(慈母)를 위한 경우이고, 1년 동안 입는 경우는 손자가 죽은 조부모를 위해 입는 경우와 남편이 죽은 아내를 입는 경우 등이다. 그리고 1년 동안 '자최복'을 입는 경우, 그 기간을 자최기(齊衰期)라고도 부른다. 또 5개

하고, 심상(心喪)[2]으로 남은 삼년상의 기간을 끝낸다.

大全 馬氏曰: 資於事父以事母而愛同, 故父在爲母齊衰期, 以權制者也.

번역 마씨가 말하길, 부친을 섬기는 도리에 바탕을 두고 모친을 섬기니, 둘에 대한 친애함이 동일하다. 그렇기 때문에 부친이 생존해 계실 때 돌아가신 모친을 위해서 자최복(齊衰服)을 입고 기년상(期年喪)으로 치르는 것은 권도[權]로 제정한 것이다.

大全 程子曰: 古之父在爲母服期, 今則皆爲三年之喪, 皆爲三年之喪, 則家有二尊矣, 可無嫌乎? 處今之宜, 服齊衰一年, 外以墨衰終月筭, 可以合古之禮全今之制.

번역 정자가 말하길, 고대에는 부친이 생존해 계신다면 돌아가신 모친을 위해서 기년복(朞年服)을 착용했는데, 오늘날에는 둘 모두에 대해서 삼년상으로 치르고 있으니, 둘 모두에 대해서 삼년상으로 치른다면 집에는 두 명의 존귀한 자가 있게 되는데, 혐의로 삼을 것이 없을 수 있는가? 현재의 합당함에 처하여 자최복(齊衰服)을 착용하여 1년 동안 복상하고, 남은 기간에 흑색의 상복을 착용하여 남은 달수까지 채운다면, 고대의 예법과 현재의 예제에 모두 합치될 수 있다.

釋文 爲, 于僞反, 下注"爲君"同. 齊音咨. 見, 賢遍反. 粥, 之六反.

번역 '爲'자는 '于(우)'자와 '僞(위)'자의 반절음이며, 아래 정현의 주에 나오

월 동안 입는 경우는 죽은 증조부나 증조모를 위한 경우이며, 3개월 동안 입는 경우는 죽은 고조부나 고조모를 위한 경우 등이다.

2) 심상(心喪)은 죽음에 대해 애도함이 상을 치르는 것과 같지만, 실제적으로 상복을 입지 않는 것을 뜻한다. 주로 스승이 죽었을 때, 제자들이 치르는 상을 가리킨다. 『예기』「단궁상(檀弓上)」편에서는 "事師無犯無隱, 左右就養無方, 服勤至死, 心喪三年."이라는 기록이 있고, 이에 대한 정현의 주에서는 "心喪, 戚容如父而無服也."라고 풀이했다.

는 '爲君'에서의 '爲'자도 그 음이 이와 같다. '齊'자의 음은 '咨(자)'이다. '見'자는 '賢(현)'자와 '遍(편)'자의 반절음이다. '粥'자는 '之(지)'자와 '六(륙)'자의 반절음이다.

孔疏 ●"資於事父以事母, 而愛同"者, 言操持事父之道以事於母, 而恩愛同. 恩愛雖同, 而服乃有異, 以不敢二尊故也. 故以"天無二日", 及"家無二尊"之等, 明皆歸於尊一, 以治理之也.

번역 ●經文: "資於事父以事母, 而愛同". ○부친을 섬기는 도리를 가지고 모친을 섬기고 은정과 친애함이 동일하다는 뜻이다. 은정과 친애함이 비록 동일하지만 상복에 있어서는 차이가 있으니, 감히 두 명의 존귀한 자를 상정할 수 없기 때문이다. 그래서 "하늘에는 두 개의 태양이 없다."라고 말하고, "집안에는 두 명의 존귀한 자가 없다."는 등등의 말을 했던 것으로, 이러한 말들은 모두 한 명의 존귀한 자에게로 귀의하여, 이로써 다스리게 됨을 나타낸다.

孔疏 ●"天無二日"至"二尊也", 此總結"無二尊"之理也.

번역 ●經文: "天無二日"~"二尊也". ○이 말은 "두 명의 존귀한 자가 없다."는 이치에 대해 총괄적으로 결론을 맺은 문장이다.

集解 賈氏公彦曰: 父在子爲母屈而期, 心喪猶三年.

번역 가공언이 말하길, 부친이 생존해 계실 때 자식은 돌아가신 모친을 위해서 기년상(期年喪)을 치르지만, 심상(心喪)으로는 여전히 삼년상의 기간을 채운다.

集解 愚謂: 以一治之者, 欲使其尊歸於一, 以統治之也.

번역 내가 생각하기에, '이일치지(以一治之)'라는 것은 존귀함을 하나로 귀속시켜서 총괄하여 다스리게끔 하고자 한 것이다.

참고 구문비교

예기·상복사제 資於事父以事母, 而愛同. 天無二日, 土無二王, 國無二君, 家無二尊, 以一治之也. 故父在爲母齊衰期者, 見無二尊也.

대대례기·본명(本命) 資於事父以事母, 而愛同. 天無二日, 國無二君, 家無二尊, 以一治之也. 父在爲母齊衰期, 見無二尊也.

공자가어·본명해(本命解) 資於事父以事母, 而愛同. 天無二日, 國無二君, 家無二尊, 以治之. 故父在爲母齊衰期者, 見無二尊也.

참고 구문비교

예기·상복사제 資於事父以事母, 而愛同. 天無二日, 土無二王, 國無二君, 家無二尊, 以一治之也. 故父在爲母齊衰期者, 見無二尊也.

효경·사장(士章) 資於事父以事母, 而愛同; 資於事父以事君, 而敬同.

참고 『효경』「사장(士章)」 기록

경문 資於事父以事母, 而愛同; 資於事父以事君, 而敬同.

번역 부친을 섬기는 것에 바탕을 두고 모친을 섬기게 되므로, 둘에 대한 친애함은 동일하다. 부친을 섬기는 것에 바탕을 두고 군주를 섬기게 되므로, 둘에 대한 공경함은 동일하다.

李注 資, 取也. 言愛父與母同, 敬父與君同.

번역 '자(資)'자는 취한다는 뜻이다. 부친을 친애하는 것은 모친에 대한 경우와 동일하며, 부친을 공경하는 것은 군주에 대한 경우와 동일하다는 뜻이다.

邢疏 ◎注"資取"至"君同". ○正義曰: 云"資, 取也", 此依孔傳也. 按鄭注表記·考工記, 並同訓"資, 取也". 云"言愛父與母同, 敬父與君同"者, 謂事母之愛, 事君之敬, 並同於父也. 然愛之與敬, 俱出於心. 君以尊高而敬深, 母以鞠育而愛厚. 劉炫曰: "夫親至則敬不極, 此情親而恭少. 尊至則愛不極, 此心敬而恩殺也. 故敬極於君, 愛極於母." 梁王云: "天子章陳愛敬以辨化也. 此章陳愛敬以辨情也."

번역 ◎李注: "資取"~"君同". ○"'자(資)'자는 취한다는 뜻이다."라고 했는데, 공안국의 전에 따른 것이다. 『예기』「표기(表記)」 및 『고공기』에 대한 정현의 주를 살펴보면 모두 "'자(資)'자는 취한다는 뜻이다."라고 풀이했다. "부친을 친애하는 것은 모친에 대한 경우와 동일하며, 부친을 공경하는 것은 군주에 대한 경우와 동일하다는 뜻이다."라고 했는데, 모친을 섬기는 친애함과 군주를 섬기는 공경함은 둘 모두 부친에 대한 경우와 동일하다는 뜻이다. 그런데 친애함과 공경함은 모두 마음에서 나타난다. 군주는 존귀하고 지위가 높아서 그에 대한 공경함이 깊게 되고, 모친은 보살펴주며 양육을 시켜주었으니 그녀에 대한 친애함이 두텁게 된다. 유현은 "일반적으로 친애함이 지극하면 공경함은 지극하지 못하니, 이것은 정감이 친애하지만 공손함이 적어지기 때문이다. 한편 존귀하게 대함이 지극하면 친애함이 지극하지 못하니, 이것은 마음이 공경하지만 은정이 줄어들기 때문이다. 그래서 공경함은 군주에 대해 지극하고 친애함은 모친에 대해 지극하게 된다."라고 했다. 왕양은 "『효경』「천자장(天子章)」은 친애함과 공경함을 진술하여 변화됨을 변별하였다. 이 장은 친애함과 공경함을 진술하여 정감을 변별하였다."라고 했다.

참고 구문비교

예기 · 상복사제 資於事父以事母, 而愛同. 天無二日, 土無二王, 國無二君, 家無二尊, 以一治之也. 故父在爲母齊衰期者, 見無二尊也.

예기 · 증자문(曾子問) 曾子問曰: “喪有二孤, 廟有二主, 禮與?” 孔子曰: “天無二日, 土無二王, 嘗禘郊社, 尊無二上, 未知其爲禮也.”

예기 · 방기(坊記) 子云, “天無二日, 土無二王, 家無二主, 尊無二上, 示民有君臣之別也. 春秋, 不稱楚 · 越之王喪, 禮, 君不稱天, 大夫不稱君, 恐民之惑也. 詩云, ‘相彼盍旦, 尙猶患之.’”

맹자 · 만장상(萬章上) 孔子曰, “天無二日, 民無二王.” 舜旣爲天子矣, 又帥天下諸侯以爲堯三年喪, 是二天子矣.

참고 『예기』「증자문(曾子問)」 기록

경문-233b 曾子問曰: “喪有二孤, 廟有二主, 禮與?” 孔子曰: “天無二日, 土無二王, 嘗禘郊社, 尊無二上, 未知其爲禮也.”

번역 증자가 질문하기를 “상중에 두 명의 상주가 있고, 묘(廟)에 두 개의 신주가 있는 것이 예법에 맞는 일입니까?”라고 하자 공자가 대답해주기를 “하늘에 두 개의 태양이 없고, 땅 위에 두 명의 제왕이 없듯이 상체(嘗禘)[3]와 교사(郊社)[4]처럼 중요한 제사에서도 각각 존귀하게 받드는 대상은 두 명이 없으니,

---

3) 상체(嘗禘)는 본래 종묘에서 정규적으로 지내는 가을제사인 상(嘗)과 여름제사인 체(禘)를 합쳐서 부른 말이다. 따라서 ‘상체’는 종묘제사를 범칭하는 용어로 사용되었으며, 후대에는 제사 자체를 범칭하는 용어로도 사용되었다.

4) 교사(郊社)는 본래 천지(天地)에 대한 제사를 뜻한다. 교(郊)는 천(天)에 대한 제사를 뜻하고, 사(社)는 지(地)에 대한 제사를 뜻한다. ‘교사(郊祀)’라고도 부르고, ‘교제(郊祭)’라고도 부른다. 또한 하늘에 대한 제사만을 지칭하기도 한다.

그처럼 두 명의 상주가 있고 두 개의 신주를 두는 일이 예법에 맞는지에 대해서는 들어보지도 못했다."라고 했다.

鄭注 怪時有之. 尊喩卑也. 神雖多, 猶一一祭之.

번역 증자는 당시에 이러한 일들이 있다는 사실을 괴이하게 여겨서 질문한 것이다. 공자는 존귀한 대상인 신을 예시로 들어서, 신보다 낮은 대상인 인간에 대한 일들을 깨우쳐준 것이다. 신들은 비록 그 대상이 많지만, 오히려 일일이 구분하여 각각의 신들에게 제사를 지낸다.

孔疏 ●"孔子曰: 天無二日, 土無二王"者, 天有二日, 則草木枯萎, 土有二王, 則征伐不息, 老子云, "天得一以淸, 地得一以寧", 是也.

번역 ●經文: "孔子曰: 天無二日, 土無二王". ○하늘에 두 개의 태양이 있으면 초목이 말라 죽게 되고, 땅에 두 명의 제왕이 있으면 정벌이 끊이지 않는다. 『노자』에서 "하늘은 하나를 얻어서 맑아졌고, 땅은 하나를 얻어서 편안해졌다."[5]라고 한 말이 바로 이러한 뜻을 나타낸다.

大全 臨川吳氏曰: 上天之照萬物者, 唯一日, 下土之君萬邦者, 唯一王. 祫嘗之所尊, 唯一太祖, 禘祭之所尊, 唯一所自出之帝, 郊之所尊, 唯一上帝, 社之所尊, 唯一后土, 所尊之神在上無或有與同者, 故曰無二上. 若日若王若四祭之上神, 皆唯有一, 而無二, 況主喪之孤依神之主而可二乎.

번역 임천오씨가 말하길, 하늘 위에서 만물을 비춰주는 대상은 오직 하나의 태양이며, 땅 아래에서 모든 나라를 다스리는 대상도 오직 하나의 제왕이다. 협(祫)제사[6]와 상(嘗)제사[7]에서 떠받드는 대상은 오직 하나의 태조이고, 체

---

5) 『노자』「39장」: 昔之得一者, <u>天得一以淸, 地得一以寧</u>, 神得一以靈, 谷得一以盈, 萬物得一以生, 侯王得一以爲天下貞, 其致之.

6) 협제(祫祭)는 협(祫)이라고도 부른다. 신주(神主)들을 태조(太祖)의 묘(廟)에 모두 모셔놓고 지내는 제사이다. 『춘추공양전』「문공(文公) 2년」에 "八月, 丁卯, 大

(禘)제사[8]에서 떠받드는 대상은 오직 시조가 되는 제(帝)이며, 교(郊)제사에서 떠받드는 대상은 오직 하나의 상제(上帝)이고, 사(社)제사에서 떠받드는 대상은 오직 하나의 후토(后土)이니, 떠받드는 신들 중 천상에 있는 대상들에 대해서 혹시라도 그들을 한 곳에 묶어서 함께 제사를 지내는 경우가 없기 때문에, "이상(二上)이 없다."고 말한 것이다. 해와 같은 경우에도 제왕과 같은 경우에도 네 종류의 제사에서 떠받드는 상신(上神)[9]의 경우에서도, 모두 오직 하나의 대상만 둘 뿐이지 두 명의 대상이 없는데, 하물며 상례를 주관하는 상주와 신령이 귀의하는 신주에 있어서, 두 개를 둘 수 있겠는가?

集解 尊無二上者, 言所祭雖衆, 而所尊者則一而已. 嘗·禘合食群主, 而所尊者唯太祖, 郊祭及日·月·三望, 而所尊者唯上帝, 社祭及四方, 而所尊者唯后土也.

事于大廟, 躋僖公, 大事者何. 大祫也. 大祫者何. 合祭也, 其合祭奈何. 毁廟之主, 陳于大祖."라는 기록이 있다.

7) 상제(嘗祭)는 가을에 종묘(宗廟)에서 지내는 제사를 뜻한다. 『이아』「석천(釋天)」편에는 "春祭曰祠, 夏祭曰礿, 秋祭曰嘗, 冬祭曰烝."이라는 기록이 있다. 즉 봄에 지내는 제사를 '사(祠)'라고 부르며, 여름에 지내는 제사를 '약(礿)'이라고 부르고, 가을에 지내는 제사를 '상(嘗)'이라고 부르며, 겨울에 지내는 제사를 '증(烝)'이라고 부른다. 한편 '상'제사는 성대한 규모로 거행하였기 때문에, '대상(大嘗)'이라고도 불렀으며, 가을에 지낸다는 뜻에서, '추상(秋嘗)'이라고도 불렀다. 또한 『춘추번로(春秋繁露)』「사제(四祭)」편에서는 "四祭者, 因四時之所生孰而祭其先祖父母也. 故春曰祠, 夏曰礿, 秋曰嘗, 冬曰蒸. …… 嘗者, 以七月嘗黍稷也."이라고 하여, 가을 제사인 상(嘗)제사는 7월에 시행하며, 서직(黍稷)을 흠향하도록 지낸다는 뜻에서 맛본다는 뜻의 '상'자를 붙였다고 설명한다.

8) 체제(禘祭)는 천신(天神) 및 조상신(祖上神)에게 지내는 '큰 제사[大祭]'를 뜻한다. 『이아』「석천(釋天)」편에는 "禘, 大祭也."라는 기록이 있고, 이에 대한 곽박(郭璞)의 주에서는 "五年一大祭."라고 풀이하여, 대제(大祭)로써의 체제사는 5년마다 1번씩 지낸다고 설명한다. 그러나 『예기』「왕제(王制)」에 수록된 각종 제사들에 대한 기록을 살펴보면, 체제사는 큰 제사임에는 분명하나, 반드시 5년마다 1번씩 지내는 제사는 아니었다.

9) 상신(上神)은 천상(天上)에 있는 신(神), 즉 천신(天神)을 뜻한다. 『공자가어(孔子家語)』「문례(問禮)」편에는 "陳其犧牲, 備其鼎俎. …… 以降上神與其先祖."라는 기록이 있고, 이에 대한 왕숙(王肅)의 주에서는 "上神, 天神."이라고 풀이하였다.

번역 "존귀하게 받드는 대상에 두 명이 없다."는 말은 제사를 드리는 대상이 비록 많지만, 존귀하게 높이는 대상은 오직 1명일 뿐이라는 뜻이다. 상(嘗)제사와 체(禘)제사를 지낼 때, 여러 신주를 한 장소에 모아서 흠향을 시키지만, 존귀하게 높이는 대상은 오직 태조일 뿐이며, 교(郊)제사와 해[日]와 달[月] 및 삼망(三望)[10]의 제사에서는 존귀하게 높이는 대상이 오직 상제(上帝)일 뿐이며, 사(社)제사 및 사방(四方)에 대한 제사에서는 존귀하게 높이는 대상이 오직 후토(后土)일 뿐이다.

참고 『예기』「방기(坊記)」 기록

경문-611c~d 子云, "天無二日, 土無二王, 家無二主, 尊無二上, 示民有君臣之別也. 春秋, 不稱楚·越之王喪, 禮, 君不稱天, 大夫不稱君, 恐民之惑也. 詩云, '相彼盍旦, 尙猶患之.'" 子云, "君不與同姓同車, 與異姓同車不同服, 示民不嫌也. 以此坊民, 民猶得同姓以弒其君."

번역 공자가 말하길, "하늘에는 두 개의 태양이 없고, 땅에는 두 명의 천자가 없으며, 가정에는 두 명의 주인이 없고, 존귀함에는 두 명의 윗사람이 없으니, 백성들에게 군주와 신하의 구별이 있음을 보여주는 것이다. 『춘추』에서는 초왕이나 월왕의 상사를 장례라고 지칭하지 않았고, 예법에 있어서는 제후에 대해 하늘을 일컫지 않았으며, 대부에 대해 제후라고 일컫지 않았으니, 백성들이 의혹하게 될까 염려하기 때문이다. 『시』에서는 '저 아침이 오기를 울부짖는 새를 보니, 오히려 사람들이 그것을 싫어하는구나.'라고 하였는데, 신하가 어찌 군주에게 참람되게 굴겠는가?"라고 했다. 또 공자가 말하길, "군주는 동성인

---

10) 삼망(三望)은 제사의 명칭이다. 망(望)은 일종의 제사 형식이다. 제사 대상이 여러 산천(山川)들일 경우, 그 중 가장 크고 높은 대상이 있는 지역에 가서, 나머지 여러 산천들을 두루 바라보며 지내는 제사이다. '삼(三)'자를 붙여 부른 것은 제후의 입장에서 '망' 제사를 지내는 대상이 3가지이기 때문이다. 참고로 천자에게는 사망(四望)의 제사가 있다.

자와는 수레에 함께 타지 않고, 이성인 자와는 수레에 함께 타더라도 의복을 동일하게 입지 않으니, 백성들에게 혐의로 둘 것이 없음을 보여주는 것이다. 이를 통해 백성들이 잘못을 저지르지 않도록 방지하더라도, 백성들 중에는 오히려 동성인 자를 추대하여 자신의 군주를 시해하는 자가 있다."라고 했다.

鄭注 楚·越之君, 僭號稱王, 不稱其喪, 謂不書"葬"也. 春秋傳曰: "吳·楚之君不書'葬', 辟其僭號也." 臣者天君, 稱天子爲天王, 稱諸侯不言天公, 辟王也. 大夫有臣者稱之曰主, 不言君, 辟諸侯也. 此者皆爲使民疑惑, 不知孰者尊也. 周禮曰: "主友之讎, 視從父昆弟." "盍旦", 夜鳴求旦之鳥也, 求不可得也, 人猶惡其欲反晝夜而亂晦明, 況於臣之僭君, 求不可得之類, 亂上下惑衆也. 同姓者, 謂先王·先公子孫有繼及之道者也, 其非此則無嫌也. 僕·右恒朝服, 君則各以時事, 唯在軍同服爾.

번역 초나라와 월나라의 군주는 참람되게도 스스로를 왕(王)이라고 지칭했는데, 그들의 상사에 대해서 일컫지 않았다는 것은 기록에 '장(葬)'이라고 쓰지 않았다는 뜻이다. 『춘추전』에서는 "오나라와 초나라의 제후에 대해서 '장(葬)'이라고 쓰지 않은 것은 참람된 칭호를 피한 것이다."[11]라고 했다. 신하는 자신의 군주를 하늘처럼 여기는데, 천자에 대해서는 '천왕(天王)'이라고 일컫지만 제후에 대해서는 '천공(天公)'이라고 일컫지 않으니, 천자의 예법을 피하기 위해서이다. 대부들 중 자신의 신하를 가지고 있는 자의 경우에도, 그의 신하는 대부를 '주(主)'라고만 일컫고 '군(君)'이라고 일컫지 않으니 제후의 예법을 피하기 위해서이다. 이러한 것들은 모두 백성들로 하여금 의혹을 발생시켜 누가 더 존귀한 자인지 모르게 만들기 때문이다. 『주례』에서는 "대부인 주군의 벗 원수에 대해서는 종부와 곤제의 원수에 견준다."[12]라고 했다. '갈단(盍旦)'은 밤에 울부짖으며 아침이 오기를 바라는 새이니, 얻을 수 없는 것을 구하는 것으

---

11) 『춘추공양전』「선공(宣公) 18년」: 甲戌, 楚子旅卒, 何以不書葬. 吳楚之君不書葬, 辟其號也.

12) 『주례』「지관(地官)·조인(調人)」: 凡和難, 父之讎辟諸海外, 兄弟之讎辟諸千里之外, 從父兄弟之讎不同國, 君之讎眡父, 師長之讎眡兄弟, 主友之讎眡從父兄弟.

로, 사람들은 오히려 낮과 밤을 거슬러서 어둠과 밝음을 문란하게 만들고자 하는 것도 미워하는데, 하물며 신하로서 군주에게 참람되게 구는 자에게는 어찌하겠는가? 얻을 수 없는 것을 구하는 부류는 상하 계층을 문란하게 만들고 백성들을 미혹시키는 것이다. '동성(同姓)'은 선왕이나 선공(先公)[13]의 자손들 중 지위를 계승할 수 있는 도를 지닌 자들을 뜻하는데, 이러한 자들이 아니라면 혐의로 삼을 것이 없다. 수레를 모는 자와 우측에 위치하는 호위무사는 항상 조복(朝服)[14]을 착용하고, 군주의 경우에는 각각 그 시기와 사안에 따르게 되지만, 오직 군대에 있어서만큼은 복식을 동일하게 할 따름이다.

참고 『의례』「상복(喪服)」 기록

경문 疏衰裳齊, 牡麻絰, 冠布纓, 削杖, 布帶, 疏屨, 期者.

번역 거친 베로 만든 상의와 하의의 아랫단을 꿰매고, 숫마로 만든 질(絰)을 차며, 관은 포로 만들고 갓끈을 달고, 삭장을 짚으며, 포로 만든 띠를 두르고, 거친 짚신을 신고 기년상을 치른다.

賈疏 ●"疏衰"至"期者". ○釋曰: 按下章不言疏衰已下者, 還依此經所陳, 唯言不杖及麻屨異於上者, 此章"疏衰"已下, 與前章不殊, 唯"期"一字與前三年有異. 今不直言其異, 而還具列之者, 以其此一期與前三年懸絶, 恐服制亦多不同, 故須重列七服者也. 但此章雖止一期, 而禫杖具有. 按下雜記云: "期之喪, 十一月而練, 十三月而祥, 十五月而禫." 注云: "此謂父在爲母." 卽是此

13) 선공(先公)은 본래 천자 및 제후의 선조들을 존귀하게 높여 부르는 말이다. 따라서 '선왕(先王)'이라는 말과 동일하게 사용된다. 그러나 주(周)나라에 대해 선왕과 대비해서 사용하게 되면, 후직(后稷)의 후손 중 태왕(太王) 이전의 선조를 지칭한다. 주나라는 건립 이후 자신의 선조에 대해 추왕(追王)을 하여 왕(王)자를 붙였는데, 태왕인 고공단보(古公亶父)까지 왕(王)자를 붙였기 때문이다.

14) 조복(朝服)은 군주와 신하가 조회를 열 때 착용하는 복장을 뜻한다. 중요한 의식을 치를 때 착용하는 예복(禮服)을 가리키기도 한다.

章者也. 母之與父, 恩愛本同, 爲父所厭屈而至期, 是以雖屈猶申禫杖也. 爲妻亦申, 妻雖義合, 妻乃天夫, 爲夫斬衰, 爲妻報以禫杖, 但以夫尊妻卑, 故齊斬有異.

번역 ●經文: "疏衰"~"期者". ○밑의 장을 살펴보면 '소최(疏衰)'로부터 그 이하의 말을 언급하지 않았는데, 이곳 경문에서 진술한 것에 따른 것이고, 오직 지팡이를 짚지 않고 마로 된 짚신을 신는다고 말하여 이곳의 내용과 차이가 있다. 이곳에서 '소최'로부터 그 이하의 내용은 앞의 장과 차이가 없지만, '기(期)'라고 쓴 한 글자는 앞에서 '삼년(三年)'이라고 한 것과 차이가 생긴다. 그런데 그 차이점에 대해서만 언급하지 않고 다시 구체적인 복장들을 나열하였는데, 이곳에서 말한 기년이라는 것은 앞에서 말한 삼년과 현격한 차이가 있어서 상복제도에 있어서도 대부분 다를 것이라는 오해를 할 수 있기 때문에, 일곱 가지 복식 제도를 거듭 나열할 필요가 있었다. 다만 이곳에서는 비록 하나의 '기(期)'자만 제시했으나 담제(禫祭)를 지내고 지팡이를 짚는다는 내용도 모두 수록하고 있다. 『예기』「잡기하(雜記下)」편을 살펴보면, "기년상을 치를 때, 11개월이 지나면 소상(小祥)을 치르며, 13개월이 지나면 대상(大祥)을 치르고, 15개월이 지나면 담제(禫祭)를 치른다."[15]라고 했고, 정현의 주에서는 "이것은 부친이 생존해 계실 때 돌아가신 모친의 상례를 치르는 경우이다."라고 했다. 이것은 곧 이곳의 내용에 해당한다. 모친과 부친에 대해서는 은정과 친애함이 본래 동일하지만 부친으로 인해 염강(厭降)[16]을 해서 기년상에 이르는 것이니, 이러한 까닭으로 비록 염강을 하지만 여전히 담제를 치르고 지팡이를 짚는 것은 시행할 수 있다. 처를 위해서도 또한 담제와 지팡이 짚는 것을 시행할 수 있으니, 처는 비록 의로움에 따라 혼인을 한 대상이지만, 처의 경우 남편을 하늘처럼 섬겨서 남편을 위해서는 참최복을 착용하는데, 처를 위해서는 담제와 지팡이를 짚는 규정을 시행하여 보답을 한다. 다만 남편은 존귀하고 처는 미천

---

15) 『예기』「잡기하(雜記下)」【513c】: <u>期之喪, 十一月而練, 十三月而祥, 十五月而禫</u>. 練則弔.

16) 염강(厭降)은 상례(喪禮)에 있어서, 돌아가신 모친을 위해 자식은 본래 삼년상(三年喪)을 치러야 하지만, 부친이 생존해 계신 경우라면, 수위를 낮춰서 기년상(期年喪)으로 치르는데, 이처럼 낮춰서 치르는 것을 '염강'이라고 부른다.

하기 때문에 자최복을 입느냐 참최복을 입느냐가 다른 것이다.

전문 傳曰: 問者曰: 何冠也? 曰: 齊衰·大功, 冠其受也. 緦麻·小功, 冠其衰也. 帶緣各視其冠.

번역 전문에서 말하였다. 질문을 하는 자가 "어떤 관을 쓰는가?"라고 하여, 답해보자면 자최복과 대공복에서는 새로 받게 되는 상복의 승(升)수에 관을 맞춘다. 시마복과 소공복에서는 처음의 상복 승수에 관을 맞춘다. 허리띠와 가선은 각각 쓰는 관의 승수에 맞춘다.

鄭注 問之者, 見斬衰有二, 其冠同. 今齊衰有四章, 不知其冠之異同爾. 緣, 如深衣之緣. 今文無冠布纓.

번역 질문을 한 것은 참최복에는 두 경우가 있지만 쓰는 관은 동일하다. 그런데 자최복에는 네 개의 장이 있는데, 각각의 쓰는 관에 있어서 차이점을 알 수 없다는 것을 드러낸 것이다. '연(緣)'이라는 것은 심의의 가선과 같다. 금문본에는 '관포영(冠布纓)'이라는 기록이 없다.

賈疏 ●"傳曰"至"其冠". ○釋曰: 云"問者曰何冠也"者, 此還子夏之問答而言. 問者曰者, 子夏欲起發前人使之開悟, 故假他問答己之言也. 云"曰齊衰大功, 冠其受也"者, 降服, 齊衰四升, 冠七升; 旣葬, 以其冠爲受, 衰七升, 冠八升. 正服, 齊衰五升, 冠八升; 旣葬, 以其冠爲受, 衰八升, 冠九升. 義服, 齊衰六升, 冠九升; 旣葬, 以其冠爲受, 受服衰九升, 冠十升. 降服, 大功衰七升, 冠十升; 旣葬, 以其冠爲受, 受衰十升, 冠十一升. 正服, 大功衰八升, 冠十升; 旣葬, 以其冠爲受, 受衰十升, 冠十一升. 義服, 大功衰九升, 冠十一升; 旣葬, 以其冠爲受, 受衰十一升, 冠十二升. 以其初死, 冠升皆與旣葬衰升數同, 故云冠其受也. 大功亦然. 云"緦麻小功, 冠其衰也"者, 以其降服, 小功衰十升; 正服, 小功衰十一升; 義服, 小功衰十二升, 緦麻十五升, 抽其半七升半, 冠皆與衰升數同, 故云冠其衰也. 義疏備於下記也. 云"帶緣各視其冠"者, 帶謂布帶, 象革帶者, 緣謂喪服之內, 中衣緣用布, 緣之二者之布升數多少, 視猶比也, 各比擬其冠也. 然本問齊衰之冠, 因答大功與緦麻, 小功並答帶緣者, 子夏欲因問博陳其義, 是以假問答異常例也.

번역 ●傳文: "傳曰"~"其冠". ○"질문을 하는 자가 어떤 관을 쓰느냐고 물었다."라고 했는데, 이것은 자하의 문답을 통해 말한 것이다. '문자왈(問者曰)'이라는 것은 자하가 이전 사람들로 인해 깨우치게 되었음을 드러내고자 했기 때문에, 다른 사람의 질문을 가탁하여 자신의 답변을 기록한 것이다. "답해보자면 자최복과 대공복에서는 새로 받게 되는 상복의 승(升)수에 관을 맞춘다."라고 했는데, 강복(降服)[17]의 경우 자최복은 4승으로 만들고 관은 7승으로 만드는데, 장례를 마치면 관의 승수에 따라 새로운 상복을 받게 되어 상복은 7승이고 관은 8승이다. 정복(正服)의 경우 자최복은 5승으로 만들고 관은 8승으로 만드는데, 장례를 마치면 관의 승수에 따라 새로운 상복을 받게 되어 상복은 8승이고 관은 9승이다. 의복(義服)의 경우 자최복은 6승으로 만들고 관은 9승으로 만드는데, 장례를 마치면 관의 승수에 따라 새로운 상복을 받게 되어 상복은 9승으로 만든 것을 받고 관은 10승으로 한다. 강복의 경우 대공복은 7승으로 만들고 관은 10승으로 만드는데, 장례를 마치면 관의 승수에 따라 새로운 상복을 받게 되어 상복은 10승으로 만든 것을 받고 관은 11승으로 한다. 정복의 경우 대공복은 8승으로 만들고 관은 10승으로 만드는데, 장례를 마치면 관의 승수에 따라 새로운 상복을 받게 되어 상복은 10승으로 만든 것을 받고 관은 11승으로 한다. 의복의 경우 대공복은 9승으로 만들고 관은 11승으로 만드는데, 장례를 마치면 관의 승수에 따라 새로운 상복을 받게 되어 상복은 11승으로 만든 것을 받고 관은 12승으로 한다. 어떤 자가 이제 막 죽었을 때 쓰는 관의 승수는 모두 장례를 마쳤을 때 새로 착용하는 상복의 승수와 같다. 그렇기 때문에 "새로 받게 되는 상복의 승수에 관을 맞춘다."라고 했다. 대공복에서도

17) 강복(降服)은 상(喪)의 수위를 본래의 등급보다 한 등급 낮추는 일에 해당한다. 예를 들어 자식은 부모에 대해 삼년상을 치러야 하지만, 다른 집의 양자로 간 경우라면 자신의 친부모에 대해 삼년상을 치르지 않고, 한 등급 낮춰서 1년만 치르게 된다. 이것은 상(喪)의 기간에만 해당하는 것이 아니라, 상복(喪服) 및 상(喪)을 치르며 부수적으로 갖추게 되는 기물(器物)들에도 적용된다.

이처럼 한다. "시마복과 소공복에서는 처음의 상복 승수에 관을 맞춘다."라고 했는데, 강복의 경우 소공복의 승수는 10승이고, 정복의 경우 소공복의 승수는 11승이며, 의복의 경우 소공복의 승수는 12승이다. 시마복은 15승으로 만드는데, 그 중 절반인 7.5승을 빼며, 관은 모두 상복의 승수와 동일하다. 그렇기 때문에 "처음의 상복 승수에 관을 맞춘다."라고 했다. 그 의미에 대한 풀이는 아래 기문에 나온다. "허리띠와 가선은 각각 쓰는 관의 승수에 맞춘다."라고 했는데, 허리띠는 포로 만든 허리띠를 뜻하니 혁대를 상징하는 것이며, 가선의 경우 상복의 안쪽에 입는 중의의 가선은 포로 만드는데, 두 가선에 들어가는 포의 승수 차이를 나타낸다. '시(視)'자는 "견주다[比]."는 뜻이니, 각각 관의 승수에 따른다는 의미이다. 그런데 본래의 질문은 자최복에 쓰는 관에 대한 것이지만, 질문한 것에 연유하여 대공복과 시마복, 소공복을 설명하고 아울러 허리띠와 가선에 대해 설명을 했는데, 자하는 질문한 것에 따라서 그 의미를 폭넓게 진술하고자 했다. 이러한 까닭으로 문답형식을 통해 차이가 나는 용례를 기술한 것이다.

賈疏 ◎注"問之"至"布纓". ○釋曰: 云"問之者見斬衰有二, 其冠同"者, 下記云"斬衰三升, 三升有半, 冠六升", 是其冠同也. 云"今齊衰有四章不知其冠之異同爾"者, 下記云"齊衰四升, 其冠七升", 旣葬, "以其冠爲受, 受衰七升, 冠八升", 唯見此降服齊衰, 不見正服·義服, 及三月齊衰一章不見, 以不知其冠之異同, 故致此問也. 云"緣如深衣之緣"者, 按深衣目錄云: "深衣, 連衣裳而純之以采. 素純曰長衣, 有表則謂之中衣." 此旣在喪服之內, 則是中衣矣. 而云深衣, 以其中衣與深衣同是連衣裳, 其制大同, 故就深衣有篇目者而言之. 按玉藻云其爲"長中繼揜尺", 注云: "其爲長衣·中衣則繼袂揜一尺, 若今褎矣. 深衣則緣而已." 若然, 中衣與長衣袂皆手外長一尺. 按檀弓云練時"鹿裘衡長袪", 注云"袪謂褎緣袂口也". 練而爲裘, 橫廣之又長之, 又爲袪, 則先時狹短, 無袪可知. 若然, 此初喪之中衣緣亦狹短, 不得如玉藻中衣繼袂揜一尺者也. 但吉時麛裘, 卽凶時鹿裘, 吉時中衣, 深衣. 目錄云大夫以上用素, 士中衣不用布, 緣皆用采, 況喪中緣用布, 明中衣亦用布也. 其中衣用布, 雖無明文, 亦當視冠. 若然, 直言緣視冠, 不言中衣緣用采, 故特言緣用布, 何妨喪時中衣亦用布乎? 云"今文無冠布纓"者, 鄭注儀禮從經今文者, 注內疊出古文, 不從古文. 若從經古文者, 注內疊出今文, 不從今文. 此注旣疊出今文, 明不從今文, 從經古文, 有冠布纓爲正也.

번역 ◎鄭注: "問之"~"布纓". ○정현이 "질문을 한 것은 참최복에는 두 경우가 있지만 쓰는 관은 동일하다."라고 했는데, 아래 기문에서는 "참최복은 3승이나 3.5승으로 만들고 관은 6승으로 만든다."라고 했는데, 이것은 관의 승수가 동일함을 나타낸다. 정현이 "자최복에는 네 개의 장이 있는데, 각각의 쓰는 관에 있어서 차이점을 알 수 없다."라고 했는데, 아래 기문에서 "자최복은 4승으로 만들고 관은 7승으로 만든다."라고 했고, 장례를 마치면 "관의 승수에 따라 새로운 상복을 받으니 상복은 7승으로 만든 것을 받고 관은 8승이다."라고 하여, 오직 강복인 경우의 자최복만 나타나고 정복과 의복이 나타나지 않으며, '삼월자최장'에서도 나타나지 않아 관의 승수 차이를 알 수 없다. 그렇기 때문에 이처럼 질문하게 된 것이다. 정현이 "'연(緣)'이라는 것은 심의의 가선과 같다."라고 했는데, 『예기』「심의」편에 대한 『목록』을 살펴보면 "심의는 상의와 하의를 연결하는데 채색으로 가선을 댄다. 흰색으로 가선을 대면 '장의(長衣)'라고 부르며, 겉에 입는 옷이 있다면 '중의(中衣)'라고 부른다."라고 했다. 여기에서 말한 것은 상복 안에 입는 것이니 중의에 해당한다. 그런데도 심의라고 말한 것은 중의와 심의는 동일하게 상의와 하의를 연결하고 만드는 방식이 대체적으로 동일하다. 따라서 「심의」편에 나온 내용을 가져다가 설명한 것이다. 『예기』「옥조(玉藻)」편을 살펴보면 "장의(長衣)와 중의(中衣)는 소매의 끝부분에 천을 덧대길 1척 정도 한다."[18]라고 했고, 정현의 주에서는 "장의와 중의를 만들게 된다면, 소매에 연결하여 1척 정도를 가리니, 현재의 유(褎)와 같다. 심의의 경우에는 가선만 댈 따름이다."라고 했다. 만약 그렇다면 중의와 장의의 소매는 모두 손 밖으로 1척 정도 길게 나오게 된다. 『예기』「단궁(檀弓)」편을 살펴보면 "상을 치를 때에는 안에 사슴가죽으로 만든 갓옷을 착용하는데, 소상(小祥)을

18) 『예기』「옥조(玉藻)」【380b】: 長中繼掩尺, 袷二寸, 袪尺二寸, 緣廣寸半.

치른 이후에는 사슴가죽으로 만든 갓옷을 넓고 길게 만든 것으로 바꿔 입고, 소맷부리도 달게 된다."[19]라고 했고, 정현의 주에서는 "'거(袪)'자는 소매에 끝단을 대는 소맷부리를 뜻한다."라고 했다. 즉 소상을 치르게 되면 사슴가죽으로 갓옷을 만드는데, 넓고 길게 만들며 또 소맷부리도 달게 되니, 그 이전에 착용하는 옷은 좁고 짧으며 소맷부리가 없다는 사실을 알 수 있다. 만약 그렇다면 여기에서 말한 초상 때의 중의에 있어서도 가선 역시 좁고 짧으니, 「옥조」편에서 말한 중의가 소매에 1척 정도 가릴 수 있게 덧댄 것과는 같을 수 없다. 다만 길한 시기에 착용하는 새끼 사슴가죽으로 만든 갓옷은 곧 흉상을 치를 때 착용하는 사슴가죽으로 만든 갓옷에 해당하고, 길한 시기에 착용하는 중의는 심의에 해당한다. 「심의」편에 대한 『목록』에서는 대부 이상의 계층은 흰색으로 중의를 만들고, 사는 중의에 포를 사용하지 않으며, 가선은 모두 채색된 것을 사용한다고 했는데, 하물며 상중에 착용하는 복장의 가선은 포를 사용하니 중의에도 포를 사용하게 됨을 나타낸다. 중의를 포로 만든다는 것에 있어서는 비록 경문의 기록이 없지만 마땅히 관에 견주어서 만들어야 한다. 단지 가선은 관에 견주어서 만든다고 말하고 중의의 가선은 채색된 것을 사용한다고 말하지 않았기 때문에 특별히 가선은 포를 사용한다고 말했는데, 어찌 상중에 착용하는 중의 또한 포를 사용한다는 사실에 저해될 것이 있겠는가? 정현이 "금문본에는 '관포영(冠布纓)'이라는 기록이 없다."라고 했는데, 『의례』에 대한 정현의 주에서 경문에 있어서 금문본을 따르는 경우, 주의 기록에서는 관련된 기록의 고문본 내용이 나타나나 고문본을 따르지는 않는다. 만약 경문에 있어서 고문본을 따르는 경우라면 주의 기록에서는 관련된 기록의 금문본 내용이 나타나고 금문본의 내용을 따르지 않는다. 이곳 주석에서는 관련된 기록의 금문본 내용이 나타나니, 경문에 있어서 금문본을 따르지 않았고 고문본을 따랐다는 사실을 나타내며, '관포영(冠布纓)'이라는 세 글자가 기록된 것을 바른 기록으로 본 것이다.

---

19) 『예기』「단궁상(檀弓上)」【104b】: 鹿裘, 衡長, 袪. 袪, 裼之可也.

경문 父在爲母.

번역 부친이 생존해 계실 때 돌아가신 모친을 위해서 자최복을 입고 지팡이를 짚고서 기년상을 치른다.

賈疏 ●"父在爲母". ○釋曰: 斬章直言父, 卽知子爲之可知. 今此言母, 亦知子爲之, 而言父在爲母者, 欲明父母恩愛等, 爲母期者, 由父在厭, 故爲母屈至期, 故須言父在爲母也.

번역 ●經文: "父在爲母". ○'참최장'에서는 부친이라고만 언급했으니, 자식이 돌아가신 부친을 위해 상복을 착용한다는 사실을 알 수 있다. 현재 이곳에서는 모친을 언급했으니, 이 또한 자식이 돌아가신 모친을 위해 착용한다는 사실을 알 수 있는데, 부친이 생존해 계실 때 돌아가신 모친을 위해서 착용한다고 말한 것은 부친과 모친의 은정과 친애함은 동일하지만 모친을 위해 기년상을 치르는 것은 부친으로 인해 염강(厭降)을 하기 때문에, 모친을 위해서는 은정을 굽혀 기년상으로만 치른다는 사실을 드러내고자 해서이다. 그래서 부친이 생존해 계실 때 돌아가신 모친을 위해서 착용한다고 말해야만 했다.

전문 傳曰: 何以期也? 屈也. 至尊在, 不敢伸其私尊也. 父必三年然後娶, 達子之志也.

번역 전문에서 말하길, 어찌하여 기년상으로 치르는가? 굽히기 때문이다. 지극히 존귀한 자가 생존해 계시기 때문에 감히 사사롭게 존귀하게 높이는 것을 펼칠 수 없다. 부친이 반드시 3년을 기다린 뒤에야 아내를 들이는 것은 자식의 모친에 대한 은정을 이뤄주기 위해서이다.

賈疏 ●"傳曰"至"之志也". ○釋曰: 上章已論斬衰不同訖, 故傳直言"何以期", 而不三年決之也. "屈也"者, 答辭, 以家無二尊, 故於母屈而爲期, 是以云"至尊在, 不敢伸其私尊也", 解父在母屈之意也. 言不敢伸其私尊, 明子於父母本尊. 若然, 不直言尊而言私尊者, 其父非直於子爲至尊, 妻於夫亦至尊. 母則於子爲尊, 夫不尊之, 直據子而言, 故言私尊也. 若然, 夫妻敵體而言屈, 公子爲母練冠在五服之外, 不言屈者, 擧尊以見卑, 屈可知. 大夫妾子爲母大功, 亦斯類也. 云"父必三年然後娶達子之志也"者, 子於母屈而期, 心喪猶三年, 故父雖爲妻期, 而除三年乃娶者, 通達子之心喪之志故也. 不云"心", 而言"志"者, 心者, 萬慮之總, 喜怒哀樂好惡六情皆是情, 則爲志母雖一期, 哀猶未絶, 是六情之中而哀偏在, 故云志也, 不云心也. 《左氏傳》晉叔向云一歲王"有三年之喪二", 據大子與穆后, 天子爲后亦期, 而云三年喪者, 據達子之志而言三年也.

번역 ●傳文: "傳曰"~"之志也". ○앞에서는 이미 참최복의 착용 기준이 서로 다르다는 사실을 논의하였다. 그렇기 때문에 전문에서는 단지 "어찌하여 기년상으로 치르는가?"라고 말하고 3년이라는 기간으로 단정하지 않았다. "굽히기 때문이다."라고 한 말은 답변하는 말이니, 집안에는 2명의 존귀한 자가 있을 수 없다. 그렇기 때문에 모친에 대해서는 굽혀서 기년상으로 치르니, 이러한 이유로 "지극히 존귀한 자가 생존해 계시기 때문에 감히 사사롭게 존귀하게 높이는 것을 펼칠 수 없다."라고 말한 것이다. 이 말은 부친이 생존해 계시므로 모친에 대해 은정을 굽히게 되는 뜻을 풀이한 말이다. "감히 사사롭게 존귀하게 높이는 것을 펼칠 수 없다."라고 말한 것은 자식은 부친과 모친에 대해서 본래는 모두 존귀하게 높인다는 사실을 드러낸 것이다. 만약 그렇다면 존(尊)이라고 말하지 않고 사존(私尊)이라고 말한 이유는 부친은 자식에게만 지극히 존귀한 존재가 아니며, 아내는 남편을 또한 지극히 존귀한 존재로 받들기 때문이다. 모친의 경우 자식에게 존귀한 존재가 되지만, 남편은 아내를 존귀하게 높이지 않는다. 따라서 단지 자식의 경우만을 기준으로 말했기 때문에 '사존(私尊)'이라고 기록한 것이다. 만약 그렇다면 남편과 아내는 대등한 관계임에도 굽힌다고 말한 이유는 공자(公子)가 모친을 위해서 연관(練冠)[20]을 착용하는 것은 오복의 범주 밖에 해당한다. 그런데도 굽힌다고 말하지 않은 것은 존귀한 경우를

20) 연관(練冠)은 상(喪) 중에 착용하는 관(冠)이다. 부모의 상 중에서 1주기에 지내는 제사 때 착용을 하였다.

제시하여 그보다 낮은 경우까지도 드러낸 것이니, 이러한 경우에도 굽히게 됨을 알 수 있다. 대부 첩의 자식이 모친을 위해서 대공복을 착용하는 것도 이러한 부류에 해당한다. "부친이 반드시 3년을 기다린 뒤에야 아내를 들이는 것은 자식의 모친에 대한 은정을 이뤄주기 위해서이다."라고 했는데, 자식은 모친에 대해 은정을 굽혀 기년상을 치르지만, 심상(心喪)[21]의 경우에는 여전히 삼년을 채운다. 그렇기 때문에 부친은 비록 자신의 처를 위해서 기년상을 치르더라도 삼년이라는 기간을 넘긴 뒤에야 새로운 아내를 들이게 되니, 자식이 심상으로 삼년상을 지내는 은정을 이뤄주기 위해서이다. 그런데 '심(心)'이라 말하지 않고 '지(志)'라고 말한 이유는 심(心)자는 모든 생각을 총칭하고, 희 · 노 · 애 · 락 · 호 · 오라는 여섯 가지 감정은 모두 정(情)에 해당하니, 뜻에 있어서 모친에 대해 비록 기년상을 치르더라도 애통한 감정은 여전히 끊어지지 않았으니, 여섯 가지 감정 중에서도 애통함이 치중되어 남아있는 것이다. 그렇기 때문에 지(志)라고 말하고 심(心)이라고 말하지 않았다. 『좌전』에서는 진나라 숙향은 1년 안에 천자에게 "삼년상이 두 번 발생했다."라고 했는데,[22] 이것은 태자와 목후의 상을 가리키는 것이며, 천자는 왕후를 위해서 기년상을 치르지만 삼년상이라고 말한 것은 자식의 뜻을 이뤄주고자 하여 삼년상이라고 말한 것이다.

참고 『의례』「상복(喪服)」 기록

경문 疏衰裳齊, 牡麻絰 · 冠布纓 · 削杖 · 布帶 · 疏屨, 三年者.

번역 거친 상복의 상의와 하의는 아랫단을 꿰맨 것으로 입고, 수컷 마로

---

21) 심상(心喪)은 죽음에 대해 애도함이 상을 치르는 것과 같지만, 실제적으로 상복을 입지 않는 것을 뜻한다. 주로 스승이 죽었을 때, 제자들이 치르는 상을 가리킨다. 『예기』「단궁상(檀弓上)」편에서는 "事師無犯無隱, 左右就養無方, 服勤至死, 心喪三年."이라는 기록이 있고, 이에 대한 정현의 주에서는 "心喪, 戚容如父而無服也."라고 풀이했다.

22) 『춘추좌씨전』「소공(昭公) 15년」 : 今王樂憂, 若卒以憂, 不可謂終. 王一歲而有三年之喪二焉, 於是乎以喪賓宴, 又求彜器, 樂憂甚矣, 且非禮也.

만든 질(絰)을 두르며, 관은 포로 만든 갓끈을 달고, 삭장(削杖)을 짚으며, 포로 만든 대(帶)를 차고, 거친 짚신을 신고서 삼년상을 치른다.

鄭注 疏猶麤也.

번역 '소(疏)'자는 "거칠다[麤]."는 뜻이다.

賈疏 ●"疏衰"至"年者". ◎注"疏猶麤也". ○釋曰: 此齊衰三年章, 以輕於斬, 故次斬後. 疏猶麤也, 麤衰者, 按上斬衰章中爲君三升半麤衰, 鄭注雜記云微細焉, 則屬於麤, 則三升正服斬不得麤名, 三升半成布三升微細則得麤稱. 麤衰爲在三升斬內, 以斬爲正, 故沒義服之麤. 至此四升, 始見麤也. 若然, 爲父哀極, 直見深痛之斬, 不沒人功之麤. 至於義服斬衰之等, 乃見麤稱, 至於大功·小功, 更見人功之顯, 緦麻極輕, 又表細密之事, 皆爲哀有深淺, 故作文不同也. 斬衰先言斬者, 一則見先斬其布, 乃作衰裳; 二則見爲父極哀, 先表斬之深重. 此齊衰稍輕, 直見造衣之法. 衰裳旣就, 乃始緝之, 是以斬衰, 斬在上, 齊衰, 齊在下. "牡麻絰"者, 斬衰絰不言麻, 此齊衰絰見麻者, 彼有杖, 杖亦苴, 故不得言麻. 此絰文孤不兼杖, 故得言麻也. 云"冠布纓"者, 按斬衰冠繩纓, 退在絞帶下, 使不蒙苴齊, 冠布纓, 無此義, 故進之使與絰同處. 此布纓亦如上繩纓, 以一條爲武, 垂下爲纓也. 云"削杖布帶"者, 並不取蒙苴之義, 故在常處. 但杖實是桐, 不言桐者, 以斬衰杖不言竹, 使蒙苴, 故闕竹字. 此旣不取蒙苴, 亦不言桐者, 欲見母比父削殺之義, 故亦沒桐文也. 布帶者, 亦象革帶, 以七升布爲之, 此卽下章帶緣各視其冠是也. 齊斬不言布, 此纓帶言布者, 以對斬衰纓帶用繩, 故此須言用布之事也. "疏屨"者, 疏取用草之義, 卽爾雅云"疏不熟"之疏. 若然, 注云疏猶麤者, 直釋經疏衰而已, 不釋疏屨之疏. 若然, 斬衰章言"菅屨", 見草體者, 以其重, 故見草體, 擧其惡貌. 此言疏以其稍輕, 故擧草之總稱. 自此以下, 各擧差降之宜, 故不杖章言"麻屨", 齊衰三月與大功同"繩屨", 小功緦麻輕, 又沒其屨號. 言"三年"者, 以其爲母稍輕, 故表其年月. 若然, 父在爲厭降至期, 今旣父卒, 直申三年之衰, 猶不申斬者, 以天無二日, 家無二尊也. 是以父雖卒後, 仍以餘尊所厭, 直申三年, 不得申斬也. 云"者"者, 亦如斬衰章文, 明者爲下出也.

번역 ●經文: "疏衰"~"年者". ◎鄭注: "疏猶麤也". ○이것은 '자최삼년장'에 해당하는데, 참최복(斬衰服)보다 수위가 가볍기 때문에 참최복 뒤에 기술된 것이다. '소(疏)'자는 "거칠다[麤]."는 뜻이니, '추최(麤衰)'에 대해 앞에 나온 '참최장'을 살펴보면, 그 내용 중에 군주를 위해 착용할 때에는 3승 반으로 하여 추최로 한다고 했고, 『예기』「잡기(雜記)」편에 대한 정현의 주에서는 보다 가늘게 만든 경우는 추(麤)에 속한다고 했으니, 3승으로 만든 정규 상복의 참최복에 대해서는 '추(麤)'라는 말을 붙여서 부를 수 없고, 3승 반의 성포(成布)나 3승 중에서도 보다 가는 것이라면 추(麤)라는 말을 붙여서 부를 수 있다. 추최는 3승으로 만든 참최복의 범위 내에 있지만 참최복을 정규 복장으로 삼기 때문에 의복(義服)의 추라는 개념은 없다. 4승이 되어야만 비로소 추라는 용어가 나타나게 된다. 만약 그렇다면 부친의 상을 치르며 애통함이 극심하게 되면, 단지 애통함이 극심하다는 의미에서 상복의 천을 자른다고만 말하더라도 사람의 공정은 조금이나마 들어가게 된다. 그런데 의복에 해당하는 참최복 등에 있어서는 추라는 용어가 나타나고, 대공복이나 소공복에 있어서는 사람의 공정이 들어갔다는 것이 현격하게 드러나게 되며, 시마복은 매우 수위가 낮고 또 세밀하다는 뜻을 표시하니, 이 모두에는 애통함에 차이가 있기 때문에 글을 기록하는 방식이 다른 것이다. 참최복에 있어서 먼저 '참(斬)'자를 기록한 이유는 첫 번째는 먼저 그 포를 잘라야만 상복의 상의와 하의를 만들게 된다는 뜻을 드러낸 것이고, 두 번째는 부친에 대한 애통함이 극심함을 드러내니 참최복의 수위가 매우 무거움을 우선적으로 표시하기 위해서이다. 이곳에서 말한 자최복은 수위가 조금 낮아서 단지 옷을 가공하는 방법만 드러냈다. 옷감을 잘라 상의와 하의를 만들게 되면 자최복에 와서야 비로소 꿰매게 되니, 이러한 이유로 참최복에 대해서는 참자가 앞에 기록된 것이고 자최복에 있어서는 자자가 뒤에 기록된 것이다. '모마질(牡麻絰)'이라고 했는데, 참최복의 질에 대해서는 마(麻)를 덧붙여서 말하지 않았는데, 자최복의 질에 대해서는 마(麻)자를 덧붙여서 기록했다. 그 이유는 참최복에 있어서 지팡이가 포함되는데, 지팡이 또한 저(苴)자를 붙이기 때문에 마를 언급할 수 없었던 것이다. 반면 이곳에서 말하는 질에 대한 기록은 독립되어 있고 지팡이와 관련이 없기 때문에 마자를 덧붙일 수 있는 것이다. '관포영(冠布纓)'이라고 했는데, 참최복에 대해서는 관승영(冠繩纓)이라고 했고, 그 기록은 교대(絞帶) 뒤에 나와서 저자의 뜻과는 관련이 없도록 만들었는데, 관포영에는 이러한 의미가 없기 때문에 앞으로 옮겨 질과 같은 구문에 기록한 것이다. 여기에서 말한 '포영(布纓)'이라는 것 또한 앞에 나온 '승영(繩纓)'이라는 것과 같으니, 한 가닥의 끈으로 테두리를 만들고 그 끝을 밑으로 늘어트려서 갓끈으로 삼는다. '삭장포대(削杖布帶)'라고 했는데, 이 모두 저자의 의미와는 관련이 없기 때문에, 일반적으로 기록되는 구문에 기록되어 있는 것이다. 다만 지팡이는 실제로는 오동나무로 만들게 되는데, 오동나무라고 말하지 않은 것은 참최복에 짚게 되는 지팡이에 대해서 대나무라는 말을 붙이지 않은 것은 앞에 나온 저자의 의미와 관련이 있기 때문에 대나무라는 말을 생략한 것이다. 이곳의 경우 이미 앞에 나온 저자와는 관련이 없는데도 오동나무라는 표기를 하지 않았는데, 그 이유는 모친에 대한 경우는 부친에 비해서 조금 줄어든다는 뜻을 드러내고자 했기 때문에, 오동나무라는 글자를 없앤 것이다. 포대(布帶)라는 것 또한 혁대(革帶)를 상징하는데, 7승의 포로 만들게 되니, 뒷장에서 대의 가선을 그 관에 들어가는 승(升) 수에 견주어서 한다고 한 말이 이러한 사실을 나타낸다. 자최복에 대해서는 포(布)를 언급하지 않았는데, 갓끈과 대에 대해서는 포를 언급하였다. 이것은 참최복에서 갓끈과 대에 꼰 줄을 사용하는 것과 대비를 시켜야 했기 때문에 포를 사용한다는 것을 언급해야만 했기 때문이다. '소구(疏屨)'라고 했는데, '소(疏)'자는 풀을 이용했다는 의미에서 붙인 글자이니, 『이아』에서 "나물이 여물지 않았다."[23]라고 했을 때의 '소(疏)'자에 해당한다. 만약 그렇다면 정현의 주에서는 소자는 거칠다는 뜻이라고 했는데, 그 이유는 경문에서 소최라고 한 뜻을 풀이만 하고, 소구의 소자를 해석하지 않았기 때문이다. 만약 그렇다면 '참최장'에서 '관구(菅屨)'라는 것이 나와서 풀이라는 뜻을 드러낸 이유는 그것이 상대적으로 중요하기 때문에 풀이 된다는 뜻을 드러낸 것으로, 추악한 모습을 나타내고자

23) 『이아』「석천(釋天)」: 穀不熟爲饑, 蔬不熟爲饉, 果不熟爲荒, 仍饑爲荐.

한 것이다. 여기에서 말하는 소구의 소는 비교적 수위가 낮기 때문에 풀에 대한 총칭을 제시한 것이다. 이 기록으로부터 그 이하의 기록들에서는 각각 합당한 차등에 따라 기록했기 때문에 '부장장'에서는 '마구(麻屨)'라고 했고, '자최삼월장'과 '대공장'에서는 모두 '승구(繩屨)'라고 했으며, 소공복과 시마복은 수위가 낮기 때문에 또한 신발에 대한 호칭을 생략하였다. '삼년(三年)'이라고 말한 것은 모친의 상은 상대적으로 수위가 낮기 때문에 그 기한을 제시한 것이다. 만약 그렇다면 부친이 생존해 계실 때에는 모친에 대해서는 염강(厭降)을 하여 기년상을 치르게 되는데, 현재의 상황은 부친이 이미 돌아가신 상태이므로 직접적으로 삼년상의 상복을 착용할 수 있지만, 여전히 참최복을 착용할 수 없으니, 하늘에 두 개의 태양이 없듯이 집에도 두 명의 존귀한 자가 있을 수 없기 때문이다. 이러한 까닭으로 부친이 비록 돌아가신 이후라 하더라도 나머지 존귀한 자들에 대해서는 염강을 하여 삼년상을 치를 수 있지만 참최복을 착용할 수 없다. '자(者)'자를 말한 것 또한 '참최장'의 경우와 같으니, 뒤에 기술된 자들을 위해 표시한 글자이다.

전문 傳曰: 齊者何? 緝也. 牡麻者, 枲麻也. 牡麻絰, 右本在上, 冠者沽功也. 疏屨者, 藨蒯之菲也.

번역 전문에서 말하였다. '자(齊)'자란 무슨 뜻인가? 꿰맸다는 뜻이다. '모마(牡麻)'라는 것은 수컷 마를 뜻한다. 모마로 만든 질(絰)은 뿌리를 우측으로 하여 위로 가도록 하고 관은 공정이 거칠게라도 들어간다. '소구(疏屨)'는 표괴(藨蒯)라는 풀로 엮은 짚신이다.

鄭注 沽猶麤也. 冠尊, 加其麤. 麤功, 大功也. 齊衰不書受月者, 亦天子諸侯卿大夫士虞卒哭異數.

번역 '고(沽)'자는 "거칠다[麤]."는 뜻이다. 관은 존귀한 복식이므로, 거칠게라도 공정을 더한다. 거친 공정을 가했다는 것은 대공복의 포로 만들었다는 뜻이다. 자최복에 대해서 상복을 받게 되는 기한을 기록하지 않은 이유 또한 천자 · 제후 · 경 · 대부 · 사에게 있어서 우제(虞祭)와 졸곡(卒哭)을 치르는 기한과 횟수가 다르기 때문이다.

賈疏 ●"傳曰"至"菲也". ◎注"沽猶"至"異數". ○釋曰: 緝則今人謂之爲緶也. 上章傳先云"斬者何不緝也", 此章言齊對斬, 故亦先言"齊者何緝也". 云牡麻者枲麻也者, 此枲對上章苴, 苴是惡色, 則枲是好色. 故間傳云"斬衰貌若苴, 齊衰貌若枲"也. 云"牡麻絰右本在上"者, 上章爲父, 左本在下者, 陽統於內; 則此爲母, 陰統於外, 故右本在上也. 云"疏屨者藨蒯之菲也"者, 藨是草名, 按玉藻云"屨蒯席", 則蒯亦草類. 云"冠尊加其麤, 麤功大功也"者, 此鄭雖據齊衰三年而言, 冠尊加服皆同, 是以衰裳升數恒少, 冠之升數恒多. 冠在首尊, 旣冠從首尊, 故加飾而升數恒多也. 斬冠六升, 不言功者, 六升雖是齊之末, 未得沽稱, 故不見人功. 此三年齊冠七升, 初入大功之境, 故言沽功, 始見人功. 沽, 麤之義, 故云麤功, 見人功麤大不精者也. 云"齊衰不書受月者, 亦天子諸侯卿大夫士虞卒哭異數"者, 其義說與斬章同, 故云"亦"也.

번역 ●傳文: "傳曰"~"菲也". ◎鄭注: "沽猶"~"異數". ○'즙(緝)'자를 오늘날의 사람들은 꿰맨다는 뜻으로 편(緶)이라고 부른다. 앞의 전문에서는 우선적으로 "참(斬)이란 무엇인가? 꿰매지 않았다는 뜻이다."라고 했는데, 이곳에서는 자최복을 참최복과 대비했기 때문에, 여기에서도 먼저 "자자란 무슨 뜻인가? 꿰맨다는 뜻이다."라고 말한 것이다. "'모마(牡麻)'라는 것은 수컷 마를 뜻한다."라고 했는데, 여기에서 말한 '시(枲)'자는 앞에 나오는 저(苴)자와 대비가 되며, 저자가 추악한 색깔을 뜻하는 것이라면, 시자는 상대적으로 좋은 색깔을 뜻하게 된다. 그렇기 때문에 『예기』「간전」편에서는 "참최복의 모습은 암컷 마처럼 생겨서 검게 그을린 것처럼 보이고, 자최복의 모습은 수컷 마처럼 생겨서 초췌하면서도 어두워 보인다."라고 말한 것이다. "모마로 만든 질(絰)은 뿌리를 우측으로 하여 위로 가도록 한다."라고 했는데, 앞에서 부친의 상을 치를 때에는 뿌리를 좌측으로 하여 아래로 내리는 것이 양기가 내적으로 통괄하기 때문이라면, 이곳에서 모친의 상을 치른다고 했을 때 음기는 외적으로 통괄하기 때문에 뿌리를 우측으로 하여 위로 가도록 하는 것이다. "'소구(疏屨)'는 표괴(藨蒯)라는 풀로 엮은 짚신이다."라고 했는데, '표(藨)'자는 풀의 이름이다. 『예기』「옥조(玉藻)」편을 살펴보면, "괴석(蒯席)을 밟고 선다."[24]라고 했으니, '괴(蒯)'자 또한 풀의 종류가 된다. 정현이 "관은 존귀한 복식이므로, 거칠게라도 공정을 더한다. 거친 공정을 가했다는 것은 대공복의 포로 만들었다는 뜻이다."라고 했는데, 여기에서 정현은 비록 자최복으로 삼년상을 치르는 경우에 기준을 두어 말했지만, 관이 존귀한 복식이어서 장식을 더하게 된다는 것은 모든 경우에 동일하다. 이러한 까닭으로 상복에 들어가는 승(升)의 수는 항상 적지만 관에 들어가는 승의 수는 항상 많다. 관은 머리에 쓰게 되어 존귀한데, 관을 머리에 쓰게 되어 존귀하기 때문에, 장식을 더하고 승의 수를 항상 많이 하는 것이다. 참최복에 쓰는 관은 6승의 것으로 하는데, 공정을 더한다는 말을 하지 않았다. 6승은 비록 자최복 중에서도 말단에 해당하지만, 거칠다는 말을 쓸 수 없다. 그렇기 때문에 사람의 공정이 더해졌다는 말을 기록하지 않은 것이다. 이곳의 경우는 삼년동안 자최복의 상을 치르는데 그때의 관은 7승으로 만들며 처음으로 대공복에 들어가는 포의 승 수에 해당하게 된다. 그렇기 때문에 거친 공정이 들어갔다고 말하여, 처음으로 공정이 들어간 것을 나타낸 것이다. '고(沽)'자는 거칠다는 뜻이기 때문에 '추공(麤功)'이라고 했으니, 사람의 공정이 더해졌지만 매우 거칠다는 뜻을 드러낸 것이다. 정현이 "자최복에 대해서 상복을 받게 되는 기한을 기록하지 않은 이유 또한 천자 · 제후 · 경 · 대부 · 사에게 있어서 우제(虞祭)와 졸곡(卒哭)을 치르는 기한과 횟수가 다르기 때문이다."라고 했는데, 그 의미에 대한 설명은 '참최장'에서 설명한 것과 동일하다. 그렇기 때문에 '또한[亦]'이라고 말한 것이다.

경문 父卒則爲母.

번역 부친이 이미 돌아가신 경우라면, 모친을 위해서 자최복을 입고 삼년상을 치른다.

---

24) 『예기』「옥조(玉藻)」【375a】: 浴用二巾, 上絺下綌. 出杅履蒯席, 連用湯, 履蒲席, 衣布晞身, 乃屨進飮.

鄭注 尊得伸也.

번역 사적으로 존귀하게 여김에 따라 정감을 펼칠 수 있기 때문이다.

賈疏 ●"父卒則爲母". ◎注"尊得伸也". ○釋曰: 此章專爲母三年, 重於期, 故在前也. 直云父卒爲母足矣, 而云"則"者, 欲見父卒三年之內而母卒, 仍服期, 要父服除後, 而母死乃得伸三年, 故云則以差其義也. 必知義如此者, 按內則云: "女子十有五而笄, 二十而嫁. 有故, 二十三年而嫁." 注云: "故, 謂父母之喪." 言二十三而嫁, 不止一喪而已, 故鄭并云父母喪也. 若前遭母喪, 後遭父喪, 自然爲母期爲父三年, 二十三而嫁可知. 若前遭父服未闋, 卽得爲母三年, 則是有故, 二十四而嫁, 不止二十三也. 知者, 假令女年二十, 二月嫁娶之月, 將嫁, 正月而遭父喪, 并後年正月爲十三月小祥, 又至後年正月大祥, 女年二十二, 欲以二月將嫁, 又遭母喪, 至後年正月十三月大祥, 女年二十三將嫁. 此是父服將除, 遭母喪, 猶不得爲申三年. 況遭父喪, 在小祥之前, 何得卽申三年也. 是父服未除, 不得爲母三年之驗, 一也. 又服問注曰: "爲母旣葬, 衰八升." 亦據父卒爲母, 與父在爲母同五升衰裳, 八升冠. 旣葬, 以其冠爲之受衰八升, 是父卒爲母, 未得申三年之驗, 二也. 間傳云爲母旣虞卒哭, 衰七升者, 乃是父服除後, 乃爲母申三年. 初死, 衰四升, 冠七升; 旣葬, 以其冠爲之受衰七升, 與此經同是父服除後爲母, 乃申三年之驗, 是三也. 諸解者全不得思此義, 妄解則文, 說義多塗, 皆爲謬也. 尊得伸者, 得伸三年, 猶未伸斬.

번역 ●經文: "父卒則爲母". ◎鄭注: "尊得伸也". ○이곳에서는 전적으로 모친에 대한 삼년상을 논의하고 있는데, 기년상보다 수위가 무겁기 때문에 앞에 기록된 것이다. 단지 부친이 이미 돌아가신 상태에서 모친의 상을 치른다고만 말해도 충분한데, '즉(則)'자를 덧붙인 이유는 부친이 돌아가셔서 삼년상을 치르는 도중 모친이 돌아가시게 되면 모친에 대해서는 기년상을 치르게 됨을 드러내고자 해서이니, 요점은 부친에 대한 상복을 제거한 이후에 모친이 돌아가셔야만 삼년상을 치를 수 있다. 그렇기 때문에 '즉(則)'자를 덧붙여서 그 의미에 층차를 두었다. 그 의미가 이와 같다는 사실을 분명히 알 수 있는 이유는

『예기』「내칙(內則)」편을 살펴보면, “여자는 15세가 되면 계례를 하고 20세가 되면 시집을 간다. 부모의 상과 같은 변고가 발생하면 23세에 시집을 간다.”[25)]라고 했고, 정현의 주에서는 “고(故)자는 부모의 상을 뜻한다.”라고 했다. 즉 23세가 되어서야 시집을 간다는 것은 하나의 상이 발생한 경우에 그치지 않는다. 그렇기 때문에 정현은 상황을 아울러서 부모의 상이라고 말한 것이다. 만약 앞서 모친의 상을 당했고 이후에 부친의 상을 당했다면, 자연히 모친을 위해서는 기년상을 치르고 부친을 위해서는 삼년상을 치르게 되어, 23세가 되어서야 시집을 가게 됨을 알 수 있다. 만약 앞서 부친의 상을 당하여 상복을 제거하지 않았는데 모친을 위해 삼년상을 치를 수 있다면, 이것은 변고가 발생하여 24세가 되어서야 시집을 가게 되니, 23세에 그치지 않는다. 이러한 사실을 알 수 있는 이유는 가령 여자의 나이가 20세인데, 2월에 시집을 가기로 약조하여 시집을 가려고 준비를 하는데, 정월에 부친의 상을 당하였고, 다음해 정월이 되면 13개월째가 되어 소상을 치르고 다시 다음해 정월이 되면 대상을 치르니, 여자의 나이는 22세가 된다. 이때 그해 2월에 시집을 가려고 했는데 재차 모친의 상을 당하게 되면, 다음해 정월이 되면 13개월째가 되어 대상을 치르니, 여자는 23세가 되어서야 시집을 가게 된다. 이것은 부친에 대한 상복을 제거하려고 하는데 모친의 상을 당한 경우이므로, 이러한 상황에서는 여전히 모친에 대해 삼년상을 치를 수 없다. 하물며 부친의 상을 당했고, 소상을 치르기 이전인데 어떻게 모친에 대한 삼년상을 치를 수 있겠는가. 이것은 부친에 대한 상복을 완전히 제거하지 않았다면 모친에 대해서 삼년상을 치를 수 없는 첫 번째 경우가 된다. 또 『예기』「복문(服問)」편에 대한 정현의 주에서는 “모친의 상에서 장례를 마친 뒤에는 상복은 8승(升)으로 만든다.”[26)]라고 했는데, 이 또한 부친이 이미 돌아가신 상태에서 모친의 상을 치르는 것이 부친이 생존해 계실 때 모친의 상을 치르는 경우와 같이, 5승의 상복을 입고, 8승으로 만든 관을 쓰며, 장례를 마쳤다면 관에 따라서 상복은 8승으로 된 것을 받는다. 이것은 부친이

25) 『예기』「내칙(內則)」【369d】 : 十有五年而笄, 二十而嫁. 有故, 二十三年而嫁. 聘則爲妻, 奔則爲妾. 凡女拜, 尙右手.

26) 이 문장은 『예기』「복문(服問)」【662a】의 “三年之喪旣練矣, 有期之喪旣葬矣, 則帶其故葛帶, 絰期之絰, 服其功衰.”라는 기록에 대한 정현의 주이다.

이미 돌아가신 상태에서 모친의 상을 치르는 경우로, 삼년상을 치를 수 없는 두 번째 경우가 된다. 『예기』「간전(間傳)」편에서는 우제와 졸곡을 마치면 상복은 7승으로 된 것을 입는다고 했는데, 이것은 부친에 대한 상복을 제거한 이후에 모친의 상을 치르게 되어 삼년상을 치를 수 있는 경우이다. 처음 돌아가셨을 때 상복은 4승이고 관은 7승이다. 장례를 마치면 관에 따라 상복을 받게 되어 상복은 7승이 되니, 이곳 경문의 기록과 동일하게, 부친에 대한 상복을 제거한 이후 모친의 상을 치러야만 삼년상을 치를 수 있으니, 이것이 세 번째 경우이다. 여러 해석자들은 이러한 의미들을 온전히 생각하지 못하여 망령된 해설을 했고 주장이 범람하였지만 이 모두는 잘못된 주장이다. 존귀함에 따라 정감을 펼칠 수 있다는 것은 삼년상을 치를 수 있다는 것이니, 여전히 참최복은 착용할 수 없다.

경문 繼母如母.

번역 계모를 위해서는 친모와 마찬가지로 자최복을 입고 삼년상을 치른다.

賈疏 ●"繼母如母". ○釋曰: 繼母本非骨肉, 故次親母後. 謂己母早卒, 或被出之後, 繼續己母, 喪之如親母, 故云"如母". 但父卒之後如母, 明父在如母可知. 下期章不言者, 擧父沒後, 明父在如母, 可知慈母之義亦然, 皆省文也, 故皆擧後以明前也. 若然, 直言繼母載在三年章內, 自然如母可知, 而言如母者, 欲見生事死事一皆如己母也.

번역 ●經文: "繼母如母". ○계모는 본래 골육지친이 아니다. 그렇기 때문에 친모에 대한 내용 뒤에 기술한 것이다. 자신의 생모가 일찍 돌아가셨거나 쫓겨난 뒤 자신의 모친으로 새로 들어온 여자에 대해서는 상을 치를 때 친모에 대한 경우와 동일하게 한다. 그렇기 때문에 "모친과 같다."라고 했다. 다만 부친이 이미 돌아가신 상태에서 계모를 위해 친모와 동일하게 자최복으로 삼년상을 치른다고 했다면, 부친이 생존해 계실 경우 계모를 위해서는 친모와 동일하게 기년상으로 치른다는 사실을 알 수 있다. 아래 '기장'에서 이러한 사실을 언급하지 않은 것은 부친이 이미 돌아가신 이후의 상황을 거론했다면 부친이 생존해 계실 때에도 친모에 대한 경우와 동일하게 함을 나타내고, 이를 통해 자모(慈母)[27]에 대한 도의 또한 이러함을 알 수 있기 때문이다. 그래서 모두 문장을 간략히 기록한 것이다. 그러므로 부친이 이미 돌아가신 이후의 상황을 제시하여 돌아가시기 이전의 상황까지 나타낸 것이다. 만약 그렇다면 자모에 대한 내용을 '삼년장'에 기록하기만 하면 자연히 친모에 대한 경우와 동일하게 함을 알 수 있는데, '여모(如母)'라고 말한 것은 계모가 살아계셨을 때 섬기는 일과 돌아가셨을 때 섬기는 일은 동일하게 모두 자신의 친모에 대한 것처럼 해야 함을 드러내고자 했기 때문이다.

전문 傳曰: 繼母何以如母? 繼母之配父與因母同, 故孝子不敢殊也.

번역 전문에서 말하였다. 계모에 대해서 어찌하여 친모에 대한 것과 동일하게 치르는가? 계모는 부친의 짝이 된다는 점에서 친모와 동일하다. 그렇기 때문에 자식은 감히 차이를 둘 수 없다.

鄭注 因猶親也.

번역 '인(因)'자는 친(親)자의 뜻이다.

賈疏 ●"傳曰"至"殊也". ○釋曰: 傳發問者, 以繼母本是路人, 今來配父, 輒如己母, 故發斯問. 答云繼母配父, 卽是片合之義, 旣與己母無別, 故孝子不敢殊異之也.

번역 ●傳文: "傳曰"~"殊也". ○전문에서 질문을 했던 것은 계모는 본래 나와는 혈연적으로 상관이 없는 사람인데, 현재 시집을 와서 부친의 배필이 되었다고 하여 갑작스럽게 자신의 친모에 대한 경우와 동일하게 치른다고 했기

27) 자모(慈母)는 모친을 뜻하기도 하지만, 고대에는 자신을 양육시켜준 서모(庶母)를 뜻하는 용어로 사용하기도 했다.

때문에 이러한 질문을 했던 것이다. 답변에서는 계모는 부친의 짝이 된다고 했는데, 곧 상호 짝이 되어 자신의 친모와 구별될 점이 없다. 그렇기 때문에 자식은 감히 차이를 둘 수 없다.

경문 慈母如母.

번역 자모를 위해서는 친모와 마찬가지로 자최복을 입고 삼년상을 치른다.

賈疏 ●"慈母如母". ○釋曰: 慈母非父片合, 故次後也. 云如母者, 亦生禮·死事皆如己母.

번역 ●經文: "慈母如母". ○자모는 부친과 짝이 되지 않기 때문에 계모 다음에 기술하였다. "모친과 같다."라고 말한 것은 또한 살아계셨을 때 섬기는 예법과 돌아가셨을 때 섬기는 일들이 모두 자신의 친모에 대한 경우와 같다는 의미이다.

전문 傳曰: 慈母者何也? 傳曰: "妾之無子者, 妾子之無母者, 父命妾曰: '女以爲子.' 命子曰: '女以爲母.'" 若是, 則生養之, 終其身如母. 死則喪之三年如母, 貴父之命也.

번역 전문에서 말하였다. 자모는 누구인가? 옛 기록에 따르면, "첩 중 자식이 없는 자와 첩의 자식 중 생모가 없는 자에 대해서, 부친은 첩에게 명령하여 '너는 이 아이를 아들로 삼아라.'라고 말하고, 다시 자식에게 명령하여 '너는 이 여인을 모친으로 삼아라.'"라고 했다. 만약 그렇다면 자모가 생존해 계실 때에는 봉양하여 자모가 돌아가실 때까지 친모처럼 여기게 된다. 따라서 자모가 돌아가시면 친모에 대한 경우처럼 그녀를 위해 삼년상을 치르니, 부친의 명령을 존귀하게 여기기 때문이다.

鄭注 此主謂大夫士之妾, 妾子之無母, 父命爲母子者. 其使養之, 不命爲母子, 則亦服庶母慈己之服可也. 大夫之妾子, 父在爲母大功, 則士之妾子爲母期矣. 父卒則皆得伸也.

번역 이 내용은 대부 및 사의 첩과 첩의 자식 중 생모가 없는 경우, 부친이 명령하여 모자관계를 맺어준 것을 위주로 말한 것이다. 양육하고 봉양하도록 시켰지만 모자관계를 맺도록 명령하지 않았다면, 또한 서모(庶母)[28]들 중 자신을 길러준 자에게 착용하는 상복규정을 따라야만 한다. 대부의 첩 자식은 부친이 생존해 계실 때 친모를 위해서 대공복을 착용하니, 사의 첩 자식은 자신의 친모를 위해서 기년상을 치른다. 부친이 이미 돌아가신 상태라면, 두 계층 모두 자신의 정감을 펼칠 수 있어서 삼년상을 치른다.

賈疏 ●"傳曰"至"命也". ○釋曰: 傳別擧"傳"者, 是子夏引舊傳證成己義故也. 欲見慈母之義, 舊已如此, 故須重之如己母也. 云"妾之無子"者, 謂舊有子, 今無者, 失子之妾, 有恩慈深, 則能養他子以爲己子者也. 若未經有子, 恩慈淺, 則不得立後而養他. 不云"君命妾曰", 而云"父"者, 對子而言父, 故言父也. 必先命母者, 容子小, 未有所識, 乃命之或養子是然, 故先命母也. 云"若是則生養之終其身"者, 按內則云: "孝子之身終, 終身也者, 非終父母之身, 終其身也." 彼終其身爲終孝子之身. 此終其身下乃云如母, 死則喪之三年, 則以慈母輕於繼母, 言終其身, 唯據終慈母之身而已. 明三年之後不復如是, 以小記云慈母"不世祭", 亦見輕之義也. 云"如母, 貴父之命也"者, 一非骨血之屬, 二非配父之尊, 但唯貴父之命故也. 傳所引唯言妾之子與妾相事者, 按喪服小記云: "爲慈母後者, 爲庶母可也, 爲祖庶母可也." 鄭云: "緣爲慈母後之義, 父之妾無子者, 亦可命己庶子爲後." 又云"卽庶子爲後, 此皆子也, 傳重而已, 不先命之, 與適妻使爲母子也." 若然, 此父命妾之文, 兼有庶母·祖庶母, 但不命女君與妾子爲母子而已.

---

28) 서모(庶母)는 부친의 첩(妾)들을 뜻한다. 『의례』「사혼례(士昏禮)」편에는 "庶母及門內施鞶, 申之以父母之命."이라는 기록이 있는데, 이에 대한 정현의 주에서는 "庶母, 父之妾也."라고 풀이했다. 한편 '서모'는 부친의 첩들 중에서도 아들을 낳은 여자를 뜻하기도 한다. 『주자전서(朱子全書)』「예이(禮二)」편에는 "庶母, 自謂父妾生子者."라는 기록이 있다.

번역 ●傳文: "傳曰"~"命也". ○전문에서 별도로 '전(傳)'자를 거론한 것은 자하가 옛날부터 전해져온 기록을 인용하여 자신의 주장을 증명했기 때문이다. 자모에 대한 도의를 드러내고자 하였는데, 옛 기록에 이미 이와 같은 내용이 있었기 때문에 자신의 친모에 대한 경우처럼 한다고 거듭 강조할 필요가 있었다. '첩 중에 자식이 없는 자'라고 했는데, 예전에는 자식이 있었지만 현재는 없는 자를 뜻하니, 자식을 잃은 첩 중 은정과 자애로움이 깊은 자라면 다른 사람의 자식도 잘 길러서 자신의 자식처럼 여길 수 있다. 만약 자식을 낳은 경험이 없어서 은정과 자애로움이 얕은 자라면 그녀를 모친으로 세워 다른 사람의 자식을 기르게 할 수 없다. '군이 첩에게 명령하여 말하길'이라고 말하지 않고, 군(君) 대신 '부(父)'라고 언급한 것은 자식과 대비해서 말하면 부친이 되므로, '부(父)'라고 기록한 것이다. 반드시 모친이 될 첩에게 먼저 명령하는 것은 자식이 매우 어려서 인지능력이 아직 생기지 않은 경우까지도 포함하고자 해서이니, 이러한 경우라면 곧 첩에게 명령하며 이처럼 자식을 잘 기르라고 한다. 그렇기 때문에 먼저 모친이 될 첩에게 명령을 내리는 것이다. "만약 그렇다면 자모가 생존해 계실 때에는 봉양하길 종신토록 한다."라고 했는데, 『예기』「내칙(內則)」편을 살펴보면 "자식은 죽을 때까지 이처럼 시행한다. 그 몸이 죽는다고 했는데, 이것은 부모가 돌아가신 것을 뜻하는 말이 아니며, 자식이 죽을 때를 뜻한다."[29]라고 했다. 「내칙」편에서 그 몸이 죽을 때까지 한다는 것은 자식이 죽을 때까지 한다는 뜻이다. 이곳에서 그 몸이 죽을 때까지 한다고 했고, 그 뒤에서는 "모친과 같다."라고 했으니, 그녀가 죽게 되면 그녀에 대해 삼년상을 치르며, 자모는 계모에 대한 경우보다 수위가 낮으니, 그 몸이 죽을 때까지 한다는 것은 오직 자모 자신이 죽을 때까지 한다는 뜻이다. 즉 삼년상을 치른 이후에는 다시 이처럼 하지 않는다는 뜻이니, 『예기』「상복소기(喪服小記)」편에서 자모에 대해 "손자가 제사를 지내지 않는다."[30]라고 말한 것 또한 수위가 낮다는 뜻을 드러낸 것이다. "친모에 대한 경우처럼 하는 것은 부친의

---

29) 『예기』「내칙(內則)」【360b】: 樂其心, 不違其志, 樂其耳目, 安其寢處, 以其飮食忠養之, <u>孝子之身終. 終身也者, 非終父母之身, 終其身也</u>. 是故父母之所愛亦愛之, 父母之所敬亦敬之. 至於犬馬盡然, 而況於人乎!

30) 『예기』「상복소기(喪服小記)」【417c】: <u>慈母</u>與妾母, <u>不世祭也</u>.

명령을 존귀하게 여기기 때문이다."라고 했는데, 골육지친이 아닐 뿐만 아니라 부친과 짝이 되는 존귀한 신분도 아니지만, 부친의 명령을 존귀하게 여겨서 이처럼 한다는 뜻이다. 전문에서 인용하고 있는 말은 오직 첩의 자식과 첩 사이에서 따르는 일이니, 「상복소기」편을 살펴보면 "첩의 자식 중 자모의 자식이 된 자는 서모의 자식이 될 수도 있고, 조부 서모의 자식도 될 수 있다."[31]라고 했고, 정현의 주에서는 "자모의 후계자가 된 뜻에 따라서, 부친의 첩 중 자식이 없는 여자에 대해서는 또한 자신의 서자에게 명령하여, 그녀의 후계자로 삼을 수 있다."라고 했다. 또 "곧 서자가 후계자가 된 경우인데도, 이들에 대해서 모두 자식으로 여기는 것은 중책을 전수하기 때문이다. 앞서 적처에게 명령을 내려서, 그들로 하여금 모자관계로 정하지 않았다."라고 했다. 만약 그렇다면 여기에서 부친이 첩에게 명령한다는 문장은 서모나 조부 서모에 대한 경우까지도 포함하지만, 여군과 첩의 자식을 두고 모자관계를 맺으라고 명령하지는 않을 따름이다.

賈疏 ◎注"此謂"至"伸也". ○釋曰: 鄭知"此主謂大夫士之妾, 妾子之無母, 父命爲母子者", 知非天子諸侯之妾與妾子者, 按下記云: "公子爲其母, 練冠, 麻衣縓緣." 旣葬除之, 父沒乃大功. 明天子庶子亦然, 何有命爲母子爲之三年乎? 故知主謂大夫士之妾與妾子也. 云"其使養之, 不命爲母子, 則亦服庶母慈己之服可也"者, 小功章云: "君子子爲庶母之慈己者". 注云: "君子子者, 大夫及公子之適妻子." 彼謂適妻, 子備三母: 有師母·慈母·保母. 慈居中, 服之則師母·保母服, 可知是庶母爲慈母服, 小功下云其不慈己則緦可也, 是大夫之適妻子不命爲母子, 慈己加服小功. 若妾子爲父之妾, 慈己加服小功可知. 若不慈己, 則緦麻矣. 士爲庶母, 緦麻章云: "士爲庶母." 傳曰: "以名服也." 故此云不命爲母子則亦服庶母慈己者之服可也. 云"大夫之妾子, 父在爲其母大功"者, 大功章云"大夫之庶子爲其母", 是大功也. 云"士之妾子爲其母期矣"者, 期章云: "父在爲母", 不可言士之妾子爲其母, 鄭知者, 推究其理, 大夫妾子厭降, 爲母大功. 士無厭降, 明如衆人服期也. 云"父卒則皆得伸也"者, 士父

31) 『예기』「상복소기(喪服小記)」【417b】: 爲慈母後者, 爲庶母可也, 爲祖庶母可也.

在己伸矣, 但大夫妾子父在大功者, 父卒則與士皆得伸三年也.

번역 ◎鄭注: "此謂"~"伸也". ○정현이 "이 내용은 대부 및 사의 첩과 첩의 자식 중 생모가 없는 경우, 부친이 명령하여 모자관계를 맺어준 것을 위주로 말한 것이다."라고 했는데, 이 말이 사실임을 알 수 있었던 이유는 천자 및 제후의 첩과 첩의 자식의 관계가 아니라는 사실을 알았기 때문이니, 아래 기문에서 "공자는 자신의 생모를 위해서 연관(練冠)을 쓰고 마의에 분홍색 가선을 댄다."라고 했다. 그리고 장례를 마치면 제거한다고 했고, 부친이 돌아가신 상황이라면 대공복을 착용한다고 했다. 이것은 천자의 서자 또한 이처럼 함을 나타내는데, 어떻게 명령을 내려 모자관계를 맺고, 그녀를 위해서 삼년상을 치를 수 있겠는가? 그러므로 이것이 대부 및 사의 첩과 첩의 자식 관계를 위주로 말한 것임을 알았다. 정현이 "양육하고 봉양하도록 시켰지만 모자관계를 맺도록 명령하지 않았다면, 또한 서모(庶母)들 중 자신을 길러준 자에게 착용하는 상복 규정을 따라야만 한다."라고 했는데, '소공장'에서는 "군자의 자식은 서모 중 자신을 자애롭게 길러준 자를 위해 착용한다."라고 했다. 정현의 주에서 "군자의 자식이란 대부 및 공자의 적처 자식이다."라고 했다. '소공장'에서는 적처라고 했는데 자식은 세 모친을 두게 된다. 사모 · 자모 · 보모가 그들이다. 자모는 그들 중에 포함되니, 자모에 대해 상을 치르게 되어 그녀를 위해 상복을 착용하게 된다면 사모 및 보모를 위해서도 상복을 착용하니, 서모 중 자모가 된 자를 위해 상복을 착용하게 됨을 알 수 있다. 그리고 '소공장' 아래 기록에서는 자신을 길러주지 않았다면 시마복을 착용해도 괜찮다고 했으니, 대부의 적처 자식에게 다른 서모와 모자관계를 맺으라고 명령하지 않았다면, 자신을 길러준 서모에 대해서는 소공복을 착용하게 된다. 또 첩의 자식이 부친 첩을 위해 상복을 착용할 때 자신을 길러준 여자라면 소공복을 착용해야 한다는 사실을 알 수 있다. 만약 자신을 길러주지 않았다면 시마복을 착용한다. 사는 서모를 위해 상복을 착용할 때, '시마장'에서는 "사가 서모를 위해서 착용한다."라고 했고, 전문에서는 "명분에 따라 착용하는 것이다."라고 했다. 그렇기 때문에 이곳에서는 모자관계를 맺으라고 명령하지 않았다면 또한 서모 중 자신을 길러준 자에게 착용하는 상복규정을 따라야만 한다."라고 말한 것이다. 정현이 "대부의 첩 자식은 부친이 생존해 계실 때 친모를 위해서 대공복을 착용한다."라고 했는데, '대공장'에서 "대부의 서자가 자신의 생모를 위해서 착용한다."라고 했으니, 이것은 대공복을 착용한다는 사실을 나타낸다. 정현이 "사의 첩 자식은 자신의 친모를 위해서 기년상을 치른다."라고 했는데, '기장'에서는 "부친이 생존해 계실 때 돌아가신 모친을 위해서 착용한다."라고 했고, 사의 첩 자식이 자신의 생모를 위해서 착용한다는 말은 하지 않았다. 그런데도 정현이 이러한 사실을 알 수 있었던 것은 그 이치를 추리해보면 대부 첩의 자식은 염강을 하여 자신의 생모를 위해서 대공복을 착용한다. 그러나 사에게는 염강이 없으니, 일반인들과 마찬가지로 분명히 기년상을 치르게 되기 때문이다. 정현이 "부친이 이미 돌아가신 상태라면, 두 계층 모두 자신의 정감을 펼칠 수 있어서 삼년상을 치른다."라고 했는데, 사의 경우 부친이 생존해 계시더라도 자신의 정감을 펼칠 수 있다. 그러나 대부 첩의 자식은 부친이 생존해 계실 때 자신의 생모를 위해서 대공복을 착용하고, 부친이 돌아가신 뒤라면 사와 마찬가지로 모두 삼년상을 치를 수 있는 것이다.

• 제 6 절 •

상복(喪服)의 제정원리 - 권제(權制)

【721d】

杖者, 何也? 爵也. 三日授子杖, 五日授大夫杖, 七日授士杖. 或曰擔主, 或曰輔病. 婦人·童子不杖, 不能病也. 百官備, 百物具, 不言而事行者, 扶而起. 言而后事行者, 杖而起. 身自執事而后行者, 面垢而已. 禿者不髽, 傴者不袒, 跛者不踊, 老病不止酒肉. 凡此八者, 以權制者也.

직역 杖이라는 者는 何인가? 爵이다. 三日에 子에게 杖을 授하고, 五日에 大夫에게 杖을 授하며, 七日에 士에게 杖을 授한다. 或은 主에게 擔이라 曰하고, 或은 病을 輔라 曰한다. 婦人과 童子가 不杖함은 病이 不能이라. 百官이 備하고, 百物이 具함에, 言을 不해도 事가 行한 者는 扶하여 起한다. 言한 后에 事가 行한 者는 杖하여 起한다. 身이 自히 事를 執한 后에 行하는 者는 面에 垢할 따름이다. 禿者는 不髽하고, 傴者는 不袒하며, 跛者는 不踊하며, 老와 病은 酒肉을 不止한다. 凡히 此히 八者는 權으로써 制한 者이기 때문이다.

의역 지팡이를 두는 것은 어째서인가? 작위를 가진 자들을 위해서이다. 상이 발생하면 3일 째에 자식에게 지팡이를 주고, 5일 째에 대부에게 지팡이를 주며, 7일 째에 사에게 지팡이를 준다. 어떤 경우는 상주에게 지팡이를 빌려준다고 말하고, 또 어떤 경우는 병약해진 몸을 부축하기 위해서라고 말한다. 아직 성인이 되지 못한 여자와 남자들은 지팡이를 잡지 않으니, 병약해질 수 없기 때문이다. 백관(百官)이 갖춰져 있고 백물(百物)이 갖춰져서, 말을 하지 않아도 일이 시행될 수 있는 경우에는 지팡이가 있지만, 몸이 몹시 수척해지는 것이 허용되므로, 남의 부축을 받아서 일어나게 된다. 이러한 것들이 갖춰지지 않아서, 직접 말을 해야만 일이 시행되는 경우에는 몸을 몹시 수척하게 할 수 없으니, 자신이 직접 지팡이를 잡고 일어나게 된다. 또한 일을 맡아볼 수 있는 자가 전혀 없어서, 제 자신이 직접 상사의 일을 처리해야만 시행되는 경우에는 몸이 수척해지는 것을 허용하지 않으니, 얼굴에 때만 묻히고 직접 일처리를 할 따름이다. 대머리는 북상투를 틀지 않고, 꼽추는 단(袒)을 하지 않으며, 절름발이는 용(踊)을 하지 않고, 노약하고 병든 자들은 술과 고기를 끊지 않는다. 무릇 이러한 여덟 가지 경우는 권도[權]에 따라 제도를 제정했기 때문이다.

集說 疏曰: 杖之所設, 本爲扶病, 而以爵者有德, 其恩必深, 其病必重, 故杖爲爵者而設, 故云爵也. 遂歷敍有爵之人, 故云三日授子杖, 五日授大夫杖, 七日授士杖. 喪服傳云: "無爵而杖者何? 擔主也." 擔, 假也. 尊其爲主, 假之以杖. 或曰輔病者, 喪服傳云: "非主而杖者何? 輔病也." 謂庶子以下皆杖, 爲輔病故也. 婦人, 未成人之婦人. 童子, 幼少之男子. 百官備, 謂王侯也. 委任百官, 不假自言而事得行, 故許子病深, 雖有扶病之杖, 亦不能起, 故又須人扶乃起也. 大夫士旣無百官百物, 須己言而后喪事乃行, 故不許極病, 所以杖而起, 不用扶也. 庶人卑, 無人可使, 但身自執事, 不可許病, 故有杖不用, 但使面有塵垢之容而已. 子於父母, 貴賤情同, 而病不得一, 故爲權制. 禿者無髮, 女禿不髽, 故男子禿亦不免也. 袒者露膊, 傴者可憎, 故不袒也. 踊是跳躍, 跛人脚蹇, 故不跳躍也. 老及病者, 身已羸瘠, 又使備禮, 必至滅性, 故酒肉養之. 此八者, 謂應杖不杖, 不應杖而杖, 一也. 扶而起, 二也. 杖而起, 三也. 面垢, 四也. 禿者, 五也. 傴者, 六也. 跛者, 七也. 老病者, 八也. 喪大記大夫與士之喪, 皆云三日授子杖, 謂爲親也. 此云五日七日, 爲君也.

번역 공영달의 소에서 말하길, 지팡이를 두는 것은 본래 병약해진 자를 부축하기 위해서인데, 작위를 가지고 있는 자는 덕을 갖추고 있어서, 그의 은정은 반드시 깊고 그의 병약해짐도 분명 깊게 된다. 그렇기 때문에 지팡이는 작위를 가진 자를 위해서 갖추는 것이다. 그래서 작위를 가진 자 때문이라고 말했다. 그 결과 작위를 가지고 있는 자들을 차례대로 서술하게 되었다. 그렇기 때문에

3일 째에는 자식에게 지팡이를 주고, 5일 째에는 대부에게 지팡이를 주며, 7일 째에는 사에게 지팡이를 준다고 말한 것이다. 『의례』「상복(喪服)」편의 전문에서는 "작위가 없는데도 지팡이를 잡는 것은 어째서인가? 담주(擔主)이다."[1]라고 했다. 담(擔)자는 빌려준다는 뜻이다. 그가 상주의 신분이 되어 존귀하게 여기므로, 그에게 지팡이를 빌려주는 것이다. 혹은 보병(輔病)이라고 말한다고 했는데, 「상복」편의 전문에서는 "상주가 아닌데도 지팡이를 잡는 것은 어째서인가? 병약한 자를 부축하기 위해서이다."라고 했다. 즉 서자(庶子) 이하의 자들은 모두 지팡이를 잡게 되는데, 그 이유는 병약해진 몸을 부축하기 위해서라는 뜻이다. 여기에서 말한 '부인(婦人)'은 아직 성인이 되지 못한 여자들이다. '동자(童子)'는 나이가 어린 남자들이다. 백관(百官)이 갖춰졌다는 말은 천자와 제후에 대한 경우를 뜻한다. 백관들에게 위임을 하여 제 스스로 직접 말을 하지 않아도 일을 시행할 수 있다. 그렇기 때문에 자식이 매우 병약해지는 것도 허용하는 것인데, 비록 병약해진 몸을 부축해줄 지팡이를 갖추도록 허용하지만, 또한 제 스스로 일어날 수 없기 때문에 다른 사람이 부축을 해야만 곧 일어나게 된다. 대부와 사들은 이미 백관(百官)과 백물(百物)을 갖출 수 없으니, 제 스스로 말을 한 이후에야 상사가 집행된다. 그렇기 때문에 몸이 극심히 병약해지는 것을 허용하지 않는 것이니, 지팡이를 통해서 일어나므로 부축해주는 것을 필요치 않는 것이다. 서인(庶人)들은 신분이 미천하므로 부릴만한 사람이 없고, 단지 제 스스로 일을 처리해야 한다. 그래서 병약해지는 것을 허용할 수 없다. 그렇기 때문에 지팡이를 두지만 사용하지 않고, 단지 자신의 얼굴에 때를 묻히게끔 할 따름이다. 부모에 대한 자식의 마음은 신분의 차이와 상관없이 모두 동일하지만, 자식의 몸이 병약해지는 수준은 동일하게 할 수 없다. 그렇기 때문에 권도로써 제정한 것이다. 대머리는 묶을 머리가 없고, 여자 중 대머리는 상중에 트는 북상투를 틀 수 없다. 그렇기 때문에 남자 중 대머리들 또한 문(免)[2]을 하지 않는 것이다. 단(袒)[3]이라는 것은 신체 부위를 들춰내는 것인데, 꼽추

---

1) 『의례』「상복(喪服)」: 杖者何? 爵也. 無爵而杖者何? 擔主也. 非主而杖者何? 輔病也.

2) 문(免)은 '문(絻)'이라고도 부른다. 문포(免布)나 문복(免服)과 같은 뜻이다.

3) 단(袒)은 상의 중 좌측 어깨 쪽을 드러내는 방법이다. 일반적으로 상중(喪中)에

는 다른 사람들에게 혐오를 불러일으킬 수 있기 때문에 단(袒)을 하지 않는 것이다. 용(踊)은 제자리에서 뛰는 것인데, 절름발이들은 다리를 절기 때문에 제자리에서 뛰지 않는 것이다. 노인과 병약한 자들은 그 몸이 이미 수척해져 있는 상태인데 재차 그들로 하여금 예법대로 갖추게 한다면, 반드시 생명을 잃는 지경에 이르게 될 것이다. 그렇기 때문에 술과 고기를 제공해서 그들을 보살피는 것이다. 여기에서 말한 여덟 가지 조항들은 마땅히 지팡이를 잡아야 하는데 지팡이를 잡지 않는 경우와 지팡이를 잡지 말아야 하는데도 지팡이를 잡는 것이 첫 번째 조항이고, 부축을 해서 일어나는 것이 두 번째 조항이며, 지팡이를 잡고 일어나는 것이 세 번째 조항이고, 얼굴에 때를 묻히는 것이 네 번째 조항이며, 대머리에 대한 것이 다섯 번째 조항이고, 꼽추에 대한 것이 여섯 번째 조항이며, 절름발이에 대한 것이 일곱 번째 조항이고, 병들고 병약해진 자에 대한 것이 여덟 번째 조항이다. 『예기』「상대기(喪大記)」편에서는 대부와 사의 상에서는 모두 3일 째에 자식에게 지팡이를 지급한다고 했으니,[4] 부모를 위해서임을 뜻한다. 그런데 이곳에서는 5일 째와 7일 째를 언급했으니, 이것은 군주를 위해서임을 뜻한다.

大全 藍田呂氏曰: 先王制禮, 不遂其所不得申, 上文父在爲母齊衰期, 是也. 不施於所不必用, 婦人童子不杖, 是也. 不責其所不能給, 身自執事面垢而已, 是也. 不必其所不能行, 禿者不髽·傴者不袒之類, 是也. 四者, 禮有所不能行, 故以權制之也.

번역 남전여씨[5]가 말하길, 선왕이 예법을 제정할 때, 펼칠 수 없는 것에는

남자들이 취하는 복장 방식을 뜻한다. 한편 일반적인 의례절차에서도 단(袒)의 복장 방식을 취하는 경우가 있다.

4) 『예기』「상대기(喪大記)」【531d~532a】 <u>大夫之喪, 三日之朝旣殯, 主人主婦室老皆杖</u>. 大夫有君命則去杖, 大夫之命則輯杖. 內子爲夫人之命去杖, 爲世婦之命授人杖. <u>士之喪, 二日而殯, 三日之朝主人杖</u>, 婦人皆杖. 於君命夫人之命如大夫, 於大夫世婦之命如大夫.

5) 남전여씨(藍田呂氏, A.D.1040~A.D.1092) : =여대림(呂大臨)·여씨(呂氏)·여여숙(呂與叔). 북송(北宋) 때의 학자이다. 이름은 대림(大臨)이고, 자(字)는 여숙(與叔)이며, 호(號)는 남전(藍田)이다. 장재(張載) 및 이정(二程)형제에게서 수

따르지 않았으니, 앞 문장에서 부친이 생존해 계실 때 돌아가신 모친을 위해서 자최복(齊衰服)을 입고 기년상(期年喪)을 치른다고 한 것이 바로 이러한 경우에 해당한다. 또 반드시 사용할 필요가 없는 것에 대해서는 시행하지 않으니, 나이가 어린 여자와 남자가 지팡이를 잡지 않는 것이 바로 이러한 경우에 해당한다. 또 넉넉하게 할 수 없는 것에 대해서는 책임을 추궁하지 않으니, 제 자신이 직접 일을 맡아보아야 하는 경우 얼굴에 때를 묻힐 따름이라고 한 것이 바로 이러한 경우에 해당한다. 또 시행할 수 없는 것에 대해서는 기필하지 않으니, 대머리가 상투를 틀지 않고, 꼽추가 단(袒)을 하지 않는다는 부류가 바로 이러한 경우에 해당한다. 이러한 네 가지 경우는 예법에 있어서 시행할 수 없는 점이 있기 때문에, 권도에 따라서 제정한 것이다.

鄭注 五日·七日授杖, 謂爲君喪也. 扶而起, 謂天子·諸侯也. 杖而起, 謂大夫·士也. 面垢而已, 謂庶民也. 髽, 婦人也. 男子免而婦人髽. 髽, 或爲"免".

번역 5일 째와 7일 째에 지팡이를 준다는 것은 군주의 상을 치르는 경우를 뜻한다. 부축을 받아서 일어난다는 것은 천자와 제후에 대한 경우를 뜻한다. 지팡이를 잡고서 일어난다는 것은 대부와 사에 대한 경우를 뜻한다. 얼굴에 때를 묻힐 따름이라는 것은 서인(庶人)과 백성들에 대한 경우를 뜻한다. 좌(髽)는 부인들이 상중에 트는 머리 방식을 뜻한다. 남자는 문(免)을 하고 부인들은 북상투를 튼다. '좌(髽)'자를 다른 판본에서는 '문(免)'이라고도 기록한다.

釋文 擔, 是豔反, 又食豔反, 又餘塹反. "不言而事行者, 扶而起", 一本作"扶而後起". 扶, 或作"杖", 非. 垢音苟. 禿, 吐木反. 髽, 側瓜反. 傴, 紆主反. 袒, 徒[6]旱反. 跛, 彼我反. 免音問, 下同.

번역 '擔'자는 '是(시)'자와 '豔(염)'자의 반절음이며, 또한 '食(식)'자와 '豔

학하였다. 저서로는 『남전문집(藍田文集)』 등이 있다.

6) '도(徒)'자에 대하여. 『십삼경주소(十三經注疏)』 북경대 출판본에서는 "'도'자는 본래 '절(節)'자로 기록되어 있었는데, 『예기훈찬(禮記訓纂)』의 기록에 근거해서 글자를 수정했다."라고 했다.

(염)'자의 반절음도 되고, '餘(여)'자와 '塹(참)'자의 반절음도 된다. "不言而事行者, 扶而起"라는 구문을 다른 판본에서는 "扶而後起"라고도 기록한다. '扶'자를 다른 판본에서는 '杖'자로도 기록하는데, 이것은 잘못된 기록이다. '垢'자의 음은 '苟(구)'이다. '禿'자는 '吐(토)'자와 '木(목)'자의 반절음이다. '髽'자는 '側(측)'자와 '瓜(고)'자의 반절음이다. '傴'자는 '紆(우)'자와 '主(주)'자의 반절음이다. '袒'자는 '徒(도)'자와 '旱(한)'자의 반절음이다. '跛'자는 '彼(피)'자와 '我(아)'자의 반절음이다. '免'자의 음은 '問(문)'이며, 아래문장에 나오는 글자도 그 음이 이와 같다.

孔疏 ●"杖者"至"者也". ○正義曰: 此一經明四制之中權制也.

번역 ●經文: "杖者"~"者也". ○이곳 문단은 사제(四制) 중 권제(權制)에 대해서 밝히고 있다.

孔疏 ●"杖者何也? 爵也"者, 權制之中, 所以先明杖者, 以下有不應杖而杖, 又有應杖而不杖, 皆是權宜, 故先擧正杖於上. 言"爵也"者, 杖之所設, 本爲扶病, 而以爵者有德, 其恩必深, 其病必重, 故杖爲爵者而設, 故云"爵也".

번역 ●經文: "杖者何也? 爵也". ○권제(權制) 중에서도 지팡이에 대해 우선적으로 나타낸 것은 그 이하의 구문에는 마땅히 지팡이를 잡지 말아야 하는데도 지팡이를 잡는 경우도 있고, 또 지팡이를 잡아야 하는데도 잡지 않는 경우가 있는데, 이것들은 모두 권도에 따라 시의에 맞춘 것이다. 그렇기 때문에 가장 먼저 정상적으로 지팡이를 잡는 규정을 그 앞에 제시한 것이다. '작야(爵也)'라고 했는데, 지팡이를 두는 것은 본래 병약해진 몸을 부축하기 위해서인데, 작위를 가지고 있는 자는 덕을 가지고 있어서, 그들의 은정은 반드시 깊으므로 그들의 병약해진 정도도 분명 심하게 된다. 그렇기 때문에 지팡이는 작위를 가지고 있는 자를 위해서 설치하는 것이다. 그래서 "작위를 가지고 있는 자를 위해서이다."라고 말한 것이다.

孔疏 ●"三日授子杖, 五日授大夫杖, 七日授士杖"者, 上云杖者爵也, 遂歷敍其有爵之人, 故云"三日授子杖, 五日授大夫杖, 七日授士杖".

번역 ●經文: "三日授子杖, 五日授大夫杖, 七日授士杖". ○앞 문장에서는 지팡이를 두는 것은 작위를 가진 자를 위해서라고 했으므로, 결국 작위를 가지고 있는 자들에 대해서 차례대로 서술하였다. 그렇기 때문에 "3일 째에 자식에게 지팡이를 주고, 5일 째에 대부에게 지팡이를 주며, 7일 째에 사에게 지팡이를 준다."라고 말한 것이다.

孔疏 ●"或曰擔主"者, 解無爵而亦杖, 故記者稱"或曰擔主". 喪服傳云: "杖者何? 爵也. 無爵而杖者何? 擔主也." 鄭注云"擔, 假也", "尊其爲主", "假之以杖".

번역 ●經文: "或曰擔主". ○작위가 없는 자인데도 또한 지팡이를 잡는 이유에 대해 풀이한 말이다. 그렇기 때문에 『예기』를 기록한 자는 "혹은 상주에게 빌려준다고도 말한다."라고 한 것인데, 『의례』「상복(喪服)」편의 전문에서는 "지팡이를 잡는 것은 누구인가? 작위를 가지고 있는 자이다. 작위가 없는데도 지팡이를 잡는 것은 어째서인가? 상주에게 빌려주는 것이다."라고 했고, 이 문장에 대한 정현의 주에서는 "담(擔)자는 빌려준다는 뜻이다."라고 했으며, 또 "그 자가 상주가 되었으므로 존귀하게 높이는 것이다."라고 했고, 또 "지팡이를 빌려주는 것이다."라고 한 것이다.

孔疏 ●"或曰輔病"者, 喪服傳云: "非主而杖者何? 輔病也." 謂庶子以下, 雖非適子皆杖, 爲其"輔病", 故也.

번역 ●經文: "或曰輔病". ○『의례』「상복(喪服)」편의 전문에서는 "상주가 아닌데도 지팡이를 잡는 것은 어째서인가? 병약해진 몸을 지탱하기 위해서이다."라고 했다. 이 말은 곧 서자(庶子) 이하의 신분을 가진 자들이 비록 적자의 신분이 아님에도 모두들 지팡이를 잡는 것은 "병약해진 몸을 지탱한다."라는 이유가 되기 때문임을 뜻한다.

孔疏 ●"婦人童子不杖, 不能病也"者, 杖旣扶病, 何婦人童子所以不杖? 爲其不能病也. 婦人, 謂未成人之婦人. 童子, 謂幼少之男子.

번역 ●經文: "婦人童子不杖, 不能病也". ○지팡이의 기능 자체가 병약해진 몸을 지탱해주는 것인데, 어찌하여 부인과 어린아이들은 지팡이를 잡지 않는 것인가? 그 이유는 그들은 몸이 병약해질 수 없기 때문이다. 여기에서 말하는 '부인(婦人)'은 아직 성인이 되지 못한 여자를 뜻한다. '동자(童子)'는 나이가 어린 남자를 뜻한다.

孔疏 ●"百官備, 百物具, 不言而事行者, 杖而起"者, 此謂王侯也. 喪具觸事, 委任百官, 不假自言而事得行, 故許子病深, 雖有扶病之杖, 亦不能起, 故又須人扶乃起也.

번역 ●經文: "百官備, 百物具, 不言而事行者, 杖而起". ○이 내용은 천자와 제후에 대한 것이다. 상에서 관련된 일들을 갖춰서 백관(百官)들에게 위임하므로, 직접 말을 하지 않더라도 일을 시행할 수 있다. 그렇기 때문에 그의 자식에게는 몸이 매우 허약해지는 것을 허용하니, 비록 병약해진 몸을 지탱해줄 지팡이가 있게 되지만, 또한 제 스스로 일어날 수 없다. 그렇기 때문에 또한 다른 사람의 부축이 있어야만 곧 일어나게 된다.

孔疏 ●"言而后事行者, 杖而起"者, 此謂大夫 · 士, 旣無百官 · 百物, 須己言而後喪事乃行, 故不許極病, 所以"杖而起", 不用扶也.

번역 ●經文: "言而后事行者, 杖而起". ○이 내용은 대부와 사에 대한 경우이니, 이미 백관(百官)과 백물(百物)을 갖출 수 없으므로, 자신이 직접 말을 해야만 그 이후에야 상사에 대한 일들이 시행된다. 그렇기 때문에 몸이 극도로 허약해지는 것을 허용하지 않는 것이니, "지팡이를 잡고서 일어난다."라는 것은 곧 부축해주는 것을 이용하지 않는다는 뜻이다.

번역 ●經文: "身自執事而後行者, 面垢而已"者, 此謂庶人也. 卑無人可使, 但身自執事, 不可許病, 故有杖不得用, 但使面有塵垢之容而已也. 子於父母, 貴賤情同, 而病不得一, 故爲權制.

번역 ●經文: "身自執事而後行者, 面垢而已". ○이것은 서인(庶人)들에 대한 경우이다. 그들은 신분이 미천하여 시킬 수 있는 사람이 없고, 단지 제 자신이 직접 일을 처리해야 하므로 몸이 병약해지는 것도 허용할 수 없다. 그렇기 때문에 지팡이가 있지만 사용할 수 없고, 단지 얼굴에 때를 묻힐 따름이다. 자식은 부모에 대해서 신분의 차이와 상관없이 그 정감이 동일하지만, 몸이 병약해지는 것에 있어서는 동일하게 할 수 없다. 그렇기 때문에 권도에 따라 제정한 것이다.

孔疏 ●"禿者不髽", 髽者, 是婦人之大紒, 重喪辮麻繞髮. 禿者無髮, 故不髽也. 女禿不髽, 故男子禿亦不髽也.

번역 ●經文: "禿者不髽". ○좌(髽)는 부인들이 트는 북상투이니, 수위가 높은 상에서는 마(麻)를 땋아서 머리카락을 감싸게 된다. 독(禿)은 머리카락이 없는 자들이다. 그렇기 때문에 북상투를 틀지 않는다. 여자들 중 대머리는 북상투를 틀지 않기 때문에, 남자 중 대머리 또한 상투를 틀지 않는 것이다.

孔疏 ●"傴者不袒", 袒者露膊, 傴者可憎, 故不露也.

번역 ●經文: "傴者不袒". ○단(袒)이라는 것은 신체를 노출시키는 것이고, 꼽추는 남에게 혐오감을 줄 수 있기 때문에 신체를 드러내지 않는 것이다.

孔疏 ●"跛者不踊", 踊是跳躍. 跛人脚蹇, 故不跳躍也.

번역 ●經文: "跛者不踊". ○용(踊)은 제자리에서 뛰는 것이다. 절름발이는 다리를 절기 때문에 제자리에서 뛰지 않는 것이다.

孔疏 ●"老病不止酒肉"者, 孝子悲哀, 非病不食滋味. 若老及病, 身已羸瘠, 又使備禮, 必致滅性, 非制所許, 故酒肉養之.

번역 ●經文: "老病不止酒肉". ○자식은 비통하고 애통하여 병약해지지 않으면 맛있는 음식을 먹지 않는다. 만약 노인과 병에 걸린 자라고 한다면, 신체가 이미 수척해진 상태인데 또한 그들로 하여금 예법대로 따르게 한다면 반드시 생명을 해치게 되니, 제도에 있어서도 허용되는 바가 아니기 때문에, 술과 고기를 이용해서 기운을 북돋는 것이다.

孔疏 ●"凡此八者, 以權制者也", 此記者結前權數也. 夫喪禮宜備, 今有此八條, 不可以强逼, 故聖人權宜制也. 所謂八者, 謂應杖不杖, 不應杖而杖, 一也; "扶而起", 二也; "杖而起", 三也; "面垢", 四也; "禿者", 五也; "傴者", 六也; "跛者", 七也; "老病"者, 八也. 庾蔚云"父存爲母, 一也", 不數杖與不杖之科[7]. 皇氏·熊氏並取以爲說. 今按經文爲母期, 乃屬前經. 鄭於期下總注"三日而食, 三月而沐"之事, 是爲母期之文, 乃在節制之中, 不得下屬此經權制之例. 又此經權制之科, 乃載杖與不杖之條. 此經末又總云八者, 是總此經之八事. 今乃不數此經杖條, 便是杖文虛設. 庾氏之說, 恐未爲善, 聽賢者擇焉.

번역 ●經文: "凡此八者, 以權制者也". ○이 구문은 『예기』를 기록한 자가 앞서 제시한 권도에 따라 처리하는 여러 사안들에 대해 결론을 내린 문장이다. 무릇 상례에서는 예제대로 갖춰야 하는데, 현재 이곳에서 거론한 여덟 가지 사안들은 억지로 갖추게 할 수 없다. 그렇기 때문에 성인은 권도의 합당함에 따라서 별도의 예외 규정을 제정했던 것이다. 이른바 여덟 가지라는 것은 마땅히 지팡이를 잡아야 하는데도 잡지 않는 경우와 지팡이를 잡지 말아야 하는데도 잡는 것이 첫 번째 사안이다. "부축해서 일어난다."라는 것이 두 번째 사안이다. "지팡이를 잡고서 일어난다."라는 것이 세 번째 사안이다. "얼굴에 때를

---

7) '과(科)'자에 대하여. '과'자는 본래 '리(利)'자로 기록되어 있었는데, 완원(阮元)의 『교감기(校勘記)』에서는 "혜동(惠棟)의 『교송본(校宋本)』에는 '리'자를 '과'자로 기록하고 있으니, 이곳 판본은 '과'자를 '리'자로 잘못 기록한 것이다."라고 했다.

묻힌다."라는 것이 네 번째 사안이다. '대머리'에 대한 것이 다섯 번째 사안이다. '꼽추'에 대한 것이 여섯 번째 사안이다. '절름발이'에 대한 것이 일곱 번째 사안이다. '노인과 병자'에 대한 것이 여덟 번째 사안이다. 유울[8]은 "부친이 생존해 계실 때 돌아가신 모친에 대한 경우가 첫 번째 사안이다."라고 하여, 지팡이를 잡거나 잡지 않는 등의 경우를 수치 안에 포함시키지 않았다. 황간과 웅안생[9]도 모두 이러한 의미에 따라서 주장을 펼쳤다. 그런데 현재 경문을 살펴보면, 모친을 위해서 기년상을 지낸다는 것은 앞의 경문에 속해 있다. 정현은 기년상을 지낸다는 구문 아래에 "3일 째에 죽을 마시고, 3개월째에 목욕을 한다."라는 사안에서 총괄적인 주를 기록하였으니, 이것은 모친을 위해서 기년상을 치른다는 문장이 곧 절제(節制)에 포함되며, 그 뒤에 있는 권제(權制)의 용례에 포함될 수 없다는 사실을 나타낸다. 또한 이곳 경문은 권제(權制)에 대한 항목을 열거하며, 곧 지팡이를 잡고 지팡이를 잡지 않는 조항을 기재하고 있다. 그리고 이곳 경문의 끝에서는 또한 여덟 가지라고 총괄하여 말을 했으니, 이 말은 이곳 경문에 기록된 여덟 가지 사안들에 대해서 총괄한 것이다. 이곳 경문에 기록된 지팡이에 대한 조항을 수치로 포함시키지 않는다면, 지팡이에 대한 문장은 헛되이 기록된 것이 된다. 따라서 유울의 주장은 아마도 옳은 말은 아닌 것 같으니, 현명한 자들의 선택을 기다린다.

孔疏 ◎注"五日"至"人鬈". ○正義曰: 云"五日·七日授杖, 謂爲君喪也"者, 按喪大記, 大夫與士之喪, 皆云三日授子杖, 同主爲其親也. 今云"五日·七日", 故知爲君也.

---

8) 유울(庾蔚, ?~?) : =유씨(庾氏). 남조(南朝) 때 송(宋)나라 학자이다. 저서로는 『예기약해(禮記略解)』, 『예론초(禮論鈔)』, 『상복(喪服)』, 『상복세요(喪服世要)』, 『상복요기주(喪服要記注)』 등을 남겼다.

9) 웅안생(熊安生, ?~A.D.578) : =웅씨(熊氏). 북조(北朝) 때의 경학자이다. 자(字)는 식지(植之)이다. 『주례(周禮)』, 『예기(禮記)』, 『효경(孝經)』 등 많은 전적에 의소(義疏)를 남겼지만, 모두 산일되어 남아 있지 않다. 현재 마국한(馬國翰)의 『옥함산방집일서(玉函山房輯佚書)』에 『예기웅씨의소(禮記熊氏義疏)』 4권이 남아 있다.

번역 ◎鄭注: "五日"~"人髽". ○정현이 "5일 째와 7일 째에 지팡이를 준다는 것은 군주의 상을 치르는 경우를 뜻한다."라고 했는데, 『의례』「상복(喪服)」편에 대한 기문을 살펴보면, 대부와 사가 치르는 상에서는 모두 3일 째에 자식에게 지팡이를 준다고 했고, 이것들은 모두 상주가 자신의 부친을 위한 경우이다. 그런데 이곳에서는 "5일 째에 하고, 7일 째에 한다."라고 했기 때문에, 이 말이 군주를 위한 경우임을 알 수 있다.

訓纂 王氏懋竑曰: 庾氏·宋藍田呂氏, 並以父在爲母一. 案父在爲母期, 正是以義制, 若權制, 則其節目之小者耳. 婦人不杖, 一也. 童子不杖, 二也. 庶人不杖, 三也. 禿者不髽, 四也. 傴者不袒, 五也. 跛者不踊, 六也. 老不止酒肉, 七也. 病不止酒肉, 八也.

번역 왕무횡이 말하길, 유씨와 송나라의 남전여씨는 모두 부친이 생존해 계실 때 모친의 상례를 치르는 것이 한 가지 경우라고 여겼다. 살펴보니 부친이 생존해 계실 때 모친을 위해 기년상을 치르는 것은 바로 의(義)에 따라 제정한 제도이다. 만약 권제(權制)에 해당한다면 그 항목 중에서도 작은 것이 될 따름이다. 부인이 지팡이를 잡지 않는 것이 첫 번째이다. 어린아이가 지팡이를 잡지 않는 것이 두 번째이다. 서인이 지팡이를 잡지 않는 것이 세 번째이다. 대머리가 상투를 틀지 않는 것이 네 번째이다. 꼽추가 단(袒)을 하지 않는 것이 다섯 번째이다. 절름발이가 용(踊)을 하지 않는 것이 여섯 번째이다. 노인이 술과 고기를 끊지 않는 것이 일곱 번째이다. 병약해진 자가 술과 고기를 끊지 않는 것이 여덟 번째이다.

集解 愚謂: 杖本爲爵者設, 蓋有爵者德必厚, 德厚則恩深, 恩深者其居喪必病, 故須杖以扶之也. 天子七日而殯, 殯而成服, 故七日授士杖, 若諸侯, 則大夫士皆以五日而杖也. 喪服傳曰, "無爵而杖者何? 擔主也. 非主而杖者何? 輔病也." 蓋爲喪主者, 假杖以表之, 故雖無爵而杖, 庶人之適子爲父母是也. 體病者, 須杖以輔之, 故雖非主而杖, 衆子爲父母是也. 婦人, 謂女子之未笄者. 童子, 謂男子之未冠者. 童子未能惇行孝弟, 故於喪未能病也. 扶而起, 謂天子諸侯也. 天子諸侯, 不言而事行, 故待人扶而后起, 謂可以極其病也. 杖而起, 謂大夫士也. 大夫士言而后事行, 故但須杖扶而起, 其病稍淺也. 面垢而已者, 謂庶人也. 庶人無人可使, 身自執事而後行, 雖有杖而不用, 但面有塵垢之容而已, 其病又益淺也. 禿, 無髮也, 髽, 露紒也. 男子免而婦人髽. 傴, 背曲也. 跛, 足廢也. 人之愛其父母, 一也, 而父在則母之服屈而爲期, 此權乎分之尊卑而制之也. 爲君皆杖, 有爵之所同也, 而或三日而授, 或五日而授, 或七日而授, 此權乎恩之淺深而制之也. 爲父母皆杖, 以其無不病也, 而婦人·童子以不能病不杖, 此權乎年之長幼而制之也. 成人皆杖, 以其無不能病也, 而或扶而起, 或杖而起, 或面垢而已, 此權乎位之尊卑而制之也. 喪無不髽, 而禿者不髽, 權乎其無可髽而制之也. 喪無不袒, 而傴者不袒, 權乎其不便乎袒而制之也. 喪無不踊, 而跛者不踊, 權乎其不能乎踴而制之也. 喪不飮酒食肉, 而老病不止酒肉, 權乎其不可以卻酒肉而制之也. 此八者, 以權制者也.

번역 내가 생각하기에, 지팡이는 본래 작위를 가진 자를 위해 마련된 것이다. 작위를 가지고 있는 자는 가지고 있는 덕 또한 두터우니, 덕이 두텁다면 은정도 깊고, 은정이 깊은 자는 상을 치를 때에도 분명 몸이 병약해진다. 그렇기 때문에 지팡이를 두어서 몸을 지탱해야만 한다. 천자의 경우에는 7일이 지나서 빈소를 마련하고,[10] 빈소를 마련하게 되면 성복(盛服)[11]을 한다. 그렇기 때문에 7일째에 사에게 지팡이를 주는 것이니, 제후의 경우라면 대부와 사는 모두 5일째에 지팡이를 받게 된다. 『의례』「상복(喪服)」편의 전문에서는 "작위가 없는데도 지팡이를 잡는 것은 어째서인가? 상주에게 빌려주는 것이다. 상주가 아닌데도 지팡이를 잡는 것은 어째서인가? 병약한 자를 부축하기 위해서이

---

10) 『예기』「왕제(王制)」【158b】: 天子七日而殯, 七月而葬. 諸侯五日而殯, 五月而葬. 大夫士庶人三日而殯, 三月而葬. 三年之喪, 自天子達.

11) 성복(盛服)은 격식에 맞게 갖춰 입는 옷들을 가리킨다. 주로 제례(祭禮) 및 정식 의례(儀禮)에 참여할 때 착용하는 복장들을 가리킨다. 참가자들은 이 복장을 갖춤으로써, 엄숙함과 단정함을 나타내게 된다. 『중용』「16장」에는 "使天下之人齊明盛服, 以承祭祀."라는 기록이 있고, 이에 대한 공영달(孔穎達)의 소(疏)에서는 "盛飾衣服, 以承祭祀."라고 풀이했다. 한편 '성복'은 치장을 화려하게 한 옷을 가리키기도 한다. 『순자(荀子)』「자도(子道)」편에는 "子路盛服見孔子. 孔子曰, 由! 是裾裾何也?"라는 기록이 있다.

다."라고 했다. 상주가 된 자는 지팡이를 통해서 자신이 상주임을 드러내야 한다. 그렇기 때문에 작위가 없음에도 지팡이를 잡는 것이니, 서인의 적자가 부모의 상례를 치르는 것이 이러한 경우에 해당한다. 몸이 병약해지면 지팡이를 통해 지탱해야 한다. 그렇기 때문에 비록 상주가 아니더라도 지팡이를 잡게 되니, 적자를 제외한 나머지 아들들이 부모의 상례를 치르는 것이 이러한 경우에 해당한다. '부인(婦人)'은 아직 계례(筓禮)를 치르지 않은 여자를 뜻한다. '동자(童子)'는 아직 관례(冠禮)를 치르지 않은 남자를 뜻한다. 남자아이는 아직 효와 우애의 도리를 돈독히 시행할 수 없다. 그렇기 때문에 상례를 치를 때에도 병약해지는 지경에 이를 수 없다. 부축해서 일어난다는 것은 천자와 제후의 경우를 뜻한다. 천자와 제후는 말을 하지 않아도 상사가 시행된다. 그렇기 때문에 남의 부축을 받은 뒤에야 일어나니, 자신의 몸을 극심히 병약해지도록 만들 수 있다는 뜻이다. 지팡이를 잡고 일어난다는 것은 대부와 사의 경우를 뜻한다. 대부와 사는 자신이 직접 말을 한 뒤에야 상사가 시행된다. 그렇기 때문에 지팡이로 몸을 지탱해서 일어나야 하니, 병약해진 정도를 천자나 제후보다 조금 수위를 약하게 하는 것이다. 얼굴에 때만 묻힌다는 것은 서인의 경우를 뜻한다. 서인은 일을 시킬 수 있는 사람이 없어서 자신이 직접 상사를 주관한 뒤에야 시행된다. 따라서 비록 지팡이가 있더라도 사용하지 않고 단지 얼굴에 때만 묻힐 따름이며, 이것은 또한 병약해진 정도가 대부나 사보다 수위를 더 약하게 하는 것이다. '독(禿)'은 머리카락이 없는 자이며, '좌(髽)'는 노계(露紒)[12]를 뜻한다. 남자는 문(免)을 하고 부인은 좌(髽)를 한다. '구(傴)'는 등뼈가 굽은 자를 뜻한다. '파(跛)'는 발을 저는 자를 뜻한다. 사람이 자신의 부모를 친애하는 것은 동일하지만, 부친이 생존해 계실 때 모친을 위한 상복은 정감을 굽혀 기년상으로 치르니, 이것은 신분의 차등에 저울질하여 제정한 것이다. 군주를 위해서는 모두 지팡이를 잡게 되는데, 작위를 가진 자들이 모두 동일하게 따르는 바이지만, 어떤 자는 3일째에 받고 어떤 자는 5일째에 받으며 어떤 자는

---

12) 노계(露紒)는 좌(髽)를 트는 방식 중 하나이다. 좌(髽)를 틀 때 마(麻)를 이용하는 경우도 있고 포(布)를 이용하는 경우도 있는데, '노계'는 이 두 방식을 총칭하는 명칭이다. 또한 '노계'는 마(麻)나 포(布)를 사용하는 좌(髽)의 방식과 구별되어, 별도로 좌(髽)를 트는 방식 중 하나라고도 주장한다.

7일째에 받게 된다. 이것은 은정의 층차에 저울질하여 제정한 것이다. 부모를 위해서는 모두 지팡이를 잡게 되는데, 몸이 병약해지지 않을 수가 없기 때문이지만, 성년이 되지 못한 여자아이나 남자아이는 병약해질 정도로 시행할 수 없어서 지팡이를 잡지 않으니, 이것은 나이의 차이에 저울질하여 제정한 것이다. 성년이 지난 사람들은 모두 지팡이를 잡게 되는데, 몸이 병약해지지 않을 수가 없기 때문이지만, 어떤 자는 부축을 받아야만 일어나고 어떤 자는 지팡이를 잡고 일어나며 어떤 자는 얼굴에 때만 묻힐 따름이니, 이것은 지위의 차이에 저울질하여 제정한 것이다. 상을 치를 때에는 좌(髽)를 하지 않는 경우가 없지만 대머리는 좌(髽)를 하지 않으니, 이것은 좌를 할 수 있느냐 없느냐의 여부에 저울질하여 제정한 것이다. 상을 치를 때에는 단(袒)을 하지 않는 경우가 없지만 꼽추는 단(袒)을 하지 않으니, 이것은 단(袒)을 하기가 편한가 불편한가의 여부에 저울질하여 제정한 것이다. 상을 치를 때에는 용(踊)을 하지 않는 경우가 없지만 절름발이는 용(踊)을 하지 않으니, 이것은 용(踊)을 할 수 있느냐 없느냐의 여부에 저울질하여 제정한 것이다. 상을 치를 때에는 술과 고기를 먹지 않지만 노인과 병약해진 자는 술과 고기를 끊지 않으니, 이것은 술과 고기를 끊을 수 있느냐 없느냐의 여부에 저울질하여 제정한 것이다. 이러한 여덟 가지는 권도에 따라 제정한 것들이다.

集解 呂氏大臨曰: 父子之道, 天之合也, 其愛不可解於心, 此以恩制者也. 君臣之道, 人之合也. 義則從, 不義則去, 此以義制者也. 情之至者, 遂之則無窮也. 情至於無窮, 則賢者過之, 不肖者不可繼, 此不可不以節制者也. 遂其所不得申, 則無等差; 施於所不必用, 則事無實. 責之於所不能具, 則力不給; 必之於所不能行, 則人告病. 此不可不以權制者也.

번역 여대림이 말하길, 부자관계의 도의는 천도에 부합하는 것이며, 그 관계에서의 친애함은 마음에서 분리시킬 수 없기 때문에 은정에 따라 제정한 것이다. 군신관계의 도의는 인도에 부합하는 것이다. 의로움에 맞는다면 따르지만, 의롭지 않다면 떠나니, 이것은 의로움에 따라 제정한 것이다. 정감이 지극한 경우 그에 따르면 끝이 없게 된다. 정감이 끝이 없는데 이르게 되면, 현명한 자는 지나치게 시행하고 불초한 자는 연속할 수 없게 되니, 이것이 절도에 따라 제정하지 않을 수 없는 이유이다. 펼칠 수 없는 부분에 따른다면 차등이 없게 되고, 반드시 사용할 필요가 없는 것에 적용하면 그 사안에 실질이 없게 된다. 갖출 수 없는 점에 대해 문책한다면 힘이 미치지 못하게 되고, 시행할 수 없는 점에 대해 기필한다면 사람들은 괴로움을 호소하게 된다. 이것이 권도에 따라 제정하지 않을 수 없는 이유이다.

集解 愚謂: 服之大端, 親親尊尊而已. 由二者而爲之制限則爲節, 由二者而酌其變通則爲權. 節與權, 卽寓於恩與義之中, 而輔之以行, 恩與義者其經, 而節與權者其緯也.

번역 내가 생각하기에, 상복에 대한 중요한 단서는 친근한 자를 친애하고 존귀한 자를 존귀하게 대하는 것일 뿐이다. 이러한 두 가지를 통해서 제한을 둔다면 절도가 되고, 이러한 두 가지를 통해서 변통한다면 권도가 된다. 절도와 권도는 은정과 의로움에 부합시켜 도와서 시행토록 하는 것이니, 은정과 의로움은 경도에 해당하고 절도와 권도는 위도에 해당한다.

참고 구문비교

예기 · 상복사제 杖者, 何也? 爵也. 三日授子杖, 五日授大夫杖, 七日授士杖. 或曰擔主, 或曰輔病. 婦人 · 童子不杖, 不能病也. 百官備, 百物具, 不言而事行者, 扶而起. 言而后事行者, 杖而起. 身自執事而后行者, 面垢而已. 禿者不髽, 傴者不袒, 跛者不踊, 老病不止酒肉. 凡此八者, 以權制者也.

대대례기 · 본명(本命) 百官備, 百制具, 不言而事行者, 扶而起. 言而後事行者, 杖而起. 身自執事而後事行者, 面垢而已. 凡此, 以權制者也.

공자가어 · 본명해(本命解) 百官備, 百物具, 不言而事行者, 扶而起. 言而後事行者, 杖而起. 身自執事行者, 面垢而已. 以權制者也.

참고 『의례』「상복(喪服)」 기록

전문 苴杖, 竹也. 削杖, 桐也. 杖各齊其心, 皆下本. 杖者何? 爵也. 無爵而杖者何? 擔主也. 非主而杖者何? 輔病也. 童子何以不杖? 不能病也. 婦人何以不杖? 亦不能病也.

번역 저장(苴杖)은 대나무로 만든 지팡이이다. 삭장(削杖)은 오동나무로 만든 지팡이이다. 지팡이의 길이는 각각 그것을 사용하는 사람의 가슴 높이까지 맞추는데, 모두 뿌리에 해당하는 부분이 밑으로 가게 한다. 지팡이를 잡는 것은 누구인가? 작위를 가지고 있는 사람이다. 작위가 없는 자가 지팡이를 잡는 것은 어째서인가? 상주에게 빌려주는 것이다. 상주가 아닌데도 지팡이를 잡는 것은 어째서인가? 병약한 자를 부축하기 위해서이다. 남자 어린아이는 어찌하여 지팡이를 잡지 않는가? 몸이 병약해지는 지경에 이르게 할 수 없기 때문이다. 여자 어린아이는 어찌하여 지팡이를 잡지 않는가? 이 또한 몸이 병약해지는 지경에 이르게 할 수 없기 때문이다.

鄭注 爵, 謂天子諸侯卿大夫士也. 無爵, 謂庶人也. 擔猶假也. 無爵者假之以杖, 尊其爲主也. 非主, 謂衆子也.

번역 '작(爵)'은 천자·제후·경·대부·사를 뜻한다. 작위가 없다는 것은 서인을 뜻한다. '담(擔)'자는 빌려준다는 뜻이다. 작위가 없는 자에게는 지팡이를 빌려주니, 그가 상주의 입장이 된 것을 존중하기 위해서이다. 상주가 아닌 자는 적자가 아닌 나머지 아들들을 뜻한다.

賈疏 ●云"苴杖, 竹也. 削杖, 桐也"者, 傳意見經唯云苴杖, 不出杖體所用, 故言苴杖者竹也. 下章直云削杖, 亦不辨木名, 故因釋之云: "削杖者, 桐也." 若然, 經言苴杖, 因釋削杖, 唯上下二章不通於下, 是以兼釋之. 至於經帶, 五服自明, 故不兼釋. 然爲父所以杖竹者, 父者子之天, 竹圓亦象天, 竹又外內有節, 象子爲父, 亦有外內之痛. 又竹能貫四時而不變, 子之爲父哀痛亦經寒溫而不改, 故用竹也. 爲母杖桐者, 欲取桐之言同, 內心同之於父, 外無節, 象家無二尊, 屈於父. 爲之齊衰, 經時而有變. 又按變除削之使方者, 取母象於地故也. 此雖不言杖之麤細, 按喪服小記云: "絰殺五分而去一, 杖大如絰." 鄭注云: "如要絰也." 鄭知如要絰者, 以其先云絰五分爲殺, 爲要絰, 其下卽云杖大如絰, 明如要絰也. 如要絰者, 以杖從心已下, 與要絰同處, 故如要絰也.

번역 ●傳文: "苴杖, 竹也. 削杖, 桐也". ○전문의 뜻은 경문을 살펴보면 단지 '저장(苴杖)'이라고만 했고 지팡이의 몸체를 만드는데 사용되는 것은 나타나지 않는다. 그렇기 때문에 "저장(苴杖)은 대나무로 만든 지팡이이다."라고 했다. 그리고 아래문장에서도 단지 '삭장(削杖)'이라고만 말하고 나무의 종류를 구별하지 않았다. 그렇기 때문에 이로 인해 풀이를 하여 "삭장(削杖)은 오동나무로 만든 지팡이이다."라고 했다. 만약 그렇다면 경문에서 저장(苴杖)이라고 했고, 이로 인해 삭장을 풀이했는데, 앞뒤의 두 장은 그 뒤의 것과는 통용되지 않으므로, 이곳에서 함께 풀이한 것이다. 질(絰)과 대(帶)에 있어서는 오복(五服)에 따른 조항 자체에 나타나고 있기 때문에 함께 풀이하지 않았다. 그런데 부친을 위한 지팡이를 대나무로 만드는 것은 부친은 자식에게 있어서는 하늘이 되고, 대나무는 원형으로 되어 있으니 또한 하늘을 상징하고, 대나무는 또한 내외로 마디가 있으니, 자식이 부친의 상을 치를 때 내외적으로 아픔이 있음을 상징한다. 또 대나무는 사계절을 두루 거치면서도 변하지 않는데, 자식은 부친에 대한 슬픔과 아픔에 있어서도 춥거나 따뜻한 계절을 거치더라도 바뀌지 않는다. 그렇기 때문에 대나무를 사용하는 것이다. 모친에 대한 지팡이를 오동나무로 만드는 것은 '동(桐)'자에 같다는 의미가 있다는 뜻에 따르고자 한 것이니, 내적인 마음으로는 부친에 대한 것과 동일하게 하지만, 오동나무의 외부에는 마디가 없으니 집안에 두 명의 존귀한 자가 없다는 것을 상징하며 부친에 대한 경우보다 굽히는 것이다. 모친에 대해서는 자최복(齊衰服)을 착용하는데, 계절을 경과하면서 바뀌는 점이 있게 된다. 또 살펴보니 깎아내어 사각형으로 만드는 것은 모친이 땅을 상징한다는 뜻에 따랐기 때문이다. 여기에서는 비록 지팡이를 가공하는 거칠고 정밀한 정도에 대해서는 언급하지 않았지만, 『예기』「상복소기(喪服小記)」편을 살펴보면 "수질(首絰)의 크기를 줄일 때에는 5등분 중

1만큼을 줄이고, 지팡이의 크기는 요질(要絰)의 크기와 동일하게 한다."[13]라고 했고, 정현의 주에서는 "지팡이는 요질(要絰)의 크기와 같다는 뜻이다."라고 했다. 정현이 요질의 크기와 같다는 사실을 알 수 있었던 것은 앞에서 수질의 경우 5등분 중 1만큼을 줄여서 요질을 만든다고 했고, 그 뒤에서 곧바로 지팡이의 크기는 질(絰)과 같다고 했으니, 이것은 요질과 같다는 것을 나타내기 때문이다. 요질의 크기와 같다는 것은 지팡이의 크기는 가슴 부근에서 그 밑으로 내려오게 되니, 요질과 같은 지점에 위치한다. 그렇기 때문에 요질의 크기와 같다.

賈疏 ●云"杖各齊其心"者, 杖所以扶病, 病從心起, 故杖之高下以心爲斷也.

번역 ●傳文: "杖各齊其心". ○지팡이는 병약해진 몸을 지탱해주기 위한 것인데, 병약함은 가슴으로부터 발생한다. 그렇기 때문에 지팡이의 높이를 가슴부근으로 맞추는 것이다.

賈疏 ●云"皆下本"者, 本, 根也, 按士喪禮"下本", 注云順其性也.

번역 ●傳文: "皆下本". ○'본(本)'자는 뿌리를 뜻하는데, 『의례』「사상례(士喪禮)」편을 살펴보면 "뿌리를 밑으로 한다."[14]라고 했고, 주에서는 그 나무의 성질에 따르기 위한 것이라고 했다.

賈疏 ●云"杖者何爵也"者, 自此已下, 有五問五答, 皆爲杖起文. 云"者何"者, 亦是執所不知, 以其吉時, 五十已後乃杖, 所以扶老. 今爲父母之喪, 有杖有不杖, 不知, 故執而問之. 云"爵", 以爵答之, 以其有爵之人必有德, 有德則能爲父母致病深, 故許其以杖扶病.

번역 ●傳文: "杖者何爵也". ○이곳 구문으로부터 그 이하의 구문에는 다

---

13) 『예기』「상복소기(喪服小記)」【414a】: 絰殺五分而去一, 杖大如絰.
14) 『의례』「기석례(旣夕禮)」: 杖下本, 竹桐一也.

섯 개의 질문과 답변이 있는데, 이 모두는 지팡이로 인해 발생한 기록이다. '자하(者何)'라고 한 말 또한 모르는 부분을 가지고 질문한 것이니, 50세를 넘긴 뒤에야 지팡이를 잡는 것은 노쇠해진 몸을 지탱하기 위해서이다. 현재 부모의 상을 치르면서 어떤 경우에는 지팡이를 잡고 또 어떤 경우에는 지팡이를 잡지 않는다. 따라서 알 수 없기 때문에 모르는 부분을 가지고 질문한 것이다. '작(爵)'이라고 말한 것은 작위[爵]로 대답을 해준 것이니, 작위를 가지고 있는 자는 분명 덕을 갖추고 있고, 덕을 갖춘 자는 부모의 상을 치르면서 몸을 극심히 병약하게 만들 수 있다. 그렇기 때문에 지팡이를 통해 병약해진 몸을 지탱할 수 있도록 허용하는 것이다.

賈疏 ●云"無爵而杖者何", 問辭也, 庶人無爵, 亦得杖.

번역 ●傳文: "無爵而杖者何". ○질문한 말에 해당하니, 서인은 작위가 없는데도 또한 지팡이를 잡을 수 있다.

賈疏 ●云"檐主也"者, 答辭也, 以其雖無爵無德, 然以適子, 故假取有爵之杖爲之, 喪主拜賓 · 送賓, 成喪主之義也.

번역 ●傳文: "檐主也". ○답변한 말에 해당하니, 비록 작위가 없고 덕이 없지만, 적자의 신분이기 때문에 임시로 가탁하여 작위를 가진 자가 사용하는 지팡이를 잡게 하는 것이니, 상주는 빈객에게 절을 하거나 전송하여 상주의 도의를 완성해야 하기 때문이다.

賈疏 ●云"非主而杖者何", 問辭也.

번역 ●傳文: "非主而杖者何". ○질문한 말에 해당한다.

賈疏 ●"輔病也", 答辭也. 鄭云謂衆子雖非爲主, 子爲父母致病是同, 亦爲輔病也.

번역 ●傳文: "輔病也". ○답변한 말에 해당한다. 정현의 설명은 적자를 제외한 나머지 아들들은 비록 상주는 아니지만, 자식이 부모의 상을 치르며 병약해지는 측면에서는 동일하므로, 이 또한 병약해진 몸을 지탱해주기 위한 것이라는 의미이다.

賈疏 ●云"童子何以不杖"者, 按此子夏之問辭, 有不同, 或云"者何", 或云"何以", 或云"何如", 或云"孰後", 或云"孰謂", 或云"何大夫", 或云"曷爲", 有此七者, 各有義意. 凡言者何, 皆謂執所不知, 故隱元年公羊傳云: "元年者何?" 何休云: "諸據疑問所不知, 故曰者何." 卽此問"杖者何", 是也. 稱何以者, 皆據彼決此, 卽下云: 父爲長子, "何以三年", 據期章爲衆子期, 適庶皆子, 長子獨三年, 是據彼決此也. 此卽公羊傳云"何以不言卽位", 何休云: "據文公言卽位." 隱不稱卽位是也. 云何如者, 問比類之辭, 卽下傳云"何如而可爲人後"者, "同宗則可爲人後", 是其問比類也. 云孰後者, 不問比類, 依不杖章, 子夏傳云: 孰後? 後大宗. 禮有大宗·小宗, 故問誰爲後. 云孰謂者, 亦是問比類, 但舊君有二等, 一是待放之臣, 二是致仕之臣, 俱爲舊君. 是以齊衰三月章云"舊君", 傳曰: "爲舊君者, 孰謂也, 仕焉而已者也." 由其有二等, 故問比類也. 卽公羊傳云"王者孰謂? 謂文王", 是也. 云何大夫者, 亦是據彼決此, 卽齊衰三月章云"大夫爲舊君", 傳曰: "何大夫之謂乎? 言其以道去君, 而猶未絶也." 由其大夫有致仕者, 有待放者, 不同, 故擧何大夫之問也. 言曷爲者, 亦是據彼決此, 故不杖章云: "大夫曷爲不降命婦也." 云謂據大夫於姑姊妹出嫁, 宜降不降, 故擧曷爲之問也. 今云童子何以不杖, 問辭也, 不能病也, 答辭也. 此庶童子, 非直不杖, 以其未冠首加免而已. 故問喪云: "免者以何爲也? 曰: 不冠者之所服也." 言何以者, 據當室童子及成人皆杖, 唯此庶童子不杖, 故云何以決之也. 知當室童子杖者, 按問喪云: "禮曰: 童子不緦, 唯當室緦. 緦者, 其免也. 當室則免而杖矣." 謂適子也. 按雜記云: "童子哭不偯, 不踊, 不杖, 不菲, 不廬." 注云: "未成人者, 不能備禮也." 此獨云不杖, 餘不言者, 此上下皆釋杖, 故言杖, 不云餘者. 其實皆無, 直有衰裳絰帶而已.

번역 ●傳文: "童子何以不杖". ○살펴보면 자하가 질문하는 말에 있어서 차이점이 있는데, 어떤 경우에는 '자하(者何)'라고 말하고 어떤 경우에는 '하이(何以)'라고 말하며 어떤 경우에는 '하여(何如)'라고 말하고 어떤 경우에는 '숙후(孰後)'라고 말하며 어떤 경우에는 '숙위(孰謂)'라고 말하고 어떤 경우에는 '하대부(何大夫)'라고 말하며 어떤 경우에는 '갈위(曷爲)'라고 말하는 등 이처럼 일곱 종류의 말에는 각각에 해당하는 의미가 있다. '자하(者何)'라고 말한 것들은 모두 모르는 부분을 가지고 물어본 것이다. 그렇기 때문에 은공(隱公) 1년에 대한 『공양전』의 기록에서는 "원년(元年)이라는 것은 무엇인가?"[15]라고 했고, 하휴[16]는 "알지 못하여 의문나는 점에 기준을 두었기 때문에 자하(者何)라고 했다."라고 했으니, 이곳에서 질문을 하며 '장자하(杖者何)'라고 한 경우가 여기에 해당한다. '하이(何以)'라고 말한 것은 모두 저것을 기준으로 이것을 판단하는 경우이니, 아래문장에서 부친이 장자의 상을 치르며 "어찌하여 삼년으로 하는가."라고 했는데, 이것은 기장(期章)에서 나머지 아들들을 위해서는 기년상으로 치른다고 했고, 적자나 서자 모두 아들에 해당하는데 장자에 대해서만 유독 삼년상으로 한다고 했다. 따라서 이것은 저것을 기준으로 이것을 판단하는 경우이다. 이러한 경우는 『공양전』에서 "어찌하여 즉위(卽位)를 했다고 말하지 않았는가."라고 했고, 하휴가 "문공에 대해서 즉위를 했다고 말한 것에 근거한 말이다."라고 했으니, 은공에 대해 즉위라고 지칭하지 않아서 질문한 경우가 여기에 해당한다. '하여(何如)'라고 말한 것은 비슷한 부류를 질문한 말이니, 아래 전문에서 "어찌하여 남의 후계자가 되었다고 하는가."라고 질문하자 "같은 종족이면 남의 후계자가 될 수 있다."라고 했는데,[17] 이것은 비슷한 부류에 대해 질문한 것이다. '숙후(孰後)'라고 말한 것은 비슷한 부류를 질문하지 않은 것으로, 부장장(不杖章)에 따르면 자하의 전문에서 "누구의 후계자가 된 것인가? 대종의 후계자가 된 것이다."[18]라고 했는데, 예법에 따르면

---

15) 『춘추공양전』「은공(隱公) 1년」: 元年, 春, 王正月. 元年者何? 君之始年也.

16) 하휴(何休, A.D.129~A.D.182) : 전한(前漢) 때의 금문경학자(今文經學者)이다. 자(字)는 소공(邵公)이다. 『춘추공양전해고(春秋公羊傳解詁)』를 지었으며, 『효경(孝經)』, 『논어(論語)』 등에 대해서도 주를 달았고, 『춘추한의(春秋漢議)』를 짓기도 하였다.

17) 『의례』「상복(喪服)」: 何如而可爲之後? 同宗則可爲之後.

18) 『의례』「상복(喪服)」: 爲人後者, 孰後? 後大宗也.

대종(大宗)과 소종(小宗)이 있다. 그렇기 때문에 누구의 후계자가 된 것인지 질문한 것이다. '숙위(孰謂)'라고 말한 것 또한 비슷한 부류를 질문한 것이다. 다만 옛 군주에 대해서는 두 부류가 있으니, 하나는 내쳐지기를 기다리는 신하이고 다른 하나는 관직에서 물러난 신하인데, 둘 모두에 대해서는 옛 군주가 된다. 이러한 까닭으로 자최삼월장(齊衰三月章)에서는 '구군(舊君)'이라고 했고, 전문에서는 "옛 군주를 위해서 착용한다고 한 말은 누구를 뜻하는가? 벼슬을 했다가 관직에서 물러난 자를 뜻한다."라고 한 것이다.[19] 이처럼 두 부류가 있기 때문에 비슷한 부류에 대해 질문한 것이다. 이것은 곧 『공양전』에서 "왕(王)은 누구를 뜻하는가? 문왕을 뜻한다."[20]라고 한 경우에 해당한다. '하대부(何大夫)'라고 말한 것 또한 저것을 기준으로 이것을 판단하는 경우이니, 자최삼월장에서 "대부가 옛 군주를 위해서 착용한다."라고 했고, 전문에서 "어떤 대부를 말하는가? 도의에 따라 군주를 떠났으나 아직 관계가 끊어지지 않은 자를 뜻한다."라고 한 말에 해당한다.[21] 대부 중에는 관직에서 물러난 자도 있고 내쳐지기를 기다리는 신하도 있으니 동일하지 않기 때문에 어떤 대부를 뜻하느냐고 질문한 것이다. '갈위(曷爲)'라고 말한 것 또한 저것을 기준으로 이것을 판단하는 경우이다. 그렇기 때문에 부장장에서는 "대부는 어찌하여 명부에 대해서 낮추지 않는가."[22]라고 한 것이니, 대부는 고모나 자매 중 출가한 여자에 대해서는 마땅히 낮춰야 하는데 낮추지 않았기 때문에 갈위(曷爲)라고 질문한 것이다. 현재 "남자 어린아이는 어찌하여 지팡이를 잡지 않는가?"라고 한 말은 질문하는 말에 해당하고, "몸이 병약해지는 지경에 이르게 할 수 없기 때문이다."라고 한 말은 답변하는 말에 해당한다. 이러한 서자에 해당하는 남자 어린아이들은 지팡이를 잡지 않는 것만이 아니니, 아직 관례를 치르지 않아 머리에는 문(免)만 하기 때문이다. 그래서 『예기』「문상(問喪)」편에서는 "문(免)이라는 것은 어떤 용도로 사용하는 것이냐고 하자, 관을 쓰지 않을 때 착용

---

19) 『의례』「상복(喪服)」: 爲舊君·君之母·妻. 傳曰, 爲舊君者, 孰謂也? 仕焉而已者也.

20) 『춘추공양전』「은공(隱公) 1년」: 王者孰謂? 謂文王也.

21) 『의례』「상복(喪服)」: 傳曰, 大夫爲舊君何以服齊衰三月也? 大夫去, 君掃其宗廟, 故服齊衰三月也, 言與民同也. 何大夫之謂乎? 言其以道去君, 而猶未絶也.

22) 『의례』「상복(喪服)」: 大夫曷爲不降命婦也? 夫尊於朝, 妻貴於室矣.

하는 복식이라고 답변했다."[23]라고 한 것이니, '하이(何以)'라고 말한 것은 당실(當室)[24]에 해당하는 어린아이 및 성인이 되는 자들은 모두 지팡이를 잡지만 서자에 해당하는 어린아이는 지팡이를 잡지 않는다는 것에 근거하였기 때문에 '하이(何以)'라는 말로 질문하여 판단을 내린 것이다. 당실에 해당하는 어린아이가 지팡이를 잡는다는 사실을 알 수 있는 이유는 「문상」편을 살펴보면 "『예』에서는 '어린아이는 상복을 착용하지 않는데, 오직 당실(當室)만이 상복을 착용한다.'라고 했는데, 상복을 착용하는 것은 문(免)을 하기 때문이니, 당실의 경우라면 문(免)을 하고 지팡이를 잡는다."라고 했고, 이것은 적자의 경우를 뜻한다. 『예기』「잡기(雜記)」편을 살펴보면 "어린아이는 곡(哭)을 할 때 격식에 맞춰 울지 않고, 용(踊)을 하지 않으며, 지팡이를 짚지 않고, 짚신을 신지 않으며, 상중의 임시숙소에 머물지 않는다."[25]라고 했고, 정현의 주에서는 "아직 성인(成人)이 되지 못한 자는 예법대로 갖출 수 없기 때문이다."라고 했다. 이곳에서는 유독 지팡이를 잡지 않는다고만 말하고 나머지 사안에 대해서는 언급하지 않았는데, 이 구문의 앞뒤 문장은 모두 지팡이에 대해 풀이한 것이다. 그렇기 때문에 지팡이에 대한 부분만 말하고 나머지 것들은 언급하지 않은 것이다. 실제적으로는 이러한 것들을 모두 적용하지 않으니, 단지 상복과 질대(絰帶)만 있게 될 따름이다.

賈疏 ●又云"婦人何以不杖? 亦不能病也"者, 此亦謂童子婦人, 若成人婦人正杖, 知者, 此喪服上陳其服, 下陳其人. 喪服之下, 男子婦人俱列, 男子婦人同有苴杖. 又喪大記云: "三日, 子·夫人杖; 五日, 大夫世婦杖." 諸經皆有婦人杖文, 故知成人婦人正杖也. 明此童子婦人, 按喪服小記云: "女子子在室爲父母, 其主喪者不杖, 則子一人杖." 鄭注云: "女子子在室, 亦童子也. 無男昆弟, 使同姓爲攝主不杖, 則子一人杖, 謂長女也. 許嫁及二十而笄, 笄爲成

---

23) 『예기』「문상(問喪)」【659c】: 或問曰, "<u>免者以何爲也?" 曰, "不冠者之所服也</u>. 禮曰, '童子不緦, 唯當室緦', 緦者其免也, 當室則免而杖矣."

24) 당실(當室)은 부친을 대신하여, 가사(家事)일을 돌본다는 뜻이다. 고대에는 대부분 장자(長子)가 이 일을 담당해서, 적장자(嫡長子)를 가리키기는 용어로도 사용하였다.

25) 『예기』「잡기하(雜記下)」【517c】: 童子哭不偯, 不踊, 不杖, 不菲, 不廬.

人, 成人正杖也." 是其童女爲喪主, 則亦杖矣. 若然, 童子得稱婦人者, 按小功章云: "爲姪·庶孫丈夫婦人之長殤." 是未成人稱婦人也. 雷氏以爲此喪服妻爲夫·妾爲君·女子子在室爲父·女子子嫁及在父之室爲父三年, 如傳所云婦人者皆不杖, 喪服小記婦人不爲主而杖者, 唯著此一條, 明其餘不爲主者皆不杖. 此說非, 何者? 此四等婦人皆在杖科之內, 何得不杖? 又禮記記文說婦人杖者甚衆, 何言無杖也.

번역 ●傳文: "婦人何以不杖? 亦不能病也". ○이 또한 어린이아인 여자들을 뜻하니, 만약 성인이 된 부인이라면 정식 지팡이를 잡게 된다. 이러한 사실을 알 수 있는 이유는 이곳 「상복」편에서 앞에 해당 복장을 진술하였고 그 뒤에 해당하는 대상들을 진술하였다. 상복에 대한 내용 뒤에 남자와 부인이 함께 열거 되어있는데, 남자와 부인에 대해서 동일하게 저장(苴杖)이 포함된다고 했다. 또 『예기』「상대기(喪大記)」편에서는 "3일째가 되면 자식과 부인(夫人)이 지팡이를 잡는다. 5일째가 되어 빈소를 차린 뒤에는 대부와 세부(世婦)가 지팡이를 잡는다."[26]라고 했고, 여러 경문들에도 모두 부인들이 지팡이를 잡는다는 기록이 나온다. 그렇기 때문에 성인이 된 부인들에게는 정식 지팡이가 있게 됨을 알 수 있다. 따라서 여기에 나온 대상은 어린아이인 여자들을 나타내는데, 『예기』「상복소기(喪服小記)」편을 살펴보면 "딸 중 아직 시집을 가지 않은 여자는 부모의 상을 치를 때, 남자 형제가 없어서 같은 성씨의 남자를 섭주로 삼아 그 자가 지팡이를 잡지 않으면, 딸 중 한 명이 지팡이를 잡는다."[27]라고 했고, 정현의 주에서는 "딸자식 중 아직 시집을 가지 않은 여자는 또한 어린아이에 해당한다. 남자 형제들이 없어서 동성인 남자 친족을 섭주로 삼았는데 그가 지팡이를 잡지 않는다면, 딸 중 1명이 지팡이를 잡으니, 장녀를 가리킨다. 혼인이 약속되거나 20세가 되어 계례(笄禮)를 치렀다면, 비녀를 꼽

---

26) 『예기』「상대기(喪大記)」【531b】: 君之喪三日, 子夫人杖; 五日既殯, 授大夫世婦杖. 子大夫寢門之外杖, 寢門之內輯之; 夫人世婦在其次則杖, 卽位則使人執之. 子有王命則去杖, 國君之命則輯杖. 聽卜有事於尸則去杖. 大夫於君所則輯杖, 於大夫所則杖.

27) 『예기』「상복소기(喪服小記)」【421d】: 婦人不爲主而杖者, 姑在爲夫杖. 母爲長子削杖. 女子子在室爲父母, 其主喪者不杖, 則子一人杖.

은 것은 성인이 된 것이니, 성인은 정식 지팡이를 잡게 된다."라고 했다. 이것은 어린아이인 여자라도 상주가 되었다면 또한 지팡이를 잡게 됨을 나타낸다. 만약 그렇다면 어린아이에 대해서 '부인(婦人)'이라 지칭할 수 있는 이유는 소공장(小功章)을 살펴보면 "장상(長殤)[28]한 조카와 장상한 서손 중의 장부(丈夫) 및 부인(婦人)을 위해서 착용한다."[29]라고 했는데, 이것은 아직 성인이 되지 못한 여자에 대해서도 부인(婦人)이라 지칭함을 나타낸다. 뇌씨는 이곳 「상복」편에서 처가 남편을 위해 상을 치르고, 첩이 주군을 위해 상을 치르며, 딸자식 중 아직 시집을 가지 않은 여자가 부친을 위해 상을 치르고, 딸자식 중 시집을 갔다가 되돌아와 부친의 집에 머물러 있는 여자가 부친을 위해 상을 치를 때에는 삼년상을 치르는데, 전문에서 말한 것처럼 부인(婦人)은 모두 지팡이를 잡지 않고, 「상복소기」편에서 부인 중 상주를 맡지 않은 여자가 지팡이를 잡는다고 한 것은 오직 이러한 한 조목에만 그러한 기술이 나오니, 나머지 상주를 맡지 않은 여자들은 한 명을 제외하고 모두 지팡이를 잡지 않는다고 했다. 그러나 이 주장은 잘못되었으니 어째서인가? 이러한 네 부류의 부인들은 모두 지팡이를 잡게 되는 조항에 포함되는데 어떻게 지팡이를 잡지 않을 수 있겠는가? 또 『예기』의 기문에서 부인이 지팡이를 잡는다고 한 기록은 매우 많은데 어떻게 지팡이를 잡는다는 기록이 없다고 하겠는가.

賈疏 ◎"爵, 謂天子諸侯卿大夫士也"者, 按白虎通云: "天子爵號." 又夏殷之士無爵, 周之道, 爵及命士, 卿大夫自然皆爵也. 是天子以下, 皆曰爵也.

번역 ◎鄭注: "爵, 謂天子諸侯卿大夫士也". ○『백호통』을 살펴보면 "천자(天子)는 작위에 따른 호칭이다."라고 했다. 또 하나라와 은나라 때의 사(士)에게는 작위가 없었는데, 주나라의 도에 따르면 작위는 명사(命士)[30]에게까지

28) 장상(長殤)은 16~19세 사이에 요절한 자를 뜻한다. 『의례』「상복(喪服)」편에 "年十九至十六爲長殤."이라는 기록이 있다.

29) 『의례』「상복(喪服)」: 昆弟之子女子子 · 夫之昆弟之子女子子之下殤. 爲姪 · 庶孫丈夫婦人之長殤.

30) 명사(命士)는 사(士) 중에서도 작명(爵命)을 받은 자를 뜻한다. 『예기』「내칙(內則)」편에는 "由命士以上, 父子皆異宮, 昧爽而朝, 慈以旨甘."이라는 용례가 나온다.

수여되었으니, 경과 대부는 자연히 모두 작위를 가지게 된다. 이것은 천자로부터 그 이하의 계층을 모두 '작(爵)'이라 부른다는 사실을 나타낸다.

참고 『예기』「상대기(喪大記)」 기록

경문-531b 君之喪三日, 子夫人杖; 五日既殯, 授大夫世婦杖. 子大夫寢門之外杖, 寢門之內輯之; 夫人世婦在其次則杖, 卽位則使人執之. 子有王命則去杖, 國君之命則輯杖. 聽卜有事於尸則去杖. 大夫於君所則輯杖, 於大夫所則杖.

번역 군주의 상에서는 3일째가 되면 자식과 부인(夫人)이 지팡이를 짚는다. 또 5일째가 되어 빈소를 차린 뒤에는 대부와 세부(世婦)에게 지팡이를 지급한다. 자식과 부인은 침문(寢門) 밖에서 지팡이를 짚는데, 침문 안쪽으로 들어오면 지팡이를 손에 모아 쥐어서 땅을 짚지 않는다. 부인과 세부는 임시숙소에 있을 때 지팡이를 짚지만, 자신의 자리로 나아가게 되면 다른 사람을 시켜서 그것을 들게 한다. 세자가 천자의 명령을 받들고 온 사신을 맞이하게 되면 지팡이를 제거하고, 이웃 나라의 제후가 보낸 사신을 대하게 되면 지팡이를 모아 쥐어서 땅을 짚지 않는다. 거북점을 치거나 시동에 대한 일을 처리하게 되면 지팡이를 제거한다. 대부는 군주가 계신 장소에서 지팡이를 모아 쥐어서 땅을 짚지 않고, 대부들끼리 있는 장소라면 지팡이를 짚는다.

鄭注 三日者, 死之後三日也. 爲君杖不同日, 人君禮大, 可以見親疏也. 輯, 斂也. 斂者, 謂擧之不以柱地也. 夫人·世婦次於房中, 卽位堂上. 堂上近尸殯, 使人執杖, 不敢自持也. 子於國君之命輯杖, 下成君, 不敢敵之也. 卜, 卜葬, 卜日也. 凡喪祭, 虞而有尸. 大夫於君所輯杖, 謂與之俱卽寢門外位也. 獨焉則杖. 君, 謂子也. 於大夫所杖, 俱爲君杖, 不相下也.

번역 '삼일(三日)'은 죽은 이후 3일째를 뜻한다. 군주를 위해서 지팡이를 잡을 때, 그 날짜가 동일하지 않은 것은 군주의 예법은 성대하여, 차등적 절차를 통해 친소관계를 드러낼 수 있기 때문이다. '집(輯)'자는 "모으다[斂]."는 뜻이다. 모은다는 것은 손에 들지만 그것으로 땅을 짚지 않는다는 뜻이다. 부인(夫人)과 세부(世婦)는 방에 임시숙소를 마련하고, 자신의 자리로 나아가게 되면 당상(堂上)에 있게 된다. 당상은 시신이 안치된 빈소와 가까운 장소이므로, 다른 사람을 시켜서 지팡이를 들게 하며, 감히 스스로 그것을 지니고 있지 않는다. 세자가 이웃 제후의 명령을 받들고 온 사신에 대해서 지팡이를 모아 쥐고 땅을 짚지 않는 것은 정식 군주보다 낮추는 것이니, 감히 대등하게 여길 수 없기 때문이다. '복(卜)'자는 장례 장소에 대해 거북점을 치고, 장례 날짜에 대해 거북점을 친다는 뜻이다. 무릇 상제(喪祭)[31]에 있어서는 우제(虞祭)를 치르면 시동을 세우게 된다. 대부는 군주가 계신 장소에서 지팡이를 모아 쥔다고 했는데, 군주와 함께 모두 침문(寢門) 밖의 자리에 있을 때를 뜻한다. 홀로 있을 때라면 지팡이를 짚는다. '군(君)'자는 세자를 뜻한다. 대부가 있는 장소에서 지팡이를 짚는다고 했는데, 모두들 군주를 위해 상을 치르며 지팡이를 짚는다. 그러므로 지팡이를 짚는 것에 있어서는 서로에 대해서 낮추지 않는다.

경문-531d 大夫之喪, 三日之朝旣殯, 主人主婦室老皆杖. 大夫有君命則去杖, 大夫之命則輯杖. 內子爲夫人之命去杖, 爲世婦之命授人杖.

번역 대부의 상에서 3일째 아침에 빈소를 차리고 나면, 상주 · 주부 · 실로(室老)는 모두 지팡이를 짚는다. 상주에게 군주의 명령을 받들고 온 사신이 조문을 한다면 지팡이를 제거하고, 대부의 명령을 받들고 온 사신에 대해서는 지팡이를 모아 쥐고 땅을 짚지 않는다. 내자(內子)는 군주 부인(夫人)의 명령을 받들고 온 조문객을 위해 지팡이를 제거하고, 군주 세부(世婦)의 명령을 받들고 온 조문객을 위해서는 남에게 지팡이를 건넨다.

鄭注 大夫有君命去杖, 此指大夫之子也. 而云大夫者, 通實大夫有父母之喪也. 授人杖, 與使人執之同也.

---

31) 상제(喪祭)는 장례(葬禮)를 치른 이후에 지내는 제사들을 지칭하는 말이다.

번역 대부에게 군주의 명령을 받들고 온 사신이 조문을 한다면 지팡이를 제거한다고 했는데, 이때의 '대부(大夫)'는 대부의 자식을 뜻한다. 그런데도 '대부(大夫)'라고 말한 것은 대부에게 부모의 상이 발생한 경우까지도 통괄해서 말했기 때문이다. 남에게 지팡이를 건넨다는 것은 남으로 하여금 지팡이를 잡게 하는 것과 동일하다.

경문-531d~532a 士之喪, 二日而殯, 三日之朝主人杖, 婦人皆杖. 於君命夫人之命如大夫, 於大夫世婦之命如大夫.

번역 사의 상에서는 2일이 지난 뒤에 빈소를 마련하며, 3일째 아침에 상주는 지팡이를 짚고, 주부 및 첩과 시집을 가지 않은 딸자식은 모두 지팡이를 짚는다. 군주의 명령을 받들고 온 사신이나 군주 부인(夫人)의 명령을 받들고 온 사신을 대하는 경우에는 대부의 예법처럼 하고, 대부나 세부(世婦)의 명령을 받들고 온 사신을 대하는 경우에는 대부의 예법처럼 한다.

鄭注 士二日而殯者, 下大夫也. 士之禮, 死與往日, 生與來日, 此二日於死者, 亦得三日也. 婦人皆杖, 謂主婦, 容妾爲君·女子子在室者.

번역 "사는 2일을 넘기고 빈소를 마련한다."라고 했는데, 이것은 대부에 비해 낮추기 때문이다. 사의 예법에서는 죽은 자에 대해서 그 시점부터 날짜를 계산하고, 산 자에 대해서는 그 다음날부터 날짜를 계산하니, 이 내용은 죽은 날에 비해 2일이 지났다고 한 것으로, 또한 3일이 지난 것이다. "부인들은 모두 지팡이를 짚는다."고 했는데, 주부에 대한 경우를 뜻하지만, 또한 첩이 주군을 위해 상을 치르고, 딸자식 중 아직 시집을 가지 않은 자의 경우까지도 포함한다.

경문-532a 子皆杖, 不以卽位. 大夫士哭殯則杖, 哭柩則輯杖. 棄杖者, 斷而棄之於隱者.

번역 적장자를 제외한 나머지 아들들은 모두 지팡이를 짚지만, 그것을 짚고서 자신의 자리로 나아가지 않는다. 대부와 사는 빈소에서 곡(哭)을 하게 되면 지팡이를 짚지만, 계빈(啓殯)을 한 이후 영구에 대해 곡을 하게 되면 지팡이를 모아 쥐고 땅을 짚지 않는다. 대상(大祥)을 치른 이후 지팡이를 버리게 되면, 분질러서 은밀한 곳에 버린다.

鄭注 子, 謂凡庶子也. 不以即位, 與去杖同. 哭殯, 謂旣塗也. 哭柩, 謂啓後也. 大夫·士之子於父, 父也, 尊近, 哭殯可以杖. 天子·諸侯之子於父, 父也, 君也, 尊遠, 杖不入廟門. 以喪至尊, 爲人得而褻之也.

번역 '자(子)'자는 적장자를 제외한 나머지 아들들을 뜻한다. 지팡이를 짚고서 자신의 자리로 나아가지 않는 것은 지팡이를 제거한다는 뜻과 같다. 빈소에서 곡을 한다는 것은 이미 영구에 흙칠을 한 상태를 뜻한다. 영구에게 곡을 한다는 것은 계빈(啓殯)[32]을 한 이후를 뜻한다. 대부와 사의 자식은 그의 부친에 대해서, 부친으로 여기고 존귀하며 친근한 존재이므로, 빈소에서 곡을 할 때 지팡이를 짚을 수 있다. 천자와 제후의 자식은 그의 부친에 대해서, 부친으로 여기지만 군주로도 여겨서, 존귀하며 멀리 대하는 존재이므로, 지팡이를 짚고서 묘문(廟門)으로 들어갈 수 없다. 지팡이는 상복의 복장 중에서도 지극히 존귀한 물건이니, 그것을 분질러 버리는 것은 남이 그것을 습득하여 아무렇게나 쓸 수 있기 때문이다.

참고 『예기』「왕제(王制)」 기록

경문-158b 天子七日而殯, 七月而葬. 諸侯五日而殯, 五月而葬. 大夫士庶人三日而殯, 三月而葬. 三年之喪, 自天子達.

번역 천자는 7일 후에 빈소를 마련하고 7개월 후에 장례를 치른다. 제후는 5일 후에 빈소를 마련하고 5개월 후에 장례를 치른다. 대부·사·서인들은 3일

---

32) 계빈(啓殯)은 장례(葬禮) 절차 중 하나이다. 장례를 치르기 위하여, 빈소에 임시로 가매장했던 영구를 꺼내는 절차를 뜻한다.

후에 빈소를 마련하고 3개월 후에 장례를 치른다. 삼년상은 천자로부터 모든 사람들에게 통용된다.

鄭注 尊者舒, 卑者速. 春秋傳曰: 天子七月而葬, 同軌畢至. 諸侯五月, 同盟至. 大夫三月, 同位至. 士踰月, 外姻至. 下通庶人, 於父母同. 天子諸侯降期.

번역 존귀한 자는 느리게 하고 미천한 자들은 빠르게 하기 때문이다. 『춘추전』에서는 "천자는 7개월 이후에 장례를 치러서 수레바퀴의 폭이 같은 나라의 사람들이 끝내 모두 찾아온다. 제후들은 5개월 이후에 장례를 치러서 동맹을 맺은 자들이 모두 찾아온다. 대부는 3개월 이후에 장례를 치러서 동등한 직위에 있는 자들이 모두 찾아온다. 사는 달을 넘겨 장례를 치러서 외인(外姻)[33]들이 모두 찾아온다."라고 했다. 천자로부터 통용된다는 것은 아래로 서인에게까지 통용되니, 부모에 대해서는 동일한 것이다. 그러나 천자와 제후는 강복(降服)을 하여 기년상으로 치른다.

---

33) 외인(外姻)은 혼인 관계로 맺어진 친척들을 말한다. 『춘추좌씨전』「은공(隱公) 1년」편에는 "士踰月, 外姻至."라는 기록이 있는데, 이에 대한 두예(杜預)의 주에서는 "姻, 猶親也."라고 풀이했다.

그림 6-1 ▣ 문(免)과 괄발(括髮)

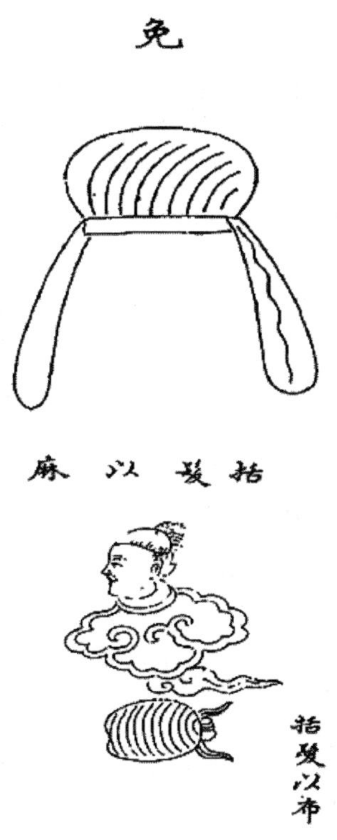

※ **출처:** 『삼례도(三禮圖)』 3권

그림 6-2 ▣ 저장(苴杖: =竹杖)과 삭장(削杖: =桐杖)

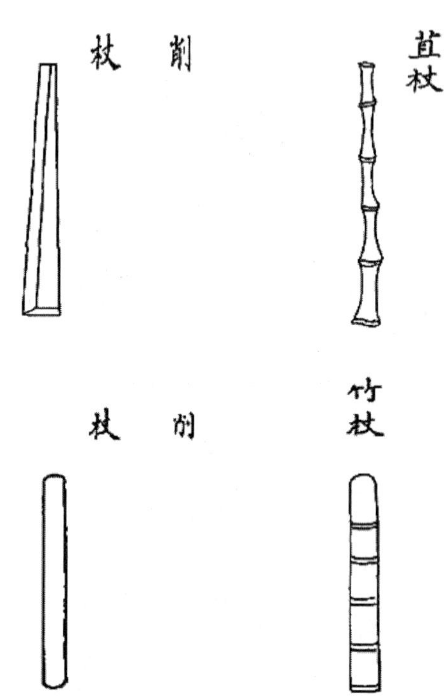

※ **출처:** 상단-『삼례도집주(三禮圖集注)』 15권
하단-『삼례도(三禮圖)』 3권

• 제 7 절 •

절제(節制)와 삼년상(三年喪)

【722c】

始死, 三日不怠, 三月不解, 期悲哀, 三年憂, 恩之殺也. 聖人因殺以制節, 此喪之所以三年, 賢者不得過, 不肖者不得不及. 此喪之中庸也, 王者之所常行也. 書曰: "高宗諒闇, 三年不言." 善之也.

직역 始히 死에, 三日을 不怠하고, 三月을 不解하며, 期에 悲哀하고, 三年에 憂하니, 恩의 殺이다. 聖人은 殺로 因하여 節을 制하니, 此는 喪을 三年하여, 賢者도 過를 不得하고, 不肖者도 不及을 不得하는 所以이다. 此는 喪의 中庸이며, 王者가 常히 行하는 所이다. 書에서는 曰, "高宗은 諒闇하여, 三年을 不言이라." 善이라.

의역 어떤 자가 이제 막 죽었을 때, 그의 자식은 3일 동안 게으름을 피우지 않고, 3개월 동안 느슨하게 풀어지지 않으며, 1년 동안 비통하고 애통한 마음이 들고, 3년 동안 근심을 하게 되니, 이것은 그 은정이 점진적으로 줄어듦을 뜻한다. 성인은 줄어듦에 따라서 절도를 제정하였으니, 이것이 바로 상을 3년이라는 기간으로 정하여, 현명한 자는 지나치지 못하게 만들고 불초한 자도 미치지 못하는 일이 없게끔 했던 방법이다. 이것은 또한 상을 치르는 중용(中庸)의 덕에 해당하며, 천자가 항상 시행하는 도리이다. 『서』에서는 "고종(高宗)은 햇볕이 들지 않는 임시 막사에서 3년 동은 말을 하지 않았다."[1]라고 했는데, 이것은 그 행위를 칭찬한 기록이다.

---

1) 『서』「주서(周書) · 무일(無逸)」: 其在高宗時, 舊勞于外, 爰暨小人, 作其即位, 乃或亮陰, 三年不言. 其惟不言, 言乃雍, 不敢荒寧, 嘉靖殷邦.

集說 自三日不怠以至於三年憂, 其哀漸殺而輕, 故曰恩之殺也.

번역 “3일 동안 게으름을 피우지 않는다.”라는 구문으로부터 “3년 동안 근심을 한다.”라는 구문까지는 슬퍼하는 감정이 점진적으로 줄어들어서 경감되는 것을 나타낸다. 그렇기 때문에 은정이 줄어든다고 말한 것이다.

集說 鄭氏曰: 諒, 古作梁. 楣謂之梁. 闇, 讀如鶉鵪之鵪. 闇, 謂廬也. 廬有梁者, 所謂柱楣也.

번역 정현이 말하길, ‘양(諒)’자를 고문에서는 양(梁)자로 기록했다. ‘햇빛을 가리는 처마[楣]’를 ‘양(梁)’이라고 부른다. ‘암(闇)’자는 순암(鶉鵪)이라고 할 때의 ‘암(鵪)’자로 읽는다. ‘암(闇)’은 상중에 머물게 되는 임시 막사이다. 임시 막사 중 햇빛을 가리는 처마가 있는 것을 이른바 ‘주미(柱楣)’라고 부른다.

大全 藍田呂氏曰: 子之於親, 天性也, 不可解於心也. 執親之喪, 創鉅痛甚, 雖日月之久, 豈有殺乎? 此君子所以有終身之憂. 然喪必有月筭, 服必有變除, 天地已易, 四時已變, 哀之感者, 亦安能無殺創鉅者? 其日久, 痛甚者其愈遲, 此以恩之薄厚, 而有久近之殺也. 三日不怠, 三月不解, 期悲哀, 三年憂, 此以日月之久近, 而有哀戚之殺也. 始死, 哭不絶聲, 水漿不入口者, 三日, 此三日不怠也. 未葬, 哭無時, 居倚廬, 寢不絶絰帶, 此三月不解者也. 旣虞卒哭, 唯朝夕哭, 此其悲哀者也. 旣練, 不朝夕哭, 哭無時, 謂哀至則哭, 此三年憂者也. 君子之居喪, 期合乎中者也. 有如是之隆殺, 聖人因隆殺, 而致其禮, 所謂品節斯, 斯之謂禮者也. 禮者, 所以敎民之中, 故三年之喪, 賢者不得過, 不肖者不敢不勉也. 三年之喪, 自天子達於庶人, 古之道也. 書獨稱高宗諒闇, 三年不言者, 先王之禮墜, 王者之貴, 有不能行之者, 高宗以善喪聞, 而廢禮所由興, 故善之也.

번역 남전여씨가 말하길, 자식과 부모의 관계는 하늘로부터 맺어진 필연적 관계이므로, 자식은 부모에 대한 생각을 마음에서 풀어버릴 수가 없다. 부모의 상을 치를 때에는 그 마음이 매우 무겁고 비통하니, 비록 오랜 시간이 흐른다하더라도, 어찌 경감되는 일이 생기겠는가? 이것이 바로 군자가 종신토록 품게 되는 근심이 발생하는 이유인 것이다.[2] 그러나 상을 치를 때에는 반드시 개월에 따른 수치적 제한이 있고, 상복에 있어서도 반드시 시일에 따라 바꾸고 제거하는 점이 있으니, 천지의 기운이 이미 바뀌고 사계절도 이미 변화하였으므로, 애통함을 느끼는 감정 또한 어찌 그 막심함을 줄이지 않을 수 있겠는가? 시간이 오래되면 애통함을 깊이 느끼는 것도 더욱 더뎌지게 되니, 이것이 바로 은정의 옅음과 두터움에 따라 경감되는 시간의 차이가 발생하는 이유이다. 3일 동안 게으르지 않고 3개월 동안 풀어지지 않으며 1년 동안 비통함과 애통함을 느끼고 3년 동안 근심하는 것은 시간의 차이에 따라서 애통함을 느끼는 감정에 줄어듦이 있음을 나타낸다. 부모가 이제 막 돌아가셨을 때에는 곡하는 소리가 끊이지 않고, 물이나 미음 등도 입에 대지 않는데, 이것을 3일 동안 시행하니, 이것이 바로 3일 동안 게으름을 피우지 않는다는 뜻이다. 아직 장례를 치르지 않았다면, 곡을 할 때 정해진 시기가 없게 되고, 임시거주지인 의려(倚廬)[3]에 머물며, 잠을 잘 때에도 질대(絰帶)를 풀어놓지 않으니, 이것이 바로 3개월 동안 풀어지지 않는다는 뜻이다. 이미 우제(虞祭)를 치러서 졸곡(卒哭)[4]을 했다면, 단지 아침과 저녁에만 곡을 하니, 이것이 바로 비통하고 애통함을 느낀다는 것이다. 이미 소상(小祥)을 치렀다면, 아침과 저녁에 시간을 정해놓고 곡하던 일을 하지 않고, 곡을 할 때에도 특별히 정해진 시기가 없으니, 곧 애통한 마음이 들면 곡을 한다는 의미이며, 이것이 바로 3년 동안 근심스러움을 느낀다는 것이다. 군자가 상을 치를 때에는 중도에 합치되기를 기약한다. 그런데 이와

---

2) 『예기』「단궁상(檀弓上)」【71d】: 喪三年以爲極, 亡則弗之忘矣. 故君子有終身之憂, 而無一朝之患. 故忌日不樂. / 『맹자』「이루하(離婁下)」: 是故君子有終身之憂, 無一朝之患也. 乃若所憂則有之, 舜, 人也, 我, 亦人也. 舜爲法於天下, 可傳於後世, 我由未免爲鄕人也, 是則可憂也.

3) 의려(倚廬)는 상중(喪中)에 머물게 되는 임시 거처지이다. '의려'는 또한 '의(倚)', '여(廬)', '堊室(악실)', '사려(舍廬)' 등으로 부르기도 하지만, '악실'과 대비해서 보다 수위가 높은 임시숙소를 뜻하기도 한다. 중문(中門) 밖 동쪽 담장 아래에 나무를 기대어 만든다.

4) 졸곡(卒哭)은 우제(虞祭)를 지낸 뒤에 지내는 제사이다. 이 제사를 지내게 되면, 수시로 곡(哭)하던 것을 멈추고, 아침과 저녁때에만 한 번씩 곡을 하게 된다. 그렇기 때문에 '졸곡'이라고 부르게 된 것이다.

같은 감정의 층차가 생기므로, 성인은 이러한 감정의 층차에 따라서 그 예법을 마련했던 것이니, 이른바 "이러한 감정을 조절하니, 이것을 예라고 부른다."[5]는 뜻에 해당한다. 예(禮)라는 것은 백성들을 중도에 맞게끔 교화하는 방법이다. 그렇기 때문에 삼년상에 있어서, 현명한 자는 지나치게 시행할 수 없고 불초한 자도 감히 노력하지 않을 수가 없는 것이다. 삼년상은 천자로부터 서인에 이르기까지 동일하게 적용되니, 바로 고대의 도리에 해당한다.[6] 『서』에서 유독 고종(高宗)이 햇볕이 들지 않는 임시 거주지에서 3년 동안 말을 하지 않았던 것을 칭찬한 이유는 선왕이 제정한 예가 이미 몰락하였고, 천자라는 존귀한 신분을 가지고 있으면서도 제대로 시행하지 못하는 자들이 있었는데, 고종만은 상을 잘 치렀다는 평판을 통해서 몰락했던 예를 다시 흥성하게 만들었기 때문에, 그를 칭찬했던 것이다.

鄭注 不怠, 哭不絶聲也. 不解, 不解衣而居不倦息也. 諒, 古作"梁", 楣謂之梁. 闇, 讀如鶉鵪之鵪, 闇謂廬也. 廬有梁者, 所謂柱楣也.

번역 "게으르지 않다."는 말은 곡을 하는 소리가 끊이질 않는다는 뜻이다. "풀어지지 않는다."는 말은 옷을 벗지 않고, 거처를 할 때에도 편안히 쉬지 않는다는 뜻이다. '양(諒)'자를 고문에서는 양(梁)자로 기록했으니, '햇빛을 가리는 처마[楣]'를 '양(梁)'이라고 부른다. '암(闇)'자는 순암(鶉鵪)이라고 할 때의 '암(鵪)'자로 읽으니, '암(闇)'은 상중에 머물게 되는 임시 막사이다. 임시 막사 중 햇빛을 가리는 처마가 있을 것을 이른바 '주미(柱楣)'라고 부른다.

釋文 解, 佳買反. 期音基. 之殺, 色戒反. 解衣, 古買反. 肖音笑. 諒闇, 依注"諒"讀爲"梁", "鵪", 烏南反, 下同, 徐又並如字. 按: 徐後音是依杜預義. 鄭謂卒哭之後, 翦屛杜楣, 故曰"諒闇", 闇卽廬也. 孔安國諒爲"諒陰", 諒, 信也; 陰,

5) 『예기』「단궁하(檀弓下)」【120d】: 人喜則斯陶, 陶斯咏, 咏斯猶, 猶斯舞, 舞斯慍, 慍斯戚, 戚斯歎, 歎斯辟, 辟斯踊矣. 品節斯, 斯之謂禮.

6) 『맹자』「등문공상(滕文公上)」: 三年之喪, 齊疏之服, 飦粥之食, 自天子達於庶人, 三代共之.

默也. 楣音眉. 鶉音淳. 柱, 知主反.

번역 '解'자는 '佳(가)'자와 '買(매)'자의 반절음이다. '期'자의 음은 '基(기)'이다. '之殺'에서의 '殺'자는 그 음이 '色(색)'자와 '戒(계)'자의 반절음이다. '解衣'에서의 '解'자는 '古(고)'자와 '買(매)'자의 반절음이다. '肖'자의 음은 '笑(소)'이다. '諒闇'은 정현의 주에 따르면 '諒'자를 '梁'자로 해석하고, '鶴'자는 '烏(오)'자와 '南(남)'자의 반절음이며, 아래문장에 나오는 글자도 그 음이 이와 같다, 서음(徐音)에서는 또한 글자대로 읽기도 한다. 살펴보니, 서씨는 뒤의 음에 대한 풀이를 하며, 두예[7]의 풀이에 따랐다. 정현은 졸곡(卒哭)을 한 이후, 띠 등을 엮고 가지런하게 잘라서, 햇볕을 가리게 되는 처마라고 하였다. 그렇기 때문에 '양암(諒闇)'이라고 말한 것인데, '암(闇)'은 곧 상중(喪中)에 머물게 되는 임시 막사를 뜻한다. 공안국[8]은 '양(諒)'을 '양음(諒陰)'이라고 풀이했는데, 이때의 '양(諒)'자는 "믿는다[信]."는 뜻이고, '음(陰)'자는 "침묵하다[默]."는 뜻이다. '楣'자의 음은 '眉(미)'이다. '鶉'자의 음은 '淳(순)'이다. 柱자는 '知(지)'자와 '主(주)'자의 반절음이다.

孔疏 ●"始死"至"而祥". ○正義曰: 此一節覆明前經四制之中節制之事. 以禮之大體, 喪之三年爲限節之事, 故重明之.

번역 ●經文: "始死"~"而祥". ○이곳 문단은 앞의 경문에서 말한 사제(四制) 중 절제(節制)에 대한 사안을 나타내고 있다. 예의 큰 본체에 있어서 상을 3년이라는 기간으로 제한했던 일에 해당하기 때문에, 거듭 밝히고 있는 것이다.

---

7) 두예(杜預, A.D.222~A.D.284) : 서진(西晉) 때의 유학자이다. 경조(京兆) 두릉(杜陵) 출신이다. 자(字)는 원개(元凱)이다. 『춘추경전집해(春秋經典集解)』를 저술하였는데, 이 책은 현존하는 『춘추(春秋)』의 주석서 중 가장 오래된 것이며, 『십삼경주소(十三經注疏)』의 『춘추좌씨전정의(春秋左氏傳正義)』에도 채택되어 수록되었다.

8) 공안국(孔安國, ?~?) : 전한(前漢) 때의 학자이다. 자(字)는 자국(子國)이다. 고문상서학(古文尙書學)의 개조(開祖)로 알려져 있다. 『십삼경주소(十三經注疏)』의 『상서정의(尙書正義)』에는 공안국의 전(傳)이 수록되어 있는데, 통상적으로 이 주석은 후대인들이 공안국의 이름에 가탁하여 붙인 문장으로 인식되고 있다.

孔疏 ●"三日不怠"者, 謂哭不休息.

번역 ●經文: "三日不怠". ○곡을 함에 쉼이 없다는 뜻이다.

孔疏 ●"三月不解"者, 謂不解衣而居.

번역 ●經文: "三月不解". ○옷을 벗지 않고 거처한다는 뜻이다.

孔疏 ●"期悲哀"者, 謂期之間, 朝夕恒哭.

번역 ●經文: "期悲哀". ○1년 동안 아침저녁으로 항상 곡을 한다는 뜻이다.

孔疏 ●"三年憂"者, 謂不復朝夕哭, 但憂戚而已.

번역 ●經文: "三年憂". ○재차 아침저녁으로 곡을 하지 않고, 단지 슬퍼하게 될 따름이라는 뜻이다.

孔疏 ●"恩之殺也"者, 自初以降, 是恩漸減殺也.

번역 ●經文: "恩之殺也". ○초상(初喪) 때로부터 줄이게 되니, 이것은 은정이 점진적으로 경감됨을 뜻한다.

孔疏 ●"聖人因殺以制節"者, 言聖人因其孝子情有減殺, 制爲限節.

번역 ●經文: "聖人因殺以制節". ○성인은 자식된 자의 마음에 줄어듦이 있다는 것에 따라서, 그것을 제정하여 제한과 절도로 삼았다는 뜻이다.

孔疏 ●"此喪之中庸也"者, 庸, 常也. 言三年之喪.

번역 ●經文: "此喪之中庸也". ○'용(庸)'자는 항상[常]이라는 뜻이다. 즉 삼년상을 치르는 것을 뜻한다.

孔疏 ●"賢者不得過, 不肖者不得不及", 是喪之中平常行之節也.

번역 ●經文: "賢者不得過, 不肖者不得不及". ○상을 치르는 도중 평상시 시행하는 예절에 대한 사안을 뜻한다.

孔疏 ●"故王者之所常行也. 書曰: '高宗諒闇, 三年不言', 善之也", 引書者, 明古來王者皆三年喪. 諒, 讀曰梁. 闇, 讀曰鶕, 謂廬也. 謂旣虞之後, 施梁而柱楣, 故云諒闇之中, 三年不言政事. "善之"者, 言是古人載之於書, 美善之故也.

번역 ●經文: "故王者之所常行也. 書曰: '高宗諒闇, 三年不言', 善之也". ○『서』를 인용한 이유는 고대로부터 천자가 된 자들도 모두 삼년상을 치렀음을 나타내기 위해서이다. '양(諒)'자는 양(梁)자로 읽는다. '암(闇)'자는 암(鶕)자로 읽는데, 상중에 머물게 되는 임시 막사를 뜻한다. 즉 우제(虞祭)를 치른 이후에는 차양막을 치고 거주지에 처마를 드리워서 햇볕을 가리게 된다. 그렇기 때문에 양암(諒闇) 안에서 3년 동안 정사에 대한 언급을 하지 않았다고 말한 것이다. "칭찬한 것이다."라고 했는데, 고대인들이 이러한 사실을 『서』에 기록한 것은 좋게 여겼기 때문이라는 뜻이다.

集解 此申言"以節制"之義也.

번역 이것은 "절(節)에 따라 제도를 제정했다."라고 했던 뜻을 거듭 말한 것이다.

참고 구문비교

예기 · 상복사제 始死, 三日不怠, 三月不解, 期悲哀, 三年憂, 恩之殺也. 聖人因殺以制節, 此喪之所以三年, 賢者不得過, 不肖者不得不及. 此喪之中庸

也, 王者之所常行也. 書曰: "高宗諒闇, 三年不言." 善之也.

대대례기 · 본명(本命) 始死, 三日不怠, 三月不解, 期悲號, 三年憂; 恩之殺也. 聖人因殺以制節也.

공자가어 · 본명해(本命解) 親始死, 三日不怠, 三月不懈, 期悲號, 三年憂哀之殺也. 聖人因殺以制節也.

공자가어 · 곡례자하문(曲禮子夏問) 子貢問曰: "聞諸晏子, 少連大連善居喪, 其有異稱乎?" 孔子曰: "父母之喪, 三日不怠, 三月不解, 期悲哀, 三年憂, 東夷之子, 達於禮者也."

예기 · 잡기하(雜記下) 孔子曰: "少連 · 大連善居喪, 三日不怠, 三月不解, 期悲哀, 三年憂, 東夷之子也."

참고 『예기』「잡기하(雜記下)」 기록

경문-509d 孔子曰: "少連 · 大連善居喪, 三日不怠, 三月不解, 期悲哀, 三年憂, 東夷之子也."

번역 공자가 말하길, "소련과 대련은 상을 잘 치렀으니, 3일 동안은 나태해지지 않았고, 3개월 동안은 게을러지지 않았으며, 1년 동안은 비통하고 애통한 마음이 나타났고, 3년 동안은 근심하여 초췌해졌으니, 역시 동이(東夷)의 자손이라 할만하다."라고 했다.

鄭注 言其生於夷狄而知禮也. 怠, 惰也. 解, 倦也.

번역 오랑캐의 땅에서 태어났으면서도 예법을 알았다는 뜻이다. '태(怠)'자는 "태만하다[惰]."는 뜻이다. '해(解)'자는 "게으르다[倦]."는 뜻이다.

孔疏 ●"三日不怠"者, 親之初喪三日之內, 禮不怠, 謂水漿不入口之屬.

번역 ●經文: "三日不怠". ○부모의 초상에서 3일 이내의 기간에는 예법에 대해서 태만하게 굴 수 없으니, 미음조차 먹지 않는 부류에 해당한다.[9]

孔疏 ●"三月不解"者, 以其未葬之前, 朝奠·夕奠, 及哀至則哭之屬.

번역 ●經文: "三月不解". ○아직 장례를 치르기 이전에 아침과 저녁에 지내는 전제(奠祭) 및 애통함이 지극해져서 곡을 하는 부류를 뜻한다.

孔疏 ●"期悲哀"者, 謂練以來, 常悲哀, 朝哭·夕哭之屬.

번역 ●經文: "期悲哀". ○소상(小祥)을 치른 이후 여전히 비통하고 애통한 마음이 들어서 아침저녁으로 곡(哭)을 하는 부류 등을 뜻한다.

孔疏 ●"三年憂"者, 以服未除, 憔悴憂戚.

번역 ●經文: "三年憂". ○상복에 대해서 아직 제거를 하지 않아서, 몸이 초췌해지고 근심스럽게 됨을 뜻한다.

大全 馬氏曰: 聖人之作春秋於中國, 則尊之於蠻夷, 則擯之者, 以明中國者, 禮義之所在, 而蠻夷者, 不可以禮義責也. 然而少連大連之善居喪, 三日不怠, 三月不解, 期悲哀, 三年憂, 則雖孔子之高弟曾閔之至孝, 亦不過如是, 此孔子稱之曰東夷之子也. 蓋非特美其能行是禮, 又美其能變是俗也. 雖然孟子之言舜生於諸馮, 遷於負夏, 卒於鳴條, 東夷之人也. 文王生於岐周, 卒於畢郢, 西夷之人也. 彼舜文王爲東西夷之人, 則二連以東夷之子, 而合於禮, 豈足怪哉? 論語謂柳下惠少連, 降志辱身矣, 言中倫, 行中慮, 少連之行可與柳下惠爲徒,

---

9) 『예기』「단궁상(檀弓上)」【80d~81a】: 曾子謂子思曰: "伋! 吾執親之喪也, 水漿不入於口者七日." 子思曰: "先王之制禮也, 過之者, 俯而就之; 不至焉者, 跂而及之. 故君子之執親之喪也, 水漿不入於口者三日, 杖而後能起."

豈特如孟獻子之流加於人一等而已哉?

번역 마씨가 말하길, 성인은 중국에 대해서 『춘추』를 지었으니, 오랑캐에 비해서 존귀하게 높인 것인데, 그들에 대해서 물리친 것은 중국이 예의가 존재하는 곳이고, 오랑캐는 예의에 따라 책망할 수 없다는 뜻을 나타내기 위해서이다. 그러나 소련과 대련이 상을 잘 치른 것에 대해서는 3일 동안은 나태해지지 않았고, 3개월 동안은 게을러지지 않았으며, 1년 동안은 비통하고 애통한 마음이 나타났고, 3년 동안은 근심하여 초췌해졌다고 했으니, 비록 공자의 고제인 증자와 민자건처럼 지극히 효성스러운 자라 할지라도 또한 이처럼 한 것에 불과할 따름이므로, 이것이 바로 공자가 그들을 칭찬하며, "역시 동이(東夷)의 자손이라 할만하다."라고 말한 이유이다. 아마도 이것은 단지 그들이 이러한 예법대로 따를 수 있다는 사실만 칭찬한 것이 아니며, 또한 그들이 풍속을 좋은 쪽으로 바꿀 수 있었음을 칭찬한 것이다. 비록 그렇다고 하더라도 맹자는 "순임금은 제풍(諸馮)에서 태어났고 부하(負夏)로 옮기셨는데, 이후 명조(鳴條)에서 돌아가셨으니, 동이(東夷)의 자손이시다."라고 했고, "문왕은 기주(岐周)에서 태어났고 필영(畢郢)에서 돌아가셨으니, 서이(西夷)의 자손이시다."라고 했다.[10] 『맹자』에서는 순임금과 문왕을 동이와 서이 출신의 사람이라고 했으니, 소련과 대련이 동이의 자손이라고 하더라도, 예법에 맞게 행동함을 어찌 괴이하게 여길 수 있겠는가? 『논어』에서는 유하혜와 소련에 대해서 뜻을 굽히고 몸을 욕되게 했지만, 말이 법도에 맞았고, 행실이 사려에 맞았다고 했으니, 소련의 행실은 유하혜와 같은 부류라고 할 수 있는데, 어떻게 단지 맹헌자 등의 부류가 남보다 한 등급이 높은 경우[11]와 같을 따름이겠는가?

---

10) 『맹자』「이루하(離婁下)」: 孟子曰, 舜生於諸馮, 遷於負夏, 卒於鳴條, 東夷之人也. 文王生於岐周, 卒於畢郢, 西夷之人也.

11) 『예기』「단궁상(檀弓上)」【77b】: 孟獻子禫, 縣而不樂, 比御而不入. 夫子曰: "獻子加於人一等矣."

참고 『예기』「단궁하(檀弓下)」 기록

경문-120d 人喜則斯陶, 陶斯咏, 咏斯猶, 猶斯舞, 舞斯慍, 慍斯戚, 戚斯歎, 歎斯辟, 辟斯踊矣. 品節斯, 斯之謂禮.

번역 계속하여 자유(子游)가 말하길, "사람이 기뻐하게 되면, 이에 갑갑한 마음이 일어나게 되고, 마음이 갑갑하게 되면 기쁜 감정을 표출하기 위해, 입으로 노래를 읊조리게 되며, 입으로 노래를 읊조리다보면 분에 차지 않아서, 이에 몸을 움직이게 되고, 몸을 움직이게 되면, 이에 춤을 추게 된다. 그런데 춤을 추다보면, 거기에서는 기쁜 마음과 상반되는 성난 감정이 생겨나게 되고, 성난 감정이 일어나게 되면, 이에 슬퍼하는 감정이 일어나게 되며, 슬퍼하게 되면, 이에 탄식이 나오고, 탄식을 내뱉게 된 마음을 씻어내지 못하면, 그 울분으로 인해 가슴을 치게 되며, 가슴을 쳐도 씻어내지 못하면, 발을 구르게 된다. 이러한 감정의 갈래를 조절하게 되니, 이것을 바로 예(禮)라고 부른다."라고 했다.

鄭注 陶, 鬱陶也. 咏, 謳也. 猶當爲搖, 聲之誤也. 搖謂身動搖也, 秦人猶·搖聲相近. 手舞之. 慍猶怒也. 戚, 憤恚. 歎, 吟息. 辟, 拊心. 踊, 躍. 舞踊皆有節, 乃成禮.

번역 '도(陶)'자는 답답함[鬱陶]을 뜻한다. '영(咏)'자는 "읊조린다[謳]."는 뜻이다. '유(猶)'자는 마땅히 '요(搖)'자가 되어야 하니, 소리가 비슷해서 생긴 오류이다. '요(搖)'자는 몸을 움직인다는 뜻이니, 진(秦)나라 때에는 '유(猶)'자와 '요(搖)'자의 발음이 서로 비슷했기 때문이다. 춤을 춘다는 말은 손을 휘저으며 춤을 춘다는 뜻이다. '온(慍)'자는 성남[怒]을 뜻한다. '척(戚)'자는 화가 나서 괴로운 것을 뜻한다. '탄(歎)'자는 끙끙 앓으면서 탄식을 한다는 뜻이다. '벽(辟)'자는 가슴을 친다는 뜻이다. '용(踊)'자는 뛴다는 뜻이다. 춤을 추고 용(踊)을 할 때에는 모두 절도가 있으니, 이것이 갖춰지게 되면, 곧 예(禮)를 이루게 된다.

孔疏 ●"品節斯, 斯之謂禮"者, 品, 階格也. 節, 制斷也. 斯, 此也. 此之謂於哀樂也. 若喜而不節, 自陶至舞, 俄頃而慍生. 若怒而不節, 從戚至踊, 踊極則笑, 故夷狄無禮, 朝殞夕歌, 童兒任情, 倏啼欻笑. 今若品節此二塗, 使踊舞有數, 有數則久長, 故云此之謂禮. 如鄭此禮本云"舞斯慍"者, 凡有九句, 首末各四, 正明哀樂相對. 中央"舞斯慍"一句, 是哀樂相生, 故一句之中, 有"舞"及"慍"也. 而鄭諸本亦有無"舞斯慍"一句者, 取義不同. 而鄭又一本云: "舞斯蹈, 蹈斯慍", 益於一句, 凡有十句, 當是後人所加耳, 亦不得對. 而盧禮本亦有"舞斯慍"之一句. 而王禮本又長云"人喜則斯循, 循斯陶", 既與盧·鄭不同, 亦當新足耳.

번역 ●經文: "品節斯, 斯之謂禮". ○'품(品)'자는 층차를 두어서 바로잡는다는 뜻이다. '절(節)'자는 조절을 하여 단정한다는 뜻이다. '사(斯)'자는 '차(此)'자이다. 즉 '차(此)'라는 것은 슬프고 즐거운 마음에 대한 것을 뜻한다. 만약 기뻐하기만 하고 절제를 하지 못하게 된다면, 갑갑해 하는 것으로부터 춤을 추는 지경에 이르게 되어, 잠깐 사이에 성난 감정이 생겨나게 된다. 그리고 만약 성난 감정이 생겼는데도 절제를 하지 못하게 된다면, 울분이 쌓이는 것으로부터 발을 구르게 되는 지경에 이르게 되고, 발을 구르며 그 마음을 극도로 표출하게 되면, 자기도 모르게 웃게 된다. 그렇기 때문에 오랑캐들은 예(禮)가 없어서, 아침에 누가 죽었는데도 저녁에 노래를 불렀던 것이고, 어린아이는 감정에만 내맡겨서, 갑자기 울었다가도 또 갑자기 웃게 되는 것이다. 현재 만약 이러한 두 감정의 갈래에 대해서, 조절을 하고 절제를 하게 된다면, 용(踊)과 춤을 추는 것에 대해서도 법도를 갖게 만들고, 법도가 있게 되면, 오래도록 할 수 있다. 그렇기 때문에 "이것을 예(禮)라고 부른다."라고 말한 것이다. 정현이 주를 달았던 『예기』판본에서는 본래부터 '무사온(舞斯慍)'이라고 기록한 것인데, 이 구문까지 포함해서, 총 9개의 구문으로 이루어져 있고, 이 구문을 중심으로 앞뒤로 각각 4개의 구문이 배치되었으니, 이것은 슬픔과 즐거움이 서로 대비가 되도록 나타낸 것이다. 중앙에 있는 '무사온(舞斯慍)'이라는 한 구문은 곧 슬프고 즐거운 감정이 서로의 감정을 대상으로 생겨나게 됨을 뜻한다. 그렇기 때문에 이 구문 속에는 '무(舞)'자와 '온(慍)'자가 기록되어 있는 것이다. 그런데 정현은 여러 판본들 중에는 또한 '무사온(舞斯慍)'이라는 한 구문이 없는 기록도 있다고 했는데, 그 구문들이 뜻하는 의미가 다른 것이다. 또 정현은 다른 판본에서는 "무사도(舞斯蹈), 도사온(蹈斯慍)"이라고 기록한 것도 있다고 했는데, '도사온(蹈斯慍)'이라는 한 구문이 더 늘어나게 되어, 총 10개의 구문이 있게 되지만, 이것은 후대인들이 덧붙인 것일 뿐이니, 이처럼 10개의 구문으로 배치되면, 그 내용들이 서로 대비되지 않는다. 그리고 노식의 『예기』 판본에서도 또한 '무사온(舞斯慍)'이라는 한 구문이 기록되어 있다. 왕숙의 『예기』 판본에서는 또한 도입부의 구문을 "인희즉사순(人喜則斯循), 순사도(循斯陶)"라고 하여 구문을 첨가해서 기록했는데, 이것은 노식과 정현의 판본과도 다른 것이니, 이 또한 새롭게 첨가한 구문일 따름이다.

訓纂 王氏念孫曰: 品節斯, 斯之謂禮, 是品爲齊也.

번역 왕념손[12]이 말하길, "이것을 품절(品節)하니, 이것을 예(禮)라고 부른다."라고 했으니, 이때의 '품(品)'자는 "가지런히 하다[齊]."는 뜻이다.

참고 『맹자』「등문공상(滕文公上)」 기록

경문 諸侯之禮, 吾未之學也. 雖然, 吾嘗聞之矣: 三年之喪, 齋疏之服, 飦粥之食, 自天子達於庶人, 三代共之."

번역 맹자가 계속하여 말하길, "제후가 시행하는 예법에 대해서 나는 배운 적이 없다. 그러나 내가 일찍이 듣기로, 삼년상을 치를 때에는 거친 상복을 입고 죽을 먹으니, 이것은 천자로부터 서인에 이르기까지 모두 시행했으며, 삼대

---

12) 왕념손(王念孫, A.D.1744~A.D.1832) : 청(淸)나라 때의 학자이다. 자(字)는 회조(懷祖)이고, 호(號)는 석구(石臞)이다. 부친은 왕안국(王安國)이고, 아들은 왕인지(王引之)이다. 대진(戴震)에게 학문을 배웠다. 저서로는 『독서잡지(讀書雜志)』 등이 있다.

(三代)[13]가 모두 따랐던 것이다."라고 했다.

趙注 孟子言我雖不學諸侯之禮, 嘗聞師言, 三代以事, 君臣皆行三年之喪. 齋疏, 齋衰也. 飦, 糜粥也.

번역 맹자는 내가 비록 제후의 예법을 배운 적은 없지만, 일찍이 스승의 말을 들은 적이 있었는데, 삼대 때에는 군주와 신하가 모두 삼년상을 치렀다고 말한 것이다. '자소(齋疏)'는 '자최(齋衰)'이다. '전(飦)'자는 죽을 뜻한다.

---

13) 삼대(三代)는 하(夏), 은(殷), 주(周)의 세 왕조를 말한다. 『논어』「위령공(衛靈公)」편에는 "斯民也, 三代 之所以直道而行也."라는 기록이 있고, 이에 대한 형병(邢昺)의 소(疏)에서는 "三代, 夏殷周也."로 풀이했다.

• 제 8 절 •

삼년상(三年喪)과 고종(高宗)

【723a】

王者莫不行此禮, 何以獨善之也? 曰: 高宗者武丁, 武丁者殷之賢王也, 繼世卽位, 而慈良於喪. 當此之時, 殷衰而復興, 禮廢而復起, 故善之. 善之, 故載之書中而高之, 故謂之高宗. 三年之喪, 君不言, 書云: "高宗諒闇, 三年不言", 此之謂也. 然而曰"言不文"者, 謂臣下也.

직역 王者는 此禮를 不行함을 莫인데, 何히 獨히 善이리오? 曰, "高宗者는 武丁이며, 武丁者는 殷의 賢王이니, 世를 繼하여 位에 卽하고, 喪에 慈良했다. 此의 時에 當하여, 殷은 衰나 復히 興하고, 禮는 廢나 復히 起라, 故로 善이라. 善이라, 故로 書中에 載하여, 高하니, 故로 高宗이라 謂라. 三年의 喪에, 君은 不言하니, 書에서 云, '高宗은 諒闇에서, 三年을 不言이라', 此를 謂라. 然이나 曰, '言에 不文이라'者는 臣下를 謂함이다."

의역 천자 중에는 이러한 예법을 시행하지 않았던 자가 없는데, 어찌하여 유독 고종(高宗)만을 칭찬했는가? 대답해보자면, '고종(高宗)'은 무정(武丁)으로 은나라 때의 현명한 천자였는데, 대를 이어서 지위에 올랐고 상을 치르는 일에 대해서 매우 잘 했다. 당시에 은나라는 쇠약해졌었으나 고종으로 인해 재차 부흥하게 되었고, 선왕이 제정한 예법도 쇠락해졌었으나 고종으로 인해 재차 시행되었다. 그렇기 때문에 그에 대해서 칭찬했던 것이다. 칭찬을 했기 때문에 『서』에 그 사실을 기록하여 높인 것이다. 그래서 그를 '고종(高宗)'이라고 부른 것이다. 삼년상을 치를 때, 군주의 경우에는 백관(百官)과 백물(百物)이 갖춰져 있으므로 말을 하지 않는다. 그러므로 『서』에서 "고종이 햇볕이 가려지는 임시 거주지에서 3년 동안 말을 하지 않았다."라고 한 말이 바로 이러한 사실을 가리킨다. 그러나 "말에 문식을 꾸미지 않았다."[1]라고 하는 자들은 신하를 뜻한다.

集說 君不言, 謂百官百物不言而事行者也. 臣下不能如此, 必言而後事行, 但不文其言辭耳. 故曰言不文者, 謂臣下也.

번역 "군주가 말하지 않았다."는 말은 백관(百官)과 백물(百物)이 갖춰져 있어서, 말을 하지 않아도 일이 시행된다는 뜻이다. 신하들은 이처럼 할 수 없으니, 반드시 말을 한 이후에야 일이 시행된다. 다만 그 말에 대해서 문식을 꾸미지 않을 따름이다. 그렇기 때문에 "말에 문식을 꾸미지 않는 자는 신하를 뜻한다."라고 말한 것이다.

大全 山陰陸氏曰: 孝, 常行也. 今載而高之, 則以不能喪者多故也.

번역 산음육씨[2]가 말하길, 효(孝)라는 것은 항상 시행되는 도리이다. 그런데 그 사실을 기록하여 높였다면, 당시에는 상을 제대로 치르지 못했던 자가 많았기 때문이다.

鄭注 "言不文"者, 謂喪事辨不所當共也. 孝經說曰: "言不文者, 指士民也."

번역 "말에 문식을 꾸미지 않는다."는 말은 상사에 있어서 마땅히 참여하지 말아야 할 것들에 대해 변별한다는 뜻이다. 위서(緯書)인 『효경설』에서는 "말에 문식을 꾸미지 않는 자들은 사와 백성들을 뜻한다."라고 했다.

---

1) 『효경』「상친장(喪親章)」: 喪親, 子曰, 孝子之喪親也. 哭不偯. 禮無容. 言不文.
2) 산음육씨(山陰陸氏, A.D.1042~A.D.1102): =육농사(陸農師)·육전(陸佃). 북송(北宋) 때의 유학자이다. 자(字)는 농사(農師)이며, 호(號)는 도산(陶山)이다. 어려서 집안이 매우 가난했다고 전해지며, 왕안석(王安石)에게 수학하였으나 왕안석의 신법에 대해서는 반대하였다. 저서로는 『비아(埤雅)』, 『춘추후전(春秋後傳)』, 『도산집(陶山集)』 등이 있다.

釋文 衰, 色官反. 復, 扶又反, 下文同. 文如字, 徐音問. 辨, 本又作辯, 同皮莧反. 共音恭.

번역 '衰'자는 '色(색)'자와 '官(관)'자의 반절음이다. '復'자는 '扶(부)'자와 '又(우)'자의 반절음이며, 아래문장에 나오는 글자도 그 음이 이와 같다. '文'자는 글자대로 읽는데, 서음(徐音)에서는 '問(문)'이라고 했다. '辨'자는 판본에 따라서 또한 '辯'자로도 기록하는데, 두 음은 모두 '皮(피)'자와 '莧(현)'자의 반절음이다. '共'자의 음은 '恭(공)'이다.

孔疏 ●"王者莫不行此禮, 何以獨善之也", 記者自設問古人獨善之意.

번역 ●經文: "王者莫不行此禮, 何以獨善之也". ○『예기』를 기록한 자가 제 스스로 고대인들이 유독 고종(高宗)에 대해서 칭찬했던 뜻을 자문한 말이다.

孔疏 ●"曰高宗者, 武丁"者, 記者還自釋獨善高宗之意.

번역 ●經文: "曰高宗者, 武丁". ○『예기』를 기록한 자가 재차 제 스스로 유독 고종에 대해서 칭찬했던 뜻을 풀이한 말이다.

孔疏 ●"武丁者, 殷之賢王也"者, 中興殷世, 故曰"賢王"也.

번역 ●經文: "武丁者, 殷之賢王也". ○은나라를 중흥시켰기 때문에, "현명한 천자이다."라고 말한 것이다.

孔疏 ●"故載之書中"者, 言以古人善此高宗, 載於書中, 又尊高其行, 故謂之"高宗".

번역 ●經文: "故載之書中". ○고대인들은 이러한 고종에 대해서 칭찬하여 『서』에 기록을 해두었고, 또한 그의 행실을 존귀하게 받들었기 때문에 '고종(高宗)'으로 불렀다는 뜻이다.

孔疏 ●"三年之喪, 君不言"者, 是記者引古禮三年之喪, 君則不言國事.

번역 ●經文: "三年之喪, 君不言". ○『예기』를 기록한 자가 고대의 예법에서 삼년상을 치를 때 군주의 경우에는 국가의 정사에 대해서 언급하지 않는다는 사실을 인용한 말이다.

孔疏 ●"書云: 高宗諒闇, 三年不言, 此之謂也"者, 此記者引書高宗所行中節, 是君不言之事, 故云"此之謂也".

번역 ●經文: "書云: 高宗諒闇, 三年不言, 此之謂也". ○『예기』를 기록한 자가 『서』에 기록된 고종의 행실이 법도에 맞았다는 사실을 인용한 것이니, 이 말은 곧 군주가 말을 하지 않는다는 사안에 해당한다. 그렇기 때문에 "이것을 뜻한다."라고 말한 것이다.

孔疏 ●"然而曰言不文者, 謂臣下也"者, 是記者旣稱古禮"君不言", 故又云"言不文". 故記者復解, 云"言不文者, 謂臣下也".

번역 ●經文: "然而曰言不文者, 謂臣下也". ○『예기』를 기록한 자는 이미 고대의 예법에서 "군주는 말을 하지 않는다."라는 것을 일컬었기 때문에, 재차 "말에 문식을 꾸미지 않는다."라고 한 것이다. 그래서 『예기』를 기록한 자는 재차 해석을 하며, "말에 문식을 꾸미지 않는다는 것은 신하를 뜻한다."라고 말한 것이다.

訓纂 王氏引之曰: 慈良, 與子諒同.

번역 왕인지가 말하길, '자량(慈良)'은 "자애롭고 참되다[子諒]."[3]라는 말과 같다.

---

3) 『예기』「악기(樂記)」【485c】: 君子曰, "禮樂不可斯須去身." 致樂以治心, 則易直子諒之心油然生矣. 易直子諒之心生則樂, 樂則安, 安則久, 久則天, 天則神. 天則不言而信, 神則不怒而威, 致樂以治心者也.

集解 諒闇, 書作諒陰, 朱子以爲天子居喪之名. 孔氏曰: "諒, 信也. 陰, 默也." 鄭氏曰: "諒, 古作梁. 楣謂之梁. 闇, 讀如鶉鵪之鵪. 闇, 謂廬也. 廬有梁者, 所謂柱楣也." 未知孰是. 百官備百物具者, 不言而事行, 此天子居喪之禮也. 後世禮廢, 王者或不能行, 高宗復行古禮, 而殷道以興, 故書紀其事而善之. 言不文, 謂士大夫居喪, 言而後事行者, 故不能無言, 但哀痛不爲文飾耳. 此孝經之言, 而記者引之, 言臣子喪禮與人君異, 又以申言"以權制"之義也.

번역 '양암(諒闇)'을 『서』에서는 '양음(諒陰)'으로 기록했고, 주자는 천자가 상을 치르는 명칭이라고 여겼다. 공안국은 "'양(諒)'자는 신임한다는 뜻이다. '음(陰)'자는 침묵한다는 뜻이다."라고 했고, 정현은 "'양(諒)'자를 고문에서는 양(梁)자로 기록했다. '햇빛을 가리는 처마[楣]'를 '양(梁)'이라고 부른다. '암(闇)'자는 순암(鶉鵪)이라고 할 때의 '암(鵪)'자로 읽는다. '암(闇)'은 상중에 머물게 되는 임시 막사이다. 임시 막사 중 햇빛을 가리는 처마가 있는 것을 이른바 '주미(柱楣)'라고 부른다."라고 했는데, 누구의 주장이 옳은지는 모르겠다. 백관(百官)과 백물(百物)이 갖춰진 자는 말을 하지 않아도 상사가 진행되니, 이것은 천자가 상을 치르는 예법을 뜻한다. 후세에는 예법이 폐지되어 천자 중 이처럼 시행하지 못했던 자가 있었는데, 고종이 재차 고례를 시행하여 은나라의 도가 이를 통해 흥성하게 되었다. 그렇기 때문에 『서』에서는 이러한 사실을 기록하여 그를 칭찬했던 것이다. 말에 문식을 꾸미지 않는다는 것은 사와 대부가 상을 치르는 경우를 뜻하는데, 말을 한 이후에야 상사가 진행되므로 말을 하지 않을 수 없다. 다만 애통하고 비통한 마음에 문식을 꾸밀 수 없을 따름이다. 이것은 『효경』의 기록인데 『예기』를 기록한 자가 이 문장을 인용한 것은 신하가 상을 치르는 예법은 군주의 경우와 차이를 보인다는 것을 뜻하며, 또 이를 통해 "권도에 따라 제도를 제정했다."는 뜻을 재차 풀이한 것이다.

참고 구문비교

예기·상복사제 書曰: "高宗諒闇, 三年不言." 善之也. 王者莫不行此禮, 何以獨善之也? 曰: 高宗者武丁, 武丁者殷之賢王也, 繼世卽位, 而慈良於喪. 當此之時, 殷衰而復興, 禮廢而復起, 故善之. 善之, 故載之書中而高之, 故謂之高宗. 三年之喪, 君不言, 書云: "高宗諒闇, 三年不言", 此之謂也. 然而曰 "言不文"者, 謂臣下也.

예기·단궁하(檀弓下) 子云: "君子弛其親之過, 而敬其美. 論語曰, '三年無改於父之道, 可謂孝矣.' 高宗云, '三年其惟不言, 言乃讙.'"

예기·방기(坊記) 子張問曰: "書云, '高宗三年不言, 言乃讙', 有諸?" 仲尼曰: "胡爲其不然也! 古者天子崩, 王世子聽於冢宰三年."

논어·헌문(憲問) 子張曰: "書云'高宗諒陰, 三年不言.' 何謂也?"

서·상서(商書)·열명상(說命上) 王宅憂, 亮陰三祀.

서·주서(周書)·무일(無逸) 作其卽位, 乃或亮陰, 三年不言.

참고 『예기』「단궁하(檀弓下)」 기록

경문-122d 子張問曰: "書云, '高宗三年不言, 言乃讙', 有諸?" 仲尼曰: "胡爲其不然也! 古者天子崩, 王世子聽於冢宰三年."

번역 자장(子張)이 "『서』에서는 '고종(高宗)은 3년 동안 말을 하지 않았고, 말을 하게 되자 신하들이 기뻐했다.'[4]라고 했는데, 실제로 이러한 일이 있었습

---

4) 『서』「주서(周書)·무일(無逸)」: 其在高宗時, 舊勞于外, 爰暨小人, 作其卽位, 乃或亮陰, 三年不言. 其惟不言, 言乃雍, 不敢荒寧, 嘉靖殷邦.

니까?"라고 물었다. 그러자 공자는 "어찌 그렇지 않았겠는가! 옛날에는 천자가 붕어하면, 왕세자(王世子)는 삼년상을 치르게 되므로, 3년 동안 총재(冢宰)에게 정사를 맡기고, 보고만 받았다."라고 대답해주었다.

鄭注 時人君無行三年之喪, 禮者問有此與? 怪之也. 讙, 喜說也. 言乃喜說, 則民臣望其言久. 冢宰, 天官卿, 貳王事者, 三年之喪, 使之聽朝.

번역 당시 군주들은 삼년상을 치르는 일이 없어서, 예(禮)를 잘 알고 있었던 자장이 "실제로 이러한 일이 있었습니까?"라고 물어본 것이니, 괴이하게 여겼기 때문이다. '환(讙)'자는 기뻐했다는 뜻이다. 말을 하자 곧 기뻐하게 되었다면, 백성들과 신하들은 오래도록 그의 말을 듣고자 희망했던 것이다. '총재(冢宰)'는 천관(天官)의 관부를 다스리는 경(卿)으로, 천자가 돌보는 정사를 보좌하는 자인데, 삼년상을 치르게 되면, 그를 시켜서 정사를 처리하도록 한다.

참고 『예기』「방기(坊記)」 기록

경문-614c 子云: "君子弛其親之過, 而敬其美. 論語曰, '三年無改於父之道, 可謂孝矣.' 高宗云, '三年其惟不言, 言乃讙.'"

번역 공자가 말하길, "군자는 부모의 잘못을 잊어버리고 아름다운 점만을 공경한다. 『논어』에서는 '3년 동안 부친의 도에서 고친 점이 없어야만 효라고 할 수 있다.'[5]라고 했고, 「고종」에서는 '3년 동안 말을 하지 않았는데, 이윽고 말을 하자 백성들이 기뻐하였다.'"라고 했다.

鄭注 弛猶棄忘也, 孝子不藏識父母之過. 不以己善駮親之過. 高宗, 殷王武丁也, 名篇在尙書. 三年不言, 有父小乙喪之時也. 讙, 當爲"歡", 聲之誤也. 其

5) 『논어』「학이(學而)」: 子曰, "父在觀其志, 父沒觀其行, 三年無改於父之道, 可謂孝矣."

旣言, 天下皆歡喜, 樂其政教也.

번역 '이(弛)'자는 버리고 잊는다는 뜻이니, 자식은 부모의 잘못에 대해서 기억하지 않는다. 자신의 좋은 점을 부모의 잘못과 비교하지 않는다. '고종(高宗)'은 은나라의 천자인 무정(武丁)인데, 그의 이름을 딴 편명이 『상서』에 수록되어 있다. 3년 동안 말을 하지 않은 것은 그의 부친인 소을(小乙)의 상사를 치른 기간에 해당한다. '환(讙)'자는 마땅히 '환(歡)'자가 되어야 하니, 소리가 비슷해서 생긴 잘못이다. 그가 말을 하자 천하의 백성들이 모두 기뻐하였으니, 그의 정치와 교화를 즐거워했던 것이다.

참고 『논어』「헌문(憲問)」 기록

경문 子張曰: 書云"高宗諒陰, 三年不言." 何謂也?

번역 자장이 묻기를, 『서』에서 "고종은 총재를 신임하고 침묵하여 3년 동안 말을 하지 않았다."라고 했는데 무슨 뜻입니까?

何注 孔曰: 高宗, 殷之中興王武丁也. 諒, 信也. 陰, 猶默也.

번역 공씨가 말하길, 고종은 은나라를 중흥시킨 천자 무정(武丁)이다. '양(諒)'자는 "신임하다[信]."는 뜻이다. '음(陰)'자는 "침묵하다[默]."는 뜻이다.

邢疏 ◎注"孔曰"至"默也". ○正義曰: 云"高宗, 殷之中興王武丁也"者, 孔安國云: "盤庚弟小乙子名武丁, 德高可尊, 故號高宗." 喪服四制引書云: "高宗諒陰, 三年不言, 善之也. 王者莫不行此禮, 何以獨善之也? 曰: 高宗者, 武丁. 武丁者, 殷之賢王也, 繼世卽位, 而慈良於喪. 當此之時, 殷衰而復興, 禮廢而復起, 故載之於書中而高之, 故謂之高宗. 三年之喪, 君不言也." 是說不言之意也. 云"諒, 信也. 陰, 默也"者, 謂信任冢宰, 默而不言也. 禮記作"諒闇",

鄭玄以爲凶廬, 非孔義也, 今所不取.

번역 ◎何注: "孔曰"~"默也". ○"고종은 은나라를 중흥시킨 천자 무정(武丁)이다."라고 했는데, 공안국은 "반경(盤庚)의 동생 소을(小乙)의 아들 이름은 무정(武丁)으로, 덕이 높아 존숭할만 하였다. 그렇기 때문에 '고종(高宗)'이라고 부른다."라고 했다. 「상복사제」편에서는 『서』를 인용하여, "고종은 양음(諒陰)하여 3년 동은 말을 하지 않았다고 했는데, 이것은 그 행위를 칭찬한 기록이다. 천자들 중에는 이러한 예법을 시행하지 않았던 자가 없는데, 어찌하여 유독 고종만을 칭찬했는가? 대답해보자면, 고종은 무정이다. 무정은 은나라 때의 현명한 천자였는데, 대를 이어서 지위에 올랐고 상을 치르는 일에 대해서 매우 잘 했다. 당시에 은나라는 쇠약해졌었으나 고종으로 인해 재차 부흥하게 되었고, 선왕이 제정한 예법도 쇠락해졌었으나 고종으로 인해 재차 시행되었다. 그렇기 때문에 『서』에 그 사실을 기록하여 높인 것이다. 그래서 그를 '고종(高宗)'이라고 부른 것이다. 삼년상을 치를 때 군주는 말을 하지 않는다."라고 했으니, 이것은 말을 하지 않았던 뜻을 설명한 것이다. "'양(諒)'자는 '신임하다[信].'는 뜻이다. '음(陰)'자는 '침묵하다[默].'는 뜻이다."라고 했는데, 총재를 신임하고 침묵하여 말을 하지 않았다는 뜻이다. 『예기』에서는 '양암(諒闇)'이라고 기록하였고, 정현은 흉사를 치르는 임시숙소를 뜻한다고 여겼는데, 이것은 공씨의 뜻이 아니므로, 여기에서는 채택하지 않는다.

集註 高宗, 商王武丁也. 諒陰, 天子居喪之名, 未詳其義.

번역 '고종(高宗)'은 은나라 천자인 무정(武丁)이다. '양음(諒陰)'은 천자가 상을 치르며 거주하는 장소의 명칭이나 그 의미에 대해서는 잘 모르겠다.

경문 子曰: 何必高宗? 古之人皆然. 君薨, 百官總己,

번역 공자가 대답하길, 어찌 고종만 그러했겠는가? 옛 사람들은 모두 그러했다. 군주가 죽게 되면 모든 관리들이 자신의 직무를 총괄하여,

何注 馬曰: 己, 百官.

번역 마씨가 말하길, '기(己)'자는 백관을 뜻한다.

경문 以聽於冢宰三年.

번역 공자가 계속하여 대답하길, 이로써 총재에게 명령을 3년 동안 받게 된다.

何注 孔曰: 冢宰, 天官卿, 佐王治者, 三年喪畢, 然後王自聽政.

번역 공씨가 말하길, '총재(冢宰)'는 천관을 주관하는 경(卿)으로, 천자의 정사를 돕는 자인데, 삼년상이 끝난 뒤에야 천자는 직접 정사를 펼칠 수 있다.

邢疏 ●"子張"至"三年". ○正義曰: 此章論天子諸侯居喪之禮也. "子張曰: 書云: '高宗諒陰, 三年不言.' 何謂也"者, "高宗諒陰, 三年不言", 周書·無逸篇文也. 高宗, 殷王武丁也. 諒, 信也. 陰, 默也. 言武丁居父憂, 信任冢宰, 默而不言三年矣. 子張未達其理, 而問於夫子也. "子曰: 何必高宗, 古之人皆然. 君薨, 百官總己, 以聽於冢宰三年"者, 孔子答言: "何必獨高宗, 古之人皆如是." 諸侯死曰薨. 言君旣薨, 新君卽位, 使百官各總己職, 以聽使於冢宰, 三年喪畢, 然後王自聽政.

번역 ●經文: "子張"~"三年". ○이곳 문장은 천자와 제후가 상을 치르는 예법을 논의하고 있다. "자장이 묻기를, 『서』에서 '고종은 총재를 신임하고 침묵하여 3년 동안 말을 하지 않았다.'라고 했는데 무슨 뜻입니까?"라고 했는데, "고종은 총재를 신임하고 침묵하여 3년 동안 말을 하지 않았다."라고 한 말은 『서』「주서(周書)·무일(無逸)」편의 문장이다. '고종(高宗)'은 은나라 천자인 무정(武丁)이다. '양(諒)'자는 "신임하다[信]."는 뜻이다. '음(陰)'자는 "침묵하다[默]."는 뜻이다. 즉 무정은 부친의 상을 치르며 총재를 신임하여 3년 동안 침묵하여 말을 하지 않았다는 의미이다. 자장은 그 이치를 깨닫지 못하여 공자에게 질문한 것이다. "공자가 대답하길, 어찌 고종만 그러했겠는가? 옛 사람들은 모두 그러했다. 군주가 죽게 되면 모든 관리들이 자신의 직무를 총괄하여, 이로써 총재에게 명령을 3년 동안 받게 된다."라고 했는데, 공자가 답변을 하며 "어찌 고종만 그러했겠는가? 옛 사람들은 모두 그러했다."라고 한 말에 있어서 제후가 죽은 것을 '훙(薨)'이라고 부른다. 즉 군주가 죽게 되면 새로운·군주가 즉위하게 되며, 모든 관리들로 하여금 각각 자신의 직무를 총괄하여 총재에게 명령을 받게 되고, 삼년상을 마치게 된 이후에야 천자가 직접 정사를 펼친다는 뜻이다.

邢疏 ◎注"孔曰"至"聽政". ○正義曰: 云"冢宰, 天官卿, 佐王治者"者, 按周禮·天官: "大宰之職, 掌建邦之六典, 以佐王治邦國." 敍官云: "乃立天官冢宰, 使帥其屬, 而掌邦治, 以佐王均邦國. 治官之屬, 大宰卿一人." 鄭注引此文云: "君薨, 百官總己以聽於冢宰. 言冢宰於百官無所不主." 爾雅曰: "冢, 大也. 冢宰, 大宰也." 變冢言大, 進退異名也. 百官總焉, 則謂之冢; 列職於王, 則稱大. 冢, 大之上也. 山頂曰冢, 故云"冢宰, 天官卿, 佐王治者也". 云"三年喪畢, 然後王自聽政"者, 謂卒哭除服之後, 三年心喪已畢, 然後王自聽政也. 知非衰麻三年者, 晉書·杜預傳云: "大始十年, 元皇后崩, 依漢·魏舊制, 旣葬, 帝及群臣皆除服. 疑皇太子亦應除否, 詔諸尙書會僕射盧欽論之. 唯預以爲, 古者天子諸侯三年之喪始服齊斬, 旣葬, 除喪服, 諒闇以居, 心喪終制, 不與士庶同禮. 於是盧欽·魏舒問預證據. 預曰: '春秋, 晉侯享諸侯, 子産相鄭伯, 時簡公未葬, 請免喪以聽命, 君子謂之得禮. 宰咺歸惠公仲子之賵, 傳曰弔生不及哀. 此皆旣葬除服諒陰之證也. 書傳之說旣多, 學者未之思耳. 喪服, 諸侯爲天子亦斬衰, 豈可謂終服三年也?' 預又作議曰: '周景王有后·世子之喪, 旣葬, 除喪而宴樂. 晉叔向譏之曰: 三年之喪, 雖貴遂服, 禮也. 王雖不遂, 宴樂以早. 此皆天子喪事見於古也. 稱高宗不言喪服三年, 而云諒闇三年, 此釋服心喪之文也. 譏景王不譏其除喪, 而譏其宴樂已早, 則旣葬應除, 而違諒闇之節也. 堯崩, 舜諒闇三年, 故稱遏密八音. 由此言之, 天子居喪, 齊斬之制, 非杖絰帶, 當遂其服. 旣葬而除, 諒闇以終之, 三年無改於父之道, 故曰: 百官總己以聽冢宰. 喪服既除, 故更稱不言之美, 明不復寢苫枕塊, 以荒大政也. 禮記云: 三年之喪, 自天子達. 又云: 父母之喪, 無貴賤一也. 又云: 端衰喪車皆無等. 此通謂天子居喪, 衣服之制同於凡人, 心喪之禮終於三年, 亦無服喪三年之文. 天子之位至尊, 萬機之政至大, 群臣之衆至廣, 不得同之於凡人. 故大行既葬, 祔祭於廟, 則因疏而除之. 己不除則群臣莫敢除, 故屈己以除之, 而諒闇以終制, 天下之人皆曰我王之仁也. 屈己以從宜, 皆曰我王之孝也. 既除而心喪, 我王猶若此之篤也. 凡我臣子, 亦安得不自勉以崇禮. 此乃聖制移風易俗之本也.' 議奏, 皇太子遂除衰麻而諒闇喪終." 是知三年喪畢, 謂心喪畢, 然後王自聽政也.

번역 ◎何注: "孔曰"~"聽政". ○"'총재(冢宰)'는 천관을 주관하는 경(卿)으로, 천자의 정사를 돕는 자이다."라고 했는데, 『주례』「천관(天官)」을 살펴보면 "대재(大宰)의 직무는 나라의 육전(六典)[6] 세우는 것을 담당하여 천자가 나라를 다스리는 일을 돕는다."[7]라고 했고, 「서관」에서는 "이에 천관의 총재를 세워서 그 휘하의 관리들을 통솔하여 나라 다스리는 일을 담당하게 하여, 이를 통해 천자가 나라를 통치하는 일을 돕는다. 관부를 다스리는 관리들 중 대재라는 직책은 경(卿) 1명이 담당한다."[8]라고 했고, 정현의 주에서는 이 문장을 인용하여, "군주가 죽게 되면 모든 관리들이 자신의 직무를 총괄하여 총재에게 명령을 듣는다. 총재는 모든 관리들에 대해서 주관하지 않는 바가 없다는 뜻이다."라고 했다. 『이아』에서는 "총(冢)자는 크다는 뜻이다. 총재는 대재이다."라

---

6) 육전(六典)은 치전(治典), 교전(敎典), 예전(禮典), 정전(政典), 형전(刑典), 사전(事典)을 뜻한다. 고대에 국가를 통치하던 여섯 방면의 법령을 가리킨다. 국가의 전반적인 통치, 교화, 예법, 전장제도(典章制度), 형벌, 임무수행에 대한 법이다.

7) 『주례』「천관(天官)·대재(大宰)」: 大宰之職, 掌建邦之六典, 以佐王治邦國: 一曰治典, 以經邦國, 以治官府, 以紀萬民; 二曰敎典, 以安邦國, 以敎官府, 以擾萬民; 三曰禮典, 以和邦國, 以統百官, 以諧萬民; 四曰政典, 以平邦國, 以正百官, 以均萬民; 五曰刑典, 以詰邦國, 以刑百官, 以糾萬民; 六曰事典, 以富邦國, 以任百官, 以生萬民.

8) 『주례』「천관총재(天官冢宰)」: 乃立天官冢宰, 使帥其屬而掌邦治, 以佐王均邦國. 治官之屬: 大宰, 卿一人; 小宰, 中大夫二人; 宰夫, 下大夫四人. 上士八人, 中士十有六人, 旅下士三十有二人.

고 했다. '총(冢)'자를 바꿔서 대(大)라고 말한 것은 상황에 따라 명칭을 달리한 것이다. 즉 모든 관리들이 자신의 직무를 총괄한다는 측면에서는 총(冢)자를 붙이고, 천자를 기준으로 직무를 나열하게 되면 대(大)자를 붙인다. '총(冢)'이라는 말은 대(大) 중에서도 위에 있는 것이다. 산의 정상을 '총(冢)'이라고 부른다. 그렇기 때문에 "총재(冢宰)는 천관을 주관하는 경(卿)으로, 천자의 정사를 돕는 자이다."라고 말한 것이다. "삼년상이 끝난 뒤에야 천자는 직접 정사를 펼칠 수 있다."라고 했는데, 졸곡(卒哭)을 하고 상복을 제거한 이후 삼년 동안 심상(心喪)을 치르며, 그것이 끝난 뒤에야 천자가 직접 정사를 펼친다는 뜻이다. 상복을 3년 동안 착용하지 않는다는 사실을 알 수 있는 이유는 『진서』「두예전(杜預傳)」에서 "대시 10년 원황후가 죽자 한과 위나라의 옛 제도에 따라서 장례를 끝내고서 제왕 및 여러 신하들이 모두 상복을 벗었다. 그런데 황태자 또한 벗어야 하는지 말아야 하는지 의문이 들어 제상서에 소를 내려 복사 노흠 등을 소집하여 의논하도록 했다. 그 중 두예만이 옛날에 천자와 제후는 삼년상을 치르며 처음에는 자최복이나 참최복을 착용했지만, 장례를 마치면 상복을 제거하고 총재에게 정사를 위임하고 침묵하며 지냈고 심상으로 삼년상을 마쳤으니, 사나 서인들과 동일한 예법을 따르지 않았다고 했다. 이에 노흠과 위서가 두예에게 그 증거에 대해 물었다. 두예는 '춘추시대 때 진(晉)나라 후작이 제후들에게 연회를 베풀 때 자산은 정나라 백작을 보좌하였는데, 당시 간공은 아직 장례를 마치지 않았으므로, 상을 끝낸 뒤에 명에 따르고자 청하였고, 군자는 이를 예법에 맞다고 했다. 또 재훤(宰咺)이 혜공과 중자의 봉(賵)[9]을 보내왔을 때, 『좌전』에서는 살아있는 자를 조문함에 슬퍼하는 시기에 미치지 못했다고 했다. 이러한 기록들은 모두 장례를 마친 뒤에 상복을 제거하고 총재에게 임무를 맡기고 침묵하며 지낸다는 증거가 된다. 옛 기록들에는 이러한 설명이 많은데도 학자들이 그 뜻을 생각해보지 못했던 것일 뿐이다. 상복에 있어서도 제후

9) 봉(賵)은 부의를 보낸다는 뜻이며, 또한 부의로 보내는 특정 물건을 가리키기도 하다. '봉'은 상사(喪事)에 사용될 수레나 말을 부의로 보내는 것이다. 『예기』「문왕세자(文王世子)」편에는 "族之相爲也, 宜弔不弔, 宜免不免, 有司罰之. 至于賵賻承含, 皆有正焉."이라는 기록이 있는데, 이에 대한 진호(陳澔)의 『집설(集說)』에서는 "賵以車馬."라고 풀이했다.

는 천자를 위해 또한 참최복을 착용하는데, 어떻게 삼년 내내 참최복을 착용한다고 할 수 있겠는가?'라고 했다. 또 두예는 의를 지어, '주나라 경왕에게 왕후와 세자의 상이 발생했는데, 장례를 마치자 상복을 제거하고 연회를 하며 음악을 연주했다. 그러자 진나라 숙향은 이를 비판하며, 삼년상은 비록 존귀한 천자라 할지라도 정해진 복상기간을 끝내는 것이 예이다. 천자가 비록 기간을 채우지 않았더라도 너무 이른 시기에 연회를 열고 음악을 연주하였다고 했다. 이러한 기록들은 모두 고대에 천자가 치른 상사를 나타낸다. 고종에 대해 삼년 동안 상복을 착용했다고 말하지 않고, 총재에게 임무를 맡기고 침묵하며 삼년을 지냈다고 했는데, 이것은 상복을 제거하고 심상으로 치른다는 증거가 된다. 경왕을 비판할 때, 상복을 제거했다는 사실 자체를 비판하지 않고, 너무 이른 시기에 연회를 열고 음악을 연주했다는 점을 비판했다면, 장례를 마쳤을 때에는 마땅히 상복을 제거해야 하지만, 총재에게 임무를 맡기고 침묵하며 지내는 절차를 어긴 것이다. 요임금이 죽었을 때에도 순인금은 총재에게 임무를 맡기고 침묵하며 삼년을 지냈기 때문에 팔음(八音)의 연주를 그쳤다고 했다. 이를 통해 말해보자면, 천자가 상을 치를 때 자최복이나 참최복을 착용하는 제도가 있지만 지팡이를 잡고 질(絰)과 대(帶)를 차고서 복상기간을 모두 채워야 하는 것은 아니다. 장례를 마치면 상복을 제거하고 총재에게 임무를 맡기고 침묵하여 복상기간을 마치는데, 삼년 동안 부친의 도를 고치지 말아야 하기 때문에, 모든 관리들이 자신의 직무를 총괄하여 총재에게서 명령을 받는다고 말한 것이다. 상복을 이미 제거한 상태이기 때문에 재차 말을 하지 않은 것이 잘한 일이라고 칭송했던 것이니, 이것은 재차 거적 위에서 잠을 자고 흙덩이를 베개로 삼는 일을 하지 않으니, 정사를 황폐하기 만들기 때문이다. 『예기』에서 삼년상은 천자로부터 서인에 이르기까지 모두 동일하게 따른다고 했고, 또 부모의 상에 대해서는 신분에 상관없이 동일하다고 했으며, 또 상복과 상사에 사용하는 수레에 있어서는 모두 신분에 따른 차등이 없다고 했는데, 이 말들은 통괄적으로 천자가 상을 치르며 의복의 제도에 있어서는 일반인들과 동일하게 따른다는 뜻이지만, 심상의 예법으로 삼년이라는 기간을 끝내는 것이며, 또한 삼년 내내 상복을 착용한다는 기록은 없다. 천자의 지위는 지극히 존엄하고 천자가 시행하는 정치는 지극히 크며 군신들은 매우 많아서 일반인들과 동일하게 따를 수 없다. 그렇기 때문에 상사를 치르며 장례를 마치고 묘에 부제(祔祭)를 치렀다면, 정감이 소원해진 것에 따라 제거하는 것이다. 본인이 제거하지 않았다면 뭇 신하들은 감히 제거하지 못한다. 그렇기 때문에 자신의 뜻을 굽혀 제거하고 총재에게 임무를 맡기고 침묵하며 복상기간을 마치니, 이로써 천하의 모든 사람들은 우리 왕은 매우 인자하다고 할 것이다. 또 자신을 굽혀서 마땅한 예법에 따르므로 천하의 모든 사람들은 우리 왕은 효성스럽다고 할 것이다. 상복을 제거하고 심상을 지내니, 천하의 모든 사람들은 우리 왕은 여전히 이처럼 독실하다고 할 것이다. 따라서 우리와 같은 신하들이 어떻게 스스로 분발하여 예법을 존숭하지 않을 수 있겠는가. 이것이 바로 성인이 제도를 정하여 풍속을 좋은 쪽으로 바꾸려고 했던 근본적 뜻이다.'라고 했다. 그리고 이를 고하니, 황태자도 결국 상복을 제거하고 총재에게 임무를 맡기고 침묵하며 복상기간을 마쳤다." 라고 했다. 이것은 삼년상을 마친다는 말이 심상으로 마쳤다는 뜻임을 나타내며, 그런 뒤에야 천자는 직접 정사를 펼치는 것이다.

集註 言君薨則諸侯亦然. 總己, 謂總攝己職. 冢宰, 大宰也. 百官聽於冢宰, 故君得以三年不言也.

번역 군주가 죽었다고 말했다면 제후들 또한 이처럼 따른 것이다. '총기(總己)'는 자신의 직무를 총괄한다는 뜻이다. '총재(冢宰)'는 대재(大宰)를 뜻한다. 모든 관리들이 총재에게서 명령을 받기 때문에 군주는 삼년 동안 말을 하지 않을 수 있다.

集註 胡氏曰: 位有貴賤, 而生於父母, 無以異者, 故三年之喪, 自天子達. 子張非疑此也, 殆以爲人君三年不言, 則臣下無所稟令, 禍亂或由以起也. 孔子告以聽於冢宰, 則禍亂非所憂矣.

번역 호씨가 말하길, 지위에는 귀천의 차이가 있지만 부모에게서 태어났다는 사실에는 차이가 없다. 그렇기 때문에 삼년상은 천자로부터 서인에 이르기까지 공통된다. 자장은 이러한 점을 의심했던 것이 아니며, 군주가 삼년 동안 말을 하지 않는다면 신하들은 명령을 받을 곳이 없게 되어 재앙이나 혼란이 이를 틈타 발생하게 되리라 의심했던 것이다. 그래서 공자는 총재에게서 명령을 받는다고 말해주었으니, 재앙이나 혼란은 걱정할 바가 아니다.

참고 『서』「상서(商書)·열명상(說命上)」

경문 王宅憂, 亮陰三祀.

번역 천자께서 부친의 상을 치르고 계셔, 말을 하지 않으신 것이 3년이다.

孔傳 陰, 默也. 居憂, 信默三年不言.

번역 '음(陰)'자는 침묵하다는 뜻이다. 상을 치르고 있어서, 총재에게 일을 맡기고 묵묵히 3년 동안 말을 하지 않았다.

孔疏 ●"王宅憂, 亮陰三祀". ○正義曰: 言王居父憂, 信任冢宰, 默而不言已三年矣. 三年不言, 自是常事, 史錄此句於首者, 謂既免喪事, 可以言而猶不言, 故述此以發端也.

번역 ●經文: "王宅憂, 亮陰三祀". ○천자가 부친의 상을 치르고 있어서, 총재에게 일을 맡기고 묵묵히 말을 하지 않은 것이 이미 3년을 경과했다는 뜻이다. 3년 동안 말을 하지 않은 것은 일상적인 일인데, 사관이 첫 부분에 이 구문을 기록한 것은 이미 상사를 끝냈으므로, 말을 할 수 있었지만 여전히 말을 하지 않은 것이다. 그렇기 때문에 이 구문을 조술하여 단서를 드러낸 것이다.

孔疏 ◎傳"陰默"至"不言". ○正義曰: "陰"者, 幽闇之義, "默", 亦闇義, 故爲默也. 易稱"君子之道, 或默或語", 則"默"者, 不言之謂也. 無逸傳云"乃有信默, 三年不言", 有此"信默", 則"信", 謂信任冢宰也.

번역 ◎孔傳: "陰默"~"不言". ○'음(陰)'자는 그윽하고 어둡다는 뜻이며, '묵(默)'자 또한 어둡다는 뜻이다. 그렇기 때문에 묵묵히 있었다는 의미가 된다. 『역』에서는 "군자의 도는 어떤 때에는 침묵하고 어떤 때에는 말한다."[10]라고 했으니, '묵(默)'자는 말을 하지 않는다는 뜻이다. 『서』「무일(無逸)」편에 대한 전문에서는 "믿고 침묵하여 3년 동안 말을 하지 않았다."[11]라고 했고, 이곳에서는 '신묵(信默)'이라고 했으니, '신(信)'자는 총재를 신임하여 그에게 정사를 맡긴다는 뜻이다.

경문 旣免喪, 其惟弗言.

번역 이미 탈상을 했는데, 말을 하지 않으셨다.

孔傳 除喪, 猶不言政.

번역 상을 끝냈음에도 여전히 정사에 대해 언급하지 않았다는 뜻이다.

참고 『서』「주서(周書) · 무일(無逸)」

경문 其在高宗時, 舊勞于外, 爰曁小人.

번역 고종 때에는 밖에 대한 일에 오래도록 수고로움을 다하시어, 이에 소인들과 하셨습니다.

---

10) 『역』「계사상(繫辭上)」: 子曰, "君子之道, 或出或處, 或默或語. 二人同心, 其利斷金, 同心之言, 其臭如蘭."

11) 이 문장은 『서』「주서(周書) · 무일(無逸)」편의 "作其卽位, 乃或亮陰, 三年不言." 이라는 기록에 대한 공안국(孔安國)의 전문(傳文)이다.

孔傳 武丁, 其父小乙使之久居民間, 勞是稼穡, 與小人出入同事.

번역 무정(武丁)은 그의 부친인 소을(小乙)이 그로 하여금 오랜 기간 동안 민가에 머물도록 하시어, 농사일에 힘쓰도록 했고, 소인들과 출입하며 일을 함께 하도록 했다.

孔疏 ●"其在"至"九年". ○正義曰: 其殷王高宗, 父在之時, 久勞於外, 於時與小人同其事. 後爲太子, 起其卽王之位, 乃有信默, 三年不言. 在喪其惟不言, 喪畢發言, 言得其道, 乃天下大和. 不敢荒怠自安, 善謀殷國, 至於小大之政, 莫不得所. 其時之人, 無是有怨恨之者. 故高宗之享殷國五十有九年. 亦言不逸得長壽也.

번역 ●經文: "其在"~"九年". ○은나라 천자인 고종은 부친이 생존해 계실 때, 밖에 대한 일에 오래도록 수고로움을 다하였고, 이 시기에 소인들과 같은 일에 참여하였다. 이후 태자가 되었고, 천자의 지위에 올랐는데, 이에 곧 총재를 신임하고 침묵하여 3년 동안 말을 하지 않았다. 상을 치르는 중에는 말을 하지 않았는데, 상을 끝내고 말을 하자 그 말이 도리에 합치되어 천하가 크게 조화롭게 되었다. 감히 제멋대로 하거나 나태하지 않았으며 자신만 편안하고자 하지 않았고, 은나라의 정사에 대해 잘 도모하여 크고 작은 정사에 있어서도 제자리를 찾지 못하는 것이 없었다. 당시 사람들은 원망하는 자가 없었다. 그렇기 때문에 고종은 은나라를 59년이나 통치한 것이다. 이것은 또한 안주하지 않고 장수를 누렸음을 의미한다.

孔疏 ◎傳"武丁其"至"同事". ○正義曰: "舊", 久也. 在卽位之前, 而言久勞於外, 知是其父小乙使之久居民間, 勞是稼穡, 與小人出入同爲農役, 小人之艱難事也. 太子使與小人同勞, 此乃非常之事, 不可以非常怪之. 於時蓋未爲太子也, 殷道雖質, 不可旣爲太子, 更得與小人雜居也.

번역 ◎孔傳: "武丁其"~"同事". ○'구(舊)'자는 오랜 기간을 뜻한다. 즉위

하기 이전에 밖에 대해서 오랜 기간 동안 수고로움을 다했다는 뜻이니, 부친인 소을이 그로 하여금 오랜 기간 동안 민가에 머물도록 하여 농사에 힘쓰도록 해서, 소인들과 출입하며 함께 농사에 참여하였는데, 이것은 소인들도 어려워 했던 일에 함께 종사했던 것이다. 태자로 하여금 소인들과 함께 농사에 힘쓰게 한 것은 일상적은 일이 아니지만, 일상적이지 않다는 이유로 괴이하게 여겨서는 안 된다. 당시 아직 태자에 오르지 않은 상태이고, 은나라의 도는 비록 질박하였지만, 아직 태자의 신분이 아니었으므로, 소인들과 함께 기거할 수 있었다.

경문 作其卽位, 乃或亮陰, 三年不言.

번역 일어나 즉위를 하였는데, 총재에게 일을 맡기고 침묵하여 3년 동안 말을 하지 않으셨다.

孔傳 武丁起其卽王位, 則小乙死, 乃有信默, 三年不言. 言孝行著.

번역 무정이 천자의 지위에 올랐는데, 곧 부친인 소을이 죽어서 총재에게 일을 맡기고 침묵하여 3년 동안 말을 하지 않았다. 이것은 효행이 드러났다는 뜻이다.

孔疏 ◎傳"武丁起"至"行著". ○正義曰: 以上言久勞於外, 爲父在時事, 故言"起其卽王位, 則小乙死"也. "亮", 信也. "陰", 默也. 三年不言, 以舊無功, 而今有, 故言. 乃有說此事者, 言其孝行著也. 禮記·喪服四制引書云: "'高宗諒闇, 三年不言', 善之也. 王者莫不行此禮, 何以獨善之也? 曰, 高宗者, 武丁. 武丁者, 殷之賢王也. 繼世卽位, 而慈良於喪. 當此之時, 殷衰而復興, 禮廢而復起, 故載之於書中而高之, 故謂之高宗. 三年之喪, 君不言也", 是說此經"不言"之意也.

번역 ◎孔傳: "武丁起"~"行著". ○앞에서는 밖에 대해서 오랜 기간 동안 수고로움을 다했다고 했는데, 이것은 부친이 생존해 계실 때 했던 일이다. 그렇기 때문에 "천자의 지위에 올랐는데, 곧 부친인 소을이 죽었다."라고 말한 것이다. '양(亮)'자는 신임한다는 뜻이다. '음(陰)'자는 침묵한다는 뜻이다. 3년 동안 말을 하지 않았는데, 오랜 기간 동안 공적을 쌓음이 없었지만 현재는 발생했기 때문에 말을 한 것이다. 이러한 일화를 기록한 것은 그의 효행을 드러내기 위해서라는 뜻이다. 「상복사제」편에서는 『서』의 문장을 인용하여, "'고종은 햇볕이 들지 않는 임시 막사에서, 3년 동은 말을 하지 않았다.'라고 했는데, 이것은 그의 행위를 칭찬한 기록이다. 천자 중에는 이러한 예법을 시행하지 않았던 자가 없었는데, 어찌하여 유독 고종만을 칭찬했는가? 대답해보자면 고종(高宗)은 무정(武丁)이다. 무정은 은(殷)나라 때의 현명한 천자였다. 대를 이어서 지위에 올랐는데, 상 치르는 일에 대해서 매우 잘 했다. 당시에 은나라는 쇠약해졌었으나 고종으로 인해 재차 부흥하게 되었고, 예법도 쇠락해졌었으나 고종으로 인해 재차 시행되었다. 그렇기 때문에 『서』에 그 사실을 기록하여 높인 것이다. 그래서 그를 '고종(高宗)'이라고 부른 것이다. 삼년상을 치를 때 군주는 말을 하지 않는다."라고 했다. 이것은 이곳 경문에서 "말을 하지 않았다."라고 했던 뜻을 풀이한 말이다.

경문 其惟不言, 言乃雍, 不敢荒寧.

번역 말을 하지 않았는데, 말을 하자 천하가 조화롭게 되었고, 감히 제멋대로 하거나 자신만 편하고자 하지 않았다.

孔傳 在喪則其惟不言, 喪畢發言, 則天下和. 亦法中宗, 不敢荒怠自安.

번역 상을 치르는 중에는 말을 하지 않았고, 상을 끝내고서 말을 하자 천하가 조화롭게 되었다. 이 또한 중종(中宗)을 본받은 것이니, 감히 제멋대로 하거나 나태하지 않았으며 자신만 편안하고자 하지 않았다.

孔疏 ◎傳"在喪"至"自安". ○正義曰: 鄭玄云, "其不言之時, 時有所言, 則群臣皆和諧." 鄭玄意謂此"言乃雍"者, 在三年之內, 時有所言也. 孔意則爲出言在三年之外, 故云“在喪其惟不言, 喪畢發言, 則天下大和”. 知者, 說命云, “王宅憂, 亮陰三祀. 旣免喪, 其惟不言.” 除喪猶尙不言, 在喪必無言矣, 故知喪畢乃發言也. 高宗不敢荒寧, 與中宗正同, 故云“亦法中宗, 不敢荒怠自安”. 殷家之王, 皆是明王, 所爲善事, 計應略同, 但古文辭有差異, 傳因其文同, 故言“法中宗”也.

번역 ◎孔傳: “在喪”~“自安”. ○정현은 “말을 하지 않았을 때, 때에 따라 말을 하게 되면 뭇 신하들이 모두 조화롭고 화목하게 되었다.”라고 했다. 정현의 의도는 이곳에서 “말을 하자 조화롭게 되었다.”라고 한 것이 삼년상을 치르는 도중에 간혹 때에 따라 말을 하게 된 것이라고 여긴 것이다. 공안국의 의도는 말을 한 것은 삼년상을 치른 이후에 해당한다고 여겼다. 그렇기 때문에 “상을 치르는 중에는 말을 하지 않았고, 상을 끝내고서 말을 하자 천하가 조화롭게 되었다.”라고 말한 것이다. 이러한 사실을 알 수 있는 이유는 『서』「열명(說命)」편에서 “천자께서 부친의 상을 치르고 계셔, 말을 하지 않으신 것이 3년이다. 이미 탈상을 했는데, 말을 하지 않으셨다.”라고 했기 때문이다. 상을 끝냈는데도 여전히 말을 하지 않았다면, 상을 치르는 도중에는 분명 말을 하지 않았던 것이다. 그렇기 때문에 상을 끝내고서야 말을 했다는 사실을 알 수 있다. 고종(高宗)은 감히 제멋대로 하거나 자신만 편하고자 하지 않았는데, 이것은 중종(中宗)이 한 것과 합치된다. 그렇기 때문에 “또한 중종을 본받은 것이니, 감히 제멋대로 하거나 나태하지 않았으며 자신만 편안하고자 하지 않았다.”라고 했다. 은나라 때의 천자는 모두 성왕들이었으므로, 그들이 시행한 선한 정사는 대체적으로 동일했다. 다만 고문으로 전해져오는 기록에는 차이가 있으므로, 전문에서는 그 문장에 따라 동일하다고 여겼다. 그렇기 때문에 “중종을 본받았다.”라고 했다.

蔡傳 高宗, 武丁也. 未卽位之時, 其父小乙使久居民間, 與小民出入同事, 故於小民稼穡艱難, 備嘗知之也. 雍, 和也. 發言和順, 當於理也.

번역 ‘고종(高宗)’은 무정(武丁)이다. 아직 즉위하지 않았을 때, 그의 부친인 소을이 오랜 기간 동안 민가에 거주하게 하여, 백성들과 출입하며 같은 일에 종사하도록 시켰다. 그렇기 때문에 백성들이 농사를 지으며 겪는 어려움에 대해서 두루 알고 있었다. '옹(雍)'자는 조화롭다는 뜻이다. 말을 한 것이 조화롭고 온순하여 이치에 마땅했다는 의미이다.

참고 『예기』「악기(樂記)」 기록

경문-485c 君子曰, "禮樂不可斯須去身." 致樂以治心, 則易直子諒之心油然生矣. 易直子諒之心生則樂, 樂則安, 安則久, 久則天, 天則神. 天則不言而信, 神則不怒而威, 致樂以治心者也.

번역 군자는 "예악은 자신에게서 잠시도 떨어트려 놓을 수 없다."라고 했다. 악(樂)을 지극히 연구하여 마음을 다스린다면, 온화하고 곧으며 자애롭고 참된 마음이 융성하게 생겨난다. 온화하고 곧으며 자애롭고 참된 마음이 생겨나면 즐겁게 되고, 즐거우면 편안하게 되며, 편안하면 오래할 수 있고, 오래할 수 있으면 하늘의 이치를 깨달으며, 하늘의 아치를 깨달으면 신묘하게 된다. 하늘의 이치를 깨닫게 되면 말을 하지 않아도 사람들이 믿고, 신묘하게 되면 화를 내지 않아도 저절로 위엄이 생기니, 이것이 바로 악(樂)을 지극히 연구하여 마음을 다스린다는 것이다.

鄭注 致, 猶深審也. 子, 讀如不子之子. 油然, 新生好貌也. 善心生則寡於利欲, 寡於利欲則樂矣. 志明行成, 不言而見信如天也, 不怒而見畏如神也. 樂由中出, 故治心.

번역 '치(致)'자는 깊이 살핀다는 뜻이다. '자(子)'자는 "자식처럼 사랑하지 않는다."라고 할 때의 '자(子)'자처럼 해석한다. '유연(油然)'은 처음으로 생겨나는 좋은 모습을 뜻한다. 선한 마음이 생겨나면 이로움을 따르는 욕심을 줄이게 되고, 이로움을 따르는 욕심을 줄이게 되면 즐거워하게 된다. 뜻이 밝아지고 행실이 완성되어, 특별한 말을 하지 않더라도 사람들이 하늘을 믿듯이 신임을 받게 되며, 성을 내지 않더라도 사람들이 신을 외경하듯이 존경을 받게 된다. 악(樂)은 마음으로부터 도출되기 때문에 마음을 다스리는 것이다.

孔疏 ●"致樂以治心, 則易·直·子·諒之心油然生矣"者, 致, 謂深致詳審. 易, 謂和易. 直, 謂正直. 子, 謂子愛. 諒, 謂誠信. 言能深遠詳審此樂以治正其心, 則和易·正直·子愛·誠信之心油油然從內而生矣. 言樂能感人, 使善心生也.

번역 ●經文: "致樂以治心, 則易·直·子·諒之心油然生矣". ○'치(致)'자는 심도 있게 연구하고 상세히 살핀다는 뜻이다. '이(易)'자는 온화하다는 뜻이다. '직(直)'자는 정직하다는 뜻이다. '자(子)'자는 자식처럼 사랑한다는 뜻이다. '양(諒)'자는 진실되다는 뜻이다. 즉 이러한 악(樂)에 대해서 심도 있게 연구하고 상세히 살펴서 마음을 올바르게 다스릴 수 있다면, 온화하고 정직하며 자애롭고 진실된 마음이 샘물처럼 내면으로부터 생겨나온다는 뜻이다. 즉 악(樂)이 사람들을 감동시켜서 사람들로 하여금 선한 마음이 생겨나도록 한다는 의미이다.

그림 8-1 ▣ 고종(高宗)

※ **출처:**『삼재도회(三才圖會)』「인물(人物)」1권

그림 8-2 ▣ 은(殷)나라 세계도(世系圖)

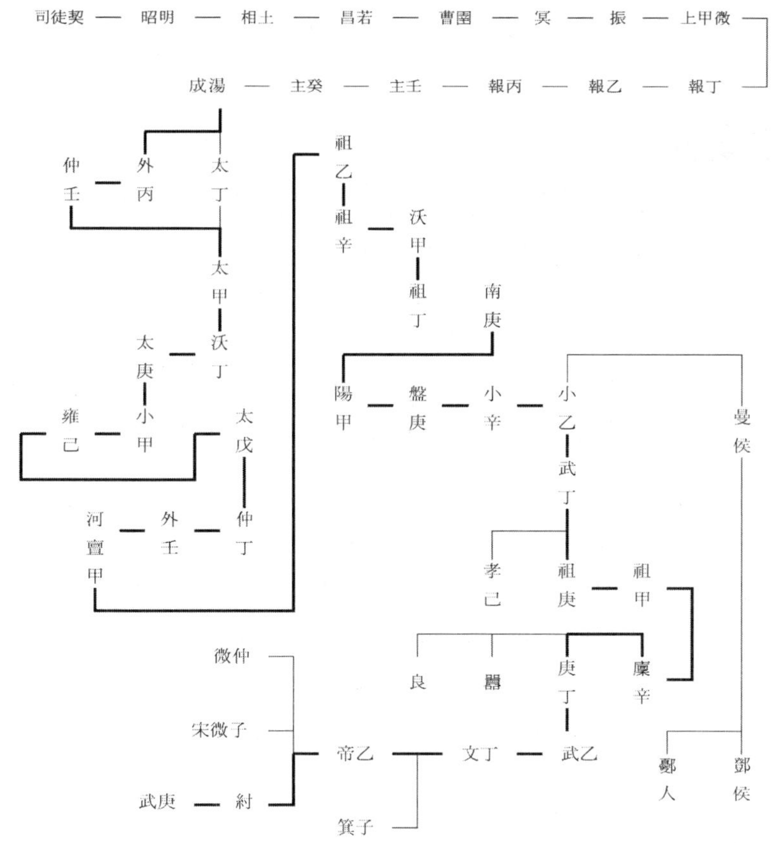

※ **출처:** 『역사(繹史)』 1권 「역사세계도(繹史世系圖)」

• 제 9 절 •

상(喪)과 응대(應對)

【723b】

禮, 斬衰之喪, 唯而不對. 齊衰之喪, 對而不言. 大功之喪, 言而不議. 緦小功之喪, 議而不及樂.

직역 禮에는 斬衰의 喪에서는 唯하고 不對한다. 齊衰의 喪에서는 對하되 不言한다. 大功의 喪에서는 言하되 不議한다. 緦와 小功의 喪에서는 議하되 樂에는 不及한다.

의역 예법에 따르면, 참최복(斬衰服)을 입고 치르는 상에서는 응답만 하고 구체적인 말로 대답하지 않는다. 자최복(齊衰服)을 입고 치르는 상에서는 대답은 하지만 먼저 말을 꺼내지는 않는다. 대공복(大功服)[1]을 입고 치르는 상에서는 먼저 말을 꺼내더라도 다른 사안에 대해서 의논하지 않는다. 시마복(緦麻服)[2]과 소공복(小功服)[3]을 입고 치르는 상에서는 다른 사안에 대해서 의논은 하지만 즐거운 일

1) 대공복(大功服)은 상복(喪服) 중 하나로, 오복(五服)에 속한다. 조밀한 삼베를 사용해서 만들지만, 소공복(小功服)에 비해서는 삼베의 재질이 거칠기 때문에, '대공복'이라고 부른다. 이 복장을 입게 되는 기간은 상황에 따라 차이가 생기지만, 일반적으로 9개월이다. 당형제(堂兄弟) 및 미혼인 당자매(堂姊妹), 또는 혼인을 한 자매(姊妹) 등을 위해서 입는다.

2) 시마복(緦麻服)은 상복(喪服) 중 하나로, 오복(五服)에 속한다. 가장 조밀한 삼베를 사용해서 만든다. 이 복장을 입게 되는 기간은 상황에 따라서 차이가 있지만, 일반적으로 3개월이 된다. 친족의 백숙부모(伯叔父母)나 친족의 형제(兄弟)들 및 혼인하지 않은 친족의 자매(姊妹) 등을 위해서 입는다.

3) 소공복(小功服)은 상복(喪服) 중 하나로, 오복(五服)에 속한다. 조밀한 삼베를 사용해서 만들며, 대공복(大功服)에 비해서 삼베의 재질이 조밀하기 때문에, '소공복'이라고 부른다. 이 복장을 입게 되는 기간은 상황에 따라 차이가 생기지만, 일반적으로 5개월이 된다. 백숙(伯叔)의 조부모나 당백숙(堂伯叔)의 조부모, 혼인

에 대해서는 의논하지 않는다.

集說 說見間傳.

번역 자세한 설명은 『예기』「간전(間傳)」편의 기록에 나온다.

鄭注 此謂與賓客也. 唯而不對, 侑者爲之應耳. 言, 謂先發口也.

번역 이 내용은 빈객과 마주할 때의 상황을 뜻한다. '유이부대(唯而不對)'라는 말은 옆에서 돕는 자가 그를 대신하여 응대를 할 따름이라는 뜻이다. '언(言)'이라는 말은 먼저 입을 연다는 뜻이다.

釋文 唯, 余癸反, 徐以水反, 注同. 齊音咨, 本又作▼(齊/衣). 侑音又. 爲, 于僞反. 應, 應對之應.

번역 '唯'자는 '余(여)'자와 '癸(계)'자의 반절음이며, 서음(徐音)은 '以(이)'자와 '水(수)'자의 반절음이고, 정현의 주에 나오는 글자도 그 음이 이와 같다. '齊'자의 음은 '咨(자)'이며, 판본에 따라서는 또한 '▼(齊/衣)'자로도 기록한다. '侑'자의 음은 '又(우)'이다. '爲'자는 '于(우)'자와 '僞(위)'자의 반절음이다. '應'자는 '응대(應對)'라고 할 때의 '應(응)'자 음이다.

孔疏 ●"禮: 斬衰之喪, 唯而不對"者, 謂與賓客言也, 但稱"唯"而已, 不對其所問之事. 侑者爲之對, 不旁及也.

번역 ●經文: "禮: 斬衰之喪, 唯而不對". ○빈객과 상대하며 말을 한다는 뜻인데, 단지 '유(唯)'라고만 칭할 따름이며, 물어본 사안에 대해서는 대답을 하지 않는 것이다. 옆에서 돕는 자가 그를 대신하여 대답을 하지만, 주변적인 사안까지 언급하지 않는다.

하지 않은 당(堂)의 자매(姊妹), 형제(兄弟)의 처 등을 위해서 입는다.

孔疏 ●"齊衰之喪, 對而不言"者, 但對其所問之事, 不餘言也.

번역 ●經文: "齊衰之喪, 對而不言". ○단지 물어온 사안에 대해서만 대답을 하며, 다른 말들을 하지 않는다.

孔疏 ●"大功之喪, 言而不議"者, 但言說他事, 不與人論議相問答也.

번역 ●經文: "大功之喪, 言而不議". ○단지 다른 사안에 대해서 설명을 할 따름이며, 다른 사람과 더불어서 의논을 하며 서로 문답을 주고받지 않는다.

孔疏 ●"緦·小功之喪, 議而不及樂"者, 得議他事, 但不能聽及於樂也.

번역 ●經文: "緦·小功之喪, 議而不及樂". ○다른 사안에 대해서도 의논을 할 수 있지만, 그 내용을 듣고서 즐거운 사안에까지 대화가 이르도록 할 수는 없다.

集解 愚謂: 此因上文言居喪不言, 而言五服之喪, 其哀見於言語之間而遞殺者如此, 亦以節制之義也.

번역 내가 생각하기에, 이 문장은 앞에서 상을 치르며 말을 하지 않았다고 한 기록으로 인해 오복(五服)의 상에서 각 상에 대한 슬픔은 말하는 사이를 통해 드러나는데 차례대로 줄어드는 것이 이와 같다는 뜻을 말한 것이니, 이 또한 "절도에 따라 제도를 제정했다."는 뜻에 해당한다.

참고 구문비교

예기·상복사제 禮, 斬衰之喪, 唯而不對. 齊衰之喪, 對而不言. 大功之喪, 言而不議. 緦小功之喪, 議而不及樂.

예기 · 간전(間傳) 斬衰唯而不對, 齊衰對而不言, 大功言而不議, 小功緦麻議而不及樂. 此哀之發於言語者也.

참고 『예기』「간전(間傳)」 기록

경문-665d 斬衰唯而不對, 齊衰對而不言, 大功言而不議, 小功緦麻議而不及樂. 此哀之發於言語者也.

번역 참최복(斬衰服)의 상을 치를 때에는 응답만 하고 구체적인 말로 대답하지는 않고, 자최복(齊衰服)의 상을 치를 때에는 대답은 하지만 먼저 말을 꺼내지 않으며, 대공복(大功服)의 상을 치를 때에는 먼저 말을 꺼내더라도 다른 사안에 대해서 의논하지 않고, 소공복(小功服)과 시마복(緦麻服)의 상을 치를 때에는 다른 사안에 대해서 의논은 하지만 즐거운 일에 대해서는 의논하지 않는다. 이것은 애통함이 말을 통해 드러나는 것이다.

鄭注 議, 謂陳說非時事也.

번역 '의(議)'자는 당시에 발생한 사안에 대해서 시비를 논하며 자신의 의견을 진술한다는 뜻이다.

孔疏 ●"斬衰唯而不對"者, 但唯於人, 不以言辭而對也. 皇氏以爲親始死, 但唯而已, 不以言對. 按雜記云, "三年之喪, 對而不問", 爲在喪稍久, 故對也.

번역 ●經文: "斬衰唯而不對". ○단지 남에게 응답만 하고 구체적인 말로 대답을 하지 않는다는 뜻이다. 황간은 부모가 이제 막 돌아가셨을 때에는 단지 응답만 하고 구체적인 말로 대답을 하지 않는다고 여겼다. 『예기』「잡기(雜記)」편을 살펴보니, "삼년상을 치를 때에는 대답은 하지만 스스로 묻지는 않는다."[4]고 했다. 상을 치르는 시간이 보다 오래되었기 때문에 대답을 하는 것이다.

孔疏 ●"大功言而不議"者, 大功稍輕, 得言他事, 而不議論時事之是非. 雜記云: "齊衰之喪, 言而不語." 彼謂言己事, 故鄭彼注云: "言, 言己事也. 爲人說爲語", 與此"言"異也.

번역 ●經文: "大功言而不議". ○대공복(大功服)의 상은 수위가 보다 가벼워서 다른 사안에 대해서도 말을 할 수 있지만, 당시의 사안에 대해서 시비를 따지는 의논은 할 수 없다. 『예기』「잡기(雜記)」편에서는 "자최복(齊衰服)의 상에서는 자기 스스로 자신이 처리해야 할 일을 말하지만, 남과 함께 논의하지는 않는다."[5]라고 했다. 「잡기」편의 내용은 자신의 일에 대해서는 말을 한다는 뜻이다. 그렇기 때문에 「잡기」편에 대한 정현의 주에서는 "'언(言)'은 자신이 처리해야 할 일을 말한다는 뜻이다. 남과 함께 말하는 것을 '어(語)'라고 한다."라고 했으니, 이곳에 나온 '언(言)'자와는 의미가 다르다.

大全 嚴陵方氏曰: 唯則順之而已, 對則有可否焉. 對則應彼而已, 言則命物焉. 言則直言而已, 議則詳其義焉. 議則主於事而已, 樂則通其情焉. 由其哀有輕重, 故發於言語有詳略也.

번역 엄릉방씨가 말하길, 응답은 상대의 질문에 대해 순응만 할 따름이지만, 대답을 한다면 가부를 따지게 된다. 대답은 상대의 질문에 호응만 할 따름이지만, 구체적인 말을 한다면 상대에 대해 명령을 하게 된다. 구체적인 말은 직선적으로 말을 할 뿐이지만, 의논을 한다면 그 의미를 상세히 따지게 된다. 의논은 일을 위주로 하지만, 즐거움이라면 그 정감을 통하게 한다. 애통함에 경중의 차이가 있기 때문에 말을 함에 있어서도 간략하고 상세한 차이가 있다.

---

4) 『예기』「잡기하(雜記下)」【510a~b】: 三年之喪, 言而不語, 對而不問. 廬堊室之中, 不與人坐焉. 在堊室之中, 非時見乎母也不入門.

5) 『예기』「잡기하(雜記下)」【510a~b】: 三年之喪, 言而不語, 對而不問. 廬堊室之中, 不與人坐焉. 在堊室之中, 非時見乎母也不入門. / 「잡기하」편에는 '자최지상(齊衰之喪)'이라고 기록되어 있지 않고, '삼년지상(三年之喪)'으로 기록되어 있다.

集解 愚謂: 唯者, 應人而已, 對則有言辭矣. 對者, 對其所問而已, 言則及於他事矣. 至於議, 則又有論說之詳焉. 及樂, 謂及於聽樂也. 此與上節, 皆謂始死時之聲音言語然也. 雜記云, "三年之喪, 言而不語, 對而不問", 謂旣殯居廬時, 故與此不同也.

번역 내가 생각하기에, '유(唯)'는 상대에 대해 응답만 할 따름이며, '대(對)'는 구체적인 말을 하는 것이다. '대(對)'는 질문에 대해 대답만 할 따름이며, '언(言)'은 다른 사안까지도 언급하는 것이다. '의(議)'에 이르게 되면, 더욱 자세하게 따지고 의논하는 것이다. '급악(及樂)'은 음악을 듣는 일에 미친다는 뜻이다. 이곳 기록과 앞의 문단은 모두 어떤 자가 이제 막 죽었을 때 나타내는 소리와 말이 이렇다는 뜻이다. 『예기』「잡기(雜記)」편에서는 "삼년상을 치를 때에는 자기 스스로 자신이 처리해야 할 일을 말하지만 남과 함께 논의하지는 않고, 대답은 하지만 스스로 묻지는 않는다."라고 했는데, 이것은 빈소를 마련한 뒤 의려(倚廬)에 머물 때를 뜻한다. 그렇기 때문에 이곳 기록과 차이를 보인다.

참고 『예기』「잡기하(雜記下)」 기록

경문-510a~b 三年之喪, 言而不語, 對而不問. 廬堊室之中, 不與人坐焉. 在堊室之中, 非時見乎母也不入門.

번역 삼년상을 치를 때에는 자기 스스로 자신이 처리해야 할 일을 말하지만, 남과 함께 논의하지는 않고, 대답은 하지만 스스로 묻지는 않는다. 의려(倚廬)와 악실(堊室)에 있을 때에는 남과 함께 앉지 않는다. 악실에 있을 때에는 때에 따라 모친을 뵙는 일이 아니라면, 중문(中門)으로 들어가지 않는다.

鄭注 言, 言己事也. 爲人說爲語. 在堊室之中, 以時事見乎母, 乃後入門, 則居廬時不入門.

번역 '언(言)'은 자신이 처리해야 할 일을 말한다는 뜻이다. 남과 함께 말하는 것을 '어(語)'라고 한다. 악실(堊室) 안에 있을 때에는 때때로 모친을 찾아뵙게 된 이후에야 문으로 들어가니, 여(廬)에 있을 때에는 특정한 때라고 하더라도 문으로 들어가지 않는다.

孔疏 ●"三年"至"入門". ○正義曰: 皇氏云: 上云"少連大連", 及此經云"三年之喪", 幷下"疏衰"之等, 皆是總結上文, 敬爲上, 哀次之, 及"顏色稱其情, 戚容稱其服". 今按別稱孔子是時之語, 不連子貢之問, 此"三年之喪"以下, 自是記者之言, 非孔子之語. 前文"顏色稱其情", 謂據父母之喪. 此下文"疏衰", 謂期親以下. 何得將此結上"顏色稱其情"? 皇說非也.

번역 ●經文: "三年"～"入門". ○황간은 앞 문장에서 '소련과 대련'[6]이라고 말했고, 이곳 경문에서는 '삼년상'이라고 말했으며, 아울러 '소최(疏衰)'[7] 등을 언급했으니, 이 모두는 앞 문장에서 공경함이 상등이 되고 애통함이 그 다음이라고 말하고, "안색은 그 정감에 알맞게 하고, 수척해진 모습은 해당하는 상복에 알맞게 한다."라고 했던 말들[8]에 대해 총괄적으로 결론을 맺은 것이라고 했다. 그런데 현재 그 내용들을 살펴보니, '공자(孔子)'라고 별도로 지칭한 것은 당시에 공자가 했던 말을 뜻하니, 자공의 질문과는 관련되지 않고, 이곳에서 '삼년상'이라고 한 문장으로부터 그 이하의 내용은 『예기』를 기록한 자가 스스로 기록한 말이지, 공자의 말이 아니다. 그리고 앞에서 "안색은 해당하는 정감에 알맞게 한다."라는 말은 부모의 상에 기준을 둔 내용이다. 이곳 아래에서 '소최(疏衰)'라고 한 말은 부모에 대해서 기년상(期年喪)을 치르는 것으로부터 그 이하의 경우를 뜻한다. 따라서 어떻게 이러한 기록들이 앞에서 "안색은 해당하는 정감에 알맞게 한다."라고 했던 말을 결론 맺을 수 있겠는가? 그러므로 황간의 주장은 잘못되었다.

---

6) 『예기』「잡기하(雜記下)」【509d】: 孔子曰, "少連·大連善居喪, 三日不怠, 三月不解, 期悲哀, 三年憂, 東夷之子也."
7) 『예기』「잡기하(雜記下)」【510b】: 疏衰皆居堊室不廬. 廬嚴者也.
8) 『예기』「잡기하(雜記下)」【509b】: 子貢問喪. 子曰, "敬爲上, 哀次之, 瘠爲下. 顏色稱其情, 戚容稱其服."

孔疏 ●"三年之喪, 言而不語"者, 謂大夫·士言而後事行者, 故得言己事, 不得爲人語說也.

번역 ●經文: "三年之喪, 言而不語". ○대부와 사는 말을 한 이후에 일을 시행한다는 뜻이다. 그렇기 때문에 자기 스스로 처리해야 할 일에 대해서는 말을 할 수 있지만, 남과 얘기를 할 수는 없다.

孔疏 ●"對而不問"者, 謂有問者得對, 而不得自問於人. 此謂與有服之親者行事之時, 若與賓客疏遠者言, 則間傳云"斬衰唯而不對, 齊衰對而不言", 是也.

번역 ●經文: "對而不問". ○어떤 것을 묻는 자가 있다면 대답을 할 수 있지만, 스스로 남에게 질문을 할 수 없다는 뜻이다. 이 내용은 상복관계에 있는 친족과 어떤 일을 시행할 때, 빈객 중 관계가 소원한 자와 말을 하는 경우를 뜻하니, 「간전」편에서는 "참최복(斬衰服)을 착용하는 경우에는 응답만 하고 대답을 하지 않고, 자최복(齊衰服)을 착용하는 경우에는 대답은 하지만 얘기를 나누지 않는다."[9]라고 했다.

孔疏 ●"廬堊室之中不與人坐"者, 按喪大記云"練, 居堊室, 不與人居", 居卽坐也, 與此同.

번역 ●經文: "廬堊室之中不與人坐". ○『예기』「상대기(喪大記)」편을 살펴보면, "소상(小祥)을 치르고 난 뒤에는 악실(堊室)에 머물며, 다른 사람과 함께 거(居)하지 않는다."[10]라고 했는데, 여기에서의 '거(居)'자는 곧 앉는다는 뜻이니, 이곳의 내용과 동일하다.

---

9) 『예기』「간전(間傳)」【665d】: 斬衰唯而不對, 齊衰對而不言, 大功言而不議, 小功緦麻議而不及樂. 此哀之發於言語者也.

10) 『예기』「상대기(喪大記)」【539a】: 既練, 居堊室, 不與人居. 君謀國政, 大夫士謀家事. 既祥, 黝堊, 祥而外無哭者, 禫而內無哭者, 樂作矣故也.

訓纂 方氏苞曰: 旣練居堊室, 悲憂漸殺, 設以見母而時與內接, 哀敬之心弛焉, 則衰麻哭泣皆僞也. 故見母亦有時, 所以責人子哀敬之誠而大爲之防也.

번역 방포[11]가 말하길, 소상(小祥)을 치른 뒤 악실(堊室)에 머무는 이유는 비통함과 근심스러움이 점차 줄어들기 때문인데, 모친을 뵙기 위해서 수시로 안으로 들어가 만나 뵙게 된다면, 애통하고 공경스러운 마음이 풀어져서, 상복을 입고 곡을 하며 눈물을 흘리는 일들이 모두 거짓된 행동이 된다. 그렇기 때문에 모친을 찾아뵐 때에도 또한 정해진 시기를 두었으니, 자식의 애통하고 공경스러운 진실된 마음에 대해 문책하고 너무 커지는 것을 방지하기 위한 것이다.

集解 愚謂: 三年之喪, 立不群, 行不旅, 坐不與人俱, 皆爲其狎處忘哀也.

번역 내가 생각하기에, 삼년상을 치를 때에는 사람들이 모여 있는 장소에 가서 뭇 사람들과 자리를 함께 하지 않고, 뭇 사람들과 무리를 지어 다니지 않으며,[12] 앉을 때에도 남과 함께 앉지 않으니, 이 모두는 너무 친숙한 곳에서는 애통한 마음을 잊어버리기 때문이다.

---

11) 방포(方苞, A.D.1668~A.D.1749) : 청대(淸代)의 학자이다. 자(字)는 영고(靈皐)이고, 호(號)는 망계(望溪)이다. 송대(宋代)의 학문과 고문(古文)을 추종하였다.
12) 『예기』「증자문(曾子問)」【238a】 : 曾子問曰: 三年之喪, 弔乎. 孔子曰: 三年之喪, 練, 不群立, 不旅行, 君子禮以飾情, 三年之喪而弔哭, 不亦虛乎.

• 제 10 절 •

인(仁)·지(知)·강(彊)과 예(禮)·의(義)와 효(孝)·제(弟)·정(貞)

【723b】

父母之喪: 衰冠·繩纓·菅屨, 三日而食粥, 三月而沐, 期十三月而練冠, 三年而祥. 比終茲三節者, 仁者可以觀其愛焉, 知者可以觀其理焉, 彊者可以觀其志焉. 禮以治之, 義以正之. 孝子, 弟弟, 貞婦, 皆可得而察焉.

직역 父母의 喪에서, 衰冠하고 繩纓하며 菅屨하고, 三日하고 粥을 食하며, 三月하고 沐하고, 期十三月하고 練冠하며, 三年하고 祥한다. 玆三節을 終한 者에 比함에, 仁者는 可히 그 愛를 觀하고, 知者는 可히 그 理를 觀하며, 彊者는 可히 그 志를 觀한다. 禮로써 治하고, 義로써 正한다. 孝子하고, 弟弟하며, 貞婦함은 皆히 可히 得히 察이라.

의역 부모의 상에 대해서 말해보자면, 상복(喪服)과 그에 따른 관(冠)을 쓰고, 새끼줄을 엮은 끈을 달며, 관구(菅屨)를 신게 되는데, 부모가 돌아가신 후 3일 째에 처음으로 죽을 마시고, 3개월째에 처음으로 목욕을 하며, 1년을 넘겨 13개월째가 되면 소상(小祥)을 치르며 연관(練冠)을 쓰고, 3년째가 되면 대상(大祥)을 치른다. 이러한 세 마디를 끝내는데 미쳐서는 인(仁)함은 그 사람의 친애하는 마음을 통해서 관찰할 수 있고, 지(知)함은 그 이치를 통해서 관찰할 수 있으며, 강(彊)함은 그 뜻을 통해서 관찰할 수 있다. 예(禮)로써 다스리고, 의(義)로써 바르게 한다. 자식은 효자답고, 동생은 동생답고, 부인은 정숙하다는 것은 모두 이를 통해서 확인할 수 있다.

集說 比, 及也. 三月, 一節也. 練, 一節也. 祥, 一節也. 非仁者不足以盡愛親之道, 故於仁者觀其愛; 非知者不足以究居喪之理, 故於知者觀其理; 非强者不足以守行禮之志, 故於强者觀其志. 一說, 理, 治也, 謂治斂殯葬祭之事, 惟知者能無悔事也, 故曰觀其理. 篇首言仁義禮知爲四制之本, 此獨曰禮以治之, 義以正之者, 蓋恩亦兼義, 權非悖禮也. 孝子, 弟弟, 貞婦, 專言門內之治, 而不及君臣者, 亦章首專言父母之喪, 而恩制爲四制之首故也.

번역 '비(比)'자는 "~에 이르다[及]."는 뜻이다. 3개월째가 한 마디가 된다. 소상(小祥)을 치르는 것이 한 마디가 된다. 대상(大祥)을 치르는 것이 한 마디가 된다. 인(仁)한 자가 아니라면 부모를 친애하는 도리를 모두 다 드러낼 수 없다. 그렇기 때문에 인(仁)한 자에 대해서는 그 친애함을 관찰한다고 한 것이다. 지(知)한 자가 아니라면 상을 치르는 이치를 탐구할 수 없다. 그렇기 때문에 지(知)한 자에 대해서는 그 이치를 관찰한다고 한 것이다. 강(强)한 자가 아니라면 예법을 시행하려는 뜻을 고수할 수 없다. 그렇기 때문에 강(强)한 자에 대해서는 그 뜻을 관찰한다고 한 것이다. 일설에서는 '이(理)'자를 "다스린다[治]."는 뜻으로 풀이하니, 즉 염(斂)[1]을 하고 빈소를 차리며 장례를 치르고 제사를 지내는 일들을 다스리는 것에 있어서, 오직 지(知)한 자만이 회한을 남기는 일이 없을 수 있다. 그렇기 때문에 그 다스림을 관찰한다고 말했다고 주장한다. 편의 첫 머리에서는 인(仁)·의(義)·예(禮)·지(知)가 사제(四制)의 근본이 된다고 했는데, 이곳에서는 유독 "예(禮)로써 다스리고, 의(義)로써 바르게 한다."라고만 말했다. 그 이유는 아마도 은정이라는 것은 또한 의(義)를 겸비하고 있고, 권도는 예(禮)를 어긋나게 하는 것이 아니기 때문이다. 자식은 효자답고, 동생은 동생다우며, 부인은 정숙하다는 것은 집안에서의 다스림에 대해서만 언급한 것으로 군주와 신하에 대한 사안은 언급하지 않았는데, 이 장의 앞부분에서도 부모에 대한 상만 언급했으니, 은정에 따른 제도가 사제(四制) 중에서도 으뜸이 되기 때문일 것이다.

---

1) 염(斂)은 시신에 옷을 입혀서 관에 안치하는 것을 뜻한다.

大全 藍田呂氏曰: 父母之喪, 其大變有三, 始死至于三月, 一也; 十三月而練, 二也; 三年而祥, 三也. 莫不執喪也, 善於此者難, 莫不善其始也, 善於終者難, 故終玆三節以善喪稱者, 則孝子弟弟貞婦, 可得而知也. 惻怛痛疾, 悲哀志懣, 非仁者之篤於親, 則不能也. 然哭踊無節, 喪期無數, 服不別精粗, 位不別賓主, 乃野人夷狄直情徑行者, 其知不足道也. 哀之發於容體, 發於聲音, 發於言語, 發於飮食, 發於居處, 發於衣服, 輕重有等, 變除有節, 至於襲含斂殯之具, 賓客弔哭之文, 無所不中於禮, 非知者之明於理, 則不能也. 然有其文矣, 實不足以稱之, 有其始矣, 力不足以終之, 其强不足道也. 喪事不敢不勉, 此强有志者之所能也, 故古之善觀人者, 察其言動之所趨, 而知其情, 驗其行事之所久, 而知其德. 親喪者, 人之所自致者也. 哭死而哀, 非爲生者, 則其仁可知矣. 生事之以禮, 死葬之以禮, 祭之以禮, 則其知可知矣. 先王制禮, 不敢不及, 則其强可知矣, 故君子之觀人, 常於此而得之.

번역 남전여씨가 말하길, 부모의 상에 있어서, 크게 변화되는 시점은 세 가지가 있으니, 부모가 처음 돌아가셨을 때로부터 3개월째에 이르는 기간까지가 첫 번째 마디가 되고, 13개월째에 소상(小祥)을 치르는 것이 두 번째 마디가 되며, 3년째에 대상(大祥)을 치르는 것이 세 번째 마디가 된다. 상을 직접 치르지 않는 경우가 없지만, 이러한 부분에 대해서 잘하는 것은 어려운 일이며, 그 시작에 대해서 잘하지 않는 경우가 없지만, 끝맺음에 대해서도 잘하기는 어려운 일이다. 그렇기 때문에 이러한 세 마디를 끝맺을 때, 상을 잘 치렀다고 칭송을 받게 된다면, 그 자식이 효자답고, 동생이 동생다우며, 부인이 정숙하다는 사실을 확인할 수 있는 것이다. 슬퍼하고 아파하며 비통하고 애통하며 번민으로 가득하게 되는 것[2]은 인(仁)한 자가 부모에 대해서 독실한 경우가 아니라면 가능하지 않다. 그런데 곡과 용(踊)을 함에 절제함이 없고, 상을 치르는 기간에 정해진 기한이 없으며, 상복에 있어서도 수위에 따른 구별이 없고, 자리에 있어서도 빈객과 주인의 구별이 없다면, 이것은 예의가 없는 오랑캐들이 자신의 감정에만 내맡겨서 경솔하게 시행하는 것이 되니, 그 지(知)에 대해서는 말할

2) 『예기』「문상(問喪)」【658a】: 三日而斂, 在牀曰尸, 在棺曰柩. 動尸擧柩, 哭踊無數. 惻怛之心, 痛疾之意, 悲哀志懣氣盛, 故袒而踊之, 所以動體安心下氣也.

것이 못 된다. 애통함은 몸을 통해 나타나고 소리를 통해 나타나며 말을 통해 나타나고 음식에 대한 것에서도 나타나며 거처를 하는 것에서도 나타나고 의복에 대해서도 나타나는데, 경중에 따른 차등이 있고, 바꾸고 제거함에 있어서도 절도가 있으니, 습(襲)[3]과 함(含)[4]을 하고 염(斂)과 빈소를 마련하는 기물들과 빈객들이 조문을 하며 곡을 하는 형식에 있어서도, 예(禮)에 합당하지 않는 것이 없는 것은 지(知)한 자가 이치에 밝지 않다면 가능한 일이 아니다. 그런데 그에 따른 형식을 갖췄지만 그 실질을 걸맞게 할 수 없고, 시작됨은 있으나 그 힘이 끝맺음을 잘하기에 부족하다면, 그 강(强)에 대해서는 말할 것이 못 된다. 상사에 대해서는 감히 힘쓰지 않을 수가 없으니, 이것은 굳건하게 그 뜻을 지니고 있는 자만이 할 수 있는 사안이다. 그렇기 때문에 고대에 사람들을 잘 알아봤던 자들은 그의 말과 행동이 지향하는 것을 관찰하여 그의 정감을 알아차렸던 것이고, 일을 시행함이 오래됨을 징험해보고 그의 덕을 알았던 것이다. 부모의 상은 사람이라면 제 스스로 그 정성을 다하게 되는 사안이다. 그런데 죽은 자에 대해서 곡을 하고 슬퍼하는 일을 살아있는 자들을 위해서 하지 않는다면,[5] 그의 인(仁)함에 대해서 확인할 수 있다. 또한 살아계실 때 예(禮)에 따라서 섬기고, 돌아가셨을 때 예(禮)에 따라서 장례를 치르며, 제사를 지낼 때에도 예(禮)에 따라서 한다면,[6] 그의 지(知)함에 대해서 확인할 수 있다. 선왕이 예를 제정한 것에 대해서 감히 미치지 못함이 없게 한다면, 그 강(强)함에 대해서 확인할 수 있다. 그렇기 때문에 군자는 사람을 관찰할 때 항상 이러한

3) 습(襲)은 시신에 옷을 입히는 의식 절차이다. 한편 시신에 입히는 옷 자체도 '습'이라고 불렀다.

4) 함(含)은 부의를 보낸다는 뜻이며, 또한 부의로 보내는 특정 물건을 가리키기도 하다. '함'은 시신과 함께 매장하게 될 주옥(珠玉)을 부의로 보내는 것이다. 『예기』「문왕세자(文王世子)」편에는 "族之相爲也, 宜弔不弔, 宜免不免, 有司罰之. 至于賵賻承含, 皆有正焉."이라는 기록이 있는데, 이에 대한 진호(陳澔)의 『집설(集說)』에서는 "含以珠玉."이라고 풀이했다. 또 '함'은 시신의 입에 곡식이나 화패 등을 넣는 것을 의미하기도 한다.

5) 『맹자』「진심하(盡心下)」: <u>哭死而哀, 非爲生者也</u>. 經德不回, 非以干祿也. 言語必信, 非以正行也. 君子行法, 以俟命而已矣.

6) 『논어』「위정(爲政)」: 孟懿子問孝. 子曰, "無違." 樊遲御, 子告之曰, "孟孫問孝於我, 我對曰, 無違." 樊遲曰, "何謂也?" 子曰, "<u>生事之以禮, 死葬之以禮, 祭之以禮.</u>"

점들을 통해서 확인할 수 있었던 것이다.

鄭注 仁, 有恩者也. 理, 義也. 察, 猶知也.

번역 인(仁)에는 은정이 포함된 것이다. 이(理)는 의(義)에 해당한다. '찰(察)'자는 "안다[知]."는 뜻이다.

釋文 衰, 七回反. 菅音姦. 屨, 徐紀具反. 粥, 之六反. 期音基. 比, 必利反. 知音智, 本或作智. 弟弟, 上音悌, 下如字.

번역 '衰'자는 '七(칠)'자와 '回(회)'자의 반절음이다. '菅'자의 음은 '姦(간)'이다. '屨'자의 서음(徐音)은 '紀(기)'자와 '具(구)'자의 반절음이다. '粥'자는 '之(지)'자와 '六(륙)'자의 반절음이다. '期'자의 음은 '基(기)'이다. '比'자는 '必(필)'자와 '利(리)'자의 반절음이다. '知'자의 음은 '智(지)'이며, 판본에 따라서는 또한 '智'자로도 기록한다. '弟弟'에서 앞의 '弟'자는 그 음이 '悌(제)'이고, 뒤의 '弟'자는 글자대로 읽는다.

孔疏 ●"三年而祥"者, 此章從上以來至此, 皆明三年之喪制節之事.

번역 ●經文: "三年而祥". ○이 장에서 앞 구문으로부터 이곳 구문까지는 모두 삼년상에 적용되는 절도로 제정한 사안을 나타내고 있다.

孔疏 ●"此終"至"察焉". ○正義曰: 此一節更覆結居父母之喪, 能終此三節, 可以知其德行. 三節者, 自初喪至沐, 一也; 十三月練, 二也; 三年祥, 三也. 能終此三節者, "仁者可以觀其愛", "知者可以觀其理", "强者可以觀其志"也. 言此自初遭喪至於喪畢, 有三者之節.

번역 ●經文: "此終"~"察焉". ○이곳 문단은 부모의 상을 치를 때, 이러한 세 가지 마디에 대해 잘 끝맺음을 할 수 있다면, 그의 덕행에 대해서 확인할 수 있다는 사안을 재차 결론을 맺고 있다. 세 가지 마디라는 것은 초상(初喪)으로부터 목욕을 할 때까지가 첫 번째 마디가 되고, 13개월째에 소상(小祥)을 치르는 것이 두 번째 마디가 되며, 3년째에 대상(大祥)을 치르는 것이 세 번째 마디가 된다. 이러한 세 가지 마디를 잘 끝맺을 수 있는 자는 "인(仁)함은 그의 친애함에 대해서 관찰할 수 있다."라고 한 말과 "지(知)함은 그 이치에 대해서 관찰할 수 있다."라고 한 말과 "강(强)함은 그 뜻에 대해서 관찰할 수 있다."라고 한 말에 해당한다. 즉 이 말은 처음 상을 당했을 때로부터 상을 끝맺을 때까지, 이러한 세 가지 마디가 있게 된다는 뜻이다.

孔疏 ●"仁者可以觀其愛焉"者, 孝子居喪, 性有仁恩, 則居喪思慕, 可以觀其知愛親也. 若不愛親, 則非仁恩也.

번역 ●經文: "仁者可以觀其愛焉". ○자식이 상을 치를 때, 그 성품에 인(仁)하고 은혜로운 마음이 포함되어 있다면, 상을 치르며 부모를 그리워하게 되니, 그가 자신의 부모에 대해 친애해야 함을 알고 있었다는 사실을 관찰할 수 있다. 만약 부모를 친애하지 않았다면 인(仁)하고 은혜로운 마음을 가진 것이 아니다.

孔疏 ●"知者可以觀其理焉"者, 若孝子有知, 則居喪合於道理. 若不合於道理, 則非知也.

번역 ●經文: "知者可以觀其理焉". ○만약 자식에게 지(知)가 있다면, 상을 치를 때 도리에 합당하게 할 수 있다. 만약 도리에 합당하지 않다면 지(知)를 갖춘 것이 아니다.

孔疏 ●"强者可以觀其志焉"者[7], 孝子堅强其居喪則能守其志節. 若無志節, 則非堅强.

7) '자(者)'자에 대하여. '자'자는 본래 '약(若)'자로 기록되어 있었는데, 완원(阮元)의 『교감기(校勘記)』에서는 "혜동(惠棟)의 『교송본(校宋本)』에는 '약'자를 '자'자로 기록했는데, 이 기록이 옳다."라고 했다.

번역 ●經文: "强者可以觀其志焉". ○자식이 상을 치르는 일에 대해서 굳건하고 곧게 할 수 있다면, 그 뜻과 절개를 고수할 수 있게 된다. 만약 뜻과 절개가 없다면 굳건하고 곧은 것이 아니다.

孔疏 ●"禮以治之"者, 言用禮以治居喪之事.

번역 ●經文: "禮以治之". ○예(禮)를 이용해서 상을 치르는 일들을 다스린다는 뜻이다.

孔疏 ●"義以正之"者, 謂用義以正居喪之禮.

번역 ●經文: "義以正之". ○의(義)를 이용해서 상을 치르는 예(禮)를 바르게 한다는 뜻이다.

孔疏 ●"孝子"者, 謂孝順之子.

번역 ●經文: "孝子". ○효성스럽고 순종하는 자식이라는 뜻이다.

孔疏 ●"弟弟"者, 謂遜弟之弟.

번역 ●經文: "弟弟". ○겸손하고 공손한 동생이라는 뜻이다.

孔疏 ●"貞婦"者, 謂貞節之婦.

번역 ●經文: "貞婦". ○곧고 절개가 있는 부인이라는 뜻이다.

孔疏 ●"皆可得而察焉"者, 若能依禮合義, 有仁可觀其愛, 有理可觀其知, 有志可觀[8]其强, 則是"孝子·弟弟·貞婦"也. 若無此事, 則非"孝子·弟弟·

8) '유지가관(有志可觀)'에 대하여. '관(觀)'자는 본래 '견(見)'자로 기록되어 있었는

貞婦”也. 故云“可得而察焉”也.

번역 ●經文: “皆可得而察焉”. ○만약 예(禮)에 의거하고 의(義)에 합치시킬 수 있다면, 인(仁)을 갖춰서 그 친애함에 대해 확인할 수 있고, 이치[理]를 갖춰서 그 지혜로움에 대해 확인할 수 있으며, 뜻[志]을 갖춰서 그 강성함에 대해 확인할 수 있으니, 이러한 자들은 곧 ‘효성스럽고 순종하는 자식, 겸손하고 공손한 동생, 곧고 절개가 있는 부인들’에 해당한다. 만약 이러한 사안들을 갖추지 못한다면, ‘효성스럽고 순종하는 자식, 겸손하고 공손한 동생, 곧고 절개가 있는 부인들’이 아니다. 그렇기 때문에 “확인할 수 있다.”라고 말한 것이다.

訓纂 吳幼淸曰: 篇首論喪之四制, 旣以仁·義·禮·知言之矣, 篇末論喪之三節, 復以仁·知·禮·義言, 而加之以强, 蓋强以終之, 則有禮·義·仁·知之實. 禮·義者, 聖人立敎之道. 仁·知·强者, 君子修道之德. 强, 卽中庸三達德之勇也.

번역 오유청이 말하길, 「상복사제」편의 첫 부분에서는 상의 사제(四制)를 논의하며, 이미 인(仁)·의(義)·예(禮)·지(知)로 설명했는데, 편의 끝에서는 상의 삼절(三節)을 논의하며, 다시 인(仁)·의(義)·예(禮)·지(知)로 설명하고 강(强)이라는 것을 추가하였다. 강(强)으로 마무리를 짓는다면, 인(仁)·의(義)·예(禮)·지(知)라는 실덕을 갖춘 것이다. 예(禮)·의(義)는 성인이 가르침을 세웠던 도에 해당한다. 인(仁)·지(知)·강(强)은 군자가 도를 수양하는 덕에 해당한다. 여기에서 말하는 강(强)은 곧 『중용』의 삼달덕(三達德)에 해당하는 용(勇)이다.

集解 繩纓, 斬衰冠之纓. 菅屨, 斬衰之屨也. 爲母則布纓·疏屨, 獨言“繩纓·菅屨”者, 擧其重者也. 三節者, 謂三月而沐, 期而練, 三年而祥. 蓋喪以旣葬

데, 완원(阮元)의 『교감기(校勘記)』에서는 “『감본(監本)』·『모본(毛本)』에는 ‘지(志)’자를 ‘지(知)’자로 잘못 기록했고, 혜동(惠棟)의 『교송본(校宋本)』에서도 ‘지(志)’자로 기록했으며, ‘견’자를 ‘관’자로 기록했는데, 이 기록이 옳다.”라고 했다.

·旣練·旣祥爲變除之大節也. 比終玆三節者, 謂三月不解, 期悲哀, 三年憂, 比於三節之終, 而能哀禮之交盡也. 能終玆三節者, 惻怛疾痛, 傷腎乾肝, 非仁者之篤於愛則不能也. 襲·含·斂·殯之具, 虞·祔·練·祥之儀, 變除·輕重之節, 賓客弔哭之文, 無不中乎禮, 非知者之明於理則不能也. 篤於情而又足以勉乎其文, 有其始而又足以要乎其終, 非强者之志氣堅毅則不能也. 以三者爲本, 而治以禮以爲之節文, 正以義以適乎事宜, 居喪而能如此, 則其孝可知矣. 本事親之孝, 而推之以事兄, 則爲弟無不弟; 本事親之孝, 而移之以事夫, 則爲婦無不貞. 故曰孝子·弟弟·貞婦, 皆可得而察焉. 上言五服之哀不同, 此又歸重於父母之喪以結之. 蓋喪服以恩爲主, 而恩莫隆於父母, 故父母之喪, 雖以恩制, 而仁·義·禮·知莫不備於是焉. 故曰, "君子務本, 本立而道生." 蓋人道莫重於是矣.

번역 '승영(繩纓)'은 참최복(斬衰服)에 쓰는 관의 갓끈을 뜻한다. '관구(菅屨)'는 참최복에 신는 신발을 뜻한다. 모친의 상을 치를 때에는 포영(布纓)과 소구(疏屨)를 착용하는데, 유독 승영과 관구만을 언급한 것은 보다 중대한 경우에 기준을 두었기 때문이다. '삼절(三節)'이라는 것은 3개월이 지나서 목욕을 하고 1년이 지나서 소상(小祥)을 치르며 3년째에 대상(大祥)을 치르는 것을 뜻한다. 상을 치를 때에는 장례를 마치고 소상을 마치며 대상을 마치는 것을 상복을 바꾸고 제거하는 큰 절차로 여기기 때문이다. '비종자삼절(比終玆三節)'이라는 말은 "3개월 동안 느슨하게 풀어지지 않으며, 1년 동안 비통하고 애통한 마음이 들고, 3년 동안 근심한다."는 것을 세 마디를 마무리하는 데에 견주어서 애통함에 따른 정감과 예법에 따른 형식을 모두 다 할 수 있다는 뜻이다. 이러한 세 마디를 잘 마무리 짓는다는 것은 슬퍼하고 아파하며 콩팥을 다친 것 같고 간이 타들어가는 것 같은 것은 인(仁)한 자가 친애함에 독실한 것처럼 하지 않는다면 시행할 수 없다. 습(襲)·함(含)·염(斂)·빈소를 마련하는 일 등을 갖추고, 우제(虞祭)·부제(祔祭)·소상·대상의 의례 절차, 상복을 바꾸고 제거하며 경중에 따른 절차, 빈객이 조문하고 그와 곡을 하는 격식 등에 있어서 예법에 합치되지 않는 것이 없게 하는 것은 지(知)한 자가 이치에 해박한 것처럼 하지 않는다면 시행할 수 없다. 정감에 독실하면서도 격식에 충분히 힘쓸 수 있고 시작을 잘 하면서도 끝맺음을 요약되게 할 수 있는 것은 강(强)한 자가 뜻과 기운이 견고하고 굳센 것과 같지 않다면 시행할 수 없다. 이러한 인(仁)·지(知)·강(强)을 근본으로 삼고 예(禮)로 다스림을 격식으로 삼으며, 의(義)로 바르게 하여 사안의 합당함에 맞추니, 상을 치르며 이처럼 할 수 있다면 그의 효(孝)에 대해 알 수 있다. 부모를 섬기는 효에 근본을 두고 이것을 확대하여 형을 섬긴다면 공손하지 않은 동생이 없게 되고, 부모를 섬기는 효에 근본을 두고 이것을 확장하여 남편을 섬긴다면 정숙하지 않은 부인이 없게 된다. 그렇기 때문에 효성스러운 자식, 공손한 동생, 정숙한 부인에 대해 모두 살펴볼 수 있다. 앞에서는 오복(五服)에 대한 슬픔이 동일하지 않다고 했는데, 이곳에서는 재차 부모의 상으로 중대함을 귀결시켜 결론을 맺고 있다. 상복은 은정을 위주로 하는데, 은정은 부모에 대한 것보다 큰 것이 없다. 그렇기 때문에 부모의 상은 비록 은정[恩]에 따라 제도를 정한 것이지만, 그 안에는 인(仁)·의(義)·예(禮)·지(知)가 모두 갖춰져 있다. 그래서 "군자는 근본에 힘쓰니, 근본이 확립되면 도가 발생한다."[9]라고 한 것으로, 인도(人道) 중에는 이보다 중대한 것이 없기 때문이다.

참고 『예기』「문상(問喪)」 기록

경문-658a 三日而斂, 在牀曰尸, 在棺曰柩. 動尸擧柩, 哭踊無數. 惻怛之心, 痛疾之意, 悲哀志懣氣盛, 故袒而踊之, 所以動體安心下氣也.

번역 3일째에는 대렴(大斂)[10]을 하는데, 시신이 침상 위에 있으면 시(尸)라 부르고, 관에 안치되면 구(柩)라고 부른다. 시신을 이동하고 영구를 들 때에는 곡과 용(踊)을 함에 정해진 수치가 없다. 슬픈 마음과 애통한 생각으로 인해,

9) 『논어』「학이(學而)」: 有子曰, "其爲人也孝弟, 而好犯上者, 鮮矣, 不好犯上, 而好作亂者, 未之有也. 君子務本, 本立而道生. 孝弟也者, 其爲仁之本與!"

10) 대렴(大斂)은 상례(喪禮) 절차 중 하나이다. 소렴(小斂)을 끝낸 뒤, 의복과 이불 등으로 재차 시신을 감싸 관에 안치하는 절차이다.

비통하고 애통하여 생각은 번민으로 가득차고 슬픈 기운이 가득 차게 된다. 그렇기 때문에 단(袒)을 하고 용(踊)을 해서, 몸을 움직이게 만들고 마음을 안정시키며 기운을 낮추는 것이다.

鄭注 "故袒而踊之", 言聖人制法, 故使之然也.

번역 "그러므로 단(袒)을 하고 용(踊)을 한다."는 말은 성인이 예법을 제정하였기 때문에 그처럼 되도록 한다는 뜻이다.

大全 臨川吳氏曰: 動尸, 謂初死至斂時, 擧柩, 謂啓殯至葬時. 動親之尸, 擧親之柩, 孝子哀甚, 故哭踊無數. 懣, 與悶同, 心煩鬱也. 氣盛, 氣懣塞也. 袒而踊, 以運動其身體, 體動則庶幾可以安靜其心, 使不煩鬱, 降下其氣, 使不懣塞也.

번역 임천오씨가 말하길, 시신을 이동시킨다는 말은 이제 막 돌아가셨을 때로부터 대렴(大斂)을 치르는 시점까지를 뜻한다. 영구를 든다는 말은 계빈(啓殯)으로부터 장례를 치르는 시점까지를 뜻한다. 부모의 시신을 이동시키고, 부모의 영구를 들 때에는 자식의 애통함이 매우 깊기 때문에 곡과 용(踊)을 함에 정해진 수치가 없다. '만(懣)'자는 "답답하다."는 뜻의 민(悶)자와 뜻이 같으니, 마음이 번민으로 가득하여 답답하다는 뜻이다. '기성(氣盛)'은 기운이 답답하게 막혔다는 뜻이다. 단(袒)과 용(踊)을 하여 신체를 움직이도록 하는데, 신체가 움직인다면 마음을 안정시켜서 번민하지 않도록 만들고, 기운을 낮춰서 답답하게 막히지 않도록 할 수 있기를 바라는 것이다.

참고 『맹자』「진심하(盡心下)」 기록

경문 哭死而哀, 非爲生者也.

번역 죽은 자를 위해 곡을 하며 슬퍼하는 것은 살아있는 자를 위해서 하는 것이 아니다.

趙注 死者有德, 哭者哀也.

번역 죽은 자에게 덕이 있다면 곡을 하는 자는 슬퍼하게 된다.

참고 『논어』「위정(爲政)」 기록

경문 孟懿子問孝①. 子曰: "無違." 樊遲御, 子告之曰: "孟孫問孝於我, 我對曰, 無違②." 樊遲曰: "何謂也?" 子曰: "生, 事之以禮. 死, 葬之以禮, 祭之以禮."

번역 맹의자가 효에 대해서 질문하였다. 공자는 "어김이 없는 것이다."라고 대답했다. 번지가 공자의 수레를 몰았는데, 공자는 그에게 "맹손이 나에게 효에 대해서 질문하여, 나는 어김이 없는 것이라고 대답해주었다."라고 일러주었다. 번지가 "무엇을 말씀하신 겁니까?"라고 묻자 공자는 "부모가 살아계실 때에는 예에 따라 섬기고, 돌아가셨을 때에는 예에 따라 장례를 지내며, 예에 따라 제사를 지내는 것이다."라고 대답해주었다.

何注-① 孔曰: 魯大夫仲孫何忌. 懿, 謚也.

번역 공씨가 말하길, 노나라 대부인 중손하기(仲孫何忌)이다. '의(懿)'는 시호(謚號)이다.

何注-② 鄭曰: 恐孟孫不曉無違之意, 將問於樊遲, 故告之. 樊遲, 弟子樊須.

번역 정씨가 말하길, 맹손이 "어김이 없다."라는 말의 뜻을 깨닫지 못하고 번지에게 질문할 것을 염려했기 때문에 일러준 것이다. '번지(樊遲)'는 공자의 제자인 번수(樊須)이다.

邢疏 ●"孟懿"至"以禮". ○正義曰: 此章明孝必以禮.

번역 ●經文: "孟懿"~"以禮". ○이 문장은 효를 실천할 때에는 반드시 예에 따라야 함을 나타내고 있다.

邢疏 ●"孟懿子問孝"者, 魯大夫仲孫何忌問孝道於孔子也.

번역 ●經文: "孟懿子問孝". ○노나라 대부 중손하기가 공자에게 효도에 대해 질문한 것이다.

邢疏 ●"子曰: 無違"者, 此夫子答辭也. 言行孝之道, 無得違禮也.

번역 ●經文: "子曰: 無違". ○이것은 공자가 답변한 말이다. 효를 실천하는 도는 예를 어김이 없어야 한다는 뜻이다.

邢疏 ●"樊遲御"者, 弟子樊須爲夫子御車也.

번역 ●經文: "樊遲御". ○제자인 번수(樊須)가 공자를 위해 수레를 몰았다는 뜻이다.

邢疏 ●"子告之曰: 孟孫問孝於我, 我對曰, 無違"者, 孟孫, 卽懿子也. 孔子恐孟孫不曉無違之意, 而懿子與樊遲友善, 必將問於樊遲, 故夫子告之.

번역 ●經文: "子告之曰: 孟孫問孝於我, 我對曰, 無違". ○'맹손(孟孫)'은 의자(懿子)이다. 공자는 맹손이 "어김이 없다."는 말의 뜻을 깨닫지 못할 것을 염려했고, 의자는 번수와 교우관계가 깊고 분명히 번지에게 질문을 하게 될 것이기 때문에 공자가 일러준 것이다.

邢疏 ●"樊遲曰: 何謂也"者, 樊遲亦未達無違之旨, 故復問曰, 何謂也.

번역 ●經文: "樊遲曰: 何謂也". ○번지 또한 "어김이 없다."는 말의 뜻을 깨닫지 못했기 때문에 재차 질문을 하여 "무엇을 말씀하신 겁니까?"라고 한 것이다.

邢疏 ●"子曰: 生, 事之以禮. 死, 葬之以禮, 祭之以禮"者, 此夫子爲言無違之事也. 生, 事之以禮, 謂冬溫夏凊昏定晨省之屬也. 死, 葬之以禮, 謂爲之棺槨衣衾而擧之, 卜其宅兆而安措之之屬也. 祭之以禮, 謂春秋祭祀以時思之·陳其簠簋而哀戚之之屬也. 不違此禮, 是無違之理也. 不卽告孟孫者, 初時意在簡略, 欲使思而得之也. 必告樊遲者, 恐孟孫以爲從父之令是無違, 故旣與別, 後告於樊遲, 將使復告孟孫也.

번역 ●經文: "子曰: 生, 事之以禮. 死, 葬之以禮, 祭之以禮". ○이것은 공자가 "어김이 없다."는 말에 해당하는 사안을 말해준 것이다. "부모가 살아계실 때에는 예에 따라 섬긴다."는 말은 겨울에는 따뜻하게 해드리고 여름에는 시원하게 해드리며 밤에는 잠자리를 살피고 새벽에는 건강을 살피는 부류를 뜻한다. "돌아가셨을 때에는 예에 따라 장례를 지낸다."는 말은 부모의 관과 외관 옷과 이불 등을 마련하여 시신을 감싸고, 묘에 대해 거북점을 쳐서 길한 점괘가 나온 장소를 택해 시신을 안치하는 부류를 뜻한다. "예에 따라 제사를 지낸다."는 말은 봄과 가을에 제사를 지내며 계절의 기운이 변화됨에 따라 부모를 떠올리고, 보(簠)나 궤(簋) 등을 진설하여 슬퍼하는 부류를 뜻한다. 이러한 예를 어기지 않는 것이 어김이 없다는 이치에 해당한다. 곧바로 맹손에게 일러주지 않았던 것은 애초에 그 뜻이 간략히 답해주어 그로 하여금 스스로 생각해서 터득하게끔 하고자 했기 때문이다. 기어코 번지에게 일러주었던 것은 맹손이 부친의 명령을 따르는 것이 어김이 없다는 뜻으로 여길 것을 염려했기 때문이다. 그래서 그와 헤어진 이후에 번지에게 일러주어 재차 맹손에게 알려주게끔 하고자 했던 것이다.

邢疏 ◎注"孔曰"至"謚也". ○正義曰: 春秋定六年經書"仲孫何忌如晉", 傳曰"孟懿子往", 是知孟懿子卽仲孫何忌也. 謚法曰: "溫柔賢善曰懿."

번역 ◎何注: "孔曰"~"謚也". ○『춘추』 정공 6년 경문에서는 "중손하기(仲孫何忌)가 진나라로 갔다."[11]라고 했고, 전문에서는 "맹의자(孟懿子)가 갔다."[12]라고 했으니, 맹의자(孟懿子)가 중손하기(仲孫何忌)에 해당한다는 사실을 알 수 있다. 『시법』에서는 "온화하고 유순하며 현명하고 선량하면 '의(懿)'라고 한다."라고 했다.

邢疏 ◎注"鄭曰"至"樊須". ○正義曰: 按史記·弟子傳曰: "樊須字子遲, 齊人, 少孔子三十六歲也."

번역 ◎何注: "鄭曰"~"樊須". ○『사기』「제자전(弟子傳)」편을 살펴보면 "번수(樊須)의 자는 자지(子遲)이고 제나라 사람이며 공자보다 36세 어리다."[13]라고 했다.

集註 孟懿子, 魯大夫仲孫氏, 名何忌. 無違, 謂不背於理.

번역 '맹의자(孟懿子)'는 노나라 대부인 중손씨(仲孫氏)이며 이름은 하기(何忌)이다. '무위(無違)'는 이치를 어기지 않는다는 뜻이다.

集註 樊遲, 孔子弟子, 名須. 御, 爲孔子御車也. 孟孫, 卽仲孫也. 夫子以懿子未達而不能問, 恐其失指, 而以從親之令爲孝, 故語樊遲以發之.

번역 '번지(樊遲)'는 공자의 제자이니, 이름은 수(須)이다. '어(御)'는 공자를 위해서 수레를 몰았다는 뜻이다. '맹손(孟孫)'은 중손(仲孫)에 해당한다. 공자는 맹의자가 깨닫지 못하여 질문을 할 수 없었는데, 그가 본래의 뜻을 놓쳐서

---

11) 『춘추』「정공(定公) 6년」: 夏, 季孫斯·仲孫何忌如晉.
12) 『춘추좌씨전』「정공(定公) 6년」: 陽虎强使孟懿子往報夫人之幣, 晉人兼享之.
13) 『사기(史記)』「중니제자열전(仲尼弟子列傳)」: 樊須字子遲, 少孔子三十六歲.

부모의 명령에만 따르는 것을 효라고 여기게 될까 염려했다. 그래서 번지에게 이러한 말을 해주어 그 뜻을 나타낸 것이다.

集註 生事葬祭, 事親之始終具矣. 禮, 卽理之節文也. 人之事親, 自始至終, 一於禮而不苟, 其尊親也至矣. 是時三家僭禮, 故夫子以是警之, 然語意渾然, 又若不專爲三家發者, 所以爲聖人之言也.

번역 살아계셨을 때 섬기고 돌아가셨을 때 장례를 치르며 제사를 지내는 것은 부모를 섬기는 처음과 끝이 모두 갖춰진 것이다. '예(禮)'는 이치를 격식에 맞게 드러내는 것이다. 사람이 부모를 섬길 때 처음부터 끝까지 예에 한결같이 하고 구차하지 않는다면 부모를 존숭하는 것이 지극한 것이다. 당시 세 가문은 예법을 참람되게 하였기 때문에 공자가 이를 통해 경계한 것이다. 그러나 그 말의 의미가 온전하며 또 오로지 세 가문만을 위해 말한 것 같지는 않으니, 성인의 말이 되는 까닭이다.

集註 胡氏曰: 人之欲孝其親, 心雖無窮, 而分則有限. 得爲而不爲, 與不得爲而爲之, 均於不孝. 所謂以禮者, 爲其所得爲者而已矣.

번역 호씨가 말하길, 사람이 부모에게 효를 하고자 함에 마음에는 비록 다함이 없지만 분수에 따른 한계가 있다. 할 수 있는데도 하지 않는 것과 할 수 없는데도 하는 것은 모두 불효가 된다. 예(禮)에 따라 한다는 것은 할 수 있는 것을 하는 것일 뿐이다.

참고 『논어』「학이(學而)」 기록

경문 有子曰①: "其爲人也孝弟, 而好犯上者, 鮮矣②. 不好犯上, 而好作亂者, 未之有也. 君子務本, 本立而道生③. 孝弟也者, 其爲仁之本與④!"

번역 유자가 말하길, "그 사람됨이 효성과 공손함이 깊고도 윗사람 범하기를 좋아하는 자는 드물다. 윗사람 범하기를 좋아하지 않는데도 혼란을 일으키길 좋아하는 자는 없었다. 군자는 토대에 힘쓰니 토대가 확립되면 도가 발생한다. 효성과 공손함은 인의 도를 확립하는 토대이다."라고 했다.

何注-① 孔子弟子有若.

번역 공자의 제자인 유약(有若)이다.

何注-② 鮮, 少也. 上, 謂凡在己上者. 言孝弟之人必恭順, 好欲犯其上者少也.

번역 '선(鮮)'자는 적다는 뜻이다. '상(上)'자는 자신보다 위에 있는 자를 뜻한다. 효와 공손함을 실천하는 사람은 반드시 공손하고 온순하니 윗사람을 범하기를 좋아하는 자는 드물다는 뜻이다.

何注-③ 本, 基也. 基立而後可大成.

번역 '본(本)'자는 토대이다. 토대가 확립된 이후에야 크게 완성할 수 있다.

何注-④ 先能事父兄, 然後仁道可大成.

번역 우선 부친과 형을 잘 섬길 수 있은 뒤에야 인의 도를 크게 완성할 수 있다.

邢疏 ●"有子曰"至"本與". ○正義曰: 此章言孝弟之行也. 弟子有若曰: "其爲人也, 孝於父母, 順於兄長, 而好陵犯凡在己上者, 少矣." 言孝弟之人, 性必恭順, 故好欲犯其上者少也. 旣不好犯上, 而好欲作亂爲悖逆之行者, 必無, 故云"未之有"也. 是故君子務修孝弟, 以爲道之基本. 基本旣立, 而後道德生焉. 恐人未知其本何謂, 故又言: "孝弟也者, 其爲仁之本歟." 禮尚謙退, 不敢質言, 故云"與"也.

번역 ●經文: "有子曰"~"本與". ○이 문장은 효와 공손함의 실천을 언급하고 있다. 제자인 유약이 말하길, "그 사람됨이 부모에게 효성스럽고 형제와 어른에게 온순하고도 자신보다 위에 있는 자를 침범하길 좋아하는 자는 드물다."라고 했다. 즉 효와 공손함을 실천하는 사람은 본성이 반드시 공손하고 온순하기 때문에 윗사람을 범하길 좋아하는 자가 드물다는 뜻이다. 이미 윗사람 범하기를 좋아하지 않는데, 혼란을 일으켜 어그러지고 거스르는 행동을 취하고자 하는 자는 분명 없을 것이다. 그렇기 때문에 '미지유(未之有)'라고 했다. 이러한 까닭으로 군자는 효와 공손함을 수양하는데 힘써서, 이것을 도의 토대로 삼는다. 토대가 확립된 이후에야 도덕이 발생한다. 사람들이 본(本)에 해당하는 것이 무엇을 뜻하는지 모를 것을 염려했기 때문에, 재차 "효와 공손함은 인(仁)의 토대가 된다."라고 말한 것이다. 예(禮)는 겸손하게 자신을 물리는 것을 숭상하니, 감히 질언을 하지 않는다. 그렇기 때문에 '여(與)'자를 덧붙여서 말했다.

邢疏 ◎注"孔子弟子有若". ○正義曰: 史記·弟子傳云: "有若少孔子四十三歲." 鄭玄曰: "魯人."

번역 ◎何注: "孔子弟子有若". ○『사기』「제자전(弟子傳)」편에서는 "유약은 공자보다 43세 어리다."[14]라고 했고, 정현은 "노나라 사람이다."라고 했다.

邢疏 ◎注"鮮, 少也". ○正義曰: 釋詁云: "鮮, 罕也." 故得爲少. 皇氏·熊氏以爲, 上謂君親, 犯謂犯顔諫爭. 今按注云: "上, 謂凡在己上者", 則皇氏·熊氏違背注意, 其義恐非也.

번역 ◎何注: "鮮, 少也". ○『이아』「석고(釋詁)」편에서는 "선(鮮)자는 드물다는 뜻이다."[15]라고 했다. 그렇기 때문에 소(少)자의 뜻이 될 수 있다. 황간과 웅안생은 '상(上)'은 군주와 부친이며, '범(犯)'은 싫어하는 안색을 나타내는데도 간언을 하며 따지는 것을 뜻한다고 했다. 주를 살펴보니, "'상(上)'자는

---

14) 『사기(史記)』「중니제자열전(仲尼弟子列傳)」: 有若少孔子四十三歲.
15) 『이아』「석고(釋詁)」: 希·寡·鮮, 罕也. 鮮, 寡也.

자신보다 위에 있는 자를 뜻한다."라고 했으니 황간과 웅안생은 주의 뜻을 위배했으므로, 그 주장은 잘못된 것 같다.

集註 有子, 孔子弟子, 名若. 善事父母爲孝, 善事兄長爲弟. 犯上, 謂干犯在上之人. 鮮, 少也. 作亂, 則爲悖逆爭鬪之事矣. 此言人能孝弟, 則其心和順, 少好犯上, 必不好作亂也.

번역 '유자(有子)'는 공자의 제자로 이름은 약(若)이다. 부모를 잘 섬기는 것은 효(孝)이고 형과 어른을 잘 섬기는 것은 제(弟)이다. '범상(犯上)'은 위에 있는 사람을 침범한다는 뜻이다. '선(鮮)'자는 적다는 뜻이다. '작난(作亂)'은 어그러지고 거스르며 다투는 일을 시행하는 것이다. 이 문장은 사람이 효와 공손함을 잘 실천하면 마음이 온화하고 온순하여 윗사람 범하기를 좋아하는 자가 드물고, 분명 혼란을 일으키길 좋아하지 않는다는 뜻이다.

集註 務, 專力也. 本, 猶根也. 仁者, 愛之理, 心之德也. 爲仁, 猶曰行仁. 與者, 疑辭, 謙退不敢質言也. 言君子凡事專用力於根本, 根本旣立, 則其道自生. 若上文所謂孝弟, 乃是爲仁之本, 學者務此, 則仁道自此而生也.

번역 '무(務)'자는 전력을 다한다는 뜻이다. '본(本)'자는 뿌리를 뜻한다. '인(仁)'은 친애함의 이치이자 마음의 덕이다. '위인(爲仁)'은 인을 실천한다는 말과 같다. '여(與)'자는 확정하지 않을 때 쓰는 말이니, 겸손하게 물려서 감히 질언을 하지 않는 것이다. 군자는 모든 일들에 있어서 근본에 온 힘을 다하니, 근본이 확립된다면 도가 저절로 발생하게 된다. 앞에서 말한 '효제(孝弟)'는 바로 인을 실천하는 근본이니, 배우는 자가 여기에 힘쓴다면 인(仁)의 도가 이를 통해 발생하게 된다.

集註 程子曰: "孝弟, 順德也, 故不好犯上, 豈復有逆理亂常之事? 德有本, 本立則其道充大. 孝弟行於家, 而後仁愛及於物, 所謂親親而仁民也. 故爲仁以孝弟爲本. 論性, 則以仁爲孝弟之本." 或問: "孝弟爲仁之本, 此是由孝弟可以至仁否?" 曰: "非也. 謂行仁自孝弟始, 孝弟是仁之一事. 謂之行仁之本則可, 謂是仁之本則不可. 蓋仁是性也, 孝弟是用也, 性中只有箇仁·義·禮·智四者而已, 曷嘗有孝弟來? 然仁主於愛, 愛莫大於愛親, 故曰孝弟也者, 其爲仁之本與!"

번역 정자가 말하길, "효와 공손함은 온순한 덕에 해당한다. 그렇기 때문에 윗사람 범하기를 좋아하지 않는 것인데, 어찌 이치를 거스르고 상도를 문란하게 만드는 일이 발생하겠는가? 덕에는 근본이 있으니, 근본이 확립되면 도가 차고 커진다. 효와 공손은 집에서 시행한 뒤에 인(仁)과 친애함이 남에게까지 미치니, 친근한 자를 친애하고 백성에게 인(仁)한다는 뜻이다. 그렇기 때문에 인(仁)을 실천할 때에는 효와 공손을 근본으로 삼는다. 따라서 본성을 논의한다면 인(仁)은 효와 공손의 근본이 된다."라고 했다. 혹자가 "효와 공손이 인(仁)의 근본이라고 하였는데, 이것은 효와 공손을 통해서 인(仁)에 도달할 수 있다는 뜻입니까?"라고 물었다. 그래서 "아니다. 인(仁)을 시행할 때에는 효와 공손으로부터 시작되는 것이니, 효와 공손이란 인(仁)을 실천하는 하나의 사안이다. 따라서 인(仁)을 실천하는 근본이라고 한다면 가능하지만 인(仁)의 근본이 된다고 한다면 불가하다. 인(仁)은 본성에 해당하고, 효와 공손은 작용에 해당하며, 본성에는 인(仁)·의(義)·예(禮)·지(智)라는 네 가지만 있을 뿐인데, 어떻게 효와 공손이 있을 수 있겠는가? 그러나 인(仁)은 친애함을 위주로 하고, 친애함은 친근한 자를 친애하는 것보다 큰 것이 없다. 그렇기 때문에 효와 공손은 인을 실천하는 근본이라고 말한 것이다."라고 대답했다.

그림 10-1 ▣ 보(簠)

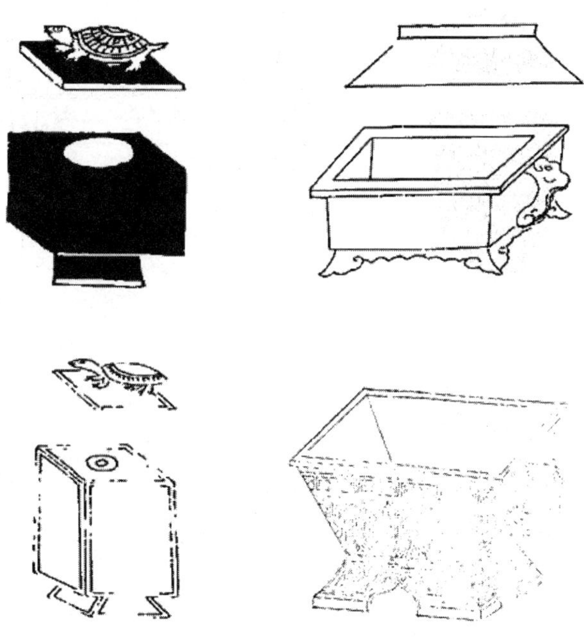

※ **출처:** 상좌-『삼례도집주(三禮圖集注)』 13권 ; 상우-『삼례도(三禮圖)』 4권
하좌-『육경도(六經圖)』 6권 ; 하우-『삼재도회(三才圖會)』「기용(器用)」 1권

그림 10-2 ▣ 궤(簋)

※ 출처: 상좌-『삼례도집주(三禮圖集注)』 13권 ; 상우-『삼례도(三禮圖)』 4권
하좌-『육경도(六經圖)』 6권 ; 하우-『삼재도회(三才圖會)』「기용(器用)」 1권

그림 10-3 ▣ 노(魯)나라 맹손씨(孟孫氏)의 가계도(家系圖)

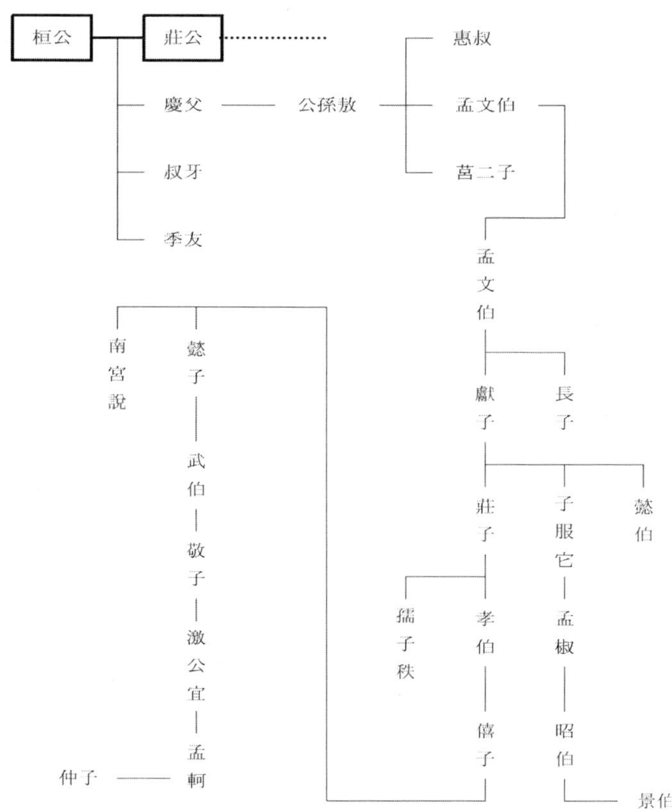

※ **출처:** 『역사(繹史)』 1권 「역사세계도(繹史世系圖)」

喪服四制 人名 및 用語 辭典

ㄱ

◎ **가공언(賈公彦, ?~?)** : 당(唐)나라 때의 유학자이다. 정현(鄭玄)을 존숭하였다. 예학(禮學)에 조예가 깊었다. 『주례소(周禮疏)』, 『의례소(儀禮疏)』 등의 저서를 남겼으며, 이 저서들은 『십삼경주소(十三經注疏)』에 포함되었다.

◎ **가례(嘉禮)** : '가례'는 오례(五禮) 중 하나로, 결혼식을 치르거나, 잔치 등을 베풀 때의 예제(禮制)를 뜻한다. 경사스러운 일이라는 뜻에서 가(嘉)자를 붙여서 '가례'라고 부르는 것이다.

◎ **가읍(家邑)** : '가읍'은 대부(大夫)가 부여받는 채지(采地)를 뜻한다.

◎ **가정본(嘉靖本)** : 『가정본(嘉靖本)』에는 간행한 자의 정보가 기록되어 있지 않다. 『십삼경주소(十三經注疏)』의 판본이다. 20권으로 구성되어 있으며, 각 권의 뒤편에는 경문(經文)과 그에 따른 주(注)를 간략히 기록하고 있다. 단옥재(段玉裁)는 이 판본이 가정(嘉靖) 연간에 송본(宋本)을 모방하여 간행된 것이라고 여겼다.

◎ **감본(監本)** : 『감본(監本)』은 명(明)나라 국자감(國子監)에서 간행한 『십삼경주소(十三經注疏)』의 판본이다.

◎ **강복(降服)** : '강복'은 상(喪)의 수위를 본래의 등급보다 한 등급 낮추는

일에 해당한다. 예를 들어 자식은 부모에 대해 삼년상을 치러야 하지만, 다른 집의 양자로 간 경우라면 자신의 친부모에 대해 삼년상을 치르지 않고, 한 등급 낮춰서 1년만 치르게 된다. 이것은 상(喪)의 기간에만 해당하는 것이 아니라, 상복(喪服) 및 상(喪)을 치르며 부수적으로 갖추게 되는 기물(器物)들에도 적용된다.

◎ **강지(畺地)** : '강지'는 주(周)나라 때 도성에서 500리(理) 떨어진 지역을 일컫는 말이다.

◎ **개(介)** : '개'는 부관을 뜻한다. 빈객(賓客)이 방문했을 때 주인(主人)과 빈객 사이에서 진행되는 절차들을 보좌했던 자들이다. 계급에 따라서 '개'를 두는 숫자에도 차이가 났다. 가령 상공(上公)은 7명의 '개'를 두었고, 후작이나 백작은 5명을 두었으며, 자작과 남작은 3명의 개를 두었다. 『예기』「빙의(聘義)」편에는 "上公七介, 侯伯五介, 子男三介."라는 기록이 있다.

◎ **개성석경(開成石經)** : 『개성석경(開成石經)』은 당(唐)나라 만들어진 석경(石經)을 뜻한다. 돌에 경문(經文)을 새겼기 때문에, '석경'이라고 부른다. 당나라 때 만들어진 '석경'은 대화(大和) 7년(A.D.833)에 만들기 시작하여, 개성(開成) 2년(A.D.837)에 완성되었기 때문에, '개성석경'이라고도 부르는 것이다.

◎ **경전석문(經典釋文)** : 『경전석문(經典釋文)』은 석문(釋文)이라고도 부른다. 당(唐)나라 때의 학자인 육덕명(陸德明)이 지은 책이다. 문자(文字)의 동이(同異) 및 음과 뜻에 대해서 풀이한 서적이다. 전체 30권으로 구성되어 있으며, 『역(易)』, 『서(書)』, 『시(詩)』, 『주례(周禮)』, 『의례(儀禮)』, 『예기(禮記)』 등 주요 유가경전(儒家經典)들에 대해 풀이하고 있다. 한편 노장사상(老莊思想)이 유행했던 당시의 영향으로, 『노자(老子)』와 『장자(莊子)』에 대한 내용 또한 수록되어 있다.

◎ **계빈(啓殯)** : '계빈'은 장례(葬禮) 절차 중 하나이다. 장례를 치르기 위하여, 빈소에 임시로 가매장했던 영구를 꺼내는 절차를 뜻한다.

◎ **고문송판(考文宋板)** : 『고문송판(考文宋板)』은 일본 학자 산정정(山井鼎) 등이 출간한 『칠경맹자고문보유(七經孟子考文補遺)』에 수록된 『예기정의(禮記正義)』를 뜻한다. 산정정은 『예기정의』를 수록할 때, 송(宋)나라 때의 판본을 저본으로 삼았다.

◎ **공씨(孔氏)** : =공영달(孔穎達)

◎ **공안국(孔安國, ?~?)** : 전한(前漢) 때의 학자이다. 자(字)는 자국(子國)이

다. 고문상서학(古文尙書學)의 개조(開祖)로 알려져 있다. 『십삼경주소(十三經注疏)』의 『상서정의(尙書正義)』에는 공안국의 전(傳)이 수록되어 있는데, 통상적으로 이 주석은 후대인들이 공안국의 이름에 가탁하여 붙인 문장으로 인식되고 있다.

◎ **공영달(孔穎達, A.D.574~A.D.648)** : =공씨(孔氏). 당대(唐代)의 경학자이다. 자(字)는 중달(仲達)이고, 시호(謚號)는 헌공(憲公)이다. 『오경정의(五經正義)』를 찬정(撰定)하는데 중심적인 역할을 했다.

◎ **공족(公族)** : '공족'은 제후 및 군왕과 성(姓)이 같은 친족들을 뜻한다. '공족'에서의 '공'자는 본래 제후를 뜻하는 글자이다. 『시』「위풍(魏風) · 서리(黍離)」편에는 "殊異乎公族."이라는 기록이 있고, 이에 대한 정현의 전(箋)에서는 "公族, 主君同姓昭穆也."라고 풀이했다.

◎ **교감기(校勘記)** : 『교감기(校勘記)』는 완원(阮元)이 학자들을 모아서 편차했던 『십삼경주소교감기(十三經註疏校勘記)』를 뜻한다.

◎ **교기(校記)** : 『교기(校記)』는 손이양(孫詒讓)이 지은 『십삼경주소교기(十三經注疏校記)』를 뜻한다.

◎ **교사(郊社)** : '교사'는 본래 천지(天地)에 대한 제사를 뜻한다. 교(郊)는 천(天)에 대한 제사를 뜻하고, 사(社)는 지(地)에 대한 제사를 뜻한다. '교사(郊祀)'라고도 부르고, '교제(郊祭)'라고도 부른다. 또한 하늘에 대한 제사만을 지칭하기도 한다.

◎ **구배(九拜)** : '구배'는 제사를 지낼 때 사용하게 되는 아홉 종류의 절하는 형식을 뜻한다. 계수(稽首), 돈수(頓首), 공수(空首), 진동(振動), 길배(吉拜), 흉배(凶拜), 기배(奇拜), 포배(褒拜), 숙배(肅拜)에 해당한다. '계수'는 절을 하며 머리가 지면에 닿도록 하는 것이며, '돈수'는 절을 하며 머리가 땅을 두드리듯이 꾸벅거리는 것이고, '공수'는 절을 하며 머리가 손을 포갠 곳에 닿도록 하는 것이니, '배수(拜手)'라고 부르는 것에 해당한다. '길배'는 절을 한 이후에 이마를 땅에 닿게 하는 것이며, '흉배'는 이마를 땅에 닿게 한 이후에 절을 하는 것이다. '진동'의 경우 애통하게 울면서 절을 하는 것을 뜻하기도 하고, 양손을 서로 부딪치는 것을 뜻하기도 하며, 위엄을 갖추고 절을 하는 것을 뜻하기도 한다. '기배'는 절하는 횟수를 홀수로 하는 것을 뜻하기도 하며, 한쪽 무릎만 굽히고 하는 절이나 손에 쥐고 있는 물건 등에 의지해서 절하는 것을 뜻하기도 하고, 한 번 절하는 것을 뜻하기도 한다. '포배'는 답배를 뜻하기도 하니, 재배(再拜)에 해당하

고, 또 손에 물건을 쥐고 절하는 것을 뜻하기도 한다. '숙배'는 단지 손을 아래로 내려서 몸에 붙이는 것에 해당한다. 『주례』「춘관(春官)·대축(大祝)」편에는 "辨九拜, 一曰稽首, 二曰頓首, 三曰空首, 四曰振動, 五曰吉拜, 六曰凶拜, 七曰奇拜, 八曰褒拜, 九曰肅拜, 以享右祭祀."라는 기록이 있고, 이에 대한 정현의 주에서는 "稽首, 拜頭至地也. 頓首, 拜頭叩地也. 空首, 拜頭至手, 所謂拜手也. 吉拜, 拜而后稽顙, 謂齊衰不杖以下者. 言吉者, 此殷之凶拜, 周以其拜與頓首相通, 故謂之吉拜云. 凶拜, 稽顙而后拜, 謂三年服者. 杜子春云, '振讀爲振鐸之振, 動讀爲哀慟之慟, 奇讀爲奇偶之奇, 謂先屈一膝, 今雅拜是也. 或云, 奇讀曰倚, 倚拜謂持節·持戟拜, 身倚之以拜.' 鄭大夫云, '動讀爲董, 書亦或爲董. 振董, 以兩手相擊也. 奇拜, 謂一拜也. 褒讀爲報, 報拜, 再拜是也.' 鄭司農云, '褒拜, 今時持節拜是也. 肅拜, 但俯下手, 今時撎是也. 介者不拜, 故曰爲事故, 敢肅使者.' 玄謂振動戰栗變動之拜. 書曰王動色變. 一拜, 答臣下拜. 再拜, 拜神與尸. 享, 獻也, 謂朝獻饋獻也. 右讀爲侑. 侑勸尸食而拜."라고 풀이했다.

◎ 구이(九夷) : '구이'는 고대 중국의 동쪽 지역에 거주하던 아홉 종류의 소수 민족을 뜻한다. 또한 그들이 거주하는 지역 전체를 가리키는 용어로도 사용되었다. 아홉 종류의 소수 민족을 견이(畎夷)·우이(于夷)·방이(方夷)·황이(黃夷)·백이(白夷)·적이(赤夷)·현이(玄夷)·풍이(風夷)·양이(陽夷)라고 정의하기도 한다. 『논어』「자한(子罕)」편에는 "子欲居九夷." 라는 기록이 있고, 이에 대한 하안(何晏)의 『집해(集解)』에서는 마융(馬融)의 주장을 인용하여, "東方之夷有九種."이라고 풀이했으며, 『후한서(後漢書)』「동이전(東夷傳)」편에는 "夷有九種. 曰, 畎夷·于夷·方夷·黃夷·白夷·赤夷·玄夷·風夷·陽夷."라는 기록이 있다.

◎ 구족(九族) : '구족'은 친족을 범칭하는 말이다. 자신을 중심으로 위로 고조부(高祖父)까지의 네 세대, 아래로 현손(玄孫)까지의 네 세대까지 포함된 친족을 지칭한다. 『서』「우서(虞書)·요전(堯典)」편에는 "克明俊德, 以親九族."이라는 기록이 있는데, 이에 대한 공안국(孔安國)의 전(傳)에서는 "以睦高祖, 玄孫之親."이라고 풀이하였다. 일설에는 '구족'을 부친쪽 친척 중 4촌, 모친쪽 친척 중 3촌, 처쪽 친척 중 2촌까지를 지칭하는 용어라고도 풀이한다.

◎ 국자(國子) : '국자'는 천자 및 공(公), 경(卿), 대부(大夫)의 자제들을 말한다. 때론 상황에 따라 천자의 태자(太子) 및 왕자(王子)를 포함시키지 않

는 경우도 있다. 『주례』「지관(地官) · 사씨(師氏)」편에는 "以三德教國子"라는 기록이 있고, 이에 대한 정현의 주에서 "國子, 公卿大夫之子弟."라고 풀이한 용례와 『한서(漢書)』「예악지(禮樂志)」편에서 "朝夕習業, 以教國子. 國子者, 卿大夫之子弟也."라고 풀이한 용례가 바로 여기에 해당한다. 그러나 이것은 천자에 대한 언급을 가급적 회피했기 때문에, 생략하여 기술하지 않은 것이다. 청대(淸代) 유서년(劉書年)의 『유귀양설경잔고(劉貴陽說經殘稿)』「국자증오(國子證誤)」편에서 "國子者, 王大子, 王子, 諸侯公卿大夫士之子弟, 皆是, 亦曰國子弟."라고 풀이하고 있는 것처럼, '국자'에는 천자의 태자와 왕자들까지도 포함된다.

◎ **군례(軍禮)** : '군례'는 오례(五禮) 중 하나로, 군대와 관련된 예제(禮制)를 뜻한다. 참고적으로 고대 중국에서는 각 계절마다 군대와 관련된 의식을 시행하였는데, 봄에 하는 것을 진려(振旅)라고 불렀고, 여름에 하는 것을 발사(拔舍)라고 불렀으며, 가을에 하는 것을 치병(治兵)이라고 불렀고, 겨울에 하는 것을 대열(大閱)이라고 불렀다. 이러한 의식들이 모두 '군례'에 포함된다.

◎ **귀유(貴游)** : '귀유'는 귀유(貴遊)라고도 부른다. 천자나 제후의 친척들 중에서 관직이 없는 귀족들을 가리킨다. '유(遊)'자는 담당하는 관직이 없다는 뜻에서 붙여진 글자이다. 『주례』「지관(地官) · 사씨(師氏)」편에는 "掌國中失之事以教國子弟, 凡國之貴遊子弟學焉."이라는 기록이 있고, 이에 대한 정현의 주에서는 "貴遊子弟, 王公之子弟. 遊, 無官司者."라고 풀이하였다.

◎ **귀유(貴遊)** : =귀유(貴游)

◎ **근우(覲遇)** : '근우'는 제후가 가을과 여름에 천자를 조회하는 것을 뜻한다. '근우'의 '근(覲)'자는 제후가 가을에 천자를 찾아가 뵙는 것을 뜻하고, '우(遇)'자는 제후가 겨울에 천자를 찾아가 뵙는 것을 뜻한다. 『주례』「춘관(春官) · 대종백(大宗伯)」편에는 "春見曰朝, 夏見曰宗, 秋見曰覲, 冬見曰遇."라는 기록이 있다.

◎ **기년상(期年喪)** : '기년상'은 1년 동안 치르는 상을 뜻한다. 일반적으로 자최복(齊衰服)을 입고 치르는 상을 뜻한다. '기년(期年)'은 1년을 뜻하는데, '자최복'은 일반적으로 1년 동안 입게 되는 상복이기 때문이다.

◎ **길례(吉禮)** : '길례'는 오례(五禮) 중 하나로, 제사에 대한 예제(禮制)를 뜻한다. 고대에는 제사 자체를 길(吉)한 일로 여겼기 때문에, 제례(祭禮)를

'길례'로 여겼다.

ㄴ

◎ **남면(南面)** : '남면'은 특정 공간에서 북쪽에 위치하여 남쪽을 바라보며 있다는 뜻이다. 특정 모임에서 가장 존귀한 자가 '남면'을 하게 된다.

◎ **남송석경(南宋石經)** : 『남송석경(南宋石經)』은 송(宋)나라 고종(高宗) 때 돌에 새긴 『십삼경주소(十三經注疏)』의 판본이다. 그러나 『예기(禮記)』에 대해서는 「중용(中庸)」 1편만을 기록하고 있다.

◎ **남전여씨(藍田呂氏, A.D.1040~A.D.1092)** : =여대림(呂大臨)·여씨(呂氏)·여여숙(呂與叔). 북송(北宋) 때의 학자이다. 이름은 대림(大臨)이고, 자(字)는 여숙(與叔)이며, 호(號)는 남전(藍田)이다. 장재(張載) 및 이정(二程)형제에게서 수학하였다. 저서로는 『남전문집(藍田文集)』 등이 있다.

◎ **노계(露紒)** : '노계'는 좌(髽)를 트는 방식 중 하나이다. 좌(髽)를 틀 때 마(麻)를 이용하는 경우도 있고 포(布)를 이용하는 경우도 있는데, '노계'는 이 두 방식을 총칭하는 명칭이다. 또한 '노계'는 마(麻)나 포(布)를 사용하는 좌(髽)의 방식과 구별되어, 별도로 좌(髽)를 트는 방식 중 하나라고도 주장한다.

◎ **노식(盧植, A.D.159?~A.D.192)** : =노씨(盧氏). 후한(後漢) 때의 유학자이다. 자(字)는 자간(子幹)이다. 어려서 마융(馬融)을 스승으로 섬겼다. 영제(靈帝)의 건녕(建寧) 연간(A.D.168~A.D.172)에 박사(博士)가 되었다. 채옹(蔡邕) 등과 함께 동관(東觀)에서 오경(五經)을 교정했다. 후에 동탁(董卓)이 소제(少帝)를 폐위시키자, 은거하며 『상서장구(尙書章句)』, 『삼례해고(三禮解詁)』를 저술했지만, 남아 있지 않다.

◎ **노씨(盧氏)** : =노식(盧植)

ㄷ

◎ **단(袒)** : '단'은 상의 중 좌측 어깨 쪽을 드러내는 방법이다. 일반적으로 상중(喪中)에 남자들이 취하는 복장 방식을 뜻한다. 한편 일반적인 의례절차에서도 단(袒)의 복장 방식을 취하는 경우가 있다.

◎ **단옥재(段玉裁, A.D.1735~A.D.1815)** : 청(淸)나라 때의 학자이다. 자(字)

는 약응(若膺)이고, 호(號)는 무당(懋堂)이다. 저서로는 『설문해자주(說文解字注)』, 『육서음균표(六書音均表)』, 『고문상서찬이(古文尙書撰異)』 등이 있다.

◎ **담제(禫祭)** : '담제'는 상복(喪服)을 벗을 때 지내는 제사이다.

◎ **당실(當室)** : '당실'은 부친을 대신하여, 가사(家事)일을 돌본다는 뜻이다. 고대에는 대부분 장자(長子)가 이 일을 담당해서, 적장자(嫡長子)를 가리키기는 용어로도 사용하였다.

◎ **대공복(大功服)** : '대공복'은 상복(喪服) 중 하나로, 오복(五服)에 속한다. 조밀한 삼베를 사용해서 만들지만, 소공복(小功服)에 비해서는 삼베의 재질이 거칠기 때문에, '대공복'이라고 부른다. 이 복장을 입게 되는 기간은 상황에 따라 차이가 생기지만, 일반적으로 9개월이다. 당형제(堂兄弟) 및 미혼인 당자매(堂姊妹), 또는 혼인을 한 자매(姊妹) 등을 위해서 입는다.

◎ **대도(大都)** : '대도'는 공(公)이 부여받는 채지(采地)를 뜻한다.

◎ **대렴(大斂)** : '대렴'은 상례(喪禮) 절차 중 하나이다. 소렴(小斂)을 끝낸 뒤, 의복과 이불 등으로 재차 시신을 감싸 관에 안치하는 절차이다.

◎ **대빙(大聘)** : '대빙'은 본래 제후가 경(卿)을 시켜서 매해 천자를 찾아뵙는 것을 뜻한다. 제후는 천자에 대해서, 매년 소빙(小聘)을 하고, 3년에 1번 '대빙(大聘)'을 하며, 5년에 1번 조(朝)를 한다. 소빙을 할 때에는 대부(大夫)를 시키고, 조를 할 때에는 제후가 직접 찾아간다. 『예기』「왕제(王制)」편에는 "諸侯之於天子也, 比年一小聘, 三年一大聘, 五年一朝."라는 기록이 있고, 이에 대한 정현의 주에서는 "比年, 每歲也. 小聘使大夫, 大聘使卿, 朝則君自行."이라고 했다.

◎ **대상(大祥)** : '대상'은 부모의 상(喪)에서, 부모가 죽은 지 만 2년 만에 탈상을 하며 지내는 제사이다.

◎ **두예(杜預, A.D.222~A.D.284)** : 서진(西晉) 때의 유학자이다. 경조(京兆) 두릉(杜陵) 출신이다. 자(字)는 원개(元凱)이다. 『춘추경전집해(春秋經典集解)』를 저술하였는데, 이 책은 현존하는 『춘추(春秋)』의 주석서 중 가장 오래된 것이며, 『십삼경주소(十三經注疏)』의 『춘추좌씨전정의(春秋左氏傳正義)』에도 채택되어 수록되었다.

ㅁ

◎ 마씨(馬氏) : =마희맹(馬晞孟)

◎ 마언순(馬彦醇) : =마희맹(馬晞孟)

◎ 마희맹(馬晞孟, ?~?) : =마씨(馬氏)·마언순(馬彦醇). 자(字)는 언순(彦醇)이다. 『예기해(禮記解)』를 찬술했다.

◎ 명기(明器) : '명기'는 명기(冥器)라고도 부른다. 장례(葬禮) 때 시신과 함께 매장하는 순장품을 뜻한다.

◎ 명기(冥器) : =명기(明器)

◎ 명사(命士) : '명사'는 사(士) 중에서도 작명(爵命)을 받은 자를 뜻한다. 『예기』「내칙(內則)」편에는 "由命士以上, 父子皆異宫, 昧爽而朝, 慈以旨甘."이라는 용례가 나온다.

◎ 모본(毛本) : 『모본(毛本)』은 명(明)나라 말기 급고각(汲古閣)에서 간행된 『십삼경주소(十三經注疏)』의 판본이다. 급고각은 모진(毛晋)이 지은 장서각이었으므로, 이러한 명칭이 생겼다.

◎ 목록(目錄) : 『목록(目錄)』은 정현이 찬술했다고 전해지는 『삼례목록(三禮目錄)』을 가리킨다. 『십삼경주소(十三經注疏)』에서 인용되고 있지만, 이 책은 『수서(隋書)』가 편찬될 당시에 이미 일실되어 존재하지 않았다. 『수서』「경적지(經籍志)」편에는 "三禮目錄一卷, 鄭玄撰, 梁有陶弘景注一卷, 亡."이라는 기록이 있다.

◎ 묘문(廟門) : '묘문'은 종묘(宗廟)의 정문을 뜻한다. 『서』「주서(周書)·고명(顧命)」편에는 "諸侯出廟門俟."라는 용례가 나온다. 한편 '묘문'은 빈궁(殯宫)의 문을 뜻하는 용어로도 사용된다. 『예기』「상복소기(喪服小記)」편에는 "無事不辟廟門, 哭皆於其次."라는 기록이 있는데, 이에 대한 공영달(孔穎達)의 소(疏)에서는 "廟門, 殯宫門也."라고 풀이했다.

◎ 무산작(無筭爵) : '무산작'은 술잔의 수를 헤아리지 않는다는 뜻이다. 여수(旅酬)를 한 이후에, 빈객들의 제자들과 형제들의 자제들은 각각 그들의 수장에게 술을 따르고, 잔을 들어 올리는 것도 각각 그들의 수장에게 한다. 그리고 빈객들이 잔을 가져다가, 형제들 집단에 술을 권하고, 장형제(長兄弟)들은 잔을 가져다가 빈객의 무리들에게 술을 권하게 된다. 이처럼 여러 차례 술을 따르고 권하기 때문에, 이러한 절차를 '무산작'이라고 부르는 것이다.

◎ **문(免)** : '문'은 '문(絻)'이라고도 부른다. 문포(免布)나 문복(免服)과 같은 뜻이다.

◎ **문복(문服)** : '문복'은 상복(喪服)의 한 종류이다. 문(免)과 최질(衰絰)을 하는 것이며, 친상(親喪)을 처음 당했을 때 착용하는 복장이다.

◎ **문포(免布)** : '문포'는 상(喪)을 당한 사람이 관(冠)을 벗고 흰 천 등으로 '머리를 묶는 것[括髮]'을 뜻한다.

◎ **민본(閩本)** : 『민본(閩本)』은 명(明)나라 가정(嘉靖) 연간 때 이원양(李元陽)이 간행한 『십삼경주소(十三經注疏)』 판본이다. 한편 『칠경맹자고문보유(七經孟子考文補遺)』에서는 이 판본을 『가정본(嘉靖本)』으로 지칭하고 있다.

ㅂ

◎ **방각(方慤)** : =엄릉방씨(嚴陵方氏)

◎ **방성부(方性夫)** : =엄릉방씨(嚴陵方氏)

◎ **방씨(方氏)** : =엄릉방씨(嚴陵方氏)

◎ **방포(方苞, A.D.1668~A.D.1749)** : 청대(淸代)의 학자이다. 자(字)는 영고(靈皐)이고, 호(號)는 망계(望溪)이다. 송대(宋代)의 학문과 고문(古文)을 추종하였다.

◎ **변제(變除)** : '변제'는 상복(喪服)을 바꾸거나 제거하는 경우를 뜻한다. 소상(小祥)을 지내고 나서 상복의 단계를 낮추고, 대상(大祥)을 지낸 뒤에 상복을 벗는 것을 '변제'라고 부른다.

◎ **별록(別錄)** : 『별록(別錄)』은 후한(後漢) 때 유향(劉向)이 찬(撰)했다고 전해지는 책이다. 현재는 일실되어 존재하지 않으며, 『한서(漢書)』「예문지(藝文志)」편을 통해서 대략적인 내용만을 추측해볼 수 있다.

◎ **복건(服虔, ?~?)** : 후한대(後漢代)의 유학자이다. 자(字)는 자신(子愼)이다. 초명은 중(重)이었으며, 기(祇)라고도 불렀다. 후에 이름을 건(虔)으로 고쳤다. 『춘추좌씨전(春秋左氏傳)』에 주석을 남겼지만, 산일되어 전해지지 않는다. 현재는 『좌전가복주집술(左傳賈服注輯述)』로 일집본이 편찬되었다.

◎ **봉(賵)** : '봉'은 부의를 보낸다는 뜻이며, 또한 부의로 보내는 특정 물건을 가리키기도 하다. '봉'은 상사(喪事)에 사용될 수레나 말을 부의로 보내는

것이다. 『예기』「문왕세자(文王世子)」편에는 "族之相爲也, 宜弔不弔, 宜免不免, 有司罰之. 至于賵賻承含, 皆有正焉."이라는 기록이 있는데, 이에 대한 진호(陳澔)의 『집설(集說)』에서는 "賵以車馬."라고 풀이했다.

◎ **부제(祔祭)** : '부제'는 '부(祔)'라고도 한다. 새로이 죽은 자가 있으면, 선조(先祖)에게 '부제'를 올리면서, 신주(神主)를 합사(合祀)하는 것을 말한다. 『주례』「춘관(春官)·대축(大祝)」편에는 "付練祥, 掌國事."라는 기록이 있고, 이에 대한 정현의 주에서는 "付當爲祔. 祭於先王以祔後死者."라고 풀이하였다.

◎ **빈례(賓禮)** : '빈례'는 오례(五禮) 중 하나로, 천자를 찾아뵙거나 천자가 제후들을 만나보거나 아니면 제후들끼리 회동하는 조빙(朝聘)의 예법(禮法)을 뜻한다. 또한 '빈례'는 손님을 접대하는 예제(禮制)를 뜻하기도 한다. 참고적으로 봄에 천자를 찾아뵙는 것을 조(朝)라고 하였으며, 여름에 찾아뵙는 것을 종(宗)이라고 하였고, 가을에 찾아뵙는 것을 근(覲)이라고 하였으며, 겨울에 찾아뵙는 것을 우(遇)라고 하였다. 또한 제후들이 천자를 찾아뵐 때에는 본래 각각의 제후들마다 정해진 기간이 있었는데, 정해진 기간 외에 찾아뵙는 것을 회(會)라고 하였고, 정해진 기간에 찾아뵙는 것을 동(同)이라고 하였다. 또 천자가 순수(巡守)를 할 때에도 정해진 기간이 있었는데, 정해진 기간이 아닌 때에 제후를 찾아가 보는 것을 문(問)이라고 하였고, 정해진 기간에 찾아가 보는 것을 시(視)라고 하였다.

◎ **빈사례(賓射禮)** : '빈사례'는 천자가 오랜 벗과 함께 연회를 한 후 시행하는 활쏘기를 뜻한다. 또한 제후들이 천자를 찾아뵙거나 또는 제후들끼리 서로 회동을 할 때, 활쏘기를 하며 연회를 베푸는 것을 뜻하기도 한다.

◎ **빙문(聘問)** : '빙문'은 국가 간이나 개인 간에 사람을 보내서 상대방을 찾아가 안부를 묻는 의식 절차를 통칭하는 말이다. 또한 제후가 신하를 시켜서 천자에게 보내, 안부를 묻는 예법을 뜻하기도 한다.

◎ **사궁(射宮)** : '사궁'은 천자가 대사례(大射禮)를 시행하던 장소이며, 또한 이곳에서 사(士)들을 시험하기도 했다. 『춘추곡량전』「소공(昭公) 8년」편에는 "以習射於射宮."이라는 기록이 있고, 『예기』「사의(射義)」편에는 "諸侯歲獻貢士於天子, 天子試之於射宮."이라는 기록이 있다.

◎ 사자(謝慈, A.D.205~A.D.253) : =사자(謝慈). 삼국시대(三國時代) 때 오(吳)나라의 학자이다. 자(字)는 효종(孝宗)이다.

◎ 산음육씨(山陰陸氏, A.D.1042~A.D.1102) : =육농사(陸農師)·육전(陸佃). 북송(北宋) 때의 유학자이다. 자(字)는 농사(農師)이며, 호(號)는 도산(陶山)이다. 어려서 집안이 매우 가난했다고 전해지며, 왕안석(王安石)에게 수학하였으나 왕안석의 신법에 대해서는 반대하였다. 저서로는 『비아(埤雅)』, 『춘추후전(春秋後傳)』, 『도산집(陶山集)』 등이 있다.

◎ 삼대(三代) : '삼대'는 하(夏), 은(殷), 주(周)의 세 왕조를 말한다. 『논어』「위령공(衛靈公)」편에는 "斯民也, 三代 之所以直道而行也."라는 기록이 있고, 이에 대한 형병(邢昺)의 소(疏)에서는 "三代, 夏殷周也."로 풀이했다.

◎ 삼망(三望) : '삼망'은 제사의 명칭이다. 망(望)은 일종의 제사 형식이다. 제사 대상이 여러 산천(山川)들일 경우, 그 중 가장 크고 높은 대상이 있는 지역에 가서, 나머지 여러 산천들을 두루 바라보며 지내는 제사이다. '삼(三)'자를 붙여 부른 것은 제후의 입장에서 '망' 제사를 지내는 대상이 3가지이기 때문이다. 참고로 천자에게는 사망(四望)의 제사가 있다.

◎ 상개(上介) : '상개'는 개(介) 중에서도 가장 직위가 높았던 자를 뜻한다. 빈객(賓客)이 방문했을 때, 빈객의 부관이 되어, 주인(主人)과의 사이에서 시행해야 할 일들을 도왔던 부관들을 '개'이라고 부른다.

◎ 상공(上公) : '상공'은 주(周)나라 제도에 있었던 관직 등급이다. 본래 신하의 관직 등급은 8명(命)까지이다. 주나라 때에는 태사(太師), 태부(太傅), 태보(太保)와 같은 삼공(三公)들이 8명의 등급에 해당했다. 그런데 여기에 1명을 더하게 되면 9명이 되어, 특별직인 '상공'이 된다. 『주례』「춘관(春官)·전명(典命)」편에는 "上公九命爲伯, 其國家宮室車旗衣服禮儀, 皆以九爲節."이라는 기록이 있고, 이에 대한 정현의 주에서는 "上公, 謂王之三公有德者, 加命爲二伯. 二王之後亦爲上公."이라고 풀이하였다. 즉 '상공'은 삼공 중에서도 유덕(有德)한 자에게 1명을 더해주어, 제후들을 통솔하는 '두 명의 백(伯)[二伯]'으로 삼았다.

◎ 상빈(上擯) : '상빈'은 빈(擯)들 중에서도 가장 직위가 높았던 자를 뜻한다. 빈객(賓客)이 방문했을 때, 주인(主人)의 부관이 되어, 빈객과의 사이에서 시행해야 할 일들을 도왔던 부관들을 '빈'이라고 부른다.

◎ 상신(上神) : '상신'은 천상(天上)에 있는 신(神), 즉 천신(天神)을 뜻한다. 『공자가어(孔子家語)』「문례(問禮)」편에는 "陳其犧牲, 備其鼎俎. ……

以降上神與其先祖."라는 기록이 있고, 이에 대한 왕숙(王肅)의 주에서는 "上神, 天神."이라고 풀이하였다.

◎ 상제(嘗祭) : '상제'는 가을에 종묘(宗廟)에서 지내는 제사를 뜻한다. 『이아』「석천(釋天)」편에는 "春祭曰祠, 夏祭曰礿, 秋祭曰嘗, 冬祭曰烝."이라는 기록이 있다. 즉 봄에 지내는 제사를 '사(祠)'라고 부르며, 여름에 지내는 제사를 '약(礿)'이라고 부르고, 가을에 지내는 제사를 '상(嘗)'이라고 부르며, 겨울에 지내는 제사를 '증(烝)'이라고 부른다. 한편 '상'제사는 성대한 규모로 거행하였기 때문에, '대상(大嘗)'이라고도 불렀으며, 가을에 지낸다는 뜻에서, '추상(秋嘗)'이라고도 불렀다. 또한 『춘추번로(春秋繁露)』「사제(四祭)」편에서는 "四祭者, 因四時之所生孰而祭其先祖父母也. 故春曰祠, 夏曰礿, 秋曰嘗, 冬曰蒸. …… 嘗者, 以七月嘗黍稷也."이라고 하여, 가을 제사인 상(嘗)제사는 7월에 시행하며, 서직(黍稷)을 흠향하도록 지낸다는 뜻에서 맛본다는 뜻의 '상'자를 붙였다고 설명한다.

◎ 상제(喪祭) : '상제'는 장례(葬禮)를 치른 이후에 지내는 제사들을 지칭하는 말이다.

◎ 상체(嘗禘) : '상체'는 본래 종묘에서 정규적으로 지내는 가을제사인 상(嘗)과 여름제사인 체(禘)를 합쳐서 부른 말이다. 따라서 '상체'는 종묘제사를 범칭하는 용어로 사용되었으며, 후대에는 제사 자체를 범칭하는 용어로도 사용되었다.

◎ 서모(庶母) : '서모'는 부친의 첩(妾)들을 뜻한다. 『의례』「사혼례(士昏禮)」편에는 "庶母及門內施鞶, 申之以父母之命."이라는 기록이 있는데, 이에 대한 정현의 주에서는 "庶母, 父之妾也."라고 풀이했다. 한편 '서모'는 부친의 첩들 중에서도 아들을 낳은 여자를 뜻하기도 한다. 『주자전서(朱子全書)』「예이(禮二)」편에는 "庶母, 自謂父妾生子者."라는 기록이 있다.

◎ 서수(庶羞) : '서수'는 여러 종류의 맛좋은 음식들을 뜻한다. 수(羞)자는 맛좋은 음식을 뜻하고, 서(庶)자는 음식 종류가 많다는 뜻이다. 『의례』「공사대부례(公食大夫禮)」편에는 "上大夫庶羞二十, 加於下大夫以雉兎鶉駕."라는 기록이 있는데, 이에 대한 호배휘(胡培翬)의 정의(正義)에서는 학경(郝敬)의 말을 인용하여, "肴美曰羞, 品多曰庶."라고 풀이했다.

◎ 석경(石經) : 『석경(石經)』은 당(唐)나라 개성(開成) 2년(A.D.714)에 돌에 새긴 『십삼경주소(十三經注疏)』의 판본이다. 당나라 국자학(國子學)의 비석에 새겨졌다는 판본이 바로 이것을 가리킨다.

◎ 석림섭씨(石林葉氏, ?~A.D.1148) : =섭몽득(葉夢得)·섭소온(葉少蘊). 남송(南宋) 때의 유학자이다. 자(字)는 소온(少蘊)이고, 호(號)는 몽득(夢得)이다. 박학다식했다고 전해지며, 『춘추(春秋)』에 대한 조예가 깊었다.

◎ 석명(釋名) : 『석명(釋名)』은 후한(後漢) 때의 학자인 유희(劉熙)가 지은 서적이다. 오래된 훈고학 서적의 하나로 꼽힌다.

◎ 석문(釋文) : 『석문(釋文)』은 육덕명(陸德明)이 지은 『경전석문(經典釋文)』을 뜻한다.

◎ 석채(釋菜) : '석채'는 국학(國學)에서 거행되었던 전례(典禮) 중 하나이다. 희생물 없이 소채 등으로 간소하게 차려놓고, 선성(先聖)과 선사(先師)에게 지내는 제사이다.

◎ 선공(先公) : '선공'은 본래 천자 및 제후의 선조들을 존귀하게 높여 부르는 말이다. 따라서 '선왕(先王)'이라는 말과 동일하게 사용된다. 그러나 주(周)나라에 대해 선왕과 대비해서 사용하게 되면, 후직(后稷)의 후손 중 태왕(太王) 이전의 선조를 지칭한다. 주나라는 건립 이후 자신의 선조에 대해 추왕(追王)을 하여 왕(王)자를 붙였는데, 태왕인 고공단보(古公亶父)까지 왕(王)자를 붙였기 때문이다.

◎ 설문(說文) : =설문해자(說文解字)

◎ 설문해자(說文解字) : 『설문해자(說文解字)』는 후한(後漢) 때의 학자인 허신(許愼, ?~?)이 찬(撰)했다고 전해지는 자서(字書)이다. 『설문(說文)』이라고도 칭해진다. A.D.100년경에 완성되었다고 전해진다. 글자의 형태, 뜻, 음운(音韻)을 수록하고 있다.

◎ 섭몽득(葉夢得) : =석림섭씨(石林葉氏)

◎ 섭소온(葉少蘊) : =석림섭씨(石林葉氏)

◎ 성복(盛服) : '성복'은 격식에 맞게 갖춰 입는 옷들을 가리킨다. 주로 제례(祭禮) 및 정식 의례(儀禮)에 참여할 때 착용하는 복장들을 가리킨다. 참가자들은 이 복장을 갖춤으로써, 엄숙함과 단정함을 나타내게 된다. 『중용』「16장」에는 "使天下之人齊明盛服, 以承祭祀."라는 기록이 있고, 이에 대한 공영달(孔穎達)의 소(疏)에서는 "盛飾衣服, 以承祭祀."라고 풀이했다. 한편 '성복'은 치장을 화려하게 한 옷을 가리키기도 한다. 『순자(荀子)』「자도(子道)」편에는 "子路盛服見孔子. 孔子曰, 由! 是裾裾何也?"라는 기록이 있다.

◎ 성포(成布) : '성포'는 비교적 가늘고 부드러운 포(布)를 뜻한다. 상복의 경

우 6승(升) 이하의 포는 길복(吉服)에 사용되는 포와 유사하기 때문에, 이러한 상복에 사용되는 포를 '성포'라고 부른다.

◎ 세본(世本) : 『세본(世本)』은 『세(世)』·『세계(世系)』 등으로 일컬어지기도 한다. 선진시대(先秦時代) 때의 사관(史官)이 기록한 문헌이라고 전해지지만, 진위여부를 확인할 수 없다. 『세본』은 고대의 제왕(帝王), 제후(諸侯) 및 경대부(卿大夫)들의 세계도(世系圖)를 기록한 서적이다. 일실되어 현존하지 않지만, 후대 학자들이 다른 문헌 속에 남아 있는 기록들을 수집하여, 일집본(佚輯本)을 남겼다. 이러한 일집본에는 여덟 종류의 주요 판본이 있는데, 각 판본마다 내용상의 차이를 보이고 있다. 1959년에는 상무인서관(商務印書館)에서 이러한 여덟 종류의 판본을 모아서 『세본팔종(世本八種)』을 출판하였다.

◎ 세족(世族) : '세족'은 세공(世功)과 관족(官族)을 합쳐 부르는 말이다. '세족'은 선대(先代)에 공적(功績)을 쌓았던 관족(官族)을 뜻한다. 후대에는 대대로 녹봉을 받는 명문 있는 가문을 뜻하는 용어로도 사용하였다. 『춘추좌씨전』「은공(隱公) 8년」편에는 "官有世功, 則有官族."라는 기록이 있다.

◎ 세최(繐衰) : '세최'는 5개월 동안 소공복(小功服)의 상을 치를 때 착용하는 상복을 뜻한다. 가늘고 성근 마(麻)의 포를 사용해서 만들기 때문에, '세최'라고 부른다.

◎ 소공복(小功服) : '소공복'은 상복(喪服) 중 하나로, 오복(五服)에 속한다. 조밀한 삼베를 사용해서 만들며, 대공복(大功服)에 비해서 삼베의 재질이 조밀하기 때문에, '소공복'이라고 부른다. 이 복장을 입게 되는 기간은 상황에 따라 차이가 생기지만, 일반적으로 5개월이 된다. 백숙(伯叔)의 조부모나 당백숙(堂伯叔)의 조부모, 혼인하지 않은 당(堂)의 자매(姊妹), 형제(兄弟)의 처 등을 위해서 입는다.

◎ 소도(小都) : '소도'는 경(卿)이 부여받는 채지(采地)를 뜻한다.

◎ 소상(小祥) : '소상'은 본래 부모 및 군주의 상(喪)에서, 부모가 죽은 지 만 1년 만에 지내는 제사이다. 이 제사가 끝나면, 자식은 3년상을 지낼 때의 복장과 생활방식을 조금씩 덜어내게 된다. 또한 '소상'은 친족 및 타인의 상에서 1년이 지났을 때를 가리키기도 한다.

◎ 속(束) : '속'은 견직물을 헤아리는 단위이다. 1'속'은 10단(端)을 뜻하는데, 1단의 길이는 1장(丈) 8척(尺)이 되며, 2단이 합쳐서 1권(卷)이 되므로, 10단은 총 5필이 된다. 『주례』「춘관(春官)·대종백(大宗伯)」편에는 "孤

執皮帛."이라는 기록이 있고, 이에 대한 가공언(賈公彦)의 소(疏)에서는 "束者十端, 每端丈八尺, 皆兩端合卷, 總爲五匹, 故云束帛也."라고 풀이했다.

◎ **속백(束帛)** : '속백'은 한 묶음의 비단으로, 그 수량은 다섯 필(匹)이 된다. 빙문(聘問)을 하거나 증여를 할 때 가져가는 예물(禮物) 등으로 사용되었다. '속(束)'은 10단(端)을 뜻하는데, 1단의 길이는 1장(丈) 8척(尺)이 되며, 2단이 합쳐서 1권(卷)이 되므로, 10단은 총 5필이 된다. 『주례』「춘관(春官)·대종백(大宗伯)」편에는 "孤執皮帛."이라는 기록이 있고, 이에 대한 가공언(賈公彦)의 소(疏)에서는 "束者十端, 每端丈八尺, 皆兩端合卷, 總爲五匹, 故云束帛也."라고 풀이했다.

◎ **순수(巡守)** : '순수'는 '순수(巡狩)'라고도 부른다. 천자가 수도를 벗어나 제후의 나라를 시찰하는 것을 뜻한다. '순수'의 '순(巡)'자는 그곳으로 행차를 한다는 뜻이고, '수(守)'자는 제후가 지키는 영토를 뜻한다. 제후는 천자가 하사해준 영토를 대신 맡아서 수호하는 것이기 때문에, 천자가 그곳에 방문하여, 자신의 영토를 어떻게 관리하고 있는지를 시찰하게 된다. 『서』「우서(虞書)·순전(舜典)」편에는 "歲二月, 東巡守, 至于岱宗, 柴."라는 기록이 있고, 이에 대한 공안국(孔安國)의 전(傳)에서는 "諸侯爲天子守土, 故稱守. 巡, 行之."라고 풀이했으며, 『맹자』「양혜왕하(梁惠王下)」편에서는 "天子適諸侯曰巡狩. 巡狩者, 巡所守也."라고 기록하였다. 한편 『예기』「왕제(王制)」편에는 "天子, 五年, 一巡守."라는 기록이 있고, 『주례』「추관(秋官)·대행인(大行人)」편에는 "十有二歲王巡守殷國."이라는 기록이 있다. 즉 「왕제」편에서는 천자가 5년에 1번 순수를 시행하고, 「대행인」편에서는 12년에 1번 순수를 시행한다고 기록하고 있는데, 이러한 차이점에 대해서 정현은 「왕제」편의 주에서 "五年者, 虞夏之制也. 周則十二歲一巡守."라고 풀이했다. 즉 5년에 1번 순수를 하는 제도는 우(虞)와 하(夏)나라 때의 제도이며, 주(周)나라에서는 12년에 1번 순수를 했다.

◎ **습(襲)** : '습'은 시신에 옷을 입히는 의식 절차이다. 한편 시신에 입히는 옷 자체도 '습'이라고 불렀다.

◎ **승빈(承擯)** : '승빈'은 상빈(上擯)의 부관 역할을 하는 자로써, 상빈을 돕는 빈(擯)을 뜻한다. '승(承)'자는 '승(丞)'자와 통용되므로, 승빈(丞擯)이라고도 부른다. 또한 부관 역할을 한다는 뜻에서, 좌빈(佐儐)이라고도 부른다.

◎ **시마복(緦麻服)** : '시마복'은 상복(喪服) 중 하나로, 오복(五服)에 속한다.

가장 조밀한 삼베를 사용해서 만든다. 이 복장을 입게 되는 기간은 상황에 따라서 차이가 있지만, 일반적으로 3개월이 된다. 친족의 백숙부모(伯叔父母)나 친족의 형제(兄弟)들 및 혼인하지 않은 친족의 자매(姊妹) 등을 위해서 입는다.

◎ 심상(心喪) : '심상'은 죽음에 대해 애도함이 상을 치르는 것과 같지만, 실제적으로 상복을 입지 않는 것을 뜻한다. 주로 스승이 죽었을 때, 제자들이 치르는 상을 가리킨다. 『예기』「단궁상(檀弓上)」편에서는 "事師無犯無隱, 左右就養無方, 服勤至死, 心喪三年."이라는 기록이 있고, 이에 대한 정현의 주에서는 "心喪, 戚容如父而無服也."라고 풀이했다.

ㅇ

◎ 악본(岳本) : 『악본(岳本)』은 송(頌)나라 악가(岳珂)가 간행한 『십삼경주소(十三經注疏)』의 판본이다.

◎ 악실(堊室) : '악실'은 상중(喪中)에 임시로 거처하던 가옥으로, 네 벽면에 흰색의 회칠을 하였다.

◎ 엄릉방씨(嚴陵方氏, ?~?) : =방각(方慤) · 방씨(方氏) · 방성부(方性夫). 송대(宋代)의 유학자이다. 이름은 각(慤)이다. 자(字)는 성부(性夫)이다. 『예기집해(禮記集解)』를 지었고, 『예기집설대전(禮記集說大全)』에는 그의 주장이 많이 인용되고 있다.

◎ 엄식지(嚴植之, A.D.457~A.D.508) : 남북조시대 남조의 양(梁)나라 학자이다. 자(字)는 효원(孝源)이다. 저서로는 『흉례의주(凶禮儀注)』 등이 있다.

◎ 여대림(呂大臨) : =남전여씨(藍田呂氏)

◎ 여불위(呂不韋, ?~B.C.235) : 전국시대(戰國時代) 말기(末期)의 정치가이다. 진(秦)나라의 상국(相國)을 지낼 때, 여러 학자들을 초빙하여 『여씨춘추(呂氏春秋)』를 작성하였다.

◎ 여씨(呂氏) : =남전여씨(藍田呂氏)

◎ 여여숙(呂與叔) : =남전여씨(藍田呂氏)

◎ 연례(燕禮) : '연례'는 본래 빈객(賓客)을 접대하는 연회의 한 종류를 뜻한다. 각종 연회들을 두루 지칭하기도 하며, 연회에서 사용되는 의례절차들을 두루 지칭하기도 한다. 본래의 '연례'는 연회를 시작할 때, 첫잔을 따라 바치는 절차 끝나면, 모두 자리에 앉아서 술을 마시는데, 취할 때까지 마

시는 연회의 한 종류를 뜻한다. '연례' 때에는 희생물로 개[狗]를 사용했으며, 유우씨(有虞氏) 때 시행되었던 제도라고 설명되기도 한다. 『예기』「왕제(王制)」편에는 "有虞氏以燕禮."라는 기록이 있고, 이에 대한 진호(陳澔)의 『집설(集說)』에서는 "燕禮者, 一獻之禮既畢, 皆坐而飲酒, 以至於醉, 其牲用狗."라고 풀이했다.

◎ **연상(練祥)** : '연상'은 소상(小祥)과 대상(大祥)을 뜻한다. '연상'에서의 '연(練)'자는 연제(練祭)를 뜻하며, '연제'는 곧 '소상'을 가리킨다. '연상'에서의 '상(祥)'자는 '대상'을 뜻한다. 소상은 죽은 지 13개월만에 지내는 제사이며, 대상은 25개월만에 지내는 제사이고, 대상을 지내게 되면 상복과 지팡이를 제거하게 된다. 『주례』「춘관(春官)·대축(大祝)」편에는 "言甸人讀禱, 付練祥, 掌國事."라는 기록이 있고, 이에 대해 가공언(賈公彥)의 소(疏)에서는 "練, 謂十三月小祥, 練祭. 祥, 謂二十五月大祥, 除衰杖."이라고 풀이했다.

◎ **염(斂)** : '염'은 시신에 옷을 입혀서 관에 안치하는 것을 뜻한다.

◎ **염강(厭降)** : '염강'은 상례(喪禮)에 있어서, 돌아가신 모친을 위해 자식은 본래 삼년상(三年喪)을 치러야 하지만, 부친이 생존해 계신 경우라면, 수위를 낮춰서 기년상(期年喪)으로 치르는데, 이처럼 낮춰서 치르는 것을 '염강'이라고 부른다.

◎ **오례(五禮)** : '오례'는 고대부터 전해져 온 다섯 종류의 예제(禮制)를 뜻한다. 즉 길례(吉禮), 흉례(凶禮), 군례(軍禮), 빈례(賓禮), 가례(嘉禮)를 가리킨다. 『주례』「춘관(春官)·소종백(小宗伯)」편에는 "掌五禮之禁令與其用等."이라는 기록이 있는데, 이에 대한 정현의 주에서는 정사농(鄭司農)의 주장을 인용하여, "五禮, 吉·凶·軍·賓·嘉."라고 풀이했다.

◎ **오복(五服)** : '오복'은 죽은 자와 친하고 소원한 관계에 따라 입게 되는 다섯 가지 상복(喪服)을 뜻한다. 참최복(斬衰服), 자최복(齊衰服), 대공복(大功服), 소공복(小功服), 시마복(緦麻服)을 가리킨다. 『예기』「학기(學記)」편에는 "師無當於五服, 五服弗得不親."이라는 기록이 있는데, 이에 대한 공영달(孔穎達)의 소(疏)에서는 "五服, 斬衰也, 齊衰也, 大功也, 小功也, 緦麻也."라고 풀이했다. 또한 '오복'에 있어서는 죽은 자와 가까운 관계일수록 중대한 상복을 입고, 복상(服喪) 기간도 늘어난다. 위의 '오복' 중 참최복이 가장 중대한 상복에 속하며, 그 다음은 자최복이고, 대공복, 소공복, 시마복 순으로 내려간다.

◎ 오유청(吳幼淸) : =오징(吳澄)

◎ 오징(吳澄, A.D.1249~A.D.1333) : =임천오씨(臨川吳氏)·오유청(吳幼淸)·초려오씨(草廬吳氏). 송원대(宋元代)의 유학자이다. 이름은 징(澄)이다. 자(字)는 유청(幼淸)이다. 저서로 『예기해(禮記解)』가 있다.

◎ 옹희(饔餼) : '옹희'는 빈객(賓客)과 상견례(相見禮)를 하고 나서 성대하게 음식을 마련해 접대하는 것을 뜻한다. 『주례』「추관(秋官)·사의(司儀)」편에는 "致飧如致積之禮."라는 기록이 있는데, 이에 대한 정현의 주에서는 "小禮曰飧, 大禮曰饔餼."라고 풀이하였다. 즉 '옹희'와 '손'은 모두 빈객 등을 접대하는 예법들인데, '옹희'는 성대한 예법에 해당하여, '손'보다도 융숭하게 대접하는 것이다.

◎ 왕념손(王念孫, A.D.1744~A.D.1832) : 청(淸)나라 때의 학자이다. 자(字)는 회조(懷租)이고, 호(號)는 석구(石臞)이다. 부친은 왕안국(王安國)이고, 아들은 왕인지(王引之)이다. 대진(戴震)에게 학문을 배웠다. 저서로는 『독서잡지(讀書雜志)』 등이 있다.

◎ 왕무횡(王懋竑, A.D.1668~A.D.1741) : 청(淸)나라 때의 경학자이다. 자(字)는 여중(予中)·여중(與中)이며, 호(號)는 백전(白田)이다.

◎ 왕인지(王引之, A.D.1766~A.D.1834) : 청(淸)나라 때의 훈고학자이다. 자(字)는 백신(伯申)이고, 호(號)는 만경(曼卿)이며, 시호(諡號)는 문간(文簡)이다. 왕념손(王念孫)의 아들이다. 대진(戴震), 단옥재(段玉裁), 부친과 함께 대단이왕(戴段二王)이라고 일컬어졌다. 『경전석사(經傳釋詞)』, 『경의술문(經義述聞)』 등의 저술이 있다.

◎ 왕후(王后) : '왕후'는 천자의 본부인을 뜻한다. 후대에는 황후(皇后)라고 부르기도 하였다. 고대에는 천자(天子)를 왕(王)이라고 불렀기 때문에, 천자의 부인을 '왕후'라고 부른 것이다.

◎ 외인(外姻) : '외인'은 혼인 관계로 맺어진 친척들을 말한다. 『춘추좌씨전』「은공(隱公) 1년」편에는 "士踰月, 外姻至."라는 기록이 있는데, 이에 대한 두예(杜預)의 주에서는 "姻, 猶親也."라고 풀이했다.

◎ 우강이씨(盱江李氏) : =이구(李覯)

◎ 우제(虞祭) : '우제'는 장례(葬禮)를 치르고 난 뒤에 지내는 제사를 뜻한다.

◎ 웅씨(熊氏) : =웅안생(熊安生)

◎ 웅안생(熊安生, ?~A.D.578) : =웅씨(熊氏). 북조(北朝) 때의 경학자이다. 자(字)는 식지(植之)이다. 『주례(周禮)』, 『예기(禮記)』, 『효경(孝經)』 등

많은 전적에 의소(義疏)를 남겼지만, 모두 산일되어 남아 있지 않다. 현재 마국한(馬國翰)의 『옥함산방집일서(玉函山房輯佚書)』에 『예기웅씨의소(禮記熊氏義疏)』 4권이 남아 있다.

◎ **위소(韋昭, A.D.204~A.D.273)** : 삼국시대(三國時代) 때 오(吳)나라의 학자이다. 자(字)는 홍사(弘嗣)이다. 사마소(司馬昭)의 이름을 피휘하여, 요(曜)로 고쳤다. 저서로는 『국어주(國語注)』 등이 있다.

◎ **유사(有司)** : '유사'는 관리를 뜻하는 용어이다. '사(司)'자는 담당한다는 뜻이다. 관리들은 각자 담당하고 있는 업무가 있었으므로, 관리를 '유사'라고 불렀던 것이다. 일반적으로 하위관료들을 지칭하여, 실무자를 뜻하는 용어로 많이 사용된다. 그러나 때로는 고위관료까지도 지칭하는 용어로 사용되기도 한다.

◎ **유씨(庾氏)** : =유울(庾蔚)

◎ **유울(庾蔚, ?~?)** : =유씨(庾氏). 남조(南朝) 때 송(宋)나라 학자이다. 저서로는 『예기약해(禮記略解)』, 『예론초(禮論鈔)』, 『상복(喪服)』, 『상복세요(喪服世要)』, 『상복요기주(喪服要記注)』 등을 남겼다.

◎ **유현(劉炫, ?~?)** : 수(隋)나라 때의 학자이다. 자는 광백(光伯)이며, 경성(景城) 출신이다. 태학박사(太學博士) 등을 지냈다. 『논어술의(論語述義)』, 『춘추술의(春秋述義)』, 『효경술의(孝經述義)』 등을 저술하였다.

◎ **육농사(陸農師)** : =산음육씨(山陰陸氏)

◎ **육덕명(陸德明, A.D.550~A.D.630)** : =육원랑(陸元朗). 당대(唐代)의 경학자이다. 이름은 원랑(元朗)이고, 자(字)는 덕명(德明)이다. 훈고학에 뛰어났으며, 『경전석문(經典釋文)』 등을 남겼다.

◎ **육만(六蠻)** : '육만'은 고대 중국의 남쪽 지역에 거주하던 여섯 종류의 소수 민족을 뜻한다. 또한 그들이 거주하는 지역 전체를 가리키는 용어로도 사용되었다. 여섯 종류의 소수 민족에 대해서는 구체적인 기록이 없다. '육만' 이외에도 '만(蠻)'을 가리키는 용어로 '팔만(八蠻)'이라는 용어가 등장한다. '만' 중에서 '팔만'에 대해서는 구체적인 기록이 남아 있는데, 여덟 종류의 소수 민족은 천축(天竺), 해수(咳首), 초요(僬僥), 파종(跛踵), 천흉(穿胸), 담이(儋耳), 구궤(狗軌), 방춘(旁春)을 뜻한다. 『이아』「석지(釋地)」편에 기록된 '육만'에 대해, 형병(邢昺)의 소(疏)에서는 이순(李巡)의 말을 인용하여, "一曰天竺, 二曰咳首, 三曰僬僥, 四曰跛踵, 五曰穿胸, 六曰儋耳, 七曰狗軌, 八曰旁春."이라고 풀이했다.

◎ 육복(六服) : '육복'은 천자의 수도를 제외하고, 그 이외의 땅을 9개의 지역으로 구분한 구복(九服) 중에서 6개 지역을 뜻하는데, 천자의 수도로부터 6개 복(服)까지는 주로 중국의 제후들에게 분봉해주는 지역이었고, 나머지 3개의 지역은 주로 오랑캐들에게 분봉해주는 지역이었다. 따라서 중국(中國)이라는 개념을 거론할 때 주로 '육복'이라고 말한다. 천하의 정중앙에는 천자의 수도인 왕기(王畿)가 있고, 그 외에는 순차적으로 6개의 '복'이 있는데, 후복(侯服), 전복(甸服), 남복(男服), 채복(采服), 위복(衛服), 만복(蠻服)이 여기에 해당한다. '후복'은 천자의 수도 밖으로 사방 500리(里)의 크기이며, 이 지역에 속한 제후들은 1년에 1번 천자를 알현하며, 제사 때 사용하는 물건을 바친다. '전복'은 '후복' 밖으로 사방 500리의 크기이며, 이 지역에 속한 제후들은 2년에 1번 천자를 알현하고, 빈객(賓客)을 접대할 때 사용하는 물건을 바친다. '남복'은 '전복' 밖으로 사방 500리의 크기이며, 이 지역에 속한 제후들은 3년에 1번 천자를 알현하고, 각종 기물(器物)들을 바친다. '채복'은 '남복' 밖으로 사방 500리의 크기이며, 이 지역에 속한 제후들은 4년에 1번 천자를 알현하고, 의복류를 바친다. '위복'은 '채복' 밖으로 사방 500리의 크기이며, 이 지역에 속한 제후들은 5년에 1번 천자를 알현하고, 각종 재목들을 바친다. '만복'은 '요복(要服)'이라고도 부르는데, '만복'이라는 용어는 변경 지역의 오랑캐들과 접해 있으므로, 붙여진 용어이다. '만복'은 '위복' 밖으로 사방 500리의 크기이며, 이 지역에 속한 제후들은 6년에 1번 천자를 알현하고, 각종 재화들을 바친다. 『주례』「추관(秋官)·대행인(大行人)」편에는 "邦畿方千里, 其外方五百里謂之侯服, 歲壹見, 其貢祀物, 又其外方五百里謂之甸服, 二歲壹見, 其貢嬪物, 又其外方五百里謂之男服, 三歲壹見, 其貢器物, 又其外方五百里謂之采服, 四歲壹見, 其貢服物, 又其外方五百里謂之衛服, 五歲壹見, 其貢材物, 又其外方五百里謂之要服, 六歲壹見, 其貢貨物."이라는 기록이 있다.

◎ 육원랑(陸元朗) : =육덕명(陸德明)

◎ 육전(陸佃) : =산음육씨(山陰陸氏)

◎ 육전(六典) : '육전'은 치전(治典), 교전(敎典), 예전(禮典), 정전(政典), 형전(刑典), 사전(事典)을 뜻한다. 고대에 국가를 통치하던 여섯 방면의 법령을 가리킨다. 국가의 전반적인 통치, 교화, 예법, 전장제도(典章制度), 형벌, 임무수행에 대한 법이다. 『주례』「천관(天官)·대재(大宰)」편에는 "大宰之職, 掌建邦之六典, 以佐王治邦國. 一曰治典, 以經邦國, 以治官

府, 以紀萬民. 二曰敎典, 以安邦國, 以敎官府, 以擾萬民. 三曰禮典, 以和邦國, 以統百官, 以諧萬民. 四曰政典, 以平邦國, 以正百官, 以均萬民. 五曰刑典, 以詰邦國, 以刑百官, 以糾萬民. 六曰事典, 以富邦國, 以任百官, 以生萬民."이라는 기록이 있다.

◎ **은제(殷祭)** : '은제'는 성대한 제사를 뜻한다. 3년마다 지내는 협(祫)제사와 5년마다 지내는 체(禘)제사 등을 '은제'라고 부른다.

◎ **의려(倚廬)** : '의려'는 상중(喪中)에 머물게 되는 임시 거처지이다. '의려'는 또한 '의(倚)', '여(廬)', '堊室(악실)', '사려(舍廬)' 등으로 부르기도 하지만, '악실'과 대비해서 보다 수위가 높은 임시숙소를 뜻하기도 한다. 중문(中門) 밖 동쪽 담장 아래에 나무를 기대어 만든다.

◎ **의복(義服)** : '의복'은 본래 친속관계가 성립되지 않아서, 상복(喪服)을 착용해야만 하는 관계가 아닌데도, 도리에 따라 상복을 착용하는 것을 말한다.

◎ **이구(李覯**, A.D.1009~A.D.1059) : =우강이씨(盱江李氏). 북송(北宋) 때의 학자이다. 자(字)는 태백(泰白)이다. 태학(太學)의 직강(直講) 등을 역임하였다. 우강서원(盱江書院)을 지었다. 저서로는 『직강이선생문집(直講李先生文集)』 등이 있다.

◎ **임천오씨(臨川吳氏)** : =오징(吳澄)

◎ **잉작(媵爵)** : '잉작'은 술을 따라주는 예법 절차 중 하나이다. 연례(燕禮)를 실시할 때, 술을 따라주는 절차가 끝나면, 재차 명령을 하여, 군주에게 술을 따르도록 시키는데, 이것을 '잉작'이라고 부른다. 또한 '잉작'의 시점을 서로 술을 따라서 주고받는 절차의 시작으로 삼기도 한다. 『의례』「연례(燕禮)」편에는 "小臣自阼階下, 請媵爵者, 公命長."이라는 기록이 있고, 호배휘(胡培翬)의 『정의(正義)』에서는 "李氏如圭云: 媵爵者, 獻酬禮成, 更擧酒於公, 以爲旅酬之始"라고 풀이했다.

ㅈ

◎ **자림(字林)** : 『자림(字林)』은 고대의 자서(字書)이다. 진(晉)나라 때 학자인 여침(呂忱)이 지었다. 원본은 일실되어 전해지지 않고, 다른 문헌들 속에 일부 기록들만 남아 있다.

◎ **자모(慈母)** : '자모'는 모친을 뜻하기도 하지만, 고대에는 자신을 양육시켜준 서모(庶母)를 뜻하는 용어로 사용하기도 했다.

◎ 자최복(齊衰服) : ‘자최복’은 상복(喪服) 중 하나로, 오복(五服)에 속한다. 거친 삼베를 사용해서 만들며, 자른 부위를 꿰매어 가지런하게 정리하기 때문에, ‘자최복’이라고 부른다. 이 복장을 입게 되는 기간에도 여러 종류가 있는데, 3년 동안 입는 경우는 죽은 계모(繼母)나 자모(慈母)를 위한 경우이고, 1년 동안 입는 경우는 손자가 죽은 조부모를 위해 입는 경우와 남편이 죽은 아내를 입는 경우 등이다. 그리고 1년 동안 ‘자최복’을 입는 경우, 그 기간을 자최기(齊衰期)라고도 부른다. 또 5개월 동안 입는 경우는 죽은 증조부나 증조모를 위한 경우이며, 3개월 동안 입는 경우는 죽은 고조부나 고조모를 위한 경우 등이다.

◎ 장락진씨(長樂陳氏) : =진상도(陳祥道)

◎ 장상(長殤) : ‘장상’은 16~19세 사이에 요절한 자를 뜻한다. 『의례』「상복(喪服)」편에 “年十九至十六爲長殤.”이라는 기록이 있다.

◎ 저장(苴杖) : ‘저장’은 부친의 상(喪)을 치를 때 사용하는 지팡이로, 대나무로 만든 지팡이를 뜻한다.

◎ 전(旃) : ‘전’은 전(旜)이라고도 기록하는데, 본래 고(孤)나 경(卿) 등이 사용하는 깃발을 뜻한다. 순색의 비단을 이용하여 만든 깃발이며, 별다른 장식을 사용하지 않고, 굽어 있는 깃대를 사용하게 된다. 『주례』「춘관(春官)·사상(司常)」편에는 “掌九旗之物名, 各有屬以待國事. 日月爲常, 交龍爲旂, 通帛爲旜, 雜帛爲物, 熊虎爲旗, 鳥隼爲旟, 龜蛇爲旐, 全羽爲旞, 析羽爲旌.”이라는 기록이 있다.

◎ 전(旜) : =전(旃)

◎ 전제(奠祭) : ‘전제’는 죽은 자 및 귀신들에게 음식을 헌상하는 제사이다. 상례(喪禮)를 치를 때, 빈소를 차리고 나면, 매일 아침과 저녁에 음식을 바치며 제사를 지내게 되는데, ‘전제’는 주로 이러한 제사를 뜻한다.

◎ 절조(折俎) : ‘절조’는 제사나 연회를 시행할 때, 희생물을 도축하여, 사지를 해체하고, 그런 뒤에 도마 위에 올리게 되는데, 이 도마를 ‘절조’라고 부른다.

◎ 정강성(鄭康成) : =정현(鄭玄)

◎ 정복(正服) : ‘정복’은 본래의 상례(喪禮) 규정에 따른 정식 복장을 뜻한다. 친족 관계에서는 각 등급에 따른 상례 절차가 규정되어 있으므로, ‘정복’이라는 것은 규정에 따른 상복(喪服)을 착용하는 것뿐만 아니라, 상(喪)을 치르는 기간과 각종 부수적 기물(器物)들에 대해서도 규정대로 따르는 것을 뜻한다.

◎ **정사농(鄭司農)** : =정중(鄭衆)
◎ **정씨(鄭氏)** : =정현(鄭玄)
◎ **정의(正義)** : 『정의(正義)』는 『예기정의(禮記正義)』 또는 『예기주소(禮記注疏)』를 뜻한다. 당(唐)나라 때에는 태종(太宗)이 공영달(孔穎達) 등을 시켜서 『오경정의(五經正義)』를 편찬하였는데, 이때 『예기정의』에는 정현(鄭玄)의 주(注)와 공영달의 소(疏)가 수록되었다. 송대(宋代)에는 『오경정의』와 다른 경전(經典)에 대한 주석서를 포함한 『십삼경주소(十三經注疏)』가 편찬되어, 『예기주소』라는 명칭이 되었다.
◎ **정중(鄭衆, ?~A.D.83)** : =정사농(鄭司農). 후한(後漢) 때의 경학자이다. 자(字)는 중사(仲師)이다. 부친은 정흥(鄭興)이다. 부친에게 『춘추좌씨전(春秋左氏傳)』의 학문을 전수받았다. 또한 그는 대사농(大司農) 등의 관직을 역임하였기 때문에, '정사농'이라고도 불렀다. 한편 정흥과 그의 학문은 정현(鄭玄)에게 많은 영향을 주었기 때문에, 후대에서는 정현을 후정(後鄭)이라고 불렀고, 정흥과 그를 선정(先鄭)이라고도 불렀다. 저서로는 『춘추조례(春秋條例)』, 『주례해고(周禮解詁)』 등을 지었다고 하지만, 현재는 전해지지 않았다.
◎ **정현(鄭玄, A.D.127~A.D.200)** : =정강성(鄭康成)·정씨(鄭氏). 한대(漢代)의 유학자이다. 자(字)는 강성(康成)이다. 『주역(周易)』, 『상서(尙書)』, 『모시(毛詩)』, 『주례(周禮)』, 『의례(儀禮)』, 『예기(禮記)』, 『논어(論語)』, 『효경(孝經)』 등에 주석을 하였다.
◎ **조복(朝服)** : '조복'은 군주와 신하가 조회를 열 때 착용하는 복장을 뜻한다. 중요한 의식을 치를 때 착용하는 예복(禮服)을 가리키기도 한다.
◎ **조종(朝宗)** : '조종'은 제후가 봄과 여름에 천자를 조회하는 것을 뜻한다. '조종'의 '조(朝)'자는 제후가 봄에 천자를 찾아가 뵙는 것을 뜻하고, '종(宗)'자는 제후가 여름에 천자를 찾아가 뵙는 것을 뜻한다. 『주례』「춘관(春官)·대종백(大宗伯)」편에는 "春見曰朝, 夏見曰宗, 秋見曰覲, 冬見曰遇."라는 기록이 있다. 후대에는 신하가 군주를 찾아가 뵙는 것을 두루 지칭하는 용어로도 사용되었다.
◎ **존부성(存頫省)** : '존부성'은 천자가 신하를 시켜서 제후국을 순시하던 예법이다. 존(存)은 1년에 한 차례 제후국을 두루 순시했던 예법이며, 부(頫)는 3년에 한 차례 제후국을 두루 순시했던 예법이고, 성(省)은 5년에 한 차례 제후국을 두루 순시했던 예법이다. 이러한 것들을 간문(間問)이

라고도 부른다. 『주례』「추관(秋官)·대행인(大行人)」편에는 "王之所以撫邦國諸侯者, 歲遍存, 三歲遍覜, 五歲遍省."이라는 기록이 있는데, 이에 대한 정현의 주에서는 "存·覜·省者, 王使臣於諸侯之禮, 所謂間問也."라고 풀이했으며, 『주례』「추관(秋官)·소행인(小行人)」편에는 "存·頫·省·聘·問, 臣之禮也."라는 기록이 있는데, 이에 대한 가공언(賈公彦)의 소(疏)에서는 "存·頫·省三者, 天子使臣撫邦國之禮."라고 풀이했다.

◎ 졸곡(卒哭) : '졸곡'은 우제(虞祭)를 지낸 뒤에 지내는 제사이다. 이 제사를 지내게 되면, 수시로 곡(哭)하던 것을 멈추고, 아침과 저녁때에만 한 번씩 곡을 하게 된다. 그렇기 때문에 '졸곡'이라고 부르게 된 것이다.

◎ 주식(朱軾, A.D.1665~A.D.1735) : 청(淸)나라 때의 명신(名臣)이다. 자(字)는 약섬(若贍)·백소(伯蘇)이고, 호(號)는 가정(可亭)이다.

◎ 주피(主皮) : '주피'는 고대에 시행되었던 향사례(鄕射禮)에서는 세 차례 화살을 쏘게 되는데, 두 번째 쏘는 화살은 과녁에 명중시키는 것을 위주로 한다. '주피'는 바로 두 번째 쏘는 활쏘기 방식을 뜻한다. 후대에는 과녁에 명중시키는 것을 범칭하는 용어로도 사용되었다.

◎ 준(僎) : '준'은 준(遵)이라고도 부르며, 향음주례(鄕飮酒禮) 등을 시행할 때 주인(主人)이 시행하는 의례절차를 보좌하던 사람이다.

◎ 지자(支子) : '지자'는 적장자(嫡長子)를 제외한 나머지 아들들을 말한다.

◎ 진상도(陳祥道, A.D.1159~A.D.1223) : =장락진씨(長樂陳氏)·진씨(陳氏)·진용지(陳用之). 북송대(北宋代)의 유학자이다. 자(字)는 용지(用之)이다. 장락(長樂) 지역 출신으로, 1067년에 과거에 급제하여 태상박사(太常博士) 등을 지냈다. 왕안석(王安石)의 제자로, 그의 학문을 전파하는데 공헌하였다. 저서에는 『예서(禮書)』, 『논어전해(論語全解)』 등이 있다.

◎ 진씨(陳氏) : =진상도(陳祥道)

◎ 진용지(陳用之) : =진상도(陳祥道)

ㅊ

◎ 차개(次介) : '차개'는 빈(擯)들 중 승빈(承擯)과 비슷한 역할을 하는 자로, 상개(上介)를 돕는 부관이다.

◎ 참최복(斬衰服) : '참최복'은 상복(喪服) 중 하나로, 오복(五服)에 속한다. 상복 중에서도 가장 수위가 높은 상복이다. 거친 삼베를 사용해서 만들며,

자른 부위를 꿰매지 않기 때문에 참최(斬衰)라고 부른다. 이 복장을 입게 되는 기간은 일반적으로 3년에 해당하며, 죽은 부모를 위해 입거나, 처 또는 첩이 죽은 남편을 위해 입는다.

◎ **체제(禘祭)** : '체제'는 천신(天神) 및 조상신(祖上神)에게 지내는 '큰 제사[大祭]'를 뜻한다. 『이아』「석천(釋天)」편에는 "禘, 大祭也."라는 기록이 있고, 이에 대한 곽박(郭璞)의 주에서는 "五年一大祭."라고 풀이하여, 대제(大祭)로써의 체제사는 5년마다 1번씩 지낸다고 설명한다. 그러나 『예기』「왕제(王制)」에 수록된 각종 제사들에 대한 기록을 살펴보면, 체제사는 큰 제사임에는 분명하나, 반드시 5년마다 1번씩 지내는 제사는 아니었다.

◎ **체협(禘祫)** : '체협'은 고대에 제왕(帝王)이 시조(始祖)에게 지냈던 제사를 뜻하니, 일종의 성대한 제사의례를 가리킨다. 간혹 '체협'을 구분하여 각각에 의미를 부여하기도 하며, 혹은 '체협'을 합쳐서 같은 의미로 사용하기도 한다. 이 문제에 대해서 장병린(章炳麟)은 『국고논형(國故論衡)』「명해고하(明解故下)」에서 "禘祫之言, 訩訩爭論旣二千年. 若以禘祫同爲殷祭, 祫名大事, 禘名有事, 是爲禘小於祫, 何大祭之云? 故知周之廟祭有大嘗 · 大烝, 有秋嘗 · 冬烝. 禘祫者大嘗 · 大烝之異語."라고 주장한다. 즉 '체협'이라는 말에 대해서 의견들이 분분한데, 만약 '체협'을 모두 은(殷)나라 때의 제사라고 말하며, '협(祫)'은 '중대한 사안[大事]'이 발생했을 때 지내는 제사를 뜻하고, '체(禘)'는 유사시에 지내게 되는 제사를 뜻한다고 한다면, '체'는 '협'보다 규모가 작은 것인데, 어떻게 대제(大祭)라고 말할 수 있겠는가? 그렇기 때문에 '체협'은 주(周)나라 때의 제사이다. 주나라 때 종묘(宗廟)에서 지내는 제사에는 대상(大嘗), 대증(大烝)이라는 용어가 있었고, 또 추상(秋嘗: 가을에 지내는 상(嘗)제사), 동증(冬烝: 겨울에 지내는 증(烝)제사라는 용어가 있었으니, '체협'은 대제(大祭)를 뜻하는 용어로, 대상이나 대증을 다르게 부른 명칭이다. 또한 『후한서(後漢書)』「장제기(章帝紀)」편에는 "其四時禘祫於光武之堂."이라는 기록이 있는데, 이에 대한 이현(李賢)의 주에서는 『속한서(續漢書)』를 인용하여, "五年再殷祭. 三年一祫, 五年一禘."라고 풀이한다. 즉 5년마다 2번의 성대한 제사를 지내게 되는데, 3년에 1번 '협'제사를 지내고, 5년에 1번 '체'제사를 지낸다.

◎ **초려오씨(草廬吳氏)** : =오징(吳澄)

◎ **초지(稍地)** : '초지'는 주(周)나라 때 도성에서 300리(理) 떨어진 지역을 일컫는 말이다.

◎ 칠융(七戎) : '칠융'은 고대 중국의 서쪽 지역에 거주하던 일곱 종류의 소수 민족을 뜻한다. 또한 그들이 거주하는 지역 전체를 가리키는 용어로도 사용되었다. 일곱 종류의 소수 민족에 대해서는 구체적인 기록이 없다. '칠융' 이외에도 '융(戎)'을 가리키는 용어로 '육융(六戎)', '오융(五戎)' 등의 용어가 등장한다. '융' 중에서 '육융'에 대해서는 구체적인 기록이 남아 있는데, 여섯 종류의 소수 민족은 요이(僥夷), 융부(戎夫), 노백(老白), 기강(耆羌), 비식(鼻息), 천강(天剛)을 뜻한다. 『이아』「석지(釋地)」편에 기록된 '육융'에 대해, 형병(邢昺)의 소(疏)에서는 이순(李巡)의 말을 인용하여, "一曰僥夷, 二曰戎夫, 三曰老白, 四曰耆羌, 五曰鼻息, 六曰天剛."이라고 풀이했다.

ㅍ

◎ 팔적(八狄) : '팔적'은 고대 중국의 북쪽 지역에 거주하던 여덟 종류의 소수 민족을 뜻한다. 또한 그들이 거주하는 지역 전체를 가리키는 용어로도 사용되었다. 여덟 종류의 소수 민족에 대해서는 구체적인 기록이 없다. '팔적' 이외에도 '적(狄)'을 가리키는 용어로 '오적(五狄)', '육적(六狄)' 등의 용어가 등장한다. '적' 중에서 '오적'에 대해서는 구체적인 기록이 남아 있는데, 다섯 종류의 소수 민족은 월지(月支), 예맥(穢貊), 흉노(匈奴), 단우(單于), 백옥(白屋)을 뜻한다. 『이아』「석지(釋地)」편에 기록된 '팔적'에 대해, 형병(邢昺)의 소(疏)에서는 이순(李巡)의 말을 인용하여, "一曰月支, 二曰穢貊, 三曰匈奴, 四曰單于, 五曰白屋."이라고 풀이했다.

ㅎ

◎ 하휴(何休, A.D.129~A.D.182) : 전한(前漢) 때의 금문경학자(今文經學者)이다. 자(字)는 소공(邵公)이다. 『춘추공양전해고(春秋公羊傳解詁)』를 지었으며, 『효경(孝經)』, 『논어(論語)』 등에 대해서도 주를 달았고, 『춘추한의(春秋漢議)』를 짓기도 하였다.

◎ 함(含) : '함'은 부의를 보낸다는 뜻이며, 또한 부의로 보내는 특정 물건을 가리키기도 하다. '함'은 시신과 함께 매장하게 될 주옥(珠玉)을 부의로 보내는 것이다. 『예기』「문왕세자(文王世子)」편에는 "族之相爲也, 宜弔不

弔, 宜免不免, 有司罰之. 至于賵賻承含, 皆有正焉."이라는 기록이 있는데, 이에 대한 진호(陳澔)의 『집설(集說)』에서는 "含以珠玉."이라고 풀이했다. 또 '함'은 시신의 입에 곡식이나 화패 등을 넣는 것을 의미하기도 한다.

◎ **향례(饗禮)** : '향례'는 연회의 한 종류이다. 또한 연회를 범칭하는 용어로도 사용된다. 본래 '향례'를 시행할 때에는 희생물을 통째로 바치지만, 그것을 먹지는 않는다. 또 술잔을 가득 채우지만, 마시지는 않으며, 자리에 서 있기만 하고, 앉지는 않는다. 또한 신분의 존비(尊卑)에 의거해서 술잔을 바치게 되는데, 정해진 술잔 바치는 회수가 끝나면, 의식을 끝낸다. 다만 숙위(宿衛)들과 기로(耆老) 및 고아들에게 향례를 할 때에는 술을 취할 때까지 마시게 하는 것을 법도로 삼았다.

◎ **현지(縣地)** : '현지'는 주(周)나라 때 도성에서 400리(理) 떨어진 지역을 일컫는 말이다.

◎ **협제(祫祭)** : '협제'는 협(祫)이라고도 부른다. 신주(神主)들을 태조(太祖)의 묘(廟)에 모두 모셔놓고 지내는 제사이다. 『춘추공양전』「문공(文公) 2년」에 "八月, 丁卯, 大事于大廟, 躋僖公, 大事者何. 大祫也. 大祫者何. 合祭也, 其合祭奈何. 毁廟之主, 陳于大祖."라는 기록이 있다.

◎ **황간(皇侃, A.D.488~A.D.545)** : =황씨(皇氏). 남조(南朝) 때 양(梁)나라의 경학자이다. 『주례(周禮)』, 『의례(儀禮)』, 『예기(禮記)』 등에 해박하여, 『상복문구의소(喪服文句義疏)』, 『예기의소(禮記義疏)』, 『예기강소(禮記講疏)』 등을 지었지만, 현재는 전해지지 않는다. 그 일부가 마국한(馬國翰)의 『옥함산방집일서(玉函山房輯佚書)』에 수록되어 있다.

◎ **황씨(皇氏)** : =황간(皇侃)

◎ **회동(會同)** : '회동'은 제후들이 천자를 찾아뵙는 예법을 통칭하는 용어이다. 또한 각 계절마다 정기적으로 찾아뵙는 것을 회(會)라고 부르고, 제후들이 대규모로 찾아뵙는 것을 동(同)이라고 불러서, 구분을 짓기도 한다. 각종 회견 등을 가리키는 용어로도 사용된다. 『시』「소아(小雅) · 거공(車攻)」편에는 "赤芾金舃, 會同有繹."이라는 기록이 있는데, 이에 대한 모전(毛傳)에서는 "時見曰會, 殷見曰同. 繹, 陳也."라고 풀이했다.

◎ **흉례(凶禮)** : '흉례'는 오례(五禮) 중 하나로, '흉례'는 재앙 등의 일에 봉착했을 때, 애도를 표시하거나 구휼하는 예제(禮制)를 뜻한다. 또한 '흉례'는 상례(喪禮)를 지칭하는 용어로도 사용되었다.

번역 참고문헌

- 『禮記』, 서울 : 保景文化社, 초판 1984 (5판 1995) / 저본으로 삼은 책이다.
- 『禮記正義』 1~4(전4권, 『十三經注疏 整理本』 12~15), 北京 : 北京大學出版社, 초판 2000 / 저본으로 삼은 책이다.
- 朱彬 撰, 『禮記訓纂』 上 · 下(전2권), 北京 : 中華書局, 초판 1996 (2쇄 1998) / 저본으로 삼은 책이다.
- 孫希旦 撰, 『禮記集解』 上 · 中 · 下(전3권), 北京 : 中華書局, 초판 1989 (4쇄 2007) / 저본으로 삼은 책이다.
- 服部宇之吉 評點, 『禮記』, 東京 : 富山房, 초판 1913 (증보판 1984) / 鄭玄 注 번역에 대해 참고했던 서적이다.
- 竹內照夫 著, 『禮記』 上 · 中 · 下(전3권), 東京 : 明治書院, 초판 1975 (3판 1979) / 經文에 대한 이해에 참고했던 서적이다.
- 市原亨吉 외 2명 著, 『禮記』 上 · 中 · 下(전3권), 東京 : 集英社, 초판 1976 (3쇄 1982) / 經文에 대한 이해에 참고했던 서적이다.
- 陳澔 注, 『禮記集說』, 北京 : 中國書店, 초판 1994 / 『集說』에 대한 번역에 참고했던 서적이다.
- 王文錦 譯解, 『禮記譯解』 上 · 下(전2권), 北京 : 中華書局, 초판 2001 (4쇄 2007) / 經文 및 주석 번역에 참고했던 서적이다.
- 錢玄 · 錢興奇 編著, 『三禮辭典』, 南京 : 江蘇古籍出版社, 초판 1998 / 용어 및 器物 등에 대해 참고했던 서적이다.
- 張撝之 外 主編, 『中國歷代人名大辭典』 上 · 下권(전2권), 上海 : 上海古籍出版社, 초판 1999 / 인명에 대해 참고했던 서적이다.
- 呂宗力 主編, 『中國歷代官制大辭典』, 北京 : 北京出版社, 초판 1994 (2쇄 1995) / 관직명에 대해 참고했던 서적이다.
- 中國歷史大辭典編纂委員會 編纂, 『中國歷史大辭典』 上 · 下(전2권), 上海 : 上海辭書出版社, 초판 2000 / 용어 및 인명에 대해 참고했던 서적이다.
- 羅竹風 主編, 『漢語大詞典』 1~12(전12권), 上海 : 漢語大詞典出版社, 초판 1988 (4쇄 1995) / 용어에 대해 참고했던 서적이다.

- 王思義 編集,『三才圖會』 上 · 中 · 下(전3권), 上海 : 上海古籍出版社, 초판 1988 (4쇄 2005) / 器物 등에 대해 참고했던 서적이다.
- 聶崇義 撰,『三禮圖集注』(四庫全書 129책) / 器物 등에 대해 참고했던 서적이다.
- 劉績 撰,『三禮圖』(四庫全書 129책) / 器物 등에 대해 참고했던 서적이다.

역자 **정병섭(鄭秉燮)**

- 1979년 출생
- 2002년 성균관대학교 유교철학과 졸업
- 2004년 성균관대학교 대학원 유학과 석사
- 2013년 성균관대학교 대학원 유학과 철학박사
- 『역주 예기집설대전』 완역하였다.
- 『의례』, 『주례』, 『대대례기』 번역과 한국유학자들의 예학 관련 저작들의 번역을 계획 중이다.

예기집설대전 목록

譯註
禮記集說大全 喪服四制
編 陳澔(元)
附 正義 · 訓纂 · 集解

초판 인쇄 2017년 9월 22일
초판 발행 2017년 9월 29일

역 자 | 정 병 섭
펴 낸 이 | 하 운 근
펴 낸 곳 | 學古房

주 소 | 경기도 고양시 덕양구 통일로 140 삼송테크노밸리 A동 B224
전 화 | (02)353-9908 편집부(02)356-9903
팩 스 | (02)6959-8234
홈페이지 | http://hakgobang.co.kr/
전자우편 | hakgobang@naver.com, hakgobang@chol.com
등록번호 | 제311-1994-000001호

ISBN 978-89-6071-706-0 94150
978-89-6071-267-6 (세트)

값 : 25,000원

이 도서의 국립중앙도서관 출판예정도서목록(CIP)은 서지정보유통지원시스템 홈페이지(http://seoji.nl.go.kr)와 국가자료공동목록시스템(http://www.nl.go.kr/kolisnet)에서 이용하실 수 있습니다. (CIP제어번호 : CIP2017024581)